中国社会科学院
学部委员学术自传

陈奎元

中国社会科学院创新工程学术出版资助项目

中国社会科学院学部委员

学术自传

国际研究学部卷

周溯源 赵剑英 主编

陈奎元印

中国社会科学出版社

图书在版编目（CIP）数据

中国社会科学院学部委员学术自传. 国际研究学部卷／周溯源，赵剑英主编.
—北京：中国社会科学出版社，2017.5

ISBN 978 - 7 - 5203 - 0375 - 0

Ⅰ.①中…　Ⅱ.①周…②赵…　Ⅲ.①中国社会科学院—学部委员—自传
Ⅳ.①K825.1

中国版本图书馆 CIP 数据核字（2017）第 084245 号

出 版 人	赵剑英
责任编辑	张丽惠
责任校对	王佳玉
责任印制	王　超

出　　版	中国社会科学出版社
社　　址	北京鼓楼西大街甲 158 号
邮　　编	100720
网　　址	http://www.csspw.cn
发 行 部	010 - 84083685
门 市 部	010 - 84029450
经　　销	新华书店及其他书店

印刷装订	北京君升印刷有限公司
版　　次	2017 年 5 月第 1 版
印　　次	2017 年 5 月第 1 次印刷

开　　本	710 × 1000　1/16
印　　张	32
字　　数	359 千字
定　　价	228.00 元

凡购买中国社会科学出版社图书，如有质量问题请与本社营销中心联系调换
电话：010 - 84083683

编　委　会

序

王伟光

今年是中国社会科学院学部成立十周年，我们适时编纂出版这套《中国社会科学院学部委员学术自传》，这是一件嘉惠学人的好事，也是赠贺学部成立十周年的一份厚礼！学部委员是中国哲学社会科学的最高荣誉称号，获此殊荣者是各个学术领域中的佼佼者和领军者，学术素养深厚、学术成就卓越。这套学部委员学术自传的出版，可以使我们比较全面地了解这些优秀学者的学术成就和贡献，使后学者能从中受到启迪和教益。同时，这套学术自传也是对中国半个世纪以来哲学社会科学发展历程的巡礼，展示了中国哲学社会科学薪火相承、人才辈出的盛况。在出版之际我谈一点感想和体会，代为序言。

我国的学部委员制度由来已久。新中国成立之初，即成立了中国科学院，作为包括哲学社会科学在内的全国科学事业的领导机构。1953 年，中央派钱三强、张稼夫率中国科学院代表团出访苏联，调研苏联在组织、领导科学事业等方面的经验，了解苏联科学院的学术管理体制等情况。1955 年 6 月，中央决定在中国科学院建立学部委员制度，设立哲学社会科学部、物理学数学化学部、生物学地学部和技术科学部四个学部，产生第一批学部委员

233 人。其中，中国社会科学院的前身哲学社会科学部产生学部委员 61 人。学部委员包括了我国社会科学各方面有代表性的著名学者。

中国科学院学部成立后，哲学社会科学部先后于 1955 年、1957 年、1960 年、1963 年召开了四次学部委员大会，讨论、确定哲学社会科学工作的方针、任务和交流经验，规划重点研究项目，进行学术交流活动等，在推动科学研究和学科建设、树立优良学风、努力培养人才等方面发挥了重要作用。1963 年以后，由于错误路线干扰，学部再未举行过学术活动，学部委员也再未增选，学部基本处于瘫痪和停滞状态。

1977 年中国科学院恢复学部活动并开始增选学部委员，1993 年学部委员改称院士，成为我国科学技术方面的最高学术称号。在哲学社会科学领域恢复学部委员制度成为哲学社会科学界的强烈愿望。中国社会科学院自 1977 年成立后，在历届院长的领导下，与哲学社会科学界一起进行反复调研和论证，形成了大量的报告和方案，为恢复学部委员制度做了充分准备。2003 年我院制定《中国社会科学院十年发展纲要》，明确提出"着手设立学部委员制度"，以此作为加强人才建设，建成培养和造就一流哲学社会科学研究人才重要基地的具体措施和步骤。2006 年 8 月 3 日，经党中央、国务院批准，中国社会科学院学部正式成立，分别设立了文史哲学部、经济学部、社会政法学部、国际研究学部、马克思主义研究学部五大学部，2010 年文史哲学部分为文哲学部与历史学部，形成目前马克思主义研究学部、文哲学部、历史学部、经济学部、社会政法学部、国际研究学部六大学部布局。2006 年，我院推选出首批学部委员 47 人、荣誉学部委员 95 人。2011 年，增选学部委员 10 人、荣誉学部委员 38 人。2014

年，增选学部委员 4 人。自学部成立后，我院共产生学部委员 61 人、荣誉学部委员 133 人。

我院遴选学部委员的标准是坚持以马克思主义为指导，坚持正确的政治方向和学术导向，在遵守科学道德、维护科学精神、发扬优良学风等方面发挥表率作用。学部委员以自己的言行践行了这一标准和要求，他们将学术专长与中国特色社会主义伟大实践相结合，主持和参与了若干国家重大科研项目，为国家经济社会建设和文化建设做出了贡献，在学科建设、学术发展、理论创新、资政建言、人才培育、舆论引导、社会服务等方面起到重要作用。他们深厚的理论素养、开阔的学术视野、勤勉的治学精神、优良的学术操守垂范于后学，是我院宝贵的学术财富。

中国社会科学网自 2011 年 1 月 1 日创办上线，为服务中央对我院"三个定位"的要求，增强我院在社科领域乃至国际上的话语权与影响力，宣传好我院的科研成果与优秀人才，引领理论学术的思潮，该网在首页开辟了"学部委员"专栏，一是为学部委员开设专题介绍，二是设置"学部委员学术自传"栏目。这一专栏受到了理论界和学术界的好评，展示了中国社会科学院的对外形象，扩大了学术影响。

"授人以鱼，不如授人以渔。"为了将学部委员宝贵的学术财富薪火相承，在学部成立十周年之际，我院在有关部门和单位，特别是在周溯源同志的积极推动下，在社科网专栏资料的基础上，再次组织学部委员、荣誉学部委员撰写学术自传。除了已经病逝或年高病重无法写作者外，有 140 位学部委员、荣誉学部委员撰写了学术自传。这些自传朴实亲切、明白晓畅，讲述了各自的人生经历和学术经历，叙述了自己如何做人，如何为人民求学、治学，如何克服困难，淡泊名利，甘坐冷板凳，忍受清贫寂寞，"衣带渐宽终不悔，为伊消得人憔悴"，追求精品力作，追求立德立功立言。这套自传不仅介绍了学部委员的学术成就，而且总结了他们各自的治学经验。从学部委员的学术自传中，可以看出他们在为人民做学问的路上，如何废寝忘食，争分夺秒，惜时如金。

由于时间所限，这套学术自传有约稿型、访谈型、随笔型，虽然在整体设计和文体方面看似不甚统一，但在一定程度上体现了这些学者的学术个性与风格。另外，由于各位学部委员学术自传的篇幅长短不一，考虑到篇幅的均衡问题，在付梓出版时没有按各学部划分独立成册，也是本套丛书的缺憾。此外，如能增加同行专家对学部委员学术成就与学术贡献的评价，则将起到锦上添花之效。

学术自传是作者对学术道路的回顾与总结，其中凝聚了作者的治学经验与治学方法，又有对新中国关于学术人才培养的描述，更不乏作者对学术与人格、学术与利益、学术与功名等关系的人生思考，因而这套学术自传既富有启发和感染力，又具有当代学术史的史料价值。当前，我院的学部委员、荣誉学部委员总体年龄偏大，有很多已到耄耋之年，他们的学术智慧和治学经验需要传承与发扬。因此，这套学部委员学术自传，可以称得上是一项学术史料的保护和抢救工程，是功在当代、利在千秋的事业。

今年5月17日，习近平同志在哲学社会科学工作座谈会上发表了重要讲话，明确指出哲学社会科学在认识世界、改造世界、推动社会进步、增强国家综合国力和国际竞争力、坚持和发展中国特色社会主义等方面具有不可替代的重要地位，哲学社会科学工作者具有不可替代的重要作用。希望广大哲学社会科学工作者坚持马克思主义的指导地位，加快构建中国特色哲学社会科学，树立良好的学术道德，自觉遵守学术规范，讲究博学、审问、慎思、明辨、笃行，崇尚"士以弘道"的价值追求，真正把做人、做事、做学问统一起来。要执着坚守，耐得住寂寞、经得起诱惑、守得住底线，立志为人民做学问，做大学问、做真学问。要把社会责任放在首位，严肃对待学术研究的社会效果，自觉践行社会主义核心价值观，做真善美的追求者和传播者，以深厚的学识修养赢得尊重，以高尚的人格魅力引领风气，在为祖国、为人民立德立言中成就自我、实现价值。

习近平同志的殷切期望为广大哲学社会科学工作者指明了继续前进的方向、努力追求的目标。我们也期盼这套学术自传的出版能乘上习近平总书记重要讲话的东风，推动我院、我国的科研人员以学部委员、荣誉学部委员的高尚追求和优良学风为榜样，不畏艰辛、不辱使命，以自己的智慧和努力，为繁荣发展我国哲学社会科学，为建设中国特色社会主义事业做出自己应有的贡献。

2016 年 8 月 3 日写于建国门社科院科研楼

目　　录

（按姓氏笔画排序）

目 录

王金存

Wang Jincun

男，1936 年 3 月 19 日生于河北省乐亭县，中共党员，1953 年参加工作，任东北石油五厂会计员、人民监察员等职，1955 年被保送到沈阳财经学院专修科学习，1956 年考入该院本科（后该院并入辽宁大学），1960 年毕业于辽宁大学经济系，同年以多学科优秀成绩被选入中国社会科学院经济研究所世界经济研究室工作，1964 年世界经济研究室改编为中国社会科学院世界经济研究所。在社科院工作四十余年，直至退休。起初研究苏联东欧经济问题，东欧剧变苏联解体后，研究国际形势和国际战略问题。曾任世界经济与政治研究所研究员，苏联东欧比较经济研究室主任，《世界经济与政治》杂志副主编，《世界经济调研》杂志编辑部主任、主编，研究生院世经政系副主任等职，国务院特殊津贴获得者、博士生导师，曾兼任国家经济体制改革委员会特邀高级研究员、首钢开发研究中心特邀高级研究员、国务院经济研究中心欧亚所特邀高级研究员、河北大学兼职教授博士生导师，现任中国社会科学院国外社会主义研究中心常务理事，2011 年被遴选为荣誉学部委员。有《世界国有企业比较研究》《现代帝国主义的形成和发展趋势》等个人专著 6 部，发表论文和报告百余篇，俄、英文译著 5 部。曾获中国社会科学院优秀科研成果一等奖、国务院经济研究中心欧亚所科研成果一等奖、国家计划委员会科研成果一等奖、国家科技进步（软科学）二等奖等。

艰难跨越的科研门槛

1960 年我开始世界经济研究工作后，遇到的最大困难是外语问题，由于我是调干生，外语基础几近于零，学校当时对外语也不重视，而我们这个苏东经济研究组几乎全是从苏联东欧国家归国的留学生，我为自己的外语盲坐立不安。在万分焦急中我曾打过退堂鼓，找领导要求调离世经室。与我谈话的是一位来自延安的名叫张世昌的老同志，他没有对我讲多少大道理，而是针对我说神经衰弱睡不着觉的请辞理由，教我做气功。他偌大的年纪半蹲半立做示范足有一刻钟，以致脸上沁出汗珠。最后他说，"你的外语基础差我们并非不知道，之所以把你留在世经室还有别的考虑。我看你正在读《资本论》，马克思不是说科学没有平坦的路，只有不畏劳苦的人才能到达顶峰吗，我相信你会闯过外语这一关"。他这种父兄般的教诲使我十分感动，从此我打消了改行调工作的念头，开始了咬紧牙关攻克难关的科研之路。从 1961 年到 1964 年的三年里，我基本上掌握了俄文的阅读和笔译。与此同时，我积极练习调研文章的写作。在此期间，我发表了 5 篇内部调研资料，并在《大公报》等报章上公开发表了两篇文章，这在当时我们这一批青年中算是成绩比较好的。回想起当年我们这帮青年，都是单身汉，住在所里的集体宿舍，除了吃饭睡觉，把全部精力都用在科研上，甚至在排队买饭的空暇也要念或背外文单词。当时党组织和所领导也提倡向科学进军，鼓励帮助我们尽快掌握业务。虽然条件差，生活艰苦，半饥半饱，但领导十分关怀我们的生活，几乎每晚都有领导到宿舍督促我们早点熄灯就寝。我之所以对踏入科研队伍这最初三年如此留恋，正是这三年宝贵的时间，培养了我衣带渐宽终不悔，勇于攀登科研高峰的意志，打下了精益求精、一丝不苟、严谨治学的科研基础。

争分夺秒抢回失去的宝贵时光

自 1964 年春始，搞"四清""文化大革命"，下干校，阔别了科研工作十余年，自息县干校回京后，我已从青年步入了中年。开始新的科研工作后，面临的困难和压力远比最初入门那三年大。压力最突出的表现仍然是外语：由于十多年与外语从未谋面，加之基础原本就不牢靠，我从干校回来后，甚至字典都不会用了。与此同时，国内外学术交流日益增多，外语不仅要会读，还要会听会说。随着研究领域的扩展，原来学的俄语已不够用，还要学习英语。对科研成果的要求也大大提高了：过去在世经室主要任务是为领导提供参考资料，现在要公开发表论文，要有自己的观点和创见。同时还要按时评定职称，每年要登记工作成果。在这种情况下，放下工作脱产学外语已不可能。克服这些困难的唯一办法是最大限度地利用和延长工作时间，或者说是最充分发挥自己的生命潜力。

值得庆幸的是，院所领导充分理解广大研究人员的心情和需要，取消了科研人员的坐班制，可以在家自由安排自己的工作时间。这也体现了领导对广大科研人员的信任和寄望。在外人看来，社科院的人在家里工作，自由自在，是一种特权和福利。但人们不知，我们大多数人在家里每天要坐三个班：早班、中班和晚班，而且这个特有的晚班常常要延续到夜里十二点甚至更晚。我的许多文章和著作都是夜深人静时在孤灯下伴随着家人的鼾声完成的，因为这时没有任何干扰，精神最集中，思路最清晰。对我来说，这种特殊的工作安排并非一时之举，而是持续了几十年。多年来，我几乎没有节假日的概念。

我走过了苏联经济研究的全程

值得欣慰的是，我这种笨拙、拼命三郎式的科研道路获得了颇为丰厚的报偿。值得一提的是，1980 年我出版了第一部专著《苏联经济结构的调整》。该书是"文化大革命"后苏东学界出版的第一部有关苏联经济问题的专著。尽管现在看来这不过是一个科研新手的肤浅习作。但我在该书中提出了当时人们普遍关心的一个重要问题，即如何看待第一个社会主义国家苏联的经济发展道路，"文化大革命"使我国的经济滑向了崩溃边缘，今后我国的经济应该如何发展？我的这本书里贯穿着这样一种主导思想：苏联经济结构的基本特点是重工业过重，轻工业过轻，农业则偏枯，苏联走的是一条压农业、卡消费、突击发展重工业的工业化道路。它是在帝国主义包围、一国建设社会主义、战争迫在眉睫的特殊条件下形成的。20 世纪 30—40 年代反法西斯战争的伟大胜利证明了这条发展道路的合理性和必要性。但是，这种道路在取得成功的时候就隐藏着突出的矛盾，战后这些矛盾则越来越明显。这主要表现为：农业的落后严重地拖了整个国民经济健康发展的后腿，加之轻工业落后，使人民生活难以提高，妨碍了广大人民群众社会主义建设积极性的发挥，使整个国民经济发展的基础越来越不稳。这种发展模式是在斯大林与布哈林等人的生死搏斗中形成的，因此具有浓厚的政治色彩，并形成了理论加以固定化、模式化。斯大林的"从发展轻工业开始的工业化是资本主义的工业化，从重工业开始的工业化是社会主义的工业化"之说，就是突出的例证。在这种思想理论的影响下，苏联的经济结构调整伴随着严重的政治斗争，因而步履艰难。

该书的上述种种思想不仅在我国苏东学界同行之中引起了热议，而且受到了许多政府工作部门的重视。例如，该书出版后不久就接到国家经委的来函，要我带着此书参加在昆明召开的我国经济结构调整讨论会，发言介绍苏联的相关情况。过后不久，国家计委经济研究院又派专人来我所听取我对该书内容的概述，并邀请我参加该委申请的国家重点课题"中国经济结构的调整与科学技术进步"。该课题当年是由国家计委副主任张寿牵头申请的，由国家计委经济研究所、中国社会科学院世界经济与政治研究所、清华大学、复旦大学、天津大学等单位的相关人员组成了一个颇为庞大的课题组，计委经济所一位副所长担任执行组长，他的主要任务是整个课题组的组织工作和各参加单位的分工协调工作，我的主要工作是提交有关国外经济结构调整和科技创新方面的相应报告，并负责组织起草课题的综合报告以及审阅各单位提交的分报告。该课题用了将近一年的时间才完成，专家组审议的评语是"国内首创，国际先进"，获得"国家科学技术进步（软科学）"二等奖。由于我在课题中做出的努力和贡献，课题组为我申请了个人科技进步二等奖，并颁发了证书和奖章。

苏联经济结构问题的研究告一段落后，我又着手对苏联的经济体制进行了较为系统的研究。由于这一问题的复杂性，加之我国经济改革深入发展的迫切需要，我协助当时的室主任梅文彬同志组织相关同志用一年多的时间出版了《苏联经济体制的沿革》一书，填补了这一重要领域的空白。该书虽然是由室主任梅文彬同志领衔出版的，但由于他行政事务繁忙加之调到院科研局任职，我作为工业组组长在本书的编写、审稿、定稿工作中发挥了重要作用。

除了经济结构和经济体制这两项苏联经济研究的重要领域外，我还协助我所世界经济史的著名专家樊亢同志编写了该领域的系列书第四分册《苏联经济史》，承担了审稿、定稿工作。后来我又在樊亢同志的推荐下，在北京出版社出版了《苏联经济七十年》一书。这样我就在苏联经济研究领域有了比较全面的成果，对这一学科的建设和发展起了一定的推动作用，从而也相应地提高了我在苏东学界的学术地位。

比较经济研究的初步尝试

苏联东欧经济研究室在世界经济研究所建立之初，是人员最多、实力最强、最重要的研究室之一，后来该室的学术地位逐渐发生了变化。这一是由于我院成立了单独的苏联东欧研究所，该所的研究领域在很大程度上与我室重叠，如何确定我室的研究特色和重点，这一问题越来越突出。再者，我室的人员虽多，国别虽全，但各国的研究都是孤立的，几乎没有任何交叉和比较，随着我国改革开放的深入，越来越需要研究把握社会主义国家经济发展和改革中形成的具有共同性规律性的东西，单纯的国别研究很难满足这种需要。由于这一原因，我积极主张并向所领导建议，改变我室的研究方法、方向和重点。所领导接受了这种意见，把我室的名称改为"苏联东欧经济比较研究室"，后来我被任命为该室的室主任。

为了加快和增强这一新研究室的学科建设，我协助主管我室的副所长王守海同志组织全室的主要力量编写并出版了《苏联东欧国家经济体制比较研究》一书。该书是我国第一部对苏联东欧国家经济体制进行全面综合分析和比较研究的大型专著。这本书虽然是在王守海副所长主持下开始的，但他体弱多病，课题未完又去日本任职未归，因此该书的审稿定稿以及出版事宜基本上是由我承担完成的。

这本书的最大功绩是它打破了苏联东欧经济比较研究室的科研人员孤立搞国别研究、互不交叉的传统模式，开创了全室同志交流配合集体完成大型课题的先河。但从内容来看，并没有得出更有借鉴价值、更为深刻的结论。这不仅是因为参加者长期孤立搞国别研究，缺乏多国横向比较研究的习惯和学识，除南斯拉夫之外，苏东各国经济体制乃至改革方法和思路大同小异也是重要原因。此外，苏东国家社会剧变也使这种比较经济研究失去了基础和意义。

比较经济研究的深入探索

苏联东欧国家社会剧变后，我参加了谷源洋所长主持的中越两国经济改革的比较课题，在此过程中，我曾三次赴越考察。在完成这一课题之后，我又开始了中俄越三国国有企业改革的比较研究，并先后发表了数篇论文和研究报告。关于俄罗斯的改革我重点分析了该国国有企业私有化的产生和演化过程。早在1989—1990年，苏联科学院经济研究所在所长阿巴尔金院士的领导下，就已提出了"非国有化"或"民营化"的构想。其办法大体是：按职工的工龄和职务等把企业的资产分配给全体职工，使他们成为原始股东，然后再由股东代表成立董事会和聘用经营管理人员，按市场原则运营，与国家各主管部门脱钩。这种办法的来源一是南斯拉夫"工人自治"的理论和实践，二是对马克思"重建个人所有制"提法和构想的理解和发挥。后来苏共中央还发表了"非国有化"条例，其出发点是不放弃社会主义原则，与当时已经从西方传入的私有化思潮相抗衡。但东欧剧变苏联解体之后，以叶利钦、盖达尔等人为代表的"民主派"政权，直接推行了休克疗法和私有化运动。由于缺乏投资者或国有资产的购买者，为了加速私有化的进程，叶、盖等人又接过了阿巴尔金院士提出的办法，向企业职工发放"私有化券"。由于社会动荡，货币贬值，工厂停工和亏损等原因，大多数职工根本未把这种"私有化券"看作资产，由于生活困难，大多数职工很快就把它廉价出售换了面包或啤酒。而那些有钱的人或外国人则大量收购"私有化券"，从而成为企业的新主人，成为大款或寡头。俄罗斯这种雪崩式的私有化与西方国家的私有化也有重大区别。例如，英国撒切尔夫人的私有化是把那些经营不善导致亏损的国有企业有条件地廉价卖给私人，它是一种动员社会投资和改善经营机制、整顿不良企业的过程；而俄罗斯这种私有化具有强烈的反社会主义意识形态色彩，是国有资产和国有资本大量流失的过程，而且很大一部分流到了国外。中越两国都坚持了社会主义经济自我完善的改革道路，没有采纳苏东国家那种出卖国有资产的私有化办法，而是逐步推行股份制，转换企业的经营机制，特别是大力鼓励和动员社会资本和外国资本，或入股国有企业或独自创业，组建各种形式的民营企业。但应指出，越南改革的办法和思路虽然大体与中国相同，但改革的基本理论与我国有重要区别。中国改革的理论基础是"中国特色社会主义"和"社会主义初级阶段"理论。而越南改革的基本理论则是"社会主义过渡时期"理论，也就是说越南还处于由资本主义向社会主义过渡的过程之中，尚不能完全实行社会主义原则。这样，越南就无须对社会主义种种定理和概念进行无休止的争论，避开了许多理论难题。对于发展市场机制、举办私营企业、雇工乃至党员办企业等都成为过渡时期的自然现象，无可厚非。从经济发展的实践来看，俄罗斯与中越这两条经济转轨道路的效果差异更为明显。在十年内，俄罗斯经济每年递降9%左右，而中越两国则每年递增8%—10%。

比较经济研究终于取得了可喜成果

我这种三国演义式的研究方法可以说是独一无二的，引起了学术界和实际工作者的很大兴趣和好评。这给我进一步深化比较经济研究提供了很大的动力。20世纪80年代中期以来，我国国有企业改革深入发展，急需借鉴国外的相关经验。而苏联东欧国家普遍走上了资本主义道路，与我国的改革是两条道上跑的车，对我国根本没有借鉴价值，继续在这些国家经济发展道路上兜圈子已没有意义。形势迫切需要我们开阔眼界，寻求更加广泛的经济比较研究的道路和方法。正是在这种情况下，我向院里申请了不同类型国家国有企业改革比较的课题。课题被批准后，我跨出了原苏东室狭窄的小圈子，在全所乃至外所物色课题组成员，重点是发达资本主义国家和发展中国家经济的研究者。课题组成员比较快地找到了。问题在于这些同志与我们室的同志一样也是长期研究国别经济，有的对国有经济并没有多少接触，更没有横向比较研究的经验。在这种情况下，我只好把整个课题划分为两大部分。第一部分是按国别分工，各成员提供本研究对象国国有企业发展和变革的相关资料，收集多少就提供多少；第二部分是综合分析，即在大家提供的资料的基础上尽可能提出一些具有普遍性或规律性的认识或结论。由于各国提供的材料口径不一、内容各异、繁简不同，很难进行比较得出深刻有价值、有规律性的结论。此书虽然得到了出版，但反响和评价并不高。如我在其中兼职的国家体改委的一位副主任（名字不记得了，只知是乌兰夫之子）对我说："看了你的大作很高兴，提供了这么多国家的情况很不容易。但我国的改革应从中吸取什么经验和教训还不够清楚。希望在这方面加强研究。"

这位领导同志的谈话给了我很大的启示和鞭策，我决心写一部研究世界范围内国有企业发展和变化规律的专著。在此后的两年多的时间里，我打破了国别的界限，按专题重新收集和整理资料，加之我参加了体改委组织的考察团对欧洲多国国有企业进行考察，终于写出了一部名为《世界不同类型国家国有企业发展和改革比较研究》的长篇专著，在这本新著里，我提出并回答了如下一些对我国深化国有企业发展和改革有直接借鉴价值的问题：国有企业的起源；为什么不同类型的国家都有国有或公有企业；如何认识国有企业的社会性质；社会主义国家全盘国有化政策的来源及其后果；国有企业的特有功能和部门配置的规律；国有企业的分类，公用性、自然垄断性和商业性企业的经营机制和考核机制应有什么区别；不同国家在经济发展不同时期和阶段国有企业规模和部门配置变化的规律；国有企业或国有资产应该属于谁，谁应是国有企业的主管；为什么国有企业特别需要外部监督；如何建立国有企业和国有资本的监督、管理和业绩考核体系；等等。这些问题是世界各国国有企业发展过程中普遍存在的，但至今仍未见有哪本书能系统地做出回答。因此我这本书的出版引起了强烈的反响。国有资产管理局、国家计委、商业部、石化总公司、盘锦石化公司、首钢公司、中央电视台、中央人民广播电台和《经济改革报》《人民日报》，以及一些省市的学术单位和报刊，先后给我来电或来信，邀我给它们写文章或作专题报告，甚至几十年没有联系的石油五厂我的一些老同事也来信向我祝贺。这方面的活动持续了约三年之久，其间我发表了大量论文和报告。该书被其出版单位列入优秀图书目录，并作为"五个一"工程项目提交全国出版系统评奖，后又在国有资产管理局、国家计委、国家体改委《经济改革报》的同志推荐下被我院评为科研成果一等奖。

研究苏联剧变的原因和教训成了我的新工作重点

1990—1991 年我赴苏联科学院经济研究所高访进修，这开启了我科研工作的一个新阶段。在此期间，我亲身经历和目睹了苏东社会剧变以及苏共和苏联解体的过程。这样一个列宁缔造的实力强大的世界超级大国，为什么突然消亡了？当时苏联社会确曾出现了一些杂言，有过一些持不同政见者的示威捣乱，但与当年的匈牙利事件和波兰的波兹南事件也不能相比。实际上是苏共和苏联领导集团本身制造混乱，自我拆台。其中叶利钦和戈尔巴乔夫这两巨头之间的权益之争和恶斗，以及作为苏联总统和苏共总书记的戈尔巴乔夫本人的投机取巧、无原则地妥协和迎合乃至背叛行为起了决定性作用。那么他们为什么这样做，苏联广大人民群众和广大党员又为什么允许他们这样做，并使他们这种背叛相当顺利地得逞呢？回国后，研究回答上述问题在一段时间成为我最重要的工作。在此期间，我写了十多篇相关的文章，在许多单位讲过课，参加了多位副院长和党委书记主持的课题。在这方面我在国外社会主义研究内部刊物上发表的《葬送苏共和苏联的一剂毒药——评戈尔巴乔夫人道的民主的社会主义》一文引起了广泛的反响，我收到了许多信件对此表示赞许，《中华魂》等许多内部刊物转载了该文。

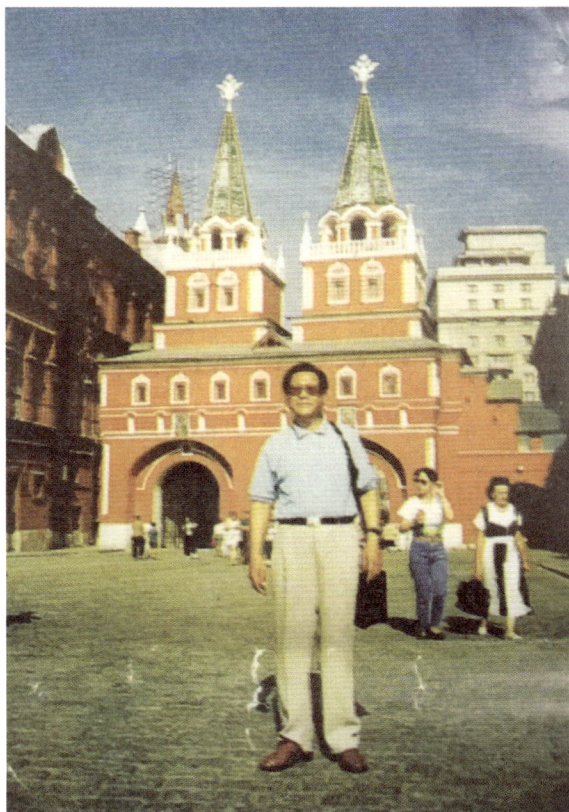

在苏联进修（1991 年夏摄于莫斯科红场）

苏联领导人特别是戈尔巴乔夫的背叛行为固然是苏共倒台、苏联解体的主要的直接原因，但认为苏东国家社会剧变只是由于出现了几个叛徒那也是片面的，甚至是有害的，不可能正确全面地吸取其教训。我始终认为，苏东国家社会剧变具有需要深入细致研究的、多方面的、更为深层的原因。概括说来，主要是苏联经济体制、政治体制存在深刻的弊端，而苏联的改革长期推不动，不见成效，并且滑向了错误道路。

从经济改革方面来看，早在 20 世纪 50 年代中期，赫鲁晓夫就启动了经济改革的进程，经过勃列日涅夫等几代领导人的种种名目的改革，旧经济体制基本上仍是原封未动。其经济体系和经济政策之混乱和荒谬到了可笑的程度。举一个突出的例证：早在 20 世纪 50 年代初，赫鲁晓夫就咒骂用面包养猪的人是罪过，不得好死。到 1991 年苏联解体的前夕，我在一位朋友的带领下到莫斯科远郊依万诺夫一个集体农庄参观。在该农庄一位会计家吃午饭时，我亲眼看到她用麻袋装面包喂猪喂牛。我与她开玩笑说，你的猪和牛谁买得起？她回答说：你这个经济学家怎么连这么简单的道理都不明白，在我们苏联面粉比小麦便宜，面包比面粉便宜。后来我才想起，苏联为了维持物价稳定，不降低城市人的生活水平，从战后起，对农产品就实行了层层补贴的办法，从而形成一种特殊的补贴经济。结果是苏联的财政逐年恶化，经济增长率不断下降。戈尔巴乔夫是打着实行"激进"经济改革，扭转经济停滞等旗号上台的。上台不久就公布了所谓企业"三自一全"的激进改革方案。结果是上边改革文件一大堆，下边当作耳旁风置之不理，经济体制改革左推右推不动窝。

政治体制的弊端也很突出，组织涣散，干部腐败，脱离群众，党员丧失信仰，群众意志消沉，党团组织生活流于形式，甚至成为说笑发牢骚的场所，这种种现象长期存在，却从未有人认真整顿。戈尔巴乔夫上台后也曾推行过一阵反酗酒、反懒汉、反"非劳动收入"等整顿社会风气的小举措，结果也是在人们的讥笑咒骂声中不了了之。

经济改革长期推不动的一个重要原因是，企业特别是规模庞大、势力强大的军工集团的抵制乃至公开反对。这些企业吃了几十年的大锅饭，早已积久成习，现在让它们自我拨款、自找销路、自负盈亏，实行完全的经济核算，无异于夺走它们的饭碗。它们为生存而抵制和反抗是自然的。但也应看到，苏联的经济改革虽然有这些特殊的困难，若是党和政府有一个坚强的领导班子，改革也并非完全不可能。问题在于，苏共中央已经丧失了领导力和执政能力，戈尔巴乔夫本人对经济改革从一开始就三心二意。正在苏共中央提出发展有计划的市场经济的时候，戈尔巴乔夫在一次讲话中却公开说："世界上实行市场经济的国家有一百多，真正成功的有几个？"实际上，当时戈尔巴乔夫已经头脑混乱，面对各种矛盾和各种主张丧失了主见和定力。有人告诉他，苏联经济体制的病根是腐朽的政治制度，不改变这种政治制度就不可能建立起合理的经济体制。在这些人的鼓动下，他竟然知难而退，放弃了已经启动的刻不容缓的经济改革，在企业经营机制转换的攻坚战中当了逃兵。为了投人所好，抢旗帜，他匆忙地毫无准备地转而去搞政治改革。而政治改革又不是解决党组织涣散、干部腐败、革命意志丧失之类迫切的严重问题，而是在公开性、民主化等蛊惑人心的口号下，放弃党的民主集中制原则和党在国家的领导地位。允许党内不同派别公开活动，让共产党与其他政党和团体"平等竞争"。结果是首先引起了党内的混乱，继而又引起了整个社会的动荡乃至党和国家的消亡。这里需要再次强调，当时苏联并没什么强大的反对派，在政治上并没有遇到难以应对的挑战，上述种种背叛性的举措都是苏联领导集团特别是戈尔巴乔夫自觉自愿推行的。因此，苏共和苏联的倒台与其说是被敌对势力打倒的，不如说是它们的领导人自己趴下的。列宁、斯大林创建的这个经历过残酷的国内战争、卫国战争考验的党何以变成了这样一个自暴自弃的熊包党，真是令人匪夷所思。

在研究苏联社会剧变的原因及其影响过程中，还有一事值得提及。1994年某日，滕副院长接到了江泽民总书记送来的新华社内参的一份文件，内容是俄共在阐述社会主义的前途时说："隧道的尽头是曙光。"让我们弄清这一文章的来由和这句话的意义和影响。滕副院长召集了苏东所、世经政所和世界历史所的相关人员开了一个小会。我们看了俄罗斯报刊这篇文章，得知俄共中央召开了一个有关世界社会主义发展前途的国际会议。这篇文章是《真理报》对会议的报道，"隧道的尽头是曙光"这句话是这篇文章的标题。在向江总书记报告这一问题的同时，滕副院长还向党中央提出了创办《世界社会主义动态》内部刊物的报告。在得到中央批复后，组成了"世界社会主义研究中心"这一机构，滕副院长任主任，我被委任为常务理事，并根据滕副院长的指示撰写该刊的第一篇文章。此后参加该机构的活动，为该刊供稿就成了我一项重要的任务。

研究国际战略成了我的新任务

20世纪90年代初，随着苏东国家社会剧变，世经政所研究重点以及学科机构的设置也进行了重大调整。取消了所有地区国别的研究机构，我作为室主任的苏联东欧经济比较研究室也被撤销。我听从所领导的安排，开始主持《世界经济调研》工作。最初任编辑部主任、副主编，后任主编。与此同时，所领导还要我关注国际形势和国际战略问题的研究。在此期间，我所每年提交上级和在黄皮书上发表的国际形势报告，我都是重要的执笔人或撰稿者。为了做好国际问题特别是国际形势和国际战略问题的研究，我深入细致地阅读了邓小平同志的有关国际问题的论述，先后摘录了近10万字的语录和心得，这为我的国际形势和国际战略问题的研究打下了较深的思想理论基础。在此期间，我除了承担每年国际形势报告的撰稿和《世界经济调研》的日常审稿定稿工作之外，在有关现时代的性质和主题以及如何认识和平发展两大世界问题等方面发表了一系列文章和报告。邓小平同志是把世界和平发展作为"两大任务"提出的，并且明确指出"这两个问题至今一个也没解决"。而有的同志把邓小平这一思想说成是时代性质变了的根据，并提出了"和平与发展时代"这一时代性质的表述。为了辩驳这种认识，我专门申请了一个课题，详细考察了马克思、恩格斯和列宁有关时代概念和性质的论述，并阐明了时代与时代主题之间的关系。此外，我还协助副院长滕藤同志主持了"邓小平理论与新世纪中国国际战略"国家重点课题，出版了相同名字的专著；协助我所所长李琮同志完成了"有中国特色的社会主义与当代世界"院重点课题，我不仅承担了一些重要篇章的撰稿工作，还协助主编对一些篇章的书稿进行了修改；我还协助我所所长谷源洋同志完成了国家重点课题"当代资本主义与世界社会主义"的当代资本主义部分，参与了这一部分的组稿和审稿工作。

我在研究国际战略问题的几年里，对以美国为代表的现代帝国主义的性质和前途给予了极大关注，利用一切机会搜集整理资料，终于在我退休后写出了《帝国主义历史终结》一书，作为列宁帝国主义论发表一百年的献礼。该书出版不久，就收到了一些反馈。已有数个单位的读者来电与我讨论相关问题，"世界社会主义研究中心"不仅为该书提供了出版津贴，还发给了3000元的奖金，该书的出版单位社会科学文献出版社将其列入当年的优秀图书目录。

在河北大学主持研究生毕业论文答辩（1985年秋）

一个普通研究人员却得到国内外的重视

我在国外问题研究中，很注意与国内问题的需要相配合，从而使我的一些研究成果不仅为学术界的同行所重视，而且引起了一些实际工作部门的关注。这些单位有的邀我去作专题报告，有的邀我写文章，有的还聘请我参加他们的科研或教学工作。我先后多年任河北大学客座教授和研究生导师、首钢研究开发中心特邀高级研究员、国家体改委特邀高级研究员、国务院发展研究中心欧亚所高级研究员等。

我的一些科研成果曾获得国家、部委、院、所多项奖励,这包括:"技术进步与产业结构"国家课题曾获国家计委科技进步一等奖、国家科学技术进步奖(软科学)二等奖,我作为课题实际执行主持人之一,还获得了国家科技进步个人二等奖,获得了证书和奖章;《苏联经济结构调整》一书曾获世界经济与政治研究所 1977—1991 年优秀科研成果奖;《世界国有企业比较研究》一书曾获中国社会科学院离退休人员优秀科研成果一等奖;《经济全球化与国家主权让渡和维护》一文曾获世界经济与政治研究所优秀科研成果一等奖、第四届中国社会科学院优秀科研成果三等奖;《葬送苏共和苏联的一剂毒药——评戈尔巴乔夫人道的民主的社会主义》一文曾获中国社会科学院 2007 年优秀对策研究三等奖,并被中国社会科学院评为内部调研一等奖,被中宣部评为优秀调研;《前苏联和俄罗斯私有化思想的起源和演化》一文曾获世界社会主义研究中心优秀文章奖;《从经济发展的实绩看苏联社会剧变》一文曾获"世界经济精品论文奖";《苏联经济改革道路的回顾与思考》一文曾获国务院发展研究中心世界社会主义研究所"1991 年优秀论文奖"等。

我的科研成果受到了国内外一些传媒的关注。我曾接受过美国、英国、日本的电视台专访,苏联、越南、韩国使馆曾邀我作过专题讲演或派员对我专访,我曾十多次在中央、北京和地方性电视台作过讲演,国外的一些网站曾收录我的著作颇为详细的目录,德国国家图书馆曾有我的著作目录。国内一些收集名人文章的书籍对我也有专访,并收集刊载了我的一些科研活动和成果。

访欧国有企业（2001 年夏摄于丹麦某公园）

现在尚保存的这类书籍有：《当代中国经济学家》，广东人民出版社 1988 年版；《走近中国经济学家》，河北人民出版社 2000 年版；《天南地北乐亭人》（我的故乡乐亭县名人录），中国物资出版社 2010 年版；《辽大校友风采录》（我的母校建校 60 周年编写的名人录），辽宁大学出版社 2008 年版；中央文献出版社出版的《高中级领导干部学习"三个代表"文集》曾收载了我的论文；等等。所有这些都使我备受鼓舞，它们增强了我的科研动力，丰富了我的生活内容和色彩。最使我感动的是，我退休多年之后，院学部和有关单位还没有忘掉我这个科研战线上的老兵，授予我学部委员这一最高荣誉。这些都使我深切感受到，我在新中国科研战线近半个世纪的耕耘，劲未白使，汗没白流，虽然现在疾病缠身，但心情愉快坦荡。说到这里意犹未尽，胡诌几句顺口溜以释情怀：

　　本是乡间农家子，
　　进城读书是机缘。
　　聪明才智未生就，
　　老牛奋蹄勤耕耘。
　　纵然不成参天树，
　　丛丛小草也是春。
　　重重艰难未折腰，
　　几纸奖状头会昏？
　　业绩大小何足论，
　　竭尽全力心安然。

王金存

2011 年首发于中国社会科学网

2016 年春修订

冯昭奎

Feng Zhaokui

　　男，1940 年 8 月出生，汉族，浙江慈溪人，中共党员，1965
年清华大学无线电电子学系毕业。1965—1983 年在北京微电子研
究所担任技术员、工程师，1983 年调至中国社会科学院日本研究
所，历任经济研究室主任、副所长、研究员。现任中国社会科学
院荣誉学部委员，兼任中国人民外交学会理事、中国中日关系史
学会顾问等。学术专长为日本经济与科技问题。曾主持多项集体
研究课题，如"日本的新技术革命""日本经济的活力""高技术
与日本国家战略""中国的改革与日本的经验""中日流通比较研
究""日本外交（1945—1995）"等。主要学术成果有《新工业文
明》（1990 年）、《能源安全与科技发展——以日本为案例》（2015
年）、《21 世纪日本：战略的贫困》（2002 年）、《日本经济（第三
版）》（编著，2015 年）等。曾 3 次获中国社会科学院优秀科研成
果奖，其中《资源小国的压力与火力》获优秀研究报告奖，《日本
经济（第一版）》获优秀科研成果三等奖，《21 世纪日本：战略的
贫困》获优秀科研成果二等奖。

从工程师到社科研究者的人生之路

　　我是清华大学无线电电子学系 1965 届毕业生，毕业后被分配到一家微电子研究所工作。然而，我在自然科技工作岗位干了 18 年之后，却在 1983 年 6 月被调到中国社会科学院，改行搞日本研究，从一名工程师转变为社会科学战线的研究人员。在本文中，我先说说家庭对我的影响，说说一个理工科大学出身的技术人员如何经历"多重偶然"转行到社会科学领域，然后说说自己从事日本问题研究的过程和成果。

父亲的书房成了"第二课堂"

　　我出生在上海一个知识分子家庭。1950 年 3 月，因为父亲奉命调往北京组建世界知识出版社，我们阖家迁往北京，这使我的少年时代发生了转折，从上海的弄堂生活转变为北京的四合院生活。

　　我们在北京搬了三四次家，都是住四合院。最后搬到无量大人胡同 6 号外交部宿舍大院，才算安定下来。无量大人胡同 6 号里外共有 4 个院子，据说这个大院的原主人梅兰芳在 20 世纪 20 年代曾在里院的二层小楼里接待过瑞典皇室贵宾，还在小楼二层阳台上练过嗓子。我家住在那座二层小楼的一层，有四间互连的房间，其中最大一间是父亲的书房兼父母的卧室。

父亲的书桌上总是堆满了各种文件，其中每天要放在案头的是新华社的《参考资料》，有上午版和下午版，有一阵好像还有中午版，两三种版本的厚度都不逊于杂志。我在上高中乃至进大学后，有机会总喜欢进父亲的书房转悠，翻翻这看看那，尤其感兴趣的是那摞《参考资料》，然而父亲却不让我看，他说："专心学你的理工科罢，国际上的事儿一天一变，风云莫测，不像牛顿定律，能管几百年。"

书桌的后面有几个大书柜，其中世界知识出版社出版的"内部图书"占了相当大的空间。当时出版社除了出版《世界知识》等3种国际问题杂志外，还出版有关国际问题的图书，而出版供高级干部阅读的"内部图书"更是一项重要任务。翻开"内部图书"的封面，首页大都醒目地印着限制读者范围的规定，比如"本书供部级以上干部阅读"或"供局级以上干部阅读"等。我有时忍不住"偷偷"地翻阅这些书，不经意间享受了局级乃至部级以上干部的待遇。现在回想起来不禁有点诚惶诚恐。

主雅客来勤。紧连书房的客厅经常宾客满座，特别是到了周末，母亲总要摆一大桌菜肴酒水招待客人（几乎每接近月底母亲就对父亲说"这个月的工资快花光了"），而父亲则与来客谈笑风生，主要是说明国际形势，以致父亲去世后，赵朴初在悼念父亲的诗词中有"每忆高谈惊四筵"之句。

但进父亲书房的人却不多，常见的一位是当过中宣部副部长的姚臻，当时主管国际宣传。他给我留下的印象是一个非常精干、年轻有为的干部，却不料在"文化大革命"中含冤自杀。另一位是在新华社参编部工作的堂兄冯彬，他经常来向父亲讨教或

"吹风"，父亲也乐意跟他聊，叔侄俩都爱抽烟，一边吞云吐雾一边谈笑神侃，阳光透过窗子照射进来，暖融融的，在一旁静听他们交谈的我则一并吸进了精神养料和"二手烟"。

有一次，清华大学请父亲做国际形势报告，地点就在那座有象征性的球顶建筑物——清华大礼堂，我和同学们排队进入就座，来得迟一些的学生只好在后面站着听，或者在阶梯教室听拉线广播。当时我就有一种幸运感："吸引全校上万名师生的报告我却可以经常在家里听到。"

1966 年"文化大革命"开始，父亲已因身患肝癌卧床不起，病榻就设在他的书房。即便这样，前来抄家的造反派也没放过他，在他的病榻两头都贴上标语，什么"一贯大吃大喝，追求资产阶级生活方式！""坦白交代！抗拒从严！""打倒刘邓司令部在新闻战线的黑干将！"等，把病重的父亲气得直咬牙，禁不住怒吼道："说《世界知识》是'卖国杂志'的人，才是真卖国贼！"其实，说父亲是"刘邓司令部在新闻战线的黑干将"实在是抬举了他，因为当时父亲的行政级别大概只是九级模样。

"文化大革命"中所受的冲击致使父亲的病情迅速恶化。父亲去世后，母亲生怕书房里藏有什么"毒草"，匆匆忙忙将几大书柜"内部图书"还给出版社。出版社也不知如何处理，听说全烧了。与此同时，父亲连续记了几十年的日记，包括我从小学五年级开始写的日记，统统都被母亲给烧了。"文化大革命"后说起这个事儿，谁都感到真是太可惜了。

我在大学二年级时，由于在天津实习期间参加挖海河劳动，得了严重关节炎，住进了医院治疗，后来不得不休学回家养病，而母亲把我的病床就安在父亲的书房里。在养病期间，我在父亲的书房里"博览群书"，重点是自学马克思主义哲学，读了《资本论》《政治经济学》《自然辩证法》等多部马克思主义经典著作。其实，当时我只是出于自己的兴趣（因为清华大学的哲学老师讲课非常精彩，使哲学课成了我的"最爱"），根本没想自学哲学是为了将来改行，"弃工从文"。我们这一代青年很少有人会考虑"设计"自己的人生，一切听组织安排，所以休学两年后我回清华大学继续学业，毕业后又做了18年技术工作。不曾想，改行搞社会科学研究后，20多年前在大学里学的哲学课以及在休学期间的自学，深深地影响了我此后的国际问题研究，促使我在长期的社科研究中注意运用"两论"（马克思主义的辩证唯物论和历史唯物论）。

总之，虽然在考大学那年，父亲说国家最需要科技人才，鼓励我考理工科大学，导致我改变考文科的志愿而考进了清华大学，但父亲的书房似乎成了我的"第二课堂"，正是从父亲身上我感受到思想殿堂之美，写书作文之趣，虽然需要为之付出极大艰辛，但是一旦能将有新意、有创见的东西奉献给社会大众，你会觉得自己活得非常充实和幸福。

公共汽车早到 20 分钟改变了我的后半生

大学毕业后参加农村"四清"，参加三线建设，下放军垦农场，然后回原单位，在"文化大革命"的纷扰中断断续续地做些技术工作，后升任工程师。20世纪70年代末到日本静冈大学的电子工学研究所留学（进修）两年，再回原单位。这就是我改行前的简历。

我怎么会在人到中年之时忽然从自然科技领域一下子、"大跨度"地跳到了社会科学领域呢？其原因可以说纯粹是出于偶然，而且是"多重的偶然"，而所有这些偶然的根源就在于中国的改革开放。

第一个"偶然"说来话长。

1978 年 6 月 23 日，邓小平在听取清华大学的工作汇报时明确指出，"我赞成留学生的数量要增大"，"这是五年内快见成效，提高我国水平的重要方法之一。要成千成万地派，不是只派十个八个"，"要千方百计加快步伐，路子要越走越宽"。

随着邓小平关于派遣留学生的指示的落实，高教部决定于 1978 年 9 月 1 日举行选拔出国留学生的外语考试。这个决定早在 1978 年年初就下发到各个单位。研究所的一些同事得知可以申请出国留学的事儿，十分兴奋，都早早地开始准备预定在 9 月 1 日举行的选拔出国留学生的外语考试。当时，我对出国留学的事儿懵里懵懂，毫不关心。

我从中学到大学，总共学了 10 年俄语，而当时的留学考试指定只考英、日等西方国家语言，将俄语排除在外，可是我尽管在大学五年级（尖端技术专业多为六年制）选修第二外语时学了一点英语，但专业课学习极为繁忙，根本没把学外语放在心上，几乎可以说只记得 ABC 到 WYZ 那些字母了。但是，毕业后走上工作岗位，很快感到英文对从事技术工作很重要，就开始自学英语。1969 年我所在单位的知识分子（当时通称"臭老九"）统统被下放到军垦农场，我不得不中断了英语自学，但又有些不甘心，就带了一本英文版的《毛泽东语录》，每当政治学习时间，人人都捧着红宝书念，我总是将红宝书捧得很高，为的是避免被人发现我一心二用：一边读英文版的语录，一边利用英文语录"反求"中文词汇。到了晚上熄灯以后，虽然几十人睡一排大通铺，我也能在被窝里开着手电筒学，还得时时注意军人连长有没有进来查房。1972年下放结束，从军垦农场回到工作单位，我有了更多自由时间，经常到研究所的图书馆去看进口的英文科技期刊，我发现进口期刊的一些彩页往往被人用墨笔涂成"大黑脸"，开始以为有人恶搞，后来才知道那是图书馆为了防止"精神污染"，安排了专职人员对刚到的进口期刊进行"身体检查"，每当发现有穿得稍稍暴露的大美人儿，就毫不留情地将整个彩页涂黑，当然执行这项任务的是一位"老女人"管理员，以免男性职员有"先睹为快"、心慈手软之嫌。

除借助词典阅读英文期刊外，我还结合自学英语，为《计算机世界》翻译一些资料。当时，无论翻译多少字都是没有稿费的，但看到自己翻译的文章得到发表，而且在译文最后的括号里署有自己名字，就很高兴很满足了。

到了1978年8月下旬，我爱人（现在该称"老伴"）对我说，人家都在准备考英语，你何不去试试，也好检验一下你自学英语达到了什么程度。第二天，我在办公楼走廊里偶然遇见单位领导（我有个脾气就是非不得已是不会主动找领导的），随口说了一句"我也想参加英语考试"，领导马上转告负责选拔出国留学生的人事部门，在报名期限已过的情况下，给我补报上去了。

第二个"偶然"可以长话短说。这就是当时的高等教育部通知说，原定于9月1日举行的外语考试延期到9月15日举行。这使我在金秋季节有了半个多月的准备时间。说老实话，如果没有这半个月时间用来复习英语语法，我肯定会考不及格的。

第三个"偶然"发生在考试那天。我的一位邻居兼同事尽管不是学英语专业的，但他从中学到大学的外语课都学的是英语，而且从1978年年初就开始全力以赴地进行复习。与他相比，我在学校里只学过俄语，英语基本靠自学，而且迎接这场考试也是临阵磨枪，只花了半个月的业余时间复习，因而觉得自己在英语水平上低人一头，没法跟他比。就在出发去考场之前，我跟他在院子里聊天，突然他甩出几句流利的英语，一下子就把我"镇"住了，我一赌气说："算了，凭咱这水平还去考什么英语？不去了！"于是，他一个人急匆匆地赶赴考场，我目送他走之后独自在院子里徘徊。周围邻居得知此事后，就都来劝我说："去吧，去吧，准备了一阵子，别白费了！"几个哥们儿推推搡搡地把我送往附近的公共汽车站。

那时，我们有6家住在由一间大教室隔成的6间平房，共用一个地势低洼的院子，各家门户都是那种"小伙子一脚就能踹开"的破木门，只要天气不是很冷，下班后大家经常在院子里坐坐，在"少车时代"常可见到的清明的月色和繁星之下闲聊神侃，到了雨季还要团结起来共同"筑坝""抗洪"，以防雨水灌进地势低洼的"共同家园"。在清华过惯了集体生活的我，在邻里之间生活得很愉快，然而，这样亲近的邻里关系，在当今大家都住着如同"水泥森林"般的高层公寓的时代，似乎已成为历史。

我们的住处位于北京西郊（现在由于城区扩大，早已不算郊区了），离位于虎坊桥附近的考场很远，乘公交车需一个多小时（那时还根本没有出租车，连"打的"这个词儿也还没诞生），加之郊区的公共汽车间隔时间很长，兴许三四十分钟也不来车，因此，几个哥们推搡着我走出院子，我心里就想："你们推我去考场也没用，公共汽车半小时才一趟，反正是赶不上考试时间了。"不料，他们刚刚送我到车站，一辆破旧的公共汽车正好吱呀吱呀地缓缓驶抵车站，这可真是碰巧。以后回想起来，正是这及时驶来的公共汽车为我争取到的二三十分钟，改变了我的后半生。

英语考试合格，留学却去了日本

第四个"偶然"发生在考试结果公布以后。真可谓"歪打正着"，偏偏我那没一点儿自信的英语，居然考出了一个不错的成绩，笔试 67 分，口试"5 减"（最高分的低档）。按照高教部的规定，笔试超过 70 分者不必到长沙去培训一年可以直接出国，我的笔试成绩虽不够 70 分，但是口试成绩勉强达到最高分，因此人事部门通知我可以列入不经培训直接出国的档次。这下子可把我惹急了，因为我参加外语考试就是为了检验一下自己自学英语达到的水平，压根儿就没想要出国，特别是去欧美留学，去那么远又那么陌生的地方，我实在没有这个兴趣，也没有这个胆。

得知我拒绝出国，人事部门犯了难，因为在那次考试中，不少人笔试仅得二三十分，口试仅得一二分，由于考试合格人数不够，人事部门担心完不成出国人数指标。于是，大礼拜天的，我被请到人事干部的家里，经他一再动员说服，双方终于达成妥协：让我改去日本留学，其理由是，日本离得近，"一衣带水"，去了之后如果实在不习惯可以立马回国。此外，人事干部还加上一句话说，日本人都会讲英语，还说这是高教部掌握的情况。

其实，高教部说"日本人都会讲英语"并不属实，实际上普通日本人都不会讲英语，即便是日本的一般科技人员，那英语讲得之蹩脚也会让英美人听了哭笑不得。这反映了当时即便是高教部对外国的情况也不甚了解。后来我的一位日本朋友武吉次朗说，他在 20 世纪 80 年代初陪同中国某省副省长到日本考察超市，那位高干看见顾客自由地依自己需要随手将陈列商品放进篮子里，就向日方提问说："日本什么时候进入共产主义了？"因为教科书告诉人们，进入共产主义就可以"各取所需"了。然而那位副省长只看见顾客可以随便将商品放进篮子里，却没有注意到顾客最后还要在收款台付钱，于是误认为日本已进入"各取所需"的共产主义社会了。连这么高级的干部都对外国不了解，我这样的普通老百姓对陌生的外部世界产生一种"畏惧"心理，就不足为怪了。

我十分勉强地同意去日本后，就一边继续工作，一边在业余时间里通过收音机自学日语。那时，出国之路是很漫长的。像我这样"不经培训即可直接出国"的那批人，为了联系日方接待单位和办理各种出国手续，前前后后也花费了大约 1 年的时间，至于那批接受培训的人，有的可能两三年也出不了国。1981 年深秋我留学归国之后，就碰到 1978 年一起参加考试的同事，说是"您都回来了，我们还不知道猴年马月能出国呢"。

记得 1979 年 9 月，我们这批已经不算年轻的准备出国的"留学生"都到北京外国语学院集中，参加出国前培训，去欧美的和去日本的分开进行。负责培训赴日留学生的领导，请来了在日本常驻多年的记者刘德有先生，给我们介绍日本的情况。在 3 天培训中，我记得有一条很古怪的"要求"就是，到了日本之后，无论是乘地铁还是乘公共汽车，眼睛都不要"平视"坐在对面座位上的日本人，特别是不要看异性日本人（因为大多数参加培训的留学生都是男的，因此所谓"异性日本人"当然是指日本女人）。但是，乘坐地铁或电车，也不能总是在座位上取抬头仰视姿态（这种姿势显然会被别人觉得你"有毛病"），因此，我到日本后养成的一个习惯就是，凡乘坐公共交通工具的场合，都取"低头俯视"的姿势，不是读书就是看报。其实，利用坐公交车的时间读书看报也是很多日本人的习惯。

第五个"偶然"发生在我结束两年留学生活之后。

我联系的日方单位是位于滨松市的静冈大学工学部电子工学研究所，在安藤隆男教授的指导下进行电子摄像器件的研究，主要工作是做实验；每周还在安藤老师的指导下举行讨论会。我开始有些担心，因为1965年大学毕业后又是"文化大革命"，又是去农村，进入工作单位也没怎么扎扎实实地做过研究工作，大约荒废了将近10年的岁月，稍微可圈可点的工作就是到贵州搞"三线建设"，我独立承担了半导体生产线某个环节的厂房的工艺设计，但由于"三线建设"的很多工程下马，那个设计成果也成了一堆废纸。

由于我在毕业后基本上没有从事与我所学的半导体理论紧密对口的真正的研究，所以非常害怕自己无法适应在静冈大学研究所的学习和工作（当时，曾听说和我们一起参加培训、去了美国的一名留学生因为学习压力太大，担心回国后无法向国家交代，竟然在异国他乡偷偷地上吊自杀了）。然而，由于在清华大学经历了多次实习，特别是六年级毕业设计的实践，使我锻炼了较强的动手做实验的能力，加上来到日本以后自己比较刻苦，每天工作十几个小时，因而我的工作基本上能让安藤教官满意（后来安藤老师和我的研究成果联名发表在美国 IEEE 学刊上，并在日本的电视学会全国大会上做了发表）。至于每周的讨论会，安藤经常让大家"轮读"（即轮流阅读并讨论，这是日本科技人员喜爱的一种集体学习方式）他所遴选的美国学术期刊上的论文，参加者是安藤研究班的研究生。多亏在清华大学打下了比较扎实的半导体理论基础，加上我的英文阅读能力似乎比日本的研究生强一些，我在讨论会上居然可以应付自如，有时还能帮老师解答同学们的一些问题。

在我留学生活的第二年，中国科学院电子学研究所的一位室主任来到我所在的静冈大学工学部电子研究所访问，那位胖乎乎的主任了解到我的学习情况后，表示欢迎我回国后到他那里工作。他的鼓励，更使我增强了不负国家对我们留学生所寄托的厚望，运用自己在日本学到手的知识报效祖国的决心。1981 年秋我结束留学回到原单位，很快发现我在日本学的那一套，回到原单位用不上，于是要求调到中科院电子学研究所去，以便使我在日本学到的东西得以发挥作用。但当时"人才流动"还没有放开，出国留学人员必须回到原派出单位，即使所学专业与原单位不对口，也不能随便调动，你再苦苦恳求也没用。为此，我只好在原单位慢慢熬着，接受一些从美国引进大型计算机的英文资料的翻译工作。渐渐地，我对资料翻译工作产生了很大兴趣。在业余，我还利用自己在日本的见闻和所搜集的资料写些介绍最新科技进展的科普文章，在《人民日报》《光明日报》《世界知识》《解放军报》《知识就是力量》等报刊上"转着圈儿地发表"（主要文章收入我的第一本书——1985 年由科学普及出版社出版的《电子风云录》）。

我写这些科普文章似乎有一种无法抑制的冲动。因为清华大学长达 6 年的教育培养了我对科学技术的热爱，清华的老师总是想方设法地收集最新科技理论教给我们（他们讲授的很多内容都因为没有现成的教科书，只好自己编写临时教材），培养了我对高精尖技术的敏锐的嗅觉，就像无线电的天线在空中捕捉电波信号那样，清华的教育也让我的头脑就像长了一根专门捕捉最新科技信息的"天线"。

国家科委催着要人，我却调到了日本研究所

到了 1983 年，"人才流动"不再是"禁区"，我开始萌生"跳槽"的念头。恰在这时，国家科委的胡局长和李局长从报纸上读到我发表的科普文章，十分欣赏，他们决意要调我到国家科委，我的同事们则估摸那就是调去给领导充当"笔杆子"。记得有一次胡局长（后来担任中国自然科学基金会党委书记）召见我的时候，还摇头晃脑地背诵了我在《光明日报》发表的《软件的崛起》一文的头一段，说"写得真好"，动员我赶紧应聘到科委去。我回单位与同事们商量，大家都说你这个书虫不适合去领导机关工作，更不适合当官。我觉得他们讲得很有道理，对国家科委的盛情召请未做反应，谁知科委领导越催越紧，说要直接通过我所在研究所的上级（七机部）领导立即调我，使我感到必须尽快另找出路，"走为上计"。恰好，当时成立不久的中国专利局也在"招兵买马"，我想象那里的工作就是成天关在屋子里翻译和查阅外文资料，正好与我的兴趣符合，因为当时已"人到中年"的我，忽然感到自己既适合，也有兴趣做些技术资料的翻译、整理、分析工作，期待得到一张"平静的书桌"，与人无涉地查查资料，审查专利，或追踪国外最新科技发展，写写报告，于是就急急忙忙跑到专利局的大门口应聘，他们让我填写了申请表，叫我在原单位等待答复。

等了一个多月，专利局的答复未见踪影。恰好在那年初夏，我来到花团锦簇的中山公园，参加外交部下属的《世界知识》杂志编辑部召开的作者座谈会，我因为在这家"与我有缘"的杂志发表过几篇科普文章，也应邀参加。在会上碰到了一位笑眯眯的

老头儿，他自我介绍说自己是中国社会科学院日本研究所政治研究室的主任，名叫何倩。在与何先生聊天之中，我初次得知（活了40多岁才得知）居然有一个不必每天上班的单位。何倩先生对我说，日本研究所正需要人，你在日本留过学，对日本比较了解，就到日本所来吧。在我想象当中，这又是一个可以成天关在屋子里翻译和查阅外文资料的好去处。我的理想就是但求一张平静的书桌，能让我安安静静地翻译和查阅外文资料就行，至于什么理工科和文科"隔行如隔山"的区别，在我脑子里都不是重要的，于是，我马上给日本所写了信，表示愿意去该所工作。信发出后不到一个礼拜，日本研究所管人事的史华女士回复了一封热情洋溢的信，表示热烈欢迎我去该所工作，并亲自到我的原单位办理调职手续。经过十来天，所有调职手续均已搞定，一边准备去日本所上班一边心中还在疑惑"自己这一步是不是跨得太大了"的时候，国家专利局的回音也来了，也是"热烈欢迎"，但是去日本所的事儿已经"生米煮成熟饭"，再反悔想去专利局已经来不及了，致使我曾向往的工作机会竟然因为十来天的时间差而失之交臂，可以说当时在我头脑中连什么是"社会科学"的概念都不清楚，也没有想到自己从一个技术人员"大跨度"改行，迈进了"社会科学殿堂"。有朋友逗我说，你进日本所纯粹是"瞎猫碰上了死耗子"，一点没错。

于是，又一次"时间差"（上次公共汽车是二三十分钟，这次是十来天），根本性地改变了我"后半生"的人生之路。显然，包括这次"偶然"在内的5次"偶然"链条只要缺一环，就不可能发生我从自然科学领域跳到社会科学领域的人生转折，而由于有了我的这个人生转折，对国家来说，就是使千百万国家公务员或准公务员的名单上，少了一个工程师或专利审查员，多了一个日本问题研究者。

在日本早稻田大学讲演"中国经济与科技发展"（2001 年 5 月）

从 1965 年到 1983 年，我从事电子技术工作 18 年（包括 1 年参加农村"四清"运动和 3 年下放军垦农场）；从 1983 年到 2000 年，我在日本研究所工作了 18 年，我在两个不同的研究领域分别工作了"18 年"后，于 2000 年从日本所退休，然而我在退休后并没有停止对国际问题、日本问题和科技问题的关注。我感到，纷繁复杂的国际问题层出不穷，作为一名身体健康、喜欢思考问题的退休人员，完全可以继续"发挥余热"，那么，如何在国家面临的众多问题中选取研究对象？那就要看国家最着急的事是什么，老百姓最关心的问题是什么，这应该是国际问题研究者选取研究对象和题目的一个重要依据。国际问题研究是一个不断涌现新问题、产生新事物、形成新知识的研究领域，国际问题研究者必须不断跟踪新问题、追求新知识、接受新事物。对我而言，不停地学习，不停地思考，不停地研究，似乎形成了一种"惯性"，而且适度脑力劳动也是养生保健、防止老年痴呆症的好办法。我虽然没有做过详细的统计，但可以有把握地说，退休后的15—16年完成的科研成果无论在数量和质量上都超过了退休前的那"18年"。

研究日本"技术立国"成了主攻方向

1983年6月的一天，我去中国社科院日本所报到。

日本所位于地安门东大街（现名张自忠路）3号，从大门拐进东院，只见绿树掩映的甬道，阳光斑驳的小楼。据说这里是昔日清朝陆军部和海军部、段祺瑞执政府、日本华北派遣军司令部所在地，也是1926年3月18日段祺瑞执政府开枪镇压抗议帝国主义侵犯中国主权的学生游行队伍、造成死47人伤200余人的震惊全国的"三一八"惨案的发生地。来到此地我立即想起中学语文课的一篇课文，鲁迅先生所写的《记念刘和珍君》，仿佛觉得那射杀刘和珍和她的同学们的机关枪就架在大门口正前方那座二层小楼的回廊里。

调到日本研究所之后，与自己"出身"迥异的文科同事打交道，最初确实感到有些不适应，特别是感到与占研究人员半数以上的日语专业出身的同事相比，自己的日语水平太差，只要一听到同事们哇啦哇啦说日语，我就心里发慌。入所3个月后，我被调到经济研究室，又感到需要急补经济学方面的知识。在20世纪90年代后期开始关注中日关系问题之后，则感到需要急补国际关系理论方面的知识。总之，中年改行弃工从文让我活得很累。现在回想起来，我在日本研究领域主要做了三件事情：研究日本的"技术立国"与科学技术；研究战后日本经济发展经验；研究中日关系。

理工科出身、长期从事电子技术工作的我，突然进入一个完全陌生的领域，一时感到难以适应，无所适从。从哪里下手？我很快选择了与自己的"专业出身"相关的研究题目——从社会科学角度研究日本科技，利用自己在清华大学打下的科技知识基础，将研究日本的"技术立国"作为我的第一个课题，着手写关于日本的技术立国方针的论文，发表在日本所创刊的《日本问题》（现更名为《日本学刊》）杂志上，其后又写了一份题为"美国为什么要日本提供军事技术"的长篇报告，发表在新华社的《参考资料》上，又被七机部二院的学术期刊转载，该报告还获得了社科院的奖励。

1984年上半年，日本所领导安排我去日本考察了5个月，在访日期间，东京大学的林周二教授等日本学者给了我极大的帮助和亲切的指导，使我至今难以忘怀。他们给我"开特灶"，一对一地对我进行指导，还安排我参加了有关产业革命的研讨会，参观了很多家高科技大企业和有特色的中小企业。短短5个月的考察令我大开眼界，也感受到整个日本社会尊重科学技术的氛围，感到日本没有因为成为世界第二经济大国而陷入骄傲、浮躁、奢华，依然是"拜技主义"文化压倒"拜金主义"文化（据了解在日本那种尊重科技的社会文化和氛围至今未变）。

当然，还应该提到，早在1979—1981年我在日本留学期间就注意到日本科技发展的特色，例如日本民间企业高度重视发展技术，以充裕的资金购置先进的研究设施，我的一位研究生同学毕业后去了索尼公司，曾对我说，与公司里的研究装置相比，大学里的研究装置就像"玩具"。民营企业这种优越的研究条件，吸引了众多研究人才。当美国受到 1957 年苏联发射人造卫星的刺激，大幅增加科研预算吸引世界各国科技人才流向美国，使科技人才流出国为"头脑流出"问题担忧的时候，日本由于民间企业高度重视发展技术大力增加研发投资，致使日本受"头脑流出"问题的影响最小。虽然据说当时确有很多日本的天文学者被美国挖走，以致东京天文台的研究人员被"挖空"了，但天文学人才的出走似乎与重视实际应用技术的企业关系不大。

1984 年夏天我从日本回国后，在 1984 年下半年至 1985 年第一季度，与经济室的同事们一起搞《新技术革命专刊》（共出了 40 期），在国家有关部门、大学和研究机构乃至媒体界征得了 5000 多订户，我写了其中的十几期。1984 年 12 月 25 日，中共中央办公厅《综合与摘报》第 121 期转发了我在《专刊》中写的一篇报告《"资源小国"的压力与活力》，并加上一段按语（胡启立同志的批示）："这是中国社会科学院日本研究所冯昭奎同志写的赴日考察观感，有情况有观点，生动流畅，开动脑筋。遵照中央领导同志意见，摘要刊登。此件可翻印发至县、团级。"我在那篇报告中用很多生动的事例说明，日本是一个自然"资源小国"，却成了世界第二经济大国，并在许多技术领域实现了对欧美的赶超。可以说，正是缺乏自然资源的压力，促使他们更加注意开发头脑资源，大力发展科学技术；拿日本与某些资源丰富的发展中国家相比，充分说明能够把缺乏资源的压力转化为发展动力的那种机制，远比自然资源本身更宝贵。

在当时全国洋溢着重视"新产业革命"和"新科技革命"的社会氛围中，随着这篇报告转发至全国县、团级后，有八九家报刊来函要求转载，还有多个省市的干部、学者来我所经济室访问。与此同时，我在《新技术革命专刊》中写的部分报告被摘载于《人民日报》《光明日报》《参考消息》《解放军报》《经济日报》《世界知识》《现代化》和日本的《朝日新闻》《日经产业新闻》《中国研究》等报纸杂志，达30多篇，其中在《人民日报》发表了8篇。

上述这些成果的取得，成为我于1983年6月从一名工程师改行进入社会科学领域的一个良好开端，因为调入日本所时，我曾担心自己从自然科技领域跳槽到社会科学领域，很可能不习惯不适应甚至有自卑感。然而，在1984年下半年到1985年年初主持了"日本的新技术革命"集体课题后，我慢慢有了自信，觉得自己似乎已经迈入了哲学社会科学的殿堂。

1985年，中国社会科学院日本研究所编《日本的新技术革命》由湖南科学技术出版社出版。《日本的新技术革命》课题研究的成功，使我感到作为一个"出身于"自然科技专业的人，也可以在社会科学领域有所作为。因为至少在20世纪80年代，从政府到学界到媒体，人们普遍认为无论对国家发展还是对国际关系而言，科技因素的重要性日益提升；围绕很多重大国内国际问题，人们高度重视开展跨越社会科学与自然科技的"学际研究"（我感到现在反而不如那时了），甚至强调"倘若缺乏现代科技知识，是研究不好国际问题、国际关系乃至国家战略的"，这种背景使中年改行的本人产生一种"如鱼得水"的感觉。其后，我撰写和出版了一系列有关日本科技发展的专著和合著，如《日本的高技术发展问题》（1989年）、《高技术与日本的国家战略》（1990年）、《技术立国之路——科学技术与日本社会》（1997年）以及有关日本科技发展的多篇论文和大量文章。

寻求"长生不老药",研究日本经验

进日本所之初我被分配到社会文化研究室，1983 年 9 月上旬所里又将我调到经济室，从此我就是经济研究室的一员了。

在经济室有几位老同志，如刘丕坤、王琮林、李公卓、戴有振等，在年轻同志中，胡欣欣、张淑英等都学过有关经济学的专门知识，我感到应该很好地向他们学习，同时克服自卑感。听说王琮林先生能用熟练的日语给日本学界讲马克思的《资本论》，对照我自己，《资本论》第一篇"商品与货币"读了几遍也弄不懂，太惭愧了，因此立下决心，要重读马克思的政治经济学，还要选读一些西方经济学的名著。

1978 年邓小平访日时曾说："听说日本有长生不老药，这次访问的目的是：第一交换批准书；第二对日本的老朋友所做的努力表示感谢；第三寻找长生不老药。"话音一落，在座的就爆发出哄堂大笑。之后，他又愉快地补充说："也就是为寻求日本丰富的经验而来的。"邓小平幽默风趣的谈话成了我们认真研究日本经济发展经验的动力。在 20 世纪 80 年代，在设有政治、经济、文化等研究室的综合性的日本研究所，对战后日本经济的研究成了全所研究工作中最活跃、最受重视的领域。我不是经济学专业出身，一方面感到需要努力做好经济学理论的"补课"，另一方面也感到在科技和生产第一线滚了 18 年的经历，也对我搞日本经济研究有帮助，因为有没有亲身体验过百姓的疾苦和生产第一线的艰辛，对许多问题的看法会有所不同。

尽管我花了很多时间阅读经济学方面的重要著作，"急补"经济学方面的知识，但仍然感到研究日本经济仅靠一个人的力量是远远不够的，于是就发动经济室乃至其他室的集体力量，组织大家搞集体课题，出版了一系列介绍日本经济发展经验的研究成果。如《日本经济的活力》（航空工业出版社 1988 年版）、《日本的经验和中国的改革》（经济科学出版社 1994 年版）等。这些书都是以日本所课题组的名义出版的。1993—1994 年我组织了《中日流通业比较研究》课题组，一项课题就推出四本书：《中日流通业比较研究》（中国轻工业出版社 1994 年版）、《日本的零售业》（人民出版社 1994 年版）、《中日流通业比较》（中国社会科学出版社 1996 年版）、*A Comparison Between Distribution in China and Japan*（Beijing ：China Zhigong Publishing House，1999）等。

从 1984 年直到 1990 年，我和经济室的其他同志还经常参加党政部门召开的有关世界经济、日本经济的座谈会，经常被要求写报告、介绍在某个经济领域或某项经济政策方面"日本是怎么做的"。一些领导人和党政部门派代表团访日之前，也常让我们去介绍日本的有关情况。与此同时，我们还经常请日本经济学者来华交流。

作为一项集中反映自己在经济学知识方面补课的成果，我在做了大量学习笔记的基础上，于改行 14 年后，应高等教育出版社之约，编著了《日本经济》一书，此书在 1998 年出第一版后两次加印，2000 年获得了中国社会科学院优秀研究成果三等奖，2005 年出第二版，2008 年第二版增印，2015 年出版了第三版。由于这本书是按照自己的学习过程、从经济学基础知识入手写日本经济，对于广大学生来说比较实用，受到一些高校相关专业学生的喜爱，而得以出了三版并三次加印。

可能是因为我没有只顾个人写文章著书，而是积极组织大家搞集体课题并取得一连串成果，引起了上级机关的注意。1990 年社科院人事局找我谈话，要我担任日本所副所长，我表示自己不想当，请他们另找高明。却不料过了不久，院机关党委书记突然前来日本所宣布任命一位从外单位调来的干部当所长，让我当日本所副所长，我只得硬着头皮从命。后来，那位所长离开了，我又在没有所长的情况下当了几年副所长。由于自己行政能力太差，当副所长使我失去了"平静的书桌"，对我来说简直成了一种"煎熬"，一直熬到 1996 年，从来不麻烦顶头上司的我，第一次去找了主管"国际片"的副院长，提出辞职报告并得到批准。

2008 年春与爱知大学两位教授围绕中日关系进行对谈，发表在该校校刊上。照片为该对谈的"解说"页

中日关系的辩论潮

2002 年，中国城市出版社出版了我撰写的《21 世纪的日本：战略的贫困》一书，该书以泡沫经济、向信息化过渡、中日关系这 3 个问题作为切入口，有重点地对日本的国家战略问题进行分析：从泡沫经济切入，分析日本经济战略的贫困；从信息化问题切入，分析日本从工业化向信息化过渡时期的转折战略的贫困；从中日关系切入，分析日本外交战略的贫困。该书于 2004 年获我院第五届优秀科研成果二等奖，这是有关日本研究的成果在我院第一次获得的二等奖（其他有关日本研究的获奖成果均为三等奖）。

2002 年年底，原人民日报评论员马立诚在《战略与管理》杂志上发表了《对日关系新思维——中日民间之忧》一文。2003 年春，中国人民大学教授时殷弘在该杂志上又推出了题为《中日接近与"外交革命"》的论文。这两篇文章不仅在国内互联网上引起了强烈反应，而且被日本各大报刊争相报道，在中日舆论界掀起了轩然大波。2003 年夏天以后，在互联网上对上述两篇文章的批判上升为对"汉奸""卖国贼"的声讨，网帖数以百万计（2008 年 8 月，在谷歌中文网站键入"对日新思维"一词，仍可获 129 万项查询结果，这个数字显然不包括已经消失的不计其数的"网帖"）。正如《南方周末》报道说：在数以千计的中文互联网论坛上，"'对日新思维'成了过街老鼠，招来一片喊打声浪"。

马立诚和时殷弘并非专门研究日本的研究人员。对于围绕他们两人文章的争论和批判，许多专门研究日本的研究人员表示

"不屑一顾"。《南方周末》报道说：当时人民网日本版"原想请一些日本研究方面的学者来就'对日新思维'进行探讨，但找了不少学者，都不愿意出面讨论此事"，一些学者则表示"时文不值一驳，因而不想就此卷入争端中"。

就在日本问题研究者大多"不想卷入争论"之际，《战略与管理》编辑部给我打来电话，约我就"对日关系新思维"发表看法。我想，在这个大是大非问题上，作为一名专门研究日本问题的研究人员，到了关键时候还是应该挺身出来表明自己的观点。

经过一番激烈的思想斗争，正值我改行搞日本研究恰满20年的2003年夏天，我决定接受《战略与管理》的约稿，写了《论"对日新思维"》一文，表示中日关系确实需要"新思维"，并提出了与马立诚有所区别的观点，同时指出尽管中日关系是一个非常敏感的话题，但也应允许人们发表不同意见，不宜乱扣汉奸帽子。

关于历史问题，我想起了自己留学日本学习电子技术的时候，年龄大我十来岁的很多日本人屡屡对我说起过去那场战争，诚恳地表示"日本对中国做了坏事，真是对不起"；我想起了在自己就读的静冈大学电子工学研究所的一次"忘年会"上，我情不自禁地说起抗日战争末期在上海的日本宪兵逮捕了我的父亲，采取了极其残忍的手段要我父亲招供爱国主义作家楼适夷的隐匿之处的事实经过（对于我父亲的坚贞不屈，楼适夷还写诗赞他"插刀两腋为同俦，烈火酷刑炼铁骨"），对此，在场的年轻的日本研究生无不感到吃惊，他们一方面表示"这太残酷了！"另一方面又表现出对我的深切同情，经过我那次"吐露心声"，我与日本老师及研究生们的友谊更深了；我想起了在20世纪八九十年代一而再、再而三地有日本的大臣因为在历史问题上"失言"（其实是吐露真言）而不得不在政界和国民的压力下辞去职务，到了 1995 年，日本首相村山富市发表著名的"8·15"谈话，诚恳地反省了那场战争，虽然遭到右翼势力的反对，却得到了大多数日本人民的支持；我想起了日本朋友曾做过这样的统计，就是在中日关系良好的时候，每年有 4—5 万名日本中学生到中国来进行"修学旅行"，凡来过中国的日本孩子们对日本侵略中国的历史大多有较好的认识。

基于我自己的亲身体会，根据"人民是创造历史的动力"的历史唯物主义原理，我提出了所谓"双管齐下"论，就是一方面必须认真解决历史问题，另一方面也必须大力推进中日关系的发展，而且后者更重要、更带全局性，"超过了中日之间一切问题的重要性"（邓小平语）。其理由很简单，因为只有以中日关系发展为依托，通过不断扩大两国民间交流，才有利于日本国民从思想感情上更好地接受过去日本确实犯下了对不起中国的滔天罪行的历史真相，换句话说就是："只有中日关系不断发展，才能解决历史认识问题；而不是只有解决历史认识问题，中日关系才能发展。"

由于中日关系是一个包括政治关系、经济关系、安全关系、文化关系等的一个综合的系统，因此，仅仅用一篇论文无法说清楚，特别是由于出身理工科大学、经历过长期的实际的技术工作，我更加重视从生产力发展的要求和经济基础的决定性作用的角度来看待中日关系，于是，我横下一条心，"一不做，二不休"，继续写了"二论""三论""四论"对日关系新思维，其后没有杂志再敢用"对日关系新思维"做文章标题了，我在改换标题的情况下继续从"五论"写到"九论"。2004 年，日本新华侨报社出版了日文版的《中国的"对日新思维"能够实现吗？——推动日本的"对中新思维"》，收入了我写的一至九论对日新思维，由村田忠禧等日本友人翻译成日文（虽然翻译工作量很大，但是日本友人分文不取），还出版了日文版的《胡锦涛的对日政策》，收入我和日本东京新闻中国总局局长铃木孝昌的3篇论文。这两本书的出版，还得到了被视为"亲中派"的日本友好人士的大力支持和推荐。

揭露日本右翼的险恶用心

从2002年以来，中日关系越来越不正常，两国间存在的历史问题和现实问题呈现出"群发"之势，一波未平，一波又起。在2003年下半年，发生了齐齐哈尔日军遗弃化学毒气弹泄漏事件、日本游客珠海买春事件、西北大学演剧事件等。在2004年1月1日，小泉首相第四次参拜靖国神社，引起中国政府和人民的强烈愤慨；3月中国"保钓"人士登上钓鱼岛，遭日方扣押，经中方严正交涉，日方不得不将其释放；4月日本右翼政治团体日本皇民党的一辆大型宣传车冲撞中国驻日本大阪总领事馆大门，成为中日恢复邦交以来日本右翼分子蓄意破坏中国驻日外交馆舍最为严重的事件；8月在亚洲杯足球赛北京等赛场发生了少数球迷的偏激行为，日本媒体借机竭力宣扬中国人的反日情绪如何高涨，日本某些政治家还借机散布"中国风险论"，鼓动日本在华企业撤离中国；特别是5月下旬以来，日本媒体纷纷炒作中国在东海日方所称的"中间线"附近中国一侧开发海底天然气问题，引起日本国内群情激愤，称中国的开采行动"侵犯了日本的海洋权益！"在此背景下，一些日本国会议员疯狂叫嚷要"捍卫国益!"大搞"爱国表演";日本有代表性的右翼学者中西辉政等人则竭力煽动中日两个民族之间的仇恨,发出了"新日中战争已经开始"的叫嚣和欢呼。

这一系列现象使我感到日本右翼的险恶用心就是破坏中国改革开放和现代化建设所需的和平稳定的周边环境,并利用激怒中国民众情绪来破坏中国集中精力搞经济建设所必需的国内社会安定局面,借以阻遏他们所不愿意看到的中国和平发展的进程。我多次在有关中日关系的内部研讨会上发言,也在媒体上发表了很多文章,试图揭露日本右翼的阴谋,希望大家理性地对待日本,不宜搞什么"抵制日货运动"(因为在经济全球化时代中日两国经济相互渗透,"日货"中也往往包含"国货"),要争取日本人民并团结日本国内的和平主义力量,要防止我们同日本右翼势力的对立扩大为中日两国人民之间的对抗。但是,在情绪化高涨的情况下,谁要提出"理性"这个词儿都会挨骂。

确实,从 2003 年下半年到 2004 年,我也曾经陷入深深的苦恼之中。我承认千千万万情绪激昂的中国人,特别是年轻人对小泉首相参拜靖国神社的倒行逆施的愤怒,是出于强烈的爱国主义情感。但是,为什么人们只要说几句不应该将"技术问题政治化"的话,就遭到如此激烈的批判和声讨呢?为什么一些正常的技术引进项目只要是来自日本,就会在一夜之间得到数以万计网民的签名反对,甚至出现只要京沪高速铁路当中存在从日本引进的技术,"就要集体卧轨!""宁肯骑着毛驴上北京!"的议论呢?

正当我的思想斗争七上八下的时候,某家权威媒体以研究报告的形式连续 4 期连载了我的"论'对日关系新思维'"的缩写版。2004 年 10 月下旬,已退休 4 年的我,受哈尔滨工业大学之邀,去那里担任该校"中日研究所所长"(后来知道其实就是挂个名而已）。正在哈尔滨开会期间，从北京打来电话，要我回京后立即向有关部门报到。我回到北京，一位副部长亲自打电话通知我在某日下午到中南海开会，并要我告知车号。我说，我是退休的普通研究人员，没有专车，只好打出租。对方说那我们就派人在中南海门口接你吧。待到开会那天，我来到中南海门口，说明来意，警卫很快放行，我没有到传达室请人出来接我，因为虽然此处过去也曾来过，仍想趁此机会到空气清新、波光粼粼、宽阔而寂静的湖边溜达溜达，一直走到会场的院子门前，我仍不知道是来开什么会。

进入会场，才知道是胡锦涛主席召集的一次小型座谈会。胡主席还没有到，当时的外办主任刘华秋提议参会者到会场门口迎接，但是，身着夹克衫的胡主席，穿着布鞋，走路很轻，坐在座位上的参会者还没来得及到门口迎接，胡主席已走进会场，他绕椭圆形会议桌转了半圈，与发言者一一握手，然后在会议主持人旁边落座。我见到与会者个个都身份不凡，暗自叮嘱自己不要主动发言，却不料在第一位发言者之后，胡主席就点了我的名："冯昭奎你讲讲罢。"按照会前有人特意给我打的招呼，我的发言用了40多分钟的时间，比其他与会者发言时间多出一倍。我一边讲一边注意有关领导们的反应，心想"只要有人打哈欠就赶紧打住"，但听者们自始至终表现出颇有兴趣，我才将自己的意见充分表达出来。胡主席在听取大家发言的过程中，总在笔记本上写着什么，偶尔也插一些话。那次会大大超出了预定时间，会后胡主席又一次与到会的几名发言者一一握手道别，利用握手的机会，我说自己也是清华大学毕业的，与胡主席进行了清华校友之间的相互问候。

我理解这次会议是内部性质的，因此没有对外宣扬。但是，会后不久，我参加那次小型座谈会的消息就在国内一些日本研究者之间不胫而走。2005 年 12 月，在中国人民大学与日本爱知大学联合举行的大型中日研讨会上，我被小组会主持人介绍说"冯是迄今直接向胡锦涛主席报告中日关系的唯一研究日本的人员"。我不知道他这样介绍是否准确，但是，在对日关系问题上，胡主席重视听取各种不同意见的事实被公诸国内外学界和媒体了。

2005 年 7 月，香港利文出版社出版了《中日关系问题报告》，2007 年 3 月时事出版社出版了《中日关系报告》（46 万字），2011 年 5 月，社会科学文献出版社出版了《当代日本报告》。这三本书都是我与《日本学刊》副主编林昶的合著。

建议举办技能奥林匹克，提倡"工匠精神"

2008 年北京举办奥林匹克运动会后，我给某大城市政府写了一个报告，建议在该市主办一届"技能奥林匹克"。所谓"技能奥林匹克"，是指 1950 年在西班牙开始举办的每两年一次的全球技能大赛，迄今已经举办了 43 届，约有 40 个国家主办过该大赛，其中高度重视发展生产技术和技能的日本和韩国都已主办了两届技能奥林匹克，尤其是在韩国，技能奥林匹克的金牌获得者得到总统接见，大画像挂在街头，比中国的姚明、刘翔还要牛气，真正被视为发展生产力的英雄。我觉得处在工业化途中的中国也应主办一次技能奥林匹克，于是疾书一个报告，通过该市政府办公室的协助，报告被递上去后，很快得到时任该市市委书记的重视，我还记得他在报告上批示的大意是："某某、某某、某某，这件事很有意义，要抓紧落实。"三个"某某"囊括了该市的主要领导，令我感到这个建议有望实现。接着，该市让我再写一个更详细的报告，我从网上查了一下，发现世界各国争办技能奥林匹克的热情很高，主办 2011 年第 41 届技能奥林匹克的机会已被英国伦敦抢走。围绕主办 2013 年第 42 届的争夺战已经展开，看来德国莱比锡势在必得。因此，该市可能争取到的机会只能是七年后的 2015 年第 43 届世界技能大赛。这个详细报告递上去之后，我满怀希望地等待市领导作出更具体的批示，但是，等来等去不见下文。后来只好采取投书媒体宣传我的观点的办法，先后发表了题为《别忘了技能奥林匹克》《为什么会出现"技工荒"》《"创客"当学"匠人精神"》《"脱理工"，要不得》《建议搞一带一路技能大赛》等建议和文章。

2010 年，中国的 GDP 超过日本，国内出现了"日本技术不行了""中国技术已全面超日"的声音。我感到对于中国人来说，在为祖国取得的伟大成就感到自豪的同时，还应该保持冷静谦虚的态度，对日本的民生技术、武器技术、军民两用技术的真正实力应进行实事求是的评估，既不应夸大，也不宜低估，对日本在科技发展方面的长处和强项仍然要注意学习和借鉴。的确，我国在航天、高铁、先进武器等技术领域，确实超过了日本，但从整个科学技术来看，据联合国贸发会议统计，2014 年日本的技术出口为 368.32 亿美元，仅次于美国居世界第二位；同年中国的技术出口只有 6.76 亿美元，居世界第 21 位，日本的技术出口相当于中国的 54.4 倍，这个差距不可小觑。

我感到日本科技发展中，最值得中国借鉴的是不浮躁、不见异思迁、能数十年如一日（甚至几代人传承）专注于磨炼"一技之长"的"中小企业精神"和日本人普遍具有的"工匠精神"。一个国家的技术体系就如同金字塔，"九层高台，起于垒土"，那些能够数十年如一日，甚至代代相传地锤炼一技之长的中小制造企业所组成的产业集群和千千万万脚踏实地钻研技术的工程师、技术工人，正是日本技术实力的基础和底气之所在。我曾经考察过日本一家做刀片的中小企业，该公司在 20 世纪 30 年代末创业时，曾制作用于切金属钢笔笔尖中缝的刀片，后来他们仿佛迷上了一个"切"字，把刀片做得越来越薄、越来越硬，居然可以做出比纸张还薄得多的刀刃，排成一行的几十片刀刃在每分钟 3 万转的旋转状态下，能迅速而准确地把坚硬的硅单晶片切成数以百计的小芯片，留下宽度仅为头发丝几分之一的切缝，而这些"小芯片"正是在手机、电脑、光伏电池乃至导弹武器上不可或缺的半导体芯片。

记得 1990 年我曾去国防科工委请教钱学森如何研究日本，钱老说，研究日本就是研究"如何对付日本"，而研究"如何对付日本"就要注意日本人的长处和短处，他说："一个中国人往往比一个日本人强，但三个中国人就往往比不上三个日本人"，这就是日本人普遍具有的"团队精神"，这是很厉害的，上面所说的日本人的工匠精神往往是与"团队精神"紧密结合在一起的。

2014 年日本政府决定通过"防卫装备转移三原则"，大幅放宽向外输出日本武器装备和军事技术的条件，我感到这是安倍的一个"狠招"，甚至可能对世界战略格局产生影响。因为战后日本以发展民用技术为主，通过激烈的市场竞争考验，成为世界一流的"民用技术大国"，日本科技人员大都能扎扎实实地钻研技术，而中国至今仍需进口半导体芯片，原因就是国内能够扎扎实实地数十年如一日地钻研技术的人才不够多，缺少真正精通半导体技术的人才，以致在我国第一流的半导体制造企业里居然活跃着一些日本人或我国的台湾人。

由于日本的民用技术大都具有"军民两用性"，放宽武器出口无异于"放虎出笼"，使日本的技术强项与美国的技术强项得以相互补充。半导体技术的军民两用性就不必说了（美国的精确制导武器往往使用日本制造的半导体芯片），比如美国 F35 战斗机可望利用日本制造一部分关键的高技术零部件而得以克服其研发过程中遇到的问题；美国反导系统的拦截器弹头防护罩原来采用熔点 3000 多度的钨合金作为耐热材料，耐热性能仍显不足，而且较重，而通过采用日本东丽公司生产的耐高温、耐烧蚀、抗热震、密度仅为钨合金十分之一的碳/碳复合材料，可大大提高弹头防护罩的性能。

2015 年李克强总理提出"大众创业、万众创新"（双创）的号召，我一方面对这个号召表示肯定和支持，另一方面又认为应该防止对"双创"的片面理解。比如《人民日报》曾发表文章称，"只要有一台联通世界的网络终端在手，一切皆有可能"，"在'车库咖啡馆'激发许多奇思妙想"。我认为一些媒体炒作"双创"，鼓励尚未掌握专业知识的大学生"停学创业"，确实是不够冷静，存在一定片面性，因为连专业基础都还没打好，光靠喝咖啡侃大山能激发什么有实际意义的"奇思妙想"呢（当然个别杰出的天才人物自当别论）？为此，我给中国社会科学院《要报》写了一个报告，提出我国作为一个发展中国家，即"工业化途中"的国家，既要重视信息化也要重视工业化；既要开辟创新平台也要搞好制造工厂和生产车间的建设；既要大力提倡年轻人创业也要鼓励年轻人走上工业生产第一线；既要提倡"创业"也要提倡"守业"和"以厂为家"精神，把握好"创业"与"就业""守业"的平衡。

2014 年 6 月 3 日，习近平主席在 2014 年国际工程科技大会上指出，信息技术、生物技术、新能源技术、新材料技术等交叉融合正在引发新一轮科技革命和产业变革。同年，习主席至少在三个重要场合强调"新一轮科技革命"正在孕育兴起。我虽已年届75岁，却依然忙碌地着手研究新一轮科技革命和产业革命，承担了"新科技革命时代的日本科技发展"的新课题。32年前（1984年），我的研究起点正是"日本的新技术革命"，这仿佛是一个循环，但更是一个新的起点。

研究新一轮科技革命, 仍关注中日关系

在2013年、2014年我专注于研究《能源安全与科技发展》创新研究课题，38.6万字的《能源安全与科技发展——以日本为案例》于2015年6月由中国社会科学出版社出版。其中，作为中间成果提前发表的关于日本核电技术发展与福岛核电站事故论文的主要内容，特别是"核电没有绝对安全的神话"这句话，在网上得到了广泛传播。从2015年开始，我又承担了为期两年的"新科技革命时代的日本科技发展"创新研究课题，由于年龄关系，这是我最后一项创新研究课题。

2015年11月30日习近平主席会见了安倍晋三首相，中日关系从"国际社会中甚至出现'中日两国即使明天开战也不奇怪'的议论"的高度紧张状态转向一定程度的缓和，然而，尽管中日缓和持续到2016年，但这种缓和状态依然非常脆弱。

在中日关系存在着很大的不确定性因素的情况下，尽管我将主要精力投入有关能源与科技革命的创新课题，但依然关注着中日关系。2015年8月和11月，我两次接受了上级部门交办的任务，完成了两篇关于中日关系的报告，提出了相关对策建议。

2015 年也是我在中日关系研究中比较多产的一年。年初，在《日本学刊》第 1 期发表了《中日关系的辩证解析》，被人民网以"中日必有一战将是'创新之战'"为题转载了该文主要内容，得到了广泛传播。赵启正在《日本学刊》2015 年第 4 期发表论文说："2015 年第 1 期发表的冯昭奎同志的文章《中日关系的辩证解析》，可以说是近期对日研究集大成者，其中就说到对中国舆论我们研究者应该给予影响，也提到对'中日必有一战'应该怎么看。文章的一些观点有较长的有效期，长期有效就具有战略意义。"

其后，我还在中联部的《当代世界》杂志 2015 年第 6 期发表了《中日关系如何走出"死胡同"》、第 8 期发表了《不要让中日关系趋缓走暖转为"泡沫"》、第 11 期发表了《中日关系：我们该研究什么》等文章。2016 年《当代世界》第 2 期发表的《中日美大棋局：中国该如何出手》也是在 2015 年写作的。

2015 年下半年，我与《日本学刊》编辑部主任合编了《中日热点问题研究》文集，该书基于"聚焦中日关系热点，汇集思想产品精华"的宗旨，遴选了近年来中国主流媒体发表的有关中日关系热点问题的时政评论、中国日本研究权威刊物《日本学刊》刊载的有关中日关系的学术论文和作者专为本书撰写的文章，共计 30 篇。本书作者有对外关系决策参与者（如中国外交部外交政策咨询委员会委员吴建民），有抗日战争老战士、中国社会科学院日本研究所创始人之一兼首任所长何方，有多年从事对日工作的老前辈（如前外交部副部长徐敦信、前国务院新闻办主任赵启正），也有美日等外国学者和中国旅日学者（如日本学者村田忠禧、美国学者傅高义、日本外交官小原博雅、在日华人教授马成三和凌星光），更多的是中国中日关系研究领域的专家。

其实，我早在 2015 年 6 月就向中国社会科学出版社建议出一本"能畅销的有关中日关系的书"，但是，经过各种曲折，这本书直到当年 11 月才出版，而且出版后数月读者反映"买不到"，直到进入 2016 年才出现在京东网、当当网和亚马逊网，此时，抗战"70 周年"这个热点已经过去，此书究竟销售出去多少也不得而知。

结　　语

回顾我从事国际问题、日本问题、科技问题的研究工作，我的最大体会有两点：一是对自己从事的事业要"热爱"，有"动力"；二是对自己开展的研究要"求真"，有"方法"。

在 2010 年前后，国际上有人揭露联合国政府间气候变化专门委员会（IPCC）的研究成果中有些错误和纰漏，国内媒体甚至权威学者也发表了大量文章，主张所谓"气候变暖"是人为制造出来的骗局，是发达国家企图压制发展中国家经济发展的手段。但是，我认为"气候变暖"是客观事实，应该实事求是，求真务实。2014 年我在中国社会科学院《世界经济与政治》第 4 期上发表了"头条文章"《气候问题的辩证法》，运用马克思主义的唯物辩证法，依据"相对真理与绝对真理"的辩证关系，认为"对真理的认识是一个过程，人们对客观世界的即便是'正确的'认识，也都具有近似性质，不能以我们每一次认识至多是'近似的正确'而导致对客观真理的否定"。同时，我还以事物的普遍联系性（气候变化与其他地球环境问题的相互联系与影响）、量变与质变、否定之否定等辩证法原理，论述了气候变化问题的严重性以及"从低碳到高碳（否定）再到低碳（否定之否定）"的新能源革命的必然性。

这个例子说明，作为社会科学研究者，要"求真"，就必须要有科学的方法，尤其是国际问题研究，更需要注意方法论。

就在修改这篇"自传"期间，我与老伴已入住一家养老院。在一个阳光明媚的初春下午，我走过"老年大学"门口，听见从大厅里传出一阵悠扬的歌声，虽然唱歌的是"合唱团"的五十多位满头白发、七老八十甚至更老的老头子、老太太，但是，他们的嗓音听起来却十分年轻，他们反反复复地练唱着一句歌词"我们曾经年轻过"，这句歌词深深地打动了我。的确，作为老年人，我们都"曾经年轻过"，这是"共性"；至于我们"曾经怎样年轻过"，这属于"个性"，显然，我们每个老年人都有各不相同的"唯我独有"的故事和心曲。

我的这篇自传就是唯我独有的"曾经怎样年轻过"的故事和心曲。奥斯特洛夫斯基说过："人最宝贵的是生命。生命属于人只有一次。人的一生应当这样度过：当回忆往事的时候，他不会因为虚度年华而悔恨，也不会因为碌碌无为而羞愧，……"我这一辈子虽然没有很"出彩"，但至少可以说没有"因为虚度年华而悔恨，因为碌碌无为而羞愧"，也许，我还能活些年，做"人生总结"还为时过早。

冯昭奎

2011 年 10 月首发于中国社会科学网

2016 年 3 月修订

刘克明

Liu Keming

　　男，1919 年 7 月 28 日—2012 年 5 月 29 日，辽宁省昌图县人，中共党员。刘克明于 1932—1938 年先后就读于辽宁昌图县立中学、天津南开中学、甘肃天水国立甘肃中学；1936 年参加中华民族解放先锋队，1938 年加入中国共产党；1938—1939 年在陕北公学分校高级班毕业。1940—1944 年，在晋察冀边区华北联合大学任马列主义、哲学理论课教员。1952—1953 年任中共沈阳市委办公室主任。1953—1958 年，他被中华全国总工会派驻世界工会联合会（奥地利）经济社会部工作。在世界工会联合会工作期间，刘克明先生任经济社会部研究员，主要从事资本主义国家（特别是不发达国家）的经济社会问题的研究和撰写报告，为世界工联出席联合国经济社会理事会、亚洲和远东经济委员会等会议准备文件。刘克明先生长期在中共中央对外联络部从事中国共产党与苏联东欧国家的对外联络工作，以及中苏关系和苏联东欧国家问题等方面的研究。他于 1958—1966 年任中共中央对外联络部苏联东欧处（局）副处（局）长。1969—1977 年任中共中央对外联络部苏东组组长，主管同苏联东欧各党的联络事宜和调研工作。1978 年后，任中国社会科学院苏联东欧研究所所长，中国社会科学院俄罗斯东欧中亚研究所研究员，博士生导师；兼任当代国外社会主义研究会顾问，中国东欧中亚经济学会顾问等。1991 年享受国务院颁发的政府特殊津贴。

刘克明的学术专长为苏联东欧问题、中苏关系，对苏联和东欧问题有深入研究，主持写作了许多研究报告和论文，如《关于中苏关系问题》《困难重重的苏联经济及西方经济危机对它的影响》《关于苏联霸权主义的几个问题》等，包括参加《九评》的写作。他的主要学术著作有：《刘克明集》，中国社会科学出版社1999 年版。共同主编专著包括：《苏联政治经济体制 70 年》，中国社会科学出版社 1990 年版；《从列宁到戈尔巴乔夫：苏联社会主义的演变》，东方出版社 1992 年版。主要论文有：《赫鲁晓夫执政时期苏联社会主义的几个问题》，《苏联东欧问题》1986 年第 1—2 期；《苏联的改革与社会主义模式的再认识》（合著，获中宣部、中央党校和中国社会科学院联合举办的"纪念党的十一届三中全会 10 周年理论讨论会"入选论文奖），1988 年 12 月；《苏联落后于时代的教训和邓小平理论的时代精神》，《东欧中亚研究》1996 年第 1 期；《苏共的文化专制主义》，《俄罗斯研究》2001 年第 4 期；《论苏联共产党的官僚特权阶层》，《俄罗斯中亚东欧研究》2003 年第 3 期。

苏联东欧问题研究的开拓者

学术经历及学科奠基工作

刘克明先生长期从事理论教学、党的对外交流和学术研究活动，是一位著名东欧中亚（苏联东欧）问题专家。早在中共中央对外联络部工作期间，他就多次参加中共与苏共和东欧各共产党之间的会谈和谈判，并参与有关中苏关系的文件起草与文章的写作，这是他深入研究苏联东欧问题的基础。

刘克明是我国苏联东欧和中亚学科的奠基人之一，是中国社会科学院苏联东欧研究所（现在的东欧中亚研究所）创办人之一。刘克明先生具有深厚的马克思列宁主义理论功底．对世界经济进行过较长时间的研究，对苏联东欧国家的政治、经济、外交和思想文化诸方面有深入研究。他通过自学掌握了英、俄和法语，并运用于工作中。这与他勤于钻研是分不开的。他在不同工作岗位上能结合实际工作，对国内和国际问题进行多方面的探索。20 世纪 80 年代以后，他的科研领域与研究工作有重要的拓展。这期间，他同金挥同志一起主编了《苏联政治经济体制七十年》，该专著被列入我国"六五"计划重点社会科学项目。该书近 60 万字，是我国苏联问题学者对苏联问题进行系统性、综合性研究的一部力作。他还与东欧中亚研究所吴仁彰研究员共同主编了《从列宁到戈尔巴乔夫：苏联社会主义理论的演变》，该书全面阐述了苏联 70 多年来社会主义理论的演变轨迹及其教训。

刘克明着重研究苏联的政治经济情况，中苏关系，苏联社会主义理论，政治、经济体制改革以及苏联社会发展中的各种问题及其历史经验等. 中心是探讨苏联 70 多年来在社会主义理论和实践方面的重要经验教训，分析苏联解体的深层次原因。他还在一系列杂志上发表了许多颇有见地的论文。如，《二十世纪世界社会主义的回顾》《建国以来的苏联东欧研究》《苏联落后于时代的教训和邓小平理论的时代精神》《战后新时代和苏联由盛转衰的时代根源》《论苏联对社会主义的再认识》《中苏关系 40 年的历史教训》《苏联剧变的历史教训》《赫鲁晓夫执政时期苏联社会主义的几个问题》《关于中苏关系问题》《苏联社会主义模式的历史考察——从〈联共（布）党史简明教程〉到〈改革与新思维〉》《浅析苏联霸权主义根源》等。在此期间，他就上述问题做过多次学术报告，阐述其观点。同时，他在研究上注重从苏联东欧的经验教训，为我国建设有中国特色社会主义提供借鉴。

刘克明先生的学术观点，按照时间序列表述如下：在 20 世纪的 70—80 年代的文章中，主要论述苏联对内对外理论和政策。90 年代以来，在苏联发生剧变之后，则主要是反思、回顾、重新认识苏联的若干重要问题，并在这个基础上，研究和总结苏联剧变的原因和历史教训，故而研究领域不能不随之而扩大。研究涉及的问题主要有：战后新时代问题，邓小平建设有中国特色社会主义理论问题，中苏两党关系恶化直至破裂的原因和教训问题，斯大林社会主义模式的深入探讨问题，而苏联剧变的原因和历史教训则成为这一时期研究的主要问题。

刘克明先生的学术地位和学术贡献得到了国内外同行的广泛承认。他曾先后赴美国、日本、苏联、保加利亚等国参加学术活动。在1979年举行的中美学者关于中苏关系的讨论会上，刘克明先生提交的《关于中苏关系问题》的学术论文，得到了与会者的高度评价。刘克明先生在我国东欧中亚（苏联东欧）学界很有影响，他经常接受邀请到各地讲学、参加学术讨论。他担任中联部苏联研究所和社科院苏东所所长职务，对推进我国的东欧中亚学（苏联东欧学）研究做出了重要贡献。中国苏联东欧学会成立后，他担任副会长，组织和协调全国的苏联东欧学的学术活动，并积极同国外同行加强联系。

刘克明于20世纪70年代访问苏联

刘克明的治学态度十分严谨。他始终把马克思主义作为自己研究的指导思想。苏联东欧学是一个比较特别的研究领域，它时常受到国际政治、国家关系、意识形态等诸方面因素的制约，但是无论国际上和国家关系中发生什么变化，根据过去多年的经验教训，他始终坚持科研工作中的实事求是原则和对科学锐意探索的精神。在苏联东欧领域的研究方面，刘克明作为开创者，在该领域的研究方面积累了可贵的治学经验。

主要学术思想

按其内容，可粗略地将刘克明的学术研究分为如下的方面。

（一）战后的新时代特征与社会主义现实问题

改革开放后，刘克明论证了战后国际环境的时代变化与新的特征，以及在新的历史条件下时代变化与当代社会主义运动的关系，包括邓小平社会主义理论的时代精神。

第一，在他的文章中指出，邓小平的以和平与发展为主题的时代理论，是邓小平深刻观察战后历史条件变化得出来的理论结论，是邓小平理论的重要组成部分，是列宁在 20 世纪初制定的战争与革命时代理论在战后不同历史条件下的新发展。

第二，这个新的时代论为解决战后各种社会矛盾提供了新的思路和方法。不注意研究战后新时代呈现出来的新特征，而苏联却仍抱着陈旧的时代观不放，以至于从政治、经济、对外政策和国家关系等方面，不能适应新时代的要求，甚至与新时代背道而驰。这是战后苏联陷于衰落和停滞的一个时代根源。而中国共产党以邓小平建设有中国特色社会主义的理论为指导，密切结合本国的实际，时刻研究战后新时代的变化，在改革开放中，紧紧追随战后新时代的步伐，不断突破苏联社会主义建设理论的条条框框，则成为中国社会主义建设和改革开放取得世人瞩目的成就的动力源泉。

第三，邓小平理论结合中国实际、结合当代实际，回答了社会主义在现时代的实践中的迫切理论问题，抓住什么是社会主义、怎样建设社会主义这个根本问题，指明了在国际大变化的新格局下，中国如何抓住机遇、加速建设有中国特色社会主义的主要方向。以邓小平理论为指导的中国社会主义的兴起，标志着世界社会主义的历史发展进入了一个新的阶段，与传统社会主义有根本区别的、蓬勃发展的历史新时期正在到来。以邓小平理论为指导的有中国特色的社会主义，反映了战后新时代社会主义发展的要求。这包括：

1. 有中国特色的社会主义，是把科学技术作为第一生产力，尊重知识，尊重人才的社会主义。

2. 有中国特色的社会主义是以经济建设为中心任务的社会主义，把发展生产力作为根本任务，而发展生产力，不是一般地发展，而要依靠高科技来发展。

3. 有中国特色的社会主义，是改革开放的社会主义。邓小平指出，"中国的发展离不开世界"，"我们要赶上时代，这是改革要达到的目的"。

4. 有中国特色的社会主义，是把确立社会主义市场经济体制作为改革目标的社会主义。我们正处在社会主义与资本主义竞争共处的新时代，我们必须学会如何在国际市场上竞争。

5. 有中国特色的社会主义，是奉行和平共处五项原则对外政策的社会主义。战后新时代，是一个以和平与发展为主题的新时代。但维护和平与发展的环境要有斗争，为了维护和平环境，就要反对霸权主义，反对强权政治。

刘克明提出，斯大林抛弃了"新经济政策"，搞了一个超越阶段的社会主义模式。斯大林超越阶段的社会主义模式表现之一，就是在短期内以强制手段消灭了富农阶级，实现农业全盘集体化；表现之二是，在经济还比较落后的情况下，就过早消灭了工商业中的资本主义成分，1928 年实行第一个五年计划后，采取各种措施消灭私营工商业中尚存的约占 1/5 的资本主义成分；表现之三是，苏联当时不顾生产力水平的低下，直接搞产品计划经济，排斥商品经济，不利用市场关系，害怕市场关系会导致资本主义；表现之四是，同世界资本主义严重对立，拒绝实行对外开放，其思想渊源是斯大林提出的两个平行的，也是互相对立的世界市场的理论；表现之五是，也可说是苏联模式是同资本主义世界对立的另一种表现形式，就是长期同美国进行军备竞赛；表现之六是，从斯大林起苏联历届领导人，不顾苏联社会生产力的水平低下，只凭人为地消灭资本主义生产关系，就对苏联社会主义发展做出了超越阶段的估计。这表现在，1933 年 1 月，斯大林在总结苏联第一个五年计划执行情况时宣布：我们在国民经济各部门中驱除了资本主义分子，社会主义社会的经济基础在苏联已经建成。1936 年，斯大林在作《苏联宪法草案》报告时又宣布：所有的剥削阶级都消灭了，苏联已基本上实现了社会主义，建立了社会主义制度。因此，刘克明提出要认真研究苏联社会主义超越阶段的历史教训。他认为，我国为了有成效地进行体制改革，必须重新深入认识和思考传统的社会主义理论概念。

（二）苏联对外政策和中苏关系问题的研究

刘克明还着重论述了苏联霸权主义政策以及苏联霸权主义的历史、思想理论和社会经济几个方面的根源，认为霸权主义是导致20世纪50—60年代中苏关系紧张和恶化的一个重要原因。

刘克明参与了当时的中苏大论战（《九评》）的写作，是当时的写作班子成员，因此对中苏两国这段论战的历史背景、过程与论战内容颇为熟悉。在20世纪80年代以后的研究中，刘克明从学术角度，探讨了20世纪60年代的中苏大论战，中苏两党关系恶化直至破裂的原因，总结了中苏关系四十年的历史经验，从中苏结盟、两国关系恶化、最后实现关系正常化的几个阶段，提出了很多值得总结的教训。他既有感性认识，也有理论的思索。这是刘克明研究的一个重点学术领域。他率先论证了苏联不是社会帝国主义。20世纪的80年代初期，在探讨苏联社会制度演变和霸权主义根源时他提出，苏联是一种变形的社会主义，即在若干重大原则问题上背离科学社会主义原则的社会主义，而不是社会帝国主义。

刘克明对于中苏关系有着自己的看法。他总结说，中苏关系恶化直至分裂，可以从各方面去探寻原因，但最主要的原因是苏共的大国主义、大党主义。

第一，苏共大国主义、大党主义对中苏关系的影响。赫鲁晓夫执政初期，由于有其政治需要，对中国党还能平等对待，在赫鲁晓夫的领导地位巩固以后，苏联的大国主义、大党主义、"以我为主"、发号施令那一套，越来越明显地暴露出来。主要表现在：其一，1958年4月苏联国防部长来函，要求在中国海岸共同建设长波电台，由于苏方坚持苏方出资一定要占多数，坚持不同意电台主权归中国，结果没有达成协议。赫鲁晓夫极为不满，后来在 1960 年 6 月布加勒斯特各国共产党会议上，竟然指责中国共产党说：连一个电台都达不成协议，还算是共产党啊！在他心目中，只要是共产党，就应该牺牲民族国家利益，服从苏联的需要。其二，1958 年 7 月，在我方提出希望在原子潜艇建设方面取得苏方援助之后，苏联驻华大使尤金受苏共中央委托，向毛主席提出，要建立一个共同舰队。他说，苏联的自然条件不能发挥舰队的作用，而中国的海岸线长，条件很好。毛主席拒绝了这个要求，认为提出搞共同舰队就是要控制中国。赫鲁晓夫于 7 月底来华，同毛主席会谈，当面否认，说从来没有过建立共同舰队的想法，只是共同研究舰队发展方向问题。后来毛主席在同外宾谈话中不止一次提到，同苏联闹翻是在 1958 年，他们要在军事上控制中国，而我们不干。其三，在对美国的政策上，也是只考虑苏联一方的利益，而置中国利益于不顾。例如，1959 年 9 月，赫鲁晓夫访美归来途经中国举行中苏会谈时，苏方要求中国党在台湾问题上，同苏联制定共同路线对台湾不使用武力，为我拒绝。其四，1960 年在布加勒斯特各党会议上中苏之间发生争论，苏联不仅在会上组织围攻，而且在会后从中国撤走专家，撕毁合同，停止供应设备，对中国施加政治经济压力，迫使中国听从其指挥。其五，1963 年中苏两党会谈期间，苏方发表告全体党员公开信，全面对我攻击，而且同美、英签订部分核禁试条约，妄图伙同美国垄断核武器，束缚中国手脚。其六，1964 年 2 月，苏斯洛夫在苏共中央全会上作反华报告，说要对中国党采取集体措施。随后，赫鲁晓夫根本不同中国党商量，宣布召开由 26 国党代表组成的起草委员会，筹备所谓国际会议，实际上这是作为对中国党采取集体措施的组织手段。赫鲁晓夫下台、勃列日涅夫执政后，苏联仍继续坚持赫鲁晓夫时期定下来的主张，而且在 1965 年单方面地召开只有 19 个党参加的会议，从而使中苏两党关系完全破裂。其七，勃列日涅夫时期，苏联的大国主义的突出表现是，苏联依仗其强大的军事力量对中国进行军事威胁。当时苏联在中国边境陈兵百万，拥有的导弹数占苏联全部导弹的 1/3，构成了对中国的严重军事威胁。

第二，意识形态争论是导致中苏关系恶化的重要原因。中苏之间的意识形态争论，一度非常激烈。在争论中，中苏双方都把争论提高到原则高度，互扣"帽子"，最后变成"你死我活"的斗争，这种争论对中苏关系起了非常坏的作用。现在来看，在中苏争论中，我方轻易地把两党分歧和争论提高到意识形态原则高度，是不恰当的。中苏两国、两党由于处境不同，在内外政策上出现分歧是正常的。如果全面考虑当时的历史条件，考虑几十年来的实践，当时产生的许多分歧，实际上很难说是意识形态的原则分歧。而由于对分歧缺乏实事求是的研究，一下子就把中苏两党的分歧上升到意识形态的原则高度，上升到马克思主义同修正主义的分歧，这样就难以通过协商来解决了。

20 世纪 60 年代初，我党首先提出反对现代修正主义问题。我党首先对赫鲁晓夫从苏共二十大报告到 1959 年访美途经中国进行的中苏两党会谈中的论点进行批驳，以及对最高苏维埃会议报告中有关争取和平、避免战争、主张和平过渡等论点，开始在我国党内进行批判。当然，赫鲁晓夫的某些论点有缺点、有片面性，但是把这些论点都上升到"帝国主义政策的产物"的高度就过分了。根据这种判断，我国率先发动了意识形态原则的争论，并借纪念列宁诞辰之机发表批判修正主义的三篇文章，批判的靶子虽然是南斯拉夫，但实际指向苏共。甚至在国际群众团体，如在世界工会联合理事会上也大批修正主义。

后来，我国在发表公开批判修正主义的八篇文章时，不顾苏共提出停止公开论战的建议，继续坚持公开论战。实际上，我们当时对苏联的修正主义后来又称为复辟资本主义的具体情况，以及战后资本主义发生的新变化并没有能够进行深入研究，很多问题若明若暗，只停留在对马列主义理论概念的原则解释上。在这种情况下，抓住苏联领导人在某些国际问题和国际共运问题上判断的片面性缺点，把这些同马列主义著作中的词句相对照，无限上纲，称为现代修正主义；又把对方要求停止论战看成是"示弱""求饶"，甚至在同苏联领导人的对话中提出，要停止公开论战，苏共就得放弃其二十大和二十二大的路线。显然，这种要求对于苏联是过高了。因此，从率先发起意识形态原则争论的方面来说，中苏两党分裂，我党事实上也负有很大责任。

刘克明提出，历史已表明，中苏之间这种意识形态的尖锐争论，或者说"大论战"，其后果对中苏双方来说都是灾难性的。在我国，导致"文化大革命"的十年浩劫；对苏联，"大论战"的后果是导致苏联思想理论和政治、经济体制的日趋僵化，苏联改革难以推进，这又成为后来苏联解体的重要原因。总结过去国际共产主义运动的经验教训，在社会主义国家之间，唯一正确的道路，是在和平共处五项原则基础上发展相互关系，绝不能凭借大国大党地位，称王称霸，对别国搞什么意识形态争论，干涉别国内政。

（三）探讨苏联剧变和解体的深层次原因

刘克明认为，20世纪80年代末期的苏联剧变，是多种原因综合作用的结果。因此，探索苏联这个世界上第一个社会主义国家的剧变、解体的原因和教训，是一个有重大理论和现实意义的研究课题。刘克明提出，关于"东欧剧变"的深层次原因，主要包括以下的方面：

从总的原因来说，是苏联长期未能对传统的社会主义模式进行政治改革，日趋僵化，日趋同战后新时代的要求相背离的结果。这个新的时代，为解决战后各种社会矛盾提供了新的思路和方法。而苏联对于战后新时代的新特征，仍抱着陈旧的时代观不放，以至从政治、经济、对外政策等方面，不能适应新时代的要求，甚至与新时代背道而驰。这是战后苏联陷于衰落和停滞的时代根源。为什么苏联社会主义模式僵化的趋向在斯大林之后，经过几代领导人还是得不到纠正？其根本原因在于，在高度中央集权的苏联社会主义模式中，已经形成一个拥有巨大权力而又不受监督的官僚特权阶层。

刘克明指出，我们现在所指的苏联传统的社会主义模式，即斯大林时期确立起来的社会主义模式。其主要特点是：在实行广泛国有化基础上，在政治、经济、理论文化思想各方面实行中央高度集权全面管制的备战型行政命令体制；从政治方面说，是中央高度集权、党政不分、以党代政、集权于党、集权于领袖个人；从经济方面说，在生产资料的国家所有制基础上，实行高度集中的全面的指令性计划管理，侧重发展重工业和军事工业；从理论文化思想方面说，理论的发明和解释权高度集中，以党的最高领导的言论为马列主义的准绳，以行政手段实行严密的思想控制和舆论控制。

这个模式基本上适应了第二次世界大战前的时代，即战争与革命时代的要求。在战前苏联工业化建设中，在反法西斯战争中，在战后恢复中，苏联模式曾经起过重要的积极作用。战后一段时间内，苏联作为战胜国，成为可与美国并驾齐驱的世界强国，苏联支持的一批社会主义国家在东欧兴起，社会主义苏联的国际威望和影响曾经达到高峰；斯大林个人的威望和国内的个人崇拜也达到了顶峰。尽管苏联当时刚从二战恢复过来，但那时是苏联作为社会主义国家的极盛时期。

从战后 20 世纪 40 年代后期起到 50 年代初斯大林执政时期最后几年，由于斯大林的骄傲自满，他不再研究战后的新变化，他把战前适应于战争与革命时代要求的社会主义模式绝对化，他把苏联这些经验上升为理论，并认为是社会主义建设的唯一正确的道路。在他执政末期，不但不进行任何改革，而且反对任何改革，进而苏联陷入内外碰壁的困境。

勃列日涅夫执政后期，随着这个僵化模式不适应时代要求的矛盾更为尖锐化，在政治、理论、经济、对外政策各方面的停滞和衰落都全面暴露出来。

政治方面的停滞和衰落主要表现在：勃列日涅夫执政后期，苏联领导层干部都严重老化，许多重大问题议而不决，决而不行；行政机构空前膨胀，办事拖拉，互相扯皮，空谈盛行，不干实事；官僚主义、形式主义、文牍主义更为泛滥；行贿受贿之风和上下级之间送礼之风盛行。各地方甚至设立专门的礼品仓库。领导干部贪污腐化，在人民群众中产生了极为恶劣的影响。

理论方面的停滞和衰落主要表现在："左"的僵化的教条主义理论，严重落后于国内和国际发展的实际，而又坚持不改。其中两大理论危害最大，一是超越历史阶段的向共产主义过渡的理论，二是世界资本主义总危机论。这两大理论严重脱离苏联国内外实际，极大妨碍了苏联自己的改革与开放，而且这种理论同现实的巨大反差，不能不使苏共广大党员干部和人民群众对马克思主义、对社会主义的信念产生怀疑与动摇。

经济方面的停滞和衰落主要表现在：苏联的粗放式经营、优先发展重工业的经济发展战略早已不适应现实。在勃列日涅夫执政后期，经济发展出现停滞，苏联 1976—1980 年的国民收入平均年增长率只有 1%，1981—1985 年则降为 0.6%。

对外政策方面的僵化和失败主要表现在：苏联这个在反法西斯战争中取得伟大胜利，作为欧洲人民的解放者受到世界崇敬的社会主义国家，在战后却逐步沦落为一个凭借武力肆意干涉他国、他党内政，并同另一个超级大国搞军备对抗的霸权主义国家。出兵阿富汗，更使苏联陷于极端孤立。

苏联在政治、经济、理论和对外政策这几个方面由僵化发展为停滞和衰落的消极变化，经过几代领导，越来越严重。这种消极变化动摇了广大党员和群众对马列主义、社会主义的信念，侵蚀了这个多民族超级大国民族间的凝聚力，逐渐失去群众对苏共、苏联政府的信任，逐渐形成了政治、经济、社会和党的日益加深的危机，各种各样的西方思潮乘虚而入，这就为苏联解体提供了客观条件。

（四）对苏联斯大林模式的矛盾和体制根源的揭示

刘克明认为，斯大林模式存在着深刻的矛盾。斯大林社会主义模式之所以能够取得成就，主要依靠的是：（1）经过党内的激烈斗争战胜了反对派，树立起以斯大林为首的党政领导的威望。（2）以列宁的名义，对于在一国建设社会主义理论的广泛宣传，基本上取得了全党和全国人民的认同。（3）在战后的三个五年计划中，都提出优先发展重工业、军事工业，建立起了一种备战经济，为战胜德国法西斯创造了物质条件。（4）实行了低水平的就业保障和福利制度，工人阶级生活有了改善。（5）面临德国法西斯的入侵，苏联人民万众一心保卫祖国。（6）取得这些成就的国际条件是：1930年6月斯大林在苏共十六大作政治报告时说，"我们现在正处于战争和革命的时代"。20世纪30年代初，世界资本主义陷入巨大的经济危机之中；帝国主义国家正准备发动侵略战争或者已有发动侵略战争的行动；日本帝国主义入侵中国，德国法西斯随后也上台执政。苏联社会主义建设取得的成就，基本上是在这种时代背景下形成与发展的。

但是另一方面，在战后新的历史条件下，苏联的经济社会发展和人民生活水平的提高，也受到了严重制约，导致苏共与人民群众的关系十分紧张。这些消极因素不断发展，越来越突出地显现出来。这个模式最重要的消极影响，是在推行超越阶段的社会主义路线中形成了中央高度集权、党政不分、集权于党、集权于领袖个人的缺乏民主的党政领导体制，在这个领导体制的羽翼下，形成了一个高居于人民之上的官僚特权阶层。

为什么苏联社会主义模式僵化的趋向得不到纠正？其中的根本原因在于，斯大林模式虽然可分为政治体制、经济体制、理论文化思想体制等几个方面，但其中党政不分、以党代政、集权于党、集权于领袖个人的党政合一的领导体制，是这个模式的核心。在高度中央集权的苏联社会主义模式中，已经形成一个拥有巨大权力而又不受监督的官僚特权阶层。苏联的州以上党委开始设立负责生产业务的部门，苏共中央设工业、农业、运输、计划、财政、贸易等与国家行政部门相对应的部门。因此，可以说，把以党代政、党政合一制度化，是从斯大林时期开始的，这是斯大林模式的特点之一。

赫鲁晓夫时期虽然进行了某些改革，但在个人高度集权、党政不分、以党代政的党政领导体制上，没有什么改变。而且到1962 年 11 月苏共全会，他强调"党的领导作用无比增长"，需要党"内行地、经常地和具体地"领导生产，全会做出了在州和边疆区建立平行的工业党、农业党组织的决定，以党代政的现象进一步发展了。勃列日涅夫一上任，就把工业党与农业党合并，但以党代政、党政不分的实践没有什么改变。在勃列日涅夫执政期间，苏共中央经济部门不断增加，最多达 24 个部，其中 11 个部与政府重复。1977 年 6 月，勃列日涅夫兼任最高苏维埃主席团主席后说，这是"党的领导作用不断增长的表现"，又说，"这反映了我们的日常实践。在我们的日常工作中，中央政治局许多成员都直接处理国家的内政、外交事务"。最高层领导也搞党政合一并认为是理所当然的，这就使得苏联的个人高度集权、党政不分的制度定型化和固定化了。

这种个人高度集权、党政合一的制度造成的严重后果之一，就是在这种制度下逐渐形成了一个拥有巨大权力而不受任何监督的官僚特权阶层。这里的"特权"一词包含两层意思：一是特权待遇；二是更主要的，即拥有特殊的、实际不受监督的权力。在个人高度集权、党政合一的体制下，在战后斯大林时期，已对领导干部采用了各种特权待遇制度。后来，赫鲁晓夫时期进行了某些改革，并实行了干部轮换制，但为期甚短。勃列日涅夫上台后，又改了回来。因而这种官僚特权阶层，虽不那么稳定，但实际上早已出现。

由于他们的特殊地位，他们凌驾于党和国家政府与群众组织之上，不受任何监督。政府照例有个名义上的监督机构，如检察部门、各级苏维埃，但这个党政合一体制，是以党的名义出现的，政府、检察机构、苏维埃等机构并无权利去监督党的领导机构，相反，要受中央政治局和各级党委的领导。党的中央政治局成为超政府的、超苏维埃的实际上的最高权力机关。党虽然也有监督机构，但从斯大林时期起，就把监委变成同级党委的下属机构。政治局做出的任何决定，它都无法监督，而且越到上层，官越大，越难监督。苏共中央政治局、各共和国及地方的各级党委，拥有超越国家、苏维埃的大权，而又缺乏监督，就必然产生滥用权力和腐败。这种滥用权力和腐败现象，到勃列日涅夫后期达到了顶峰。勃列日涅夫取消了干部轮换制，强调领导干部继承性，在干部制度上又照顾到地方关系，因而官僚特权阶层在勃列日涅夫时期加速形成并稳定化。

刘克明于 1981 年 5 月在民族饭店会见美国著名苏联问题专家伯恩斯坦教授

这个官僚特权阶层的存在，正是使苏联社会主义模式的长期僵化趋向难以改变，搞点改革都半途而废的根本原因。这个官僚特权阶层，受"左"的教条主义理论影响甚深，同时又是苏联长期奉行"左"的理论和政策的僵化模式中的受益者，是既得利益集团。因此，从其利益出发，他们支持收缩经济体制改革，他们反对市场经济，支持超越阶段的理论和路线，支持扩军备战和对外扩张的霸权主义政策，他们对新科技革命，除与军事有关的技术外，都漠不关心，这些都反映了这个阶层的"左"而实质上是保守主义的立场。但是，这批人并没有真正的坚定的自己的信念。他们的根本"信念"不过是以各种手段维护自身的利益。当最高领导有新的变化时，他们之中大多数可以随之而改变，从长期的"左"的立场转换到右的能保持自身利益的立场上去。

（五）对苏联时期官僚政治体制的剖析

刘克明对苏联 70 多年发展历程进行了比较全面的分析，特别对苏联改革的矛盾性进行了深入剖析。在对于苏联各个时期的改革进行的研究中，他充分肯定赫鲁晓夫时期体制改革的创新意义和开创性的贡献。同时，他也分析了赫鲁晓夫改革中矛盾性产生的原因，认为其根本原因在于，苏联领导人当时并没有对斯大林模式进行反思和改革。

他指出，苏联的个人高度集权、党政合一的党政领导制度，孕育出一个官僚特权阶层。由于苏联的官僚特权阶层的存在，一方面，它使苏联社会主义长期得不到改革，导致政治、经济趋于停滞和衰落，为苏联剧变准备了客观条件；另一方面，同样造成苏联的高度集权、党政合一的领导体制，这又为苏联剧变提供了主观条件。这里是指，苏联的个人高度集权、个人崇拜成风的体制，在斯大林之后再也培育不出一个像样的领导人，而且实质上是一代不如一代。戈尔巴乔夫是一个水平低下、品质不佳、政治不坚定、好名贪利之徒。他利用这个个人高度集权模式所赋予的巨大权力，打着改革旗号，接受西方价值观，大谈所谓"改革与新思维"，胡作非为，最终把一个伟大国家引向瓦解和毁灭。

苏联这种个人高度集权、党政合一的党政领导体制，长期伴随着的是干部委任制和领导干部终身制。干部委任制在苏联长期普遍存在。在这种制度下，在干部上下级之间逐渐形成了某种个人依附关系，以致在地方和部门形成某种集团甚至帮派。干部的升迁，主要靠上级的赏识与评价，而与一般干部和人民群众如何评价无关，这使得一些干部，包括那些名义上选举产生的"代表""委员"，为求升迁，只在上级面前讨好邀功，而忽视一般干部和人民群众的看法和意见，这就很难通过竞争方式，通过人民群众认可的方式，把比较优秀的新生力量吸收到领导层中来。领导干部终身制，则使一些人为保持自己的领导职务和待遇，不求有功，但求无过，逐渐陷入无所作为的境地。其结果是，年老庸碌无能之辈长期留在领导岗位上，不但使领导层老年化，而且变得平庸化、暮气化。

苏联这种个人高度集权制加上干部委任制和领导干部终身制，使得苏共干部长期陷于俯首听命、唯上级之命是从的地步。在这种体制下，最容易出现的，而且常常得势的，是看上级眼色行事的奉承拍马者，唯唯诺诺的官僚主义者，照章办事、不动脑筋的执行者，而很难出现敢于独立思考问题、从实际出发、有创新见解的干部。这样，在领袖个人高度集权、长期笼罩着个人崇拜阴影的党政领导体制之下，整个苏共领导集团水平低下。斯大林之后，从赫鲁晓夫到勃列日涅夫，再到短期的安德罗波夫、契尔年科，直到戈尔巴乔夫上台，几十年苏共领导前后任交替的历史表明，苏共领导集团从来没有形成一个水平较高、有威望的群体。阿尔巴托夫在《苏联的政治内幕》一书中写道："在领导层中极其缺乏有才能和机敏活跃的人，这是斯大林现象的自然后果，而且具有长期的影响。"他对赫鲁晓夫、勃列日涅夫周围的领导人的评价，认为除个别者外，都是"平庸""绝对的平庸"。

刘克明对于苏共党的领导人的产生过程进行分析，认为这种体制不能产生优秀的领导人。苏共最高领导人的最终确定，是在这样的低水平领导圈子的内部，在保密的情况下而有时还要经过钩心斗角的争夺才确定下来的。这样低水平的领导集团，只能推举出符合这个集团低水平的领导人，而且常常在"矮子"里也不是选拔最高的，这个领导集团中许多人首先考虑的是选出的人对自己是否有利或无害。例如，推选勃列日涅夫继任，并非因他有能力、有水平，而是因为在苏联领导层的一些人看来，勃列日涅夫是"对谁也不构成任何危害的那种靠得住的人"。推举契尔年科为总书记，只是因为他一直没有担任过实际领导职务，最多是担任副手，因此，"他就不可能对人发号施令，这就是全部关键之所在"。因此，正是这种个人高度集权、党政合一的体制，导致苏共领导人庸才辈出，而且在政治领导水平、理论修养、文化素质、工作能力等方面，总的说来，一代不如一代。

这是苏共党的真正的深刻危机。这种党的危机同社会、经济危机相结合，到戈尔巴乔夫上台前夕，更加深化，发展到了一个新的阶段。戈尔巴乔夫得以上台，是由于在领导职务终身制之下，领导层同步老化，在不到两年半期间，三个高龄总书记（勃列日涅夫、安德罗波夫、契尔年科）相继去世，除去选一个年纪较轻的戈尔巴乔夫上来，已无选择余地。至于戈尔巴乔夫只是短期管过一个州的工作和在中央只管过一个部门而缺乏治国经验等的不足，则已难以顾及。因此，戈上台不过是这个僵化的政治模式在危机中走向末路的一种无可奈何的选择。这个由苏联个人高度集权体制所造成的一代不如一代的继承人危机，在戈尔巴乔夫身上得到了淋漓尽致的表现。

戈尔巴乔夫这位末代领袖的治国能力、立场、品格、为人的形象，可简要描绘如下：第一，在重大问题上，轻率决定，急于求成。戈上台后急于显示政绩，在几个重大问题上轻率决定，急于求成。如，1985年开始禁酒运动，同年提出"加速战略"，1987年又开始从企业改革人手进行经济改革，都因为轻率决定，急躁冒进，考虑不周，因而连遭失败。

第二，迷信个人权力，独揽党政大权，借口所谓政治体制改革，宣布"全部政权归苏维埃"，又宣布党再不能向政府机关、经济机关下达有关工作指示，实际上取消了党的领导，后来戈又当选为最高苏维埃主席团主席。这就把党政大权集中到一人手里。

第三，排除异己，而又言而无信。戈尔巴乔夫认为停滞时期当权的人都极为保守，使自己的威信和地位受到威胁，他利用老党员的组织性、纪律性，动员110名中央委员、候补委员、检查委员联名自愿提出辞职。戈尔巴乔夫在讲话中表示感谢，还允诺保持他们原有的各种福利待遇。但没过多久，这些人被赶出了别墅，其他待遇也被取消。

第四，独断专行，个人决定一切。戈尔巴乔夫口称民主化，实际是个人独断专行。他根据自己的好恶，决定苏共二十八大的中委和政治局的组成，各共和国、各州、边疆区第一书记人选；他多次同国外政治活动家谈判，却从不向安全会议和最高苏维埃通报谈判结果，也不传阅记录；有关东欧国家形势动荡的情报，只有戈尔巴乔夫和外交部部长两个人掌握，以致苏共领导层的许多人对东欧局势变化所知甚少。

第五，优柔寡断，胆小怕事，回避"热点"地区。处理改革中的民族纠纷和反共反社会主义分子闹事问题，因为要考虑西方的反应，看西方的眼色，因而戈尔巴乔夫总是优柔寡断，摇摇摆摆，实际是对所发生的事件放任自流；同时，他又胆小怕事，怕负责任，因而尽力回避"热点"地区。雷日科夫在《动荡的10年》中写道：凡是出事的"热点"地区，他都不愿去。

第六，不顾苏联的国情和现实，贸然提出所谓"人道的民主的社会主义"理论，以及政治改革的"民主化""公开性"等，这刺激了苏联长期被掩盖的民族矛盾和社会矛盾，加剧了苏联剧变前的社会和政治局势的动荡。

第七，爱慕虚荣，喜人奉承，既好名又好利。戈尔巴乔夫作为苏联最高领导人，把出国访问同西方国家首脑交往，看作提高自己威望的手段。他陶醉于西方媒体对他的赞扬和奉承，对西方国家塞给他的各种奖金、奖章、荣誉称号，都照收不误。

第八，迎合讨好西方，接受西方价值观，拼凑"新思维"理论。戈尔巴乔夫理论水平不高，长期生活在封闭的苏联模式里，受的是教条主义熏陶。对当代世界的新变化，缺乏思想理论的准备。戈尔巴乔夫被提为最高领导人之后，正值苏联面临内外困境，党员干部和人民群众对马列主义、社会主义信念产生了动摇心理，西方价值观、民主原则等思潮早就在知识分子中形成暗流，这些不能不对他产生影响。他在上台之初，急于有所作为，在对外关系理论上，更急于有所表现。当西方思潮大举涌入之际，既缺乏理论准备，又缺乏选择力的戈尔巴乔夫，为迎合讨好西方，很快接受了西方价值观，在虚幻的"全人类利益高于一切"的口号下，构成自己的所谓"新思维"理论。

"新思维"理论出台之后，在戈尔巴乔夫在同西方领导人和媒体的接触中，这些人投其所好，对戈的"新思维"赞不绝口，百般奉承，帮助戈出书、宣传、吹嘘，竭力推动他按照西方需要对苏联进行所谓的改革。这些奉承、吹捧，加上连哄带骗地对苏联改革做出的所谓"援助"承诺，特别是西方对戈尔巴乔夫发放的各种形式的奖金、馈赠、稿酬，这些都使得他这个俄罗斯农村土生土长、未见过大世面的领导人，在西方对手不断变换花样的意识形态进攻面前，变得手足无措。他不仅欣赏这些赞扬和奉承，而且轻易相信对方。在同西方打交道的过程中，为迎合讨好西方，一再妥协和退让，越是国内改革形势发展对他不利、其威望受挫时，他就越乞灵于西方的支持。

因此，戈尔巴乔夫思想发展历程表明，"新思维"及其具体运用的"人道的民主的社会主义"理论，表面上看是同传统的"左"的教条主义对立的，但如深入其实质，探索其发展历程就可发现，所谓"新思维"这一套理论，实际上不过是苏联僵化的传统社会主义模式和"左"的教条主义理论破产的一种反动。归根结底，仍然是这个"左"的传统模式和路线的产物。

以上八点，虽不完全，但可反映出这个由苏联个人高度集权体制下培育出来的末代领袖戈尔巴乔夫的大致形象。正是这位苏联的"末代领袖"，因其治国能力低下，却掌握了个人高度集权体制赋予的巨大权力，他不顾苏联国情急躁冒进，乱提口号，把苏联经济搞得一团糟，把苏联政治局势引向动荡；他迷信个人权力，独揽党政大权，取消党的领导；他排斥异己，不讲信义，独断专行，个人决定一切；他爱慕虚荣、贪名好利，迎合讨好西方，接受西方价值观，提出"新思维"和"人道的民主的社会主义"理论，并以此为指针改组了共产党，终于把苏联这个社会主义国家引上了剧变的道路。

刘克明认为，纵观苏联战后40多年由盛而衰直到发生剧变的历史，以及探讨苏联发生剧变的原因，必须认真看待和研究这个中央高度集权的模式的核心，即个人高度集权、党政合一的党政领导体制的双重的消极作用。一方面，苏联的党政领导体制孕育出一个阻碍改革、维持社会主义模式僵化趋势的社会政治力量——官僚特权阶层，从而使苏联政治经济各方面逐步走向停滞和衰落。到勃列日涅夫执政后期，已发展为深刻的经济、社会、政治和党的危机，这就成为苏联剧变的客观条件；另一方面，在这个个人高度集权、党政合一的体制之下，在斯大林之后，苏联再也没能培养出一个像样的领导人，而且实际上一代不如一代。党的领袖拥有这个体制给予的巨大权力，而在面临经济政治社会危机时，又不能治国，从而使苏联发生剧变难以避免，这就构成了苏联发生剧变的主观条件。

刘克明提出，综合苏联发生剧变的主客观条件，总结苏联剧变的历史教训，可以说，苏联这个个人高度集权、党政合一、不受监督的党政领导体制就是导致苏联发生剧变的深层次原因。邓小平同志在谈到斯大林严重破坏社会主义法制和中国"文化大革命"的十年浩劫时，指出："不是说个人没有责任，而是说领导制度、组织制度问题带有根本性、全局性、稳定性和长期性，这种制度问题，关系到党和国家是否改变颜色，必须引起全党的高度重视。"① 这是小平同志对苏联和我国历史教训的深刻总结。我

① 《邓小平文选》第2卷，人民出版社1994年版，第333页。

们联系苏联长期实行个人高度集权，实质上不受任何监督的党政领导体制和苏联发生剧变的严重教训，邓小平同志的这段话，更值得我们再三思考。

刘克明于 1988 年在苏联莫斯科新圣女公墓

执笔人：田春生
2011 年首发于中国社会科学网
2016 年春修订

苏振兴
Su Zhenxing

男，1937 年 4 月出生，湖南汨罗人，中国社会科学院研究员。1951 年参加工作。1959—1960 年在北京外国语学院留苏预备部专修俄文一年；1960—1964 年在北京大学西语系学习西班牙语。1964—1980 年在中共中央对外联络部工作。其间，1971 年任副处长；1974—1977 年在中国驻阿根廷大使馆任文化专员；1977—1980 年任拉丁美洲研究所领导小组成员兼南美研究室主任。1981 年起到中国社会科学院拉丁美洲研究所工作，先后任南美研究室主任，副所长（1982—1985 年），所长（1985—1996 年），分党组书记，《拉丁美洲研究》杂志主编，第九届全国政协委员，中国拉丁美洲学会副会长、会长。1990—1991 年在联合国拉美和加勒比经济委员会做访问学者一年；1996—1997 年在秘鲁太平洋大学、阿根廷贝尔格兰诺大学任客座教授一年。1992 年起享受政府特殊津贴，2006 年当选为中国社会科学院学部委员。

主要著作有，独著：《苏振兴文集》《苏振兴集》；合著：《走向 21 世纪的拉丁美洲》《发展模式与社会冲突》；主编：《巴西经济》《拉美国家经济发展战略研究》《拉丁美洲史稿》（第三卷)、《拉丁美洲的经济发展》《拉美国家现代化进程研究》《拉美国家社会转型期的困惑》《中国与拉丁美洲：未来 10 年的经贸合作》；合译：《外围资本主义：危机与改造》。

平生未改拓荒痴

新中国的拉丁美洲研究是从一片空白基础上起步的。拉美研究作为一个独立学科的出现大体应以 1961 年中国科学院哲学社会科学部建立"拉丁美洲研究所"为标志。我们这些最先聚集到拉美所旗下的研究人员，可以说是属于中国拉美研究领域"拓荒"的一代。几十年来，尽管研究拉美远不如研究欧美大国受重视，尽管拉美研究事业的自身发展经历了不少风风雨雨，而我个人对于从事这项研究却情有独钟，不离不弃，抱有一种拓荒者的痴迷，"曾经风雨未踟蹰"，终于在国家进入改革开放的新时期得以全身心地投入研究工作，为我国拉美研究学科的成长和发展尽了一份微薄之力。我想借写这篇学术自传的机会回顾一些个人成长与学科发展的往事。

坎坷的童年岁月

我的老家在湖南汨罗的影珠山。提起汨罗，人们自然会想到伟大爱国诗人屈原投江自尽的汨罗江。不过，影珠山在湘东，与长沙县交界，离汨罗江有 30 多华里的路程。影珠山海拔不过千米，在方圆几十里的湘东丘陵地带，却显得"鹤立鸡群"，雄踞一方。影珠山有两个主峰，"东影珠峰"略高，山势雄伟、险峻，像一头坐北面南的雄狮，故名"狮子峰"。"西影珠峰"略低，山体平缓，松竹长青，每当春夏之交，满山杜鹃盛开，灿若云霞。山腰处有一汪泉水，一年四季清凉甘洌，远近闻名。我的老家就在这山泉附近。这地方也算得上是江南的一处灵秀之地。"西影珠峰"顶上有座古刹，供奉着观音菩萨和各路神仙。古刹背后的山尖上立着一块巨石，只要稍加推力就会来回晃动，人称"飞来石"。古刹左侧长着一株千年银杏，树高数十米。树旁的一块石头上有个人工凿出的小洞，名曰"盐米臼"，据说是供信众"布施"用的。我曾写过一首题为《珠山剪影》的诗，回忆儿时的印象：

凌霄古刹披云雾，
擎天银杏傲长风。
神仙坐定因山美，
奇石飞来恐无凭。
臼小何曾见盐米，
僧高无奈守清贫。
上苍若解农家愿，
也无饥馑也无兵。

影珠山上石多田少，那一层层挂在山坡上的梯田，大部分是当地富裕人家的。无地农民靠租种土地或打工、做手艺谋生。每遇灾荒年景，村民们连红薯、芋头也不够吃。我小时候就亲眼见到有乡亲沿门乞讨。我家祖祖辈辈是农民，父母都不识字，我是家中最小的孩子，前面有两个哥哥和两个姐姐，租种着本家地主的十多亩地。一家人男耕女织，节衣缩食，尚能勉强维持生存。

我出生于 1937 年 4 月。1937 年是一个令中国人无法忘怀的年份。这年 7 月 7 日发生的卢沟桥事变，标志着日本侵华战争全面爆发，我的童年时代也不能不留下许多关于日本侵华的记忆。侵华日军进入湖南之后，在影珠山下修了一条简易公路直通广东，成为沟通南北的主要交通运输线。日本军队就驻扎在公路沿线，前期对老百姓的烧杀抢掠也主要集中在公路周边地区。山下的物资被抢光后，他们就开始到影珠山上打劫了。

一天下午，父亲带着姐姐和我到地里去做农活，刚刚走出一片竹林，发现几百米外的一条路上出现一小队日本兵。父亲赶紧拉着我们姐弟俩返回竹林，三四个日本兵立即端着枪追赶过来。父亲匆匆地把我们姐弟俩藏进一片灌木丛后，拔腿就往更高处的树林里跑。日本兵朝他连开数枪，幸好没有打中。父亲逃脱后，日本兵就走进竹林子里来搜查。我们在躲藏处听得见他们的脚步声和刺刀撞击石头的声音，说明他们端着刺刀在到处乱捅。大我三岁的姐姐很懂事，生怕我在惊吓中弄出什么声响来，紧紧地把我抱住。那几个日本兵想抓住我父亲的目的没有达到，又急于归队，草草地搜了一阵，就悻悻地走了。我们在灌木丛里继续躲藏了一阵，直到周围没有任何动静了才小心翼翼地爬出来，庆幸"大难不死"。

我就在这国难深重、兵荒马乱的年月里慢慢长大。1943 年初，我刚刚 5 岁半，妈妈就让我跟着姐姐去上学了。影珠山那一带我们苏姓的人比较多，有一家不大的"苏氏宗祠"。祖上有人在清朝做过官，祠堂附近立着一块高大的"诰封"碑，被视为族人的骄傲。祠堂内办了一所族学，苏姓子弟不用交学费。这学堂也就是一间教室，30 多个孩子从小学一年级到四年级都有，一个先生给各个年级轮流上课。现在回想起来，我们的长辈在当时那样艰难的条件下，依然坚持办教育，没有因为战争环境而让我们这一代人荒废学业，是多么不容易！

在学校里，我是同年级中年龄最小、功课最好的。1946 年年末读完小学四年级后，我很想继续升学。当时附近没有高级小学，要读五年级必须到离家 20 多里远的长沙县"希古台"学校。到这所学校读书只能住校，每学期学费与生活费加起来是一笔不小的开支。起初，家里人认为我这山沟里的孩子不一定考得上，抱着试试看的心情让我去参加考试，结果我以第二名的成绩被录取。这一来，父母亲和大哥都有点骑虎难下，只能硬着头皮送我去读书。我在"希古台"读了一个学期，尽管成绩很好，但家里实在无力负担费用，就无奈地辍学了。

1948 年春节刚过，经熟人引荐，我到影珠山下的一家中药店去当学徒，那时我还不满 11 岁。我当时想，既然我无缘上学读书，到中药店去当学徒至少还有继续学习文化知识的机会。可是，当学徒毕竟是辛苦的，尤其像我那样年幼的孩子，连自己的生活都打理不好，难处就更多了。当时流行着一首《学徒苦》的歌谣："学徒苦，学徒苦。学徒进店，为学行贾。主人不授书算，但曰：孺子当习勤苦。朝命扫地开门，暮命卧地守户。暇当执炊，兼锄园圃。主妇有儿，曰：孺子为我抱抚……"这歌谣所描绘的学徒生活是真实的。当学徒都免不了要打杂、跑腿、种菜、做饭、抱孩子。不过，我在的那家药店的老板为人正直善良，不仅作为中药技师业务精良，而且从不打骂徒弟，对当地乡亲做过大量扶危济困的善事。新中国成立后，他主动将自己的私人药店交出，建立了由当地政府领导的中医药联合诊所。

人们走进中药店时，看到的是那些药剂师们准确地拉开一个又一个小抽屉，给顾客抓药，个个都精明干练。其实，中药技师更高的本领是要懂得中药材的加工与炮制。我学徒的那家药店地处农村，老板为了降低成本，一直是从长沙买进药材原料，自己加工。中药品种繁多，有的需要清洗、切片、晾晒，有的需要依法炮制，程序复杂，工作量非常之大。

这家药店还有个特点，因为是农村商店，除了经营中药，还营销日用杂货和白酒。因为卖酒，每天下午和晚上总有些人来店里喝酒，商店也显得热闹。那喝酒的人群中有两类人值得一提。一类是农村各种工匠，如木匠、篾匠、裁缝、石匠等，他们给农户做工，做完这家到那家，生活充满艰辛。他们晚上到店里喝酒，既是休闲，也为结交朋友，招揽活计。另一类是乡村的"文化人"，其中一部分人原本在外地做事，新中国成立前夕回到家乡赋闲，他们之中不乏"有学问"的人。这些人把商店当作约会地点，两三个要好的朋友一起来，沽上半斤白酒，慢条斯理地喝着，谈论着对时局的看法、外面的见闻。我爱听他们的谈话，他们也从不在意，有的主动教我珠算，有的把适合我读的书借给我。当学徒的那些年里，我经常"夜伴孤灯乱读书"，除了读一些与中药相关的书籍外，所谓"乱读书"就是能得到什么书就读什么，有古文、杂记、小说、野史、诗词，五花八门，能读懂多少算多少。

1949 年湖南和平解放。我们那一带农村真正沸腾起来是因为 1950 年的土地改革运动，斗地主，分田地，镇压反革命，进行得轰轰烈烈。1951 年春，我 3 年学徒期满，正式"出师"了。我所在的药店已经变成了联合诊所，我随即成为诊所的正式工作人员，每月可以领到一份薪水。然而，全国解放这个翻天覆地的大变化，也使我幼年时被粉碎的读书求学之梦又强烈地复活起来。

1953 年夏天，我自作主张跑到长沙县高仓中学去参加了初中招生考试，结果被录取了。家人对我这个举动是不太理解的，他们担心的是，家里并没有钱供我上学，我放弃现有的工作去读书，而这条求学之路又究竟能走多远？他们的担心不无道理，在后来的许多年里，是坚持读书还是去挣钱养家这个矛盾，一直成为折磨我内心情感的一种痛苦。

十年求学之路

高仓中学原是由彭氏家族兴办的一所私立中学，地处长沙东乡高仓（地名）的"彭氏宗祠"。这祠堂是当地有名的大型建筑，青堂瓦舍，气势恢宏。学校后面有座山头，长着高大的常青乔木。校门外有个大运动场。前面不远处有条"白沙河"，终年流水不断，两岸是成片的稻田。这河在流经学校后不远的地方拐了一个弯。那拐弯处耸立着一座造型优美的古老石桥，桥下是一个深不见底的水潭，天气晴朗时，水潭里就清晰地浮现出石桥俊俏的倒影。高仓中学就是这片田园风光中的一个文化与教育园地，许多农家子弟在这里奋发读书，开启了他们走向遥远外部世界的人生旅程。

走进学校之后，我一心只想如何抓紧时间读书，生怕经过几年的蹉跎岁月后在学习上赶不上其他同学。第一个学期结束时，没想到我考了全年级第一名。或许是因为我当过学徒，参加过一段时间的实际工作，显得比大多数同学要稍微"老练"一点，因而很受学校领导和许多老师的看重。第二个学期我就被吸收加入共青团，先是在班上做学生干部，后来就担任学校的团委副书记，帮助主管团、队工作的老师做了大量事务性工作。由于学习成绩好，我一直在学校拿着最高额的助学金。实际上，我们家也完全没有供读的能力了。1955 年，我们正式分了家，两个哥哥自立门户，他们各自的家庭负担都很重；父母年岁渐老，获得生活来源已日趋艰难。这时我才发现，现在到了我这个小儿子供养父母的时候，我却无以为报。初中毕业时，我决定去报考一所中等职业学校，以求尽快学门专业技术，早日参加工作。我的报名表送到学校时被陈士溉校长扣下了。陈校长开导我说：你本来就是放弃工作来读书，刚读了 3 年初中，又想去考个中专。与其这样，还不如干你原来的药剂师好。现在国家建设需要大量的高层次人才，党和政府号召向科学进军。你应该报考普通高中，将来考上大学进一步深造。家里有些困难终究是可以克服的。我接受了校长的建议，改报高中。结果，我被保送进入湘潭市第一中学。

到了湘潭，算是我第一次生活在城市了。不过，那时的湘潭还只是湘江边上的一座小城，人口也就 30 万左右。在我的印象里，只有江边的那几条街有些商业气息，其余部分依然是一种半城半乡的景象。也就是我在湘潭的那几年里，湘江上建起了一座大铁桥，标志着从株洲通往韶山和湘西的铁路正式通车；在城市的四周，一座座大型工厂拔地而起。湘潭这座江南小城正是从 20 世纪 50 年代中期起，伴随着新中国巨大的工业化浪潮，走进了它快速成长和发展的新阶段。初到湘潭，我就发现一个奇特的现象，走在街上，看到许多人嘴里都在吃着什么。一打听，才知道是"嚼槟榔"。转眼一看街头，卖槟榔的小摊比比皆是，花上几分钱就能买一颗。我也曾尝试着嚼过几回，但始终没有引起兴趣。槟榔并非湘潭特产，我至今也没弄明白，湘潭人爱"嚼槟榔"的习俗是怎样形成的。

湘潭市一中是一所百年老校，2012 年迎来建校 110 周年。我在一中读书那三年，前后两任校长符石安先生和张学萃先生，都是领导能力出众、办学经验丰富的教育家，学校办得生机勃勃，蒸蒸日上。教师队伍可谓"名师荟萃""群星璀璨"，教学质量在湖南一直名列前茅。我们那一届高三毕业生一共 8 个班，300多人，高考成绩位列湖南省第一名。

高中阶段的学生生活是紧张而又充实的。我先是在班上担任班长、团支部书记，高三那年担任学校团委的宣传委员。课余时间总是有许多的工作需要去做。那些年，正是大力提倡教育与劳动生产相结合的时候，就拿我所在的班级来说，在湘潭钢铁公司修过铁路，参加过修建湘潭"雨湖公园"的劳动，给校办农场运送过肥料，校园里"大炼钢铁"更是一度干得热火朝天，通宵达旦。作为学生干部，我们总是力求对这些活动进行周密的组织，减少班主任或带队老师的负担。我们班的篮球队在学校小有名气，有 5 名队员同时是学校代表队的队员，我也算其中之一。每天下午或训练或比赛，几乎都要痛痛快快地打一场球。

到湘潭以后，离家就远了，每年只能寒、暑假回家一次，看望父母，而每次回家都要经历一次感情上的痛苦。那时，父亲已70 来岁了，还得为他们两个老人的口粮而下地劳作。其实，当时最大的危机还不在于父母的温饱，而在于他们伴随着年老而疾患增多，却得不到及时医治，尤其是母亲的心血管病逐年加重。看着父母近似凄凉的晚年光景，我无数次深深地自责：我这个人是否过于自私，为了自己读书、升学，竟然撂下父母不管。做儿子做到这个份上，实在是人生的一大败笔！由于这种内心痛苦的折磨，我在高中毕业前夕又一次萌生了放弃学业的想法，并把这想法坦率地告诉了班主任何茂业老师。何老师说：我要是到报社去给你找份工作，那并不难。可是，你明明有条件考上一所名牌大学和一个理想的专业，如果在这个当口放弃，或许你将来要后悔一辈子！这话分量太重了，我不能不认真考虑。大概就在这个时候，学校传出我被保送去苏联留学的消息，我自己则将信将疑。又过了几天，大概是这事已经上级批准，我和毛国良被选为"留苏预备生"正式公布了。面对这个现实，我似乎已经没有犹豫和退缩的余地了，只有全心参加高考。如果高考成绩不好，"留苏预备生"资格被取消，岂不让学校跟着"丢份儿"？

　　高考结束后，我立即回了农村老家。后来我听说，我的高考成绩不错，被中国人民大学新闻系录取，但由于被选为"留苏预备生"，只能放弃上"人大"。回到家乡，家人和乡亲们都为我能到北京读大学、去苏联留学而兴奋。当时，乡亲们对于苏联的印象依旧是新中国成立初期的"老大哥"和"学习苏联"的老概念，并不知道中苏关系已经发生了许多变化。父母更是觉得我还"有点出息"，喜悦之情难以言表。我自己则充满矛盾，去苏联留学固然好，但这求学之路就更加漫长，何年才是终点？父母知道我的心情，总是劝我要坚持下去，不要耽误自己的"前程"，却从来不提他们自身面临的种种艰难。当我背起行囊前往北京时，看见母亲第一次流着泪送我。她陪着我走了一程后，就站在一处高地上看着我慢慢离去。我好几次向她挥手，要她回家，她却始终没有转过身去。作为儿子，我自然也懂得母亲的心情。她自己在一年一年地衰老，儿子却一次比一次走得更远，这给老人的心里带来一种孤独与苍凉。而我行囊羞涩的程度，母亲又是最了解的，她担心这远行的儿子不知还会遇到多少艰难困苦。

　　1959年秋季开学的前两天，我到北京外国语学院留苏预备部报到，正式跨入了大学的校门。留苏预备部又称"二部"，以示与北京外国语学院本科各系的区别。我们那一届留苏预备生共1000多人，规模相当大。这一方面反映出国家进入社会主义建设阶段后各条战线对人才的大量需求，另一方面，当时大多数西方国家与中国尚未建交，苏联、东欧社会主义国家几乎成为外派留学生的唯一选择。留苏预备生都是经过各省市教育部门挑选的，学习成绩普遍优良，其中相当一部分是学生干部，还有一些来自艺术院校的高才生。这些人聚集到一起，似乎有一种超常的能量，把学校的文娱、体育等各种活动搞得有声有色。在这里，同学之间的关系既说不上太亲密，也不算疏远，似乎大家都明白，留苏预备部就像个车站，大家都是匆匆过客，都在为出发加紧准备，以便在某个时刻顺利登上那趟开往莫斯科的火车。

我当时比较关注的一件事是，如果去苏联留学，我要学的专业是什么？我打听过一番，没有人能明确告诉我。到1960年上半年，才有一位老师告诉我说，你要学的专业可能是自然辩证法。"自然辩证法"这个名词我倒是听说过，但这是怎样的一门学问却不甚了了。那位老师似乎也说不大清楚，只是补充了一句：据说学这个专业的学生文科、理科的基础都要好才行。我经过一番寻觅，还真找到了一本中文版的恩格斯《自然辩证法》，似懂非懂地读了一部分，感觉还真是一门挺深奥的学问。

命运有时会捉弄人。在我们即将从"留苏预备部"结业时，部领导正式宣布，因为中苏关系恶化，我们那一批留苏预备生只有极少数能去苏联，绝大部分不去了。其中包括我在内的几十位原准备去苏联学文科的同学，都由当时的"中国科学院哲学社会科学部"（以下简称"学部"）接收过来，作为"代培生"派往北京大学和北京外国语学院去学外语，我被派往北大西语系学西班牙语。

1960 年秋我进入北京大学。有两件事是我到北大之后才知道的。一是北大西语系的西班牙语专业是 1960 年才开办的，我们是这个专业招收的第一批学生。二是当时"学部"正在筹建拉丁美洲研究所（1961 年 7 月正式建所），送我到北大学西班牙语就是为拉美研究所培养科研人员。这两件事有一个共同的背景，古巴革命于 1959 年 1 月取得胜利，同年 9 月，古巴与中国建交，成为新中国在拉美的第一个建交国。中国的第一家拉丁美洲研究所也就在国家领导人谋划中拉关系未来发展的过程中应运而生。对我而言，曾经对新闻专业很着迷，却与它"擦肩而过"；后来又专门学一年俄文，准备去苏联学习自然辩证法，结果也"失之交臂"；这一回，没有任何人跟我商量，我的专业连同未来的工作就都"被确定"了。而且我还听说，拉美研究当时在中国还基本上是"一片空白"。不过，面对这些情况，我没有产生过犹豫，当时只有一个信念：既然国家急需创建这个专业，那就值得去为之奋斗。

处于初创阶段的北大西班牙语专业一时找不到科班出身的教师，从法语专业抽调了蒙复地和刘君强两位年轻教师来边学边教。刚开始时，我对于在北大上学而没有高水平的老师多少有点失望，不过，这种情绪很快就消散了。首先是蒙、刘两位老师在学习上的刻苦与教学上的敬业精神令我钦佩；其次是那个阶段他们所开的西语发音课和基础语法课讲得还是不错的。对我而言，毕竟有过一年专修俄文的经历，多少懂得一点学习外语的方法，学西语也算比较顺利地"入门"了。随着从北京外国语学院西班牙语系毕业的沈石岩老师和聘请的外教陆续到来，西语专业师资不足的矛盾也就渐次缓解了。

说起外教，不能不提到来自阿根廷的杜契斯基先生。杜先生性格温和，待人诚恳，有很好的职业素养，也很看重来北大任教这个机遇。看得出来，他不仅每次上课都经过精心准备，讲得有板有眼，而且，他还悉心摸索如何使自己的讲授方法适合中国学生的特点。正因为如此，在中国教师的协助下，他很快就成为最受欢迎的外籍教师，在西语系工作的时间也最长，我1964年毕业后，他还继续在北大执教。我读大学三年级时，杜先生曾找我谈过一次话，他想把我从班里抽出来做他的教学助手，以后就留在西语系当老师。他这个建议来得有点突然，加上我是"学部"的代培生，自然没有采纳他的意见。杜先生对此似乎也不很在意，我们之间融洽的师生关系也一如既往。

我和杜先生似乎有某种缘分。1974年，我被派往中国驻阿根廷使馆工作，在到馆后不久的一次招待会上，与分别已整整10年的杜先生不期而遇。一见面，他就紧紧拥抱着我，连声说：想不到！真想不到！接下来，他拉着我逐个地向在场的朋友介绍："这是我的中国学生，现在当了中国的外交官，而且是到我们阿根廷来当外交官。"从此，我和杜先生又开始了在布宜诺斯艾利斯的一段交往。当时杜先生同时从事着两三份职业，其中之一就是在当地组织旅行团到中国旅游。我在使馆负责文化处的工作，旅游方面的事务正好归文化处管。我除了在办理来华签证等方面给他提供一些便利之外，也常常举办电影招待会，既宣传中国，也让杜先生邀请一些朋友来参加，为他组织旅游团做点宣传、推介。杜先生还不时地在当地报刊上发表文章，讲述他在中国的经历与见闻。显然，他的内心保持着一种很深的中国情结。

在北大那几年里，我想得最多的问题是如何尽快地充实自己关于拉丁美洲的知识。当时最大的难题是基本没有这个领域的中文参考书可供阅读。因此，随着西语阅读能力的提高，我就开始阅读原文著作。北大图书馆收藏的西语书籍不少，但以文史类居多，政经类偏少，我尽量从中挑选一些书来读。历史系的罗荣渠先生给我们开设拉美历史课，这算是我在北大学的唯一一门专业课程。罗先生不但学养深厚，才华横溢，勤奋好学也是出了名的。他在给我们开课的同时，还在自学西班牙语。这一点给了我很大的启示，我想，罗先生尚且要通过学习西语来进行拉美研究，那像我这样的人还能够绕开这条路么？我对拉美历史课特别看重，并不单纯因为它是唯一的专业课，更是因为罗先生的课实在太有吸引力。罗先生是位思维逻辑很严谨的老师，讲课的条理非常清晰；他同时又是一位很注重学术研究的人，对许多问题都能提出自己的看法和判断。罗先生《论所谓中国人发现美洲的问题》和《门罗主义的起源和实质》这两篇重要学术论文分别发表于 1962 年和 1963 年。

我在北大读书那几年，虽然照样当学生干部，照样打球，但我的生活圈子很小，我的内心缺少欢乐，把绝大部分的课余时间都打发在图书馆里。原因就在于，那几年一些意想不到的事情落到了我的头上，其中我的大哥和父亲分别于 1961 年、1963 年突然去世给我的打击最大。那是一段"心在滴血"的日子！回想起来，我从 1953 年考上初中到 1964 年大学毕业，这 11 年求学之路在常人看来很正常，对我而言却显得那么漫长而艰辛。我实现了求学的梦想，却也在人生道路上留下了永远无法弥补的遗憾。

在中联部 16 年

屈指算来，我大学毕业后已工作 48 年。说来也巧，这 48 年基本上每 16 年可分为一个阶段。1964 年，拉美研究所正式划归中共中央对外联络部领导，只不过我们当年入所的这批大学生参加"四清"和农村劳动仍然是由"学部"负责安排的。因此，1964—1980年我是在中联部工作。

1964年8月，我到拉美研究所报到，被分配到翻译组。当时拉美所在北京西郊的西颐宾馆临时租房办公。和我同期进研究所的还有从全国多所重点高校选拔来的十多名应届毕业生，绝大部分是文史专业的。两位副所长（当时没有所长）王箴西和王康同志对这批新生力量颇为重视，挨个儿找我们谈话。箴西同志曾在部队做领导工作，作风稳重，说话带有较重的胶东口音，为人谦和、热情，给人以慈祥长者的印象。王康同志长期在中央宣传部门工作，性格比较内敛，话语不多但言简意赅，一派学者风范。拉美所当时正处于初创时期的"三年练兵"阶段，科研人员一边在翻译或搜集资料，一边在学习外语。研究所专门聘请了一位外国教员教授西班牙语。许多年轻人会聚在一起，气氛非常活跃。

根据当时的人事制度，大学毕业生参加工作后先要下放劳动锻炼一年。1964年正值全国农村"四清"运动的高潮，"学部"领导决定由拉美所和近代史所派工作队去甘肃省参加"四清"。拉美所组成了以王箴西、沙丁同志为首的"四清"工作队，其中包括一些老同志，以及我们这一批新入所的年轻人，我被选为工作队的团支部书记。经过一段时间的准备，在当年入冬前后，我们到了甘肃张掖。拉美所工作队被分配到离张掖20多里地的静安公社。我工作的地方是新沟大队的下堡子生产队，一共4名工作队员，由孙士明同志任组长，还有两名来自甘肃临夏的东乡族干部。

我们前期的工作主要是宣传中央关于"四清"工作的方针政策，了解当地情况。经过一段深入调查之后，我们发现当地农村干部虽然存在一些工作、生活作风方面的问题，但所谓"四不清"的问题不太严重。倒是那里的农业生产水平比较低下，农民生活还比较艰苦的状况给人印象很深刻。我们的主要工作是按照中央的方针开展坚持社会主义道路的宣传教育，帮助干部改进思想与工作作风，大部分时间是和农民一起参加生产劳动。

河西走廊是有名的"风口"地带，冬天风沙肆虐，天气干冷。我所在的生产队有一大片比较平坦的土地，每年春夏之交祁连山积雪融化，可以引水过来浇灌，种植水稻。但是，这片土地的土质有些特殊，一经水的浸泡就会形成坚硬的板块，不利于水稻生长。因此，每年冬季，这里的农民都要去打草。这种草叫"黄毛头"，生长在甘肃与内蒙古交界的沙漠地带。将这草打回来放到地里，可以起到疏松土质的作用。打草可是一桩少见的苦差事。我和十多位农民赶着牛车到沙漠地区，先在地下掏出一个大洞，足有十多平方米，作为住所。然后，大部分人开始打草，少部分人要走很远的路去收集大量的枯枝败叶作为燃料。每天有一个人赶着毛驴到很远的地方拉回一罐水，大伙儿吃喝洗涮全靠它。一日三餐就靠一点热汤就着从家里带来的贴饼子充饥。在那寒冷的沙漠上这饼子变得冰凉、坚硬，实在很难将其咽到肚里去，即便咽下去了，肠胃也很不舒服。晚上，地洞里生起一堆火，大家围着火堆取暖，也讲些笑话取乐。待到那地洞也被烤得有些热气了，就一个紧挨着一个就地睡觉。现在回想起来，在甘肃的那一段经历使我这个农家子弟对中国农村和农民的了解又深化了一层。

"四清"工作的后期，调整生产队、大队、公社各级领导班子成为中心任务，需要对一些准备进"班子"的人进行考察。工作队的领导把我抽调去参加这项工作，主要任务是去新疆跑"外调"。我出发前在张掖地委招待所住了一夜，当时王箴西和近代史所刘大年、黎澍等几位领导正在那里参加会议，他们对我单独一人去新疆出差有些不放心，一再叮嘱我注意安全。从新疆回到张掖后不久，为时7个多月的"四清"工作就全部结束了。我们大队人马离开张掖，在省会兰州休整了两天，然后直接回了北京。

"四清"工作任务完成了，但我们这批刚毕业的大学生劳动锻炼一年的任务尚未完成。7月，"学部"又将我们送到山东黄县的"于家口村"去锻炼。村子位于一条长长的山沟的入口处，住户不少，绝大部分都是于姓，这大概就是村名的来由。村庄附近有不少农田，从村子往里走是大片的果园，沿着山沟两边的坡地不断向上延伸，最远处的果园离村子足有十多里地。这里的情景和在甘肃时相比有很大的不同。胶东的山区气候宜人，风和日丽。我们三三两两地分头固定在一户农民家吃饭，贴玉米饼子、饸面馒头、小米稀饭都很养人。在甘肃时，拉美所和近代史所的干部分别在两个不同的公社工作，平时根本见不着面。这回到山东，我们两个所30来个年轻人成天在一起，修水库、干农活、收摘水果，有说有笑；我们还利用闲暇去蓬莱参观，组织篮球队到黄县县城打比赛。村里的乡亲们对我们这些北京来的"文化人"很欢迎，也很爱护，我们在劳动之余为他们做些力所能及的事，相处得非常融洽。

转眼到了秋天，山间的苹果、鸭梨挂满枝头，一派丰收景象。我们和老乡们一起，每天起早贪黑，挑着筐上山收摘水果。果树一般都生长在山坡上人工开辟出来的小块地里，果树间套种着花生、地瓜等作物。收摘水果时既要防止把果子碰伤、碰坏，又尽量不要毁坏地里的农作物。有些同志为了爬树方便，往往脱了鞋，光着脚上树。一天，我们在离村子很远的地方采摘水果时，一件意想不到的事情发生了，拉美所的王昭春从果树上下到地里时被毒蛇咬了。这一下把大伙都吓坏了。好在大家还有一些基本常识，当即从衣服上撕下若干布条，将伤口上方的腿部紧紧扎住，以防蛇毒顺着血管向体内扩散。接着就是一场空前紧张的接力赛，大伙一个接着一个背起小王往山下跑。尽管大家都算是年轻力壮，但要轮流背着他跑完那十多里山间小路还真不容易，回想起来真有点惊心动魄！幸好"于家口村"附近的乡间诊所有一位会治蛇毒的医生，也有所需要的药品。经过一番急救之后，小王脱离了危险，大家一颗悬着的心也才慢慢平静下来。我把这个情况立即报告了拉美所，所领导指示，要密切关注小王的病情，待他身体有所恢复后就送他回北京疗养。国庆节前夕我亲自护送他回北京。返回黄县时，王箴西同志特意把我叫到家里，款待我吃晚饭，再三叮嘱我，一定要把在黄县劳动的所有同事平平安安地带回来。

12 月上旬回到拉美所后，已是新年将近，离春节也不远了。我心里最惦记的是春节前要回湖南去探望母亲。没想到，在新年前的 12 月 28 日，我突然收到三哥发来的一封加急电报：母亲病危！我当天晚上就登上了去长沙的火车。第二天下午到长沙后没赶上去老家的汽车，无奈地在车站附近熬了一夜。次日下午等我赶到家时，母亲已经过世了。母亲得的是脑溢血，从 27 日陷入昏迷之后就再没有醒来。我至今也无法形容我当时是怎样的悲痛。母亲经历了那么多的艰难困苦，经历了失去我大哥和父亲的极度忧伤，好不容易盼到我参加工作，有能力侍奉她，她却又匆匆地离去了！母亲去世时虚岁才 70 岁，如果不是因为贫困而耽误了心血管病的治疗，我本来还有机会奉养她 5—10 年。作为一个"报恩无门"的儿子，我有一种永远无法治愈的内心伤痛，永远无法排解的对父母深深的思念。

我从事拉美研究是从做翻译工作起步的。在拉美所的办所过程中，初期的翻译组，后来的翻译室、编译室在译介国外学术著作与文献资料方面是做出了巨大贡献的。"文化大革命"开始前，我在翻译组工作时间不到1年。那个阶段，我主要是从外文报刊上选一些有参考价值的文章进行翻译，同时也学习翻译技巧和翻译规则。我当时最感兴趣的是阅读外文报刊，一是这类读物在学校里几乎没有接触过，二是报刊上的文章资料正是研究工作所需要的，因此，很想尽快提高自己的阅读与选材能力。

1966年年中，"文化大革命"开始了。对于那场来势凶猛的政治运动，我的确没有什么思想准备。"文化大革命"初期，拉美所成立了一个老、中、青"三结合"的领导小组，王箴西、王康是所领导，代表"老"；舒吉昌代表中层干部；刘培根和我算青年代表。这个领导小组存在了不到两星期，就被"推翻"了，"罪名"是执行了中联部领导的"错误路线"。随着所领导"靠边站"、挨"批斗"，群众打"派仗"阶段的到来，我稀里糊涂地成了"保守派"。我对此不大想得通，但也确实没太在乎。我照样参加一些会议，也写写所谓"大批判"的大字报，并未游离在"运动"之外。当时所里未成家的年轻人都住在张自忠路3号的集体宿舍，大家经常在一起"侃大山"。和我同住一屋的那位同事在北京有家，每天下班后就回家了，晚上留给我一个自由的空间。我就利用这个空间来读书，既读马列著作，也读专业书籍，反正拉美所图书馆有的是书。后来，中联部拉美局因为人手不够，几次把我借去当翻译，陪着外宾到全国各地参观访问。就这样，"文化大革命"期间我也没闲着，过得还挺充实。

后来，中联部实行"军管"。拉美所在军管小组领导下很快实现了两派的联合，并开始"解放"干部。王篯西同志是最先"解放"的。1969年上半年，中联部领导和军管小组做出决定，除部机关留一部分人坚持外事工作外，其余大部分人去"五七干校"劳动。中联部下属的四个研究所属于"全员下放"的单位，其中拉美所的上百号人编成一个连队——第6连。最出乎我意料的是，军管小组决定让我担任第6连的指导员。我对此毫无思想准备，但我明白，这事只能服从，不能违抗。

中联部大批干部职工于1969年7月开始下放劳动。干校先是在黑龙江的肇源，1970年春节前又迁至河南沈丘。我在干校生活了整整两年，1971年6月奉调到中联部拉美局工作。

到拉美局不久，我被任命为副处长，在老处长郑祥鹏同志带领下分管墨西哥、中美洲地区的工作。我当时面临多方面的压力，一是作为外事工作的新兵，需要尽快提高自己的理论与政策水平；二是成天和外宾打交道，需要尽快恢复和提高外语水平；三是当时大部分同志还在干校劳动，部机关人手比较紧张。因此，那时候我虽然人在北京，也很少回家，经常是在招待所或在机关的临时宿舍过夜，使自己能有更多工作与学习的时间，算是"以勤补拙"。在拉美局工作期间，我曾结合理论学习写过一篇批判"托洛茨基主义"的文稿，在全局会议上做了发言，得到领导和同事们的肯定。1971年11月，我陪同一个代表团出访古巴，平生第一次踏上了拉美的土地，亲身体验了古巴人民在极其艰难的环境下建设社会主义的坚韧意志。这次古巴之行往返都途经莫斯科，特别是回国时从莫斯科登上了穿越西伯利亚的国际列车，经过一个星期的旅行才回到满洲里。10年前，我没能实现去苏联留学的愿望，没想到10年之后终于有机会去看看苏联，没想到我以前学的那点俄文还能在这趟长途旅行中派上用场。

1974 年 6 月，我被派往中国驻阿根廷大使馆工作。在阿根廷工作的 3 年为我后来的职业生涯提供了多方面的滋养。我到阿根廷还不到 10 天，就遇上庇隆总统逝世（1974 年 7 月 1 日）这一重大事件。庇隆逝世成为第三届庇隆政府由盛而衰的转折点，在继任的庇隆夫人马丁内斯的领导下，国内政局日趋动荡，极左派游击队的武装反叛活动逐渐形成高潮。1976 年 3 月，右翼军人发动政变推翻马丁内斯政府，迅即展开了对游击队和左翼政治势力的残酷镇压（最近有报道指出，那场镇压中被秘密杀害的所谓"失踪者"多达 1.3 万人！），并和智利、乌拉圭军政府一道启动了拉美第一波新自由主义经济改革。可以说，阿根廷那几年所发生的这一连串重大事件，是自古巴革命胜利到 20 世纪 70 年代中期整个拉美地区所经历的那个政治周期的"浓缩版"。作为一个有志于研究拉美问题的人，亲身经历的这些重大变故不能不引起我对拉美国家政治发展的浓厚兴趣和对这些现象背后的深层原因的思考。

阿根廷给我的突出感觉之一是它的社会富裕程度要比大多数亚洲国家高得多。阿根廷跟美国、加拿大、澳大利亚和新西兰一样，属于世界上的所谓"后开发国家"，是靠发展农牧业起家的。因此，我在工作之余开始收集和阅读有关阿根廷土地问题及农牧业发展的资料。当地一位企业家朋友曾送我一批书，其中《阿根廷经济史》和《阿根廷史》这两部书为我了解阿根廷的发展历程提供了很大的帮助。

在阿根廷 3 年外交工作的实践也是我人生中一段难得的经历。在使馆期间，给我教诲和指点最多的是郑为之大使。郑大使不仅是位知识渊博、经验丰富的老外交家，对年轻人更有一种发自内心的关爱。每次向他请示工作，他的话语并不多，但如果你能够认真加以琢磨就会发现，他的意见都是经过深思熟虑的，往往比我们自己设想的要全面、深刻得多，说明他对每件重要工作都有"预案"在胸。这使我体会到一个人的勤奋首先就在于思想上的勤奋，勤于观察，勤于思考。后来在 20 世纪 80 年代，郑大使出任外交部国际问题研究所所长。那时我已经在主持拉美研究所的工作，每次去看望他时都会向他请教一些与研究所和科研工作相关的问题，郑大使依旧是那样地诲人不倦，还曾指导我去读一些老外交家撰写的国际问题调研报告，使我深受教益。1984 年，我们筹划建立中国拉丁美洲学会时，郑大使又热情地推荐张德群大使来担任学会的第一任会长。

1977 年 4 月，我从使馆调回拉美所工作，担任所领导小组成员和南美（阿根廷、巴西、智利、巴拉圭和乌拉圭）研究室主任。拉美所从 1961 年 7 月建立到 1966 年年中"文化大革命"开始而停止工作，后来又被撤销建制，直到 1976 年才恢复，整整荒废了 10 年，专业干部队伍也流失了相当一部分。我回所之后，看到老同事们都在加倍努力地工作，希望尽可能多地挽回过去 10 年的损失，深受感动。随着我国改革开放新的历史时期的到来，我当时考虑得较多的一个问题是，拉美所必须要拓宽研究领域，首先是开展对拉美国家发展问题的研究。当时的所领导，特别是分管科研的沙丁副所长很赞同这个想法，曾聘请吴大琨教授、王怀宁教授等来所讲授经济学课程，组织译介拉美经济问题的文献资料等。我也在这个氛围里抓紧学习经济学的知识，并重点了解巴西、智利等国的经济发展状况。1980 年，上级决定拉美所从 1981 年起脱离中联部，归入中国社会科学院，我也因此面临一个何去何从的选择。中联部的领导，特别是蒋光化副部长和李北海副部长（当时任拉美局局长）一再挽留，郑为之大使（当时出任驻委内瑞拉大使）则希望我去驻委内瑞拉使馆工作，我对这些老领导的厚爱一直铭记在心。我最终选择随拉美所回到社科院。

回归学术研究

对我而言，回到中国社会科学院是人生中的一次重要转折，意味着从外事干部向学者的转型，面临的压力是很大的。我曾经冷静地分析过自己的长处与不足，长处是懂西语，对拉美的历史与现状比较了解，也有志于做研究工作；不足是缺乏专业理论修养与研究方法。我依旧认定可以通过努力读书和自学来弥补这些不足，因此，这一阶段我读书的重点就转向了经济学、国际政治学，以及外国学者研究拉美相关问题的学术论文与专著。

出乎我预料的是，1982 年 6 月，社科院对拉美所的领导班子进行调整。调整后的班子没有所长，赵勇增同志任党委书记兼行政副所长，我被任命为主管科研工作的副所长。这个决定来得太突然，在院里宣布任命之后，一位副院长才来找我谈话，说院领导原来准备安排我出国进修 1—2 年，但现在由于工作需要，希望我能服从院里的决定，努力挑起这个担子。对我来说，放弃出国进修的机会并不难，要挑起副所长这个担子却谈何容易！

尽管我已经 45 岁了，但在当时社科院的所级干部中我却是名副其实的"小"字辈，因而也得到了来自多方面的关爱与支持。宦乡同志是主管国际学科的副院长，是老外交家和知名的国际问题专家，在他的领导下工作，学识上深受教益自不待说。更为难得的是，他很快就察觉到我有一种刚进入学术界的拘谨与胆怯心态，一再鼓励我不仅在研究所内要放开手工作，还要在各种学术会议上主动发表看法，并告诉我在学术会议上发言要掌握的一些要领。赵勇增同志是拉美所的老领导，威望很高。我记得当时他在办公室挂着一幅自己写的书法，抄录着郑板桥的诗："新竹高于旧竹枝，全凭老干来扶持，来年更有新生者，十万龙孙绕凤池。"这诗句体现了他全心全意扶植后辈的精神境界。和他共事的 3 年里，他是我最强的主心骨。我工作中另一个最大的依靠就是建所初期就进入拉美所的一批老同事。这些同事大多数是我的同辈，少数是我的长辈，他们对拉美研究这项事业可谓"一往情深"，都期盼着拉美所的建设能顺利地向前推进。他们是各研究室的主任和骨干，各研究室的建设和科研工作，只要和他们达成共识，都会尽力去完成。能和这些同志长期共事是我人生中的一大幸运！我从 1985 年起担任拉美所所长，中间经过 1988 年、1993 年两次换届，一直任职到 1996 年年底。

我曾经在一篇文章中把我当时抓科研的方法概括为"三不""两抓"。所谓"三不"，一是不写知识性的介绍文章。我并不反对写这类文章，暂时不写是为了集中精力。二是不直接参与基础性项目。拉美所撰写的工具书不少，但所里能参加这类项目的人很多，所领导给予支持就行。三是原则上不搞翻译。拉美所组织翻译的国外学术著作相当多，包括像《剑桥拉丁美洲史》这样卷帙浩繁的名著。所里当时有一批高水平的西班牙文和英文人才，只要找好项目主持人就行，我不参与无关紧要。

所谓"两抓"，一是抓热点问题。搞地区研究首先必须跟踪地区总体局势的走向。拉美地区每个阶段都会出现一批热点问题，以 20 世纪 80 年代为例，先后有"民主化浪潮"、债务危机、经济调整、中美洲冲突，等等。拉美所针对这些问题必须及时提出看法，所领导必须亲自参与研究。重视地区热点问题研究也与办好刊物密切相关。当时，《拉丁美洲研究》刚创刊不久，为了迅速提高刊物的质量和学术影响力，我曾在一段很长的时间内对刊发的大部分稿件都亲自审阅。抓热点问题研究可以使刊物的文章更具时效性，能更好地满足社会各界的需求。二是抓重点课题。设立"重点课题"就是为了研究和回答某些重要的理论与现实问题，可以说，"重点课题"本身就承载着提高学术研究水平和推出重要研究成果的双重使命，所领导必须重点关注或直接参与。例如，20 世纪 80 年代前半期，拉美所把经济学科建设列为重点，为此，我们设立了两个重点项目：一是编写"拉美经济"丛书（共编写了 7 本书，1 本拉美地区经济，6 本国别经济）；二是承担国家社科基金项目"发展中国家经济发展战略研究"（我是项目总主持人，共有来自社科院、北京大学、厦门大学等 5 个研究机构的研究人员参加）。我直接主持了《巴西经济》和《拉美国家经济发展战略研究》两本书的编写工作。

20 世纪 80 年代后半期，我主要做了两件事。其一，与袁兴昌合作，翻译了阿根廷著名经济学家普雷维什的《外围资本主义——危机与改造》一书；其二，主持了《拉丁美洲史稿》第 3 卷的编写。这其中难度较大的自然是编写"史稿"。中国人民大学李春辉教授于 1983 年发表了两卷本的《拉丁美洲史稿》，书的下限写到 20 世纪 50 年代初。李先生一直想再续写一卷，使这部史书更为完整，但因年事已高，精力不济，于是就把这项任务委托于我。我不是历史专业科班出身，对李先生的重托有点诚惶诚恐，但从拉美研究学科建设的角度考虑，这又实在是一件值得认真做好的事。在徐世澄、曾昭耀、毛相林等同志的通力合作之下，我们经过几年的努力，终于完成了任务。书中某些重要观点的更新，如对拉美国家社会性质的重新界定等，也得到李先生和学界的认可。

拜访巴西文化部长、著名经济学家富尔塔多（1988 年，巴西利亚）

1990 年 6 月，经社科院领导同意，我获准去联合国拉美经济委员会进行为期 1 年的客座研究，这对当时一个在任的研究所所长来说可算是一种特殊待遇了。拉美经委会总部设在智利首都圣地亚哥郊外的一幢宏伟建筑内。当时该机构的执行秘书、危地马拉经济学家罗森塔尔先生非常友好，特意给我办了一个可多次出入智利的签证，单独安排一间办公室。拉美经委会的专家们来自世界各地，那里是一个精英云集、思想活跃、学术气氛非常浓厚的地方。我在那里的 1 年，除了大量借阅图书馆丰富的藏书外，主要就是参加各种学术会议，与学者们进行交流。我接触最多的学者有 3 位：卢西亚诺·托马西尼、奥斯瓦尔多·松克尔和奥斯卡尔·阿尔蒂米尔。

托马西尼在智利学术界是大师级的人物，曾于 1986 年应邀来拉美所讲学，他在拉美经委会专门从事国际政治研究。我带着拉美国家战后政治发展进程这个研究课题去请他给予指导，他先是给我大致讲了一下拉美地区战后 40 多年政治演变的几个阶段及其特点，并请图书馆提供了一个很长的参考书单，后来我们之间又有过 4—5 次就某些具体问题的讨论。最后，我写成了一篇 7 万字的文稿《战后拉美国家的政治进程》（收入徐文渊主编的《走向 21 世纪的拉丁美洲》一书，人民出版社 1993 年版）。

松克尔是智利人，在 20 世纪 50 年代初期以普雷维什为代表的、创建拉美结构主义学派的那批经济学家中，他是最年轻的一位，到 90 年代已是拉美经委会"元老"级学者。我在经委会期间，他正在做的主要工作有两件：一是担任《伊比利亚美洲思想》杂志的主编；二是在参与对新自由主义批判的同时，致力于对拉美结构主义的反思与扬弃，是推动该学派向新结构主义转变的代表人物之一。通过那一阶段与松克尔教授的交往，我对拉美结构学派思想的形成和演变过程有了更为全面的了解，并给国内及时写了一篇介绍拉美新结构主义的文章（载《拉丁美洲研究》1991 年第 2 期）。

阿尔蒂米尔是位来自阿根廷的经济学家，时任拉美经委会经济发展部主任。他很好客，每次到他办公室去总见到他一边工作，一边还叼着个大烟斗。他对拉美国家的收入分配问题有很深入的研究，曾经通过组织大规模的社会调查，对制订拉美国家的贫困线与赤贫线标准做出重要贡献。他对我后来从事拉美国家的贫困化、城市化等问题的研究提供过许多有益的指导。2005 年，我推荐他来参加全国政协举办的国际学术会议，他对那次中国之行非常满意。他在拉美经委会工作的最后十多年一直担任《拉美经委会评论》这份重要刊物的主编，在此期间出版的每期刊物我都能及时收到。

　　我还有位智利朋友叫弗朗西斯科·奥列戈·比库尼亚，是著名的国际法专家。我在圣地亚哥期间，他正主持一个学术沙龙，有一处固定会所，几乎每星期都举办学术报告会。报告人既有知名学者、政府部长、国会议员，也有来访的外国政要。有这位朋友的特殊关照，我几乎成了那里的常客。除了那些报告本身的精彩内容之外，每次报告会前通常都有的小型聚会更是一个结识学界与政界名流的场所。我颇有感触的一点是，智利的许多内阁部长当政时是官员，不当政时是学者。学者出身的部长占很高的比例，对政府决策有一种独特的影响。

　　为筹备拉美所 30 周年所庆，我于 1991 年 5 月提前从智利回国。20 世纪 80 年代末、90 年代初，几个重大事件对拉美地区形势的发展产生了深刻影响。1989 年"布雷迪计划"出台，拉美国家终于有机会与西方债权国开展减债和重新安排债务的谈判，持续多年的债务危机走向缓解，拉美国家的经济改革进入全面铺开的阶段。1990 年"华盛顿共识"问世，标志着新自由主义力图主导拉美的经济改革。1990 年 6 月，美国总统乔治·布什发表"美洲倡议"，这是在两极冷战格局走向终结的大背景下美国对拉美政策的一次重大调整。

　　20 世纪 90 年代前半期，我在科研工作方面的主要注意力集中在以下三个方面。第一，关注美国与拉美国家关系的调整和拉美的经济改革。撰写了《从"美洲倡议"看美、拉关系的走向》一文，对美、拉关系调整的性质与趋势做出分析和预测，并对拉美国家的结构改革进行跟踪研究。第二，研究拉美国家的经济史，主要目的有二：一是了解 300 年的欧洲殖民统治给拉美留下了哪些遗产，以及拉美国家独立近 200 年来的经济发展过程；二是为研究生的"拉美经济"课程编写一部比较简明、系统的教材。这项工作曾中途停顿了两年多，1999 年才最终完成（书名为《拉美国家的经济发展》）。第三，开始关注拉美社会问题研究，并推动拉美所于 1995 年正式成立社会文化研究室，从而在所内形成了由经济室、政治室、国别室、社会文化室构成的比较完整的学科架构。

1996 年，我迎来了人生中的又一个转折。按照社科院当时的规定，我们 1993 年上任的这届所领导班子应该工作到 1998 年正常换届为止。我考虑到自己已经 59 岁，临近退休年龄，而且我从 1982 年担任副所长起，已经在所谓"双肩挑"的状况下工作了 15 个年头，希望能够有一段时间集中精力去完成自己多年来想要做的一些研究课题。于是，我于 1996 年 11 月正式辞去拉美所所长职务，先后在秘鲁、墨西哥和阿根廷进行了为期 1 年的学术考察，重点是为我下一阶段的研究课题与当地学者进行探讨并收集资料。

还将余彩染斜阳

我在临近 60 岁时曾写过一首诗，其中有两句是："且慢掩帘收纸笔，还将余彩染斜阳"，希望自己的晚年还能继续为拉美研究做点事情。

我在这个阶段的学术工作是从研究拉美的社会问题开始的。随着对拉美国家发展问题研究的深入，我逐渐认识到，拉美国家的社会发展问题是一个很值得中国学者深入研究的课题。拉美国家的现代化进行了 100 多年，尽管社会生产力有了很大的发展，但却未能造就出一个相对公平的社会。从 1998 年起，我先后就这个研究课题发表了一些文章，并与袁东振研究员合作，撰写了《发展模式与社会冲突——拉美国家社会问题透视》一书（2000 年出版）。

在"大来基金会"作学术报告（1997 年，阿根廷）

　　如前所述，我在 20 世纪 80 年代后半期撰写《拉丁美洲的经济发展》时，曾通过阅读多部经济史著作，对新大陆被"发现"以前的印第安人经济，殖民地时期的经济制度，以及拉美国家独立后的发展道路，进行过初步的梳理。我原本打算写一本"拉美经济史"，但经过反复考虑，觉得研究一下拉美国家 100 多年来的现代化过程，可能比写经济史更有现实意义。这项研究工作历时 4 年多，在曾昭耀等几位学者的共同参与下，完成了《拉美国家现代化进程研究》这部著作（2006 年出版），较为系统地总结了拉美国家在这个进程中的主要经验教训，如发展模式的"断裂式"转换、工业化进程的反复、农业现代化路径的偏离、城市化"超前"现象、"现代传统主义"与现代化的冲突，等等。2007

年，我受台湾淡江大学的邀请，就拉美的现代化问题做了几场专题讲座。后来，淡江大学将这些讲稿汇集到一起，出版了一个《拉美国家的现代化进程》专辑。

接下来的时间里，我主持了一项关于拉美国家社会转型问题的研究。这个课题重点研究拉美一些主要国家在跨越人均 GDP 1000 美元"门槛"后的 30—40 年所出现的种种问题，如原有发展模式的不可持续性，连续的经济与金融危机的困扰，收入分配不公与社会分化的不断加剧，城市化的负面后果，经济改革成效不够理想，等等，实际上是对当前"拉美国家落入中等收入陷阱"这个热门话题比较深入系统的诠释，因而受到学界的重视。这项研究的最终成果《拉美国家社会转型期的困惑》一书于 2010 年 10 月出版。

随着进入 21 世纪以来中国与拉美经贸合作的迅猛发展，中拉关系迅速升温，成为双方高度关注的课题。在这个大背景下，我从 2005 年起先后主持了 5 个年度《拉美和加勒比发展报告》的编撰；作为中国拉美学会会长，于新中国成立 60 周年时组织了以中拉关系为主题的全国性学术年会，编撰、出版了《中拉关系 60 年：回顾与思考》论文集（上、下集）；主持编写了专著《中国与拉丁美洲：未来 10 年的经贸合作》（2014 年出版）；发表了《中拉关系 60 年：成就与政策》《中拉关系如何面向未来》《中拉经贸合作继续处于重要历史机遇期》《探寻利益汇合点，走合作共赢之路》《潮平两岸阔，风正一帆悬——中拉关系的新特色、新态势、新挑战》等系列论文，积极配合了近年来中央领导同志对拉美的几次重大外交活动和一些双边研讨会。此外，最近十多年间，我还就拉美国家的结构改革、拉美左翼的崛起、拉美"去工业化"现象、拉美初级产品出口繁荣、拉美城市化、拉美有关中国崛起的舆情动向等问题，发表了几十篇学术论文和研究报告。

结束语

　　我常常想，作为一个从事学术研究工作的人，身后留下一些文章和著述是再平常不过的事。"文章满纸书生累"，这也说明我们确实付出了不少辛劳。至于这些作品究竟有多高水平、多大价值，恐怕还需要不断地去经受实践与时间的检验。因此，就我个人而言，历来很少去谈论所谓"学术成就"。人生几十年，岁月悠悠，今天回首往事，感觉自己不曾虚度年华，聊以自慰！

苏振兴

2016 年 3 月

参观墨西哥金字塔（1997 年）

李　琮

Li Cong

　　男，1928 年 1 月出生，汉族，河北丰润人，中共党员。1950年 7 月清华大学电机工程系毕业，大学学历。中国社会科学院世界经济与政治研究所研究员，博士生导师；中国世界经济学会顾问，中国国际关系学会顾问。1953 年至 1958 年，在原国家计划委员会从事翻译和世界经济研究工作。1958 年转至原中国科学院哲学社会科学部继续研究世界经济。1964 年世界经济所成立后，历任该所研究组组长、室主任、副所长。1980 年由中国社会科学院推荐、外交部提名，任联合国发展规划委员会委员，至 1984年。1982 年至 1988 年，任中国社会科学院西欧研究所副所长、所长。1988 年至 1993 年，任世界经济与政治研究所所长。1993年至 1998 年任全国政协第八届委员会委员，学术专长为世界经济、国际经济关系。1991 年起享受国务院颁发的政府特殊津贴。

　　主要论著：独著：《当代资本主义阶段性发展与世界巨变》，社会科学文献出版社 2013 年版；《第三世界论》，世界知识出版社 1993 年版；《当代资本主义的新发展》，经济科学出版社 1998

年版;《当代国际垄断——巨型跨国综论》，上海财经大学出版社
2002 年版。主编：《当代资本主义论》，社会科学文献出版社
1993 年版;《有中国特色的社会主义与当代世界》（共同主编），
世界知识出版社 1997 年版;《世界经济学新编》，经济科学出版
社 2000 年版。论文:《对帝国主义垂死性的认识》，《中国社会科
学》1983 年第 5 期;《论当代资本主义结构性经济危机》，《中国
社会科学》1987 年第 3 期;《对资本主义基本矛盾的再认识》，
《中国社会科学》1989 年第 1 期;《我国经济改革、开放和发展
的若干国际比较》，《经济评论》1994 年第 6 期。

学术足痕回眸

少年书生

我的故乡是河北省丰润县（现唐山市丰润区）西欢坨村。我于 1928 年出生于辽宁锦州。父亲在丰润县中学毕业后，即离开家乡，到辽宁省锦州市当私人教师，后在铁路上当职员。几年后，一家人随父亲到关内。1935 年，又随父亲到天津。

父亲为人正直、谦和，每天早出晚归，勤勉努力，不敢懈怠；母亲善良、朴实，终日操劳，勤俭持家。

父母生育了 9 个子女，加上老祖母，全家共 12 口人，都靠父亲一人的工资生活。1937 年"七七"卢沟桥事变爆发，一个月后，日本占领天津，一家人辗转逃回唐山。这时的唐山也在日本人占领下，我们全家生活更加艰难，有时到了揭不开锅的地步。但无论如何，父母亲都要供我们上学，他们把全部希望寄托在我们孩子身上。

我的高小两年和中学六年，都是在唐山度过的。中学是丰滦中学（现唐山一中），这是一所有百余年历史的名校，李大钊就是这所学校的第一期学生（现在校园里伫立着这位伟人的雕像）。

我深知父母亲供我上学很不容易，养成了不怕吃苦、自强自立、发奋上进的性格，学习刻苦，成绩总是名列前茅。我的兴趣广泛，初中时我更喜欢文科，到高中时又转而喜好数理化等理科。这种兴趣的变化，当时并不是自觉的，除了和老师的教导有关外，学校的设施也是重要因素，当时学校有一座两层楼的科学馆，设有物理、化学、生物实验室，这在当时即便是大城市的中学里也是少有的。我最喜欢在老师的指导下做各种实验。为了多学习些知识，我除了听老师讲课外，更多的是自学。在课余时间，我时常到唐山市图书馆借阅课外读物，其中包括大学的理科参考书，常常废寝忘食。我梦想当一名科学家、工程师。

在日本占领下，中国人不仅生活艰难，更受到日本人的欺凌和侮辱。我的家人和我自己都有亲身经历。国家的灾难和个人的遭遇，使我这个少年书生产生了爱国之心和朦胧的社会责任感。

我的大学

1946 年，抗日战争胜利后一年，全国举行高校考试。我父母都支持我去报考。我除了在唐山报考交通大学外，到天津报考北洋大学，又到北平报考了北平师范大学和清华大学，报考的都是理工科。因为是抗战后第一次全国大学招生，考生人数很多，录取概率很低，但我报考的四所学校都录取了我，而且成绩领先，我选择了清华大学电机工程系。

虽然清华的学生来自全国各地，家境有穷有富，但清华园优美的环境和优良的学习条件，对所有学生都是完全一样的。我充分地利用了这样的学习条件而得到不断成长。

清华大学的学习环境好，首先体现在有好的学风，清华大学的校训是"自强不息、厚德载物"，这种校风是学校自建立以来逐步形成的，应归功于那些著名的教授们，他们既是各个学科的著名学者，又是身体力行、言传身教的教育家。他们对学生要求严格、一丝不苟的同时，又鼓励学生独立思考、自由发挥，学校学术氛围浓厚，同学之间既有竞争，又团结互助。

当然，学习并不轻松，如钱伟长先生教力学，几乎每星期都要小考一次，每月中考一次，成绩都记录在案。学工科要求自己动手。我们曾被要求每人设计一台小型变压器，要有科学数据，又要有个人创意。我们还要上实习课。有一次在车床上操作，我不小心把手卷进车床，立即肿得像个馒头。指导我们的那位副教授一面送我去医院，一面严厉地批评我"注意力不集中"。对于这样的学习，一点不能松懈，否则很快就会跟不上进度，甚至掉队。我们这届电机系学生进校时有120人之多，而毕业时只剩下62人，就是说约一半人转到其他系，或退了学。

严格的要求、严谨的学风，培养了我求真务实的治学精神，这是我在清华大学四年最大的收获。

此外，还值得一提的是，我在清华四年，身体健康状况也好多了，改变了我以前体弱多病的状况。这是因为清华园里有那么大的体育场，还有一座那么好的体育馆，据说这座体育馆在当时是东亚地区大学中独一无二的。更重要的是，当时清华非常注重体育，体育系主任马约翰先生对学生的体育锻炼非常重视，体育课是必修课，不及格不能毕业。我本来是个不太爱动的书生，在清华园四年，竟也成了一个体育爱好者，甚至学会了游泳，为我后来的生活和工作，打下了一个较好的体质基础。

我在清华大学的四年，正值解放战争时期。我考入清华大学，本想专心学习，毕业后赴美留学，但这座清幽宁静的校园也并非那么安宁，除了读书声之外，还时时听到个别同学议论时事，关注战争的进展。起初，我对此并不在意，1946 年 12 月的一天，有人在大食堂墙上贴出大字报和大标语，有"是可忍孰不可忍"之句，号召学生罢课游行，抗议美国大兵强暴北大女学生。这对我触动极大。我立即加入了游行队伍进城游行。记得那天非常寒冷，气温是零下 17 度，但我们热血沸腾，打着"反内战""反饥饿"的大横幅，高喊"美国兵滚回去""严惩罪犯"的口号。我参加这次罢课游行，完全是出于维护民族尊严和正义感，但从此以后，我也开始关注时局，特别是战局，后来几乎每次罢课游行我都踊跃参加。这时，学生们组织的社团很多，我参加了一个歌唱团和一个医疗队。在此期间，有一些小册子传到我手中，如毛泽东的《新民主主义论》等。学生会还成立了"一二·一"图书馆，我也常去借书看，对我影响最大的，是邹韬奋的传记。

参加学生运动和读了这些书后，我的思想逐步发生变化，从不问天下事到拥护共产党，反对专制腐败的国民党，向往新中国。

参加这些活动，不是没有危险的，危险在于校园里有国民党特务。在游行时，有的同学被打伤，有的被逮捕。但我从未害怕过，有的暑假我也不回家，留在学校忙着接待东北流亡学生等事情。

我参加这些活动，不仅思想在变，个人的性格也在变。我从小性格内向，但在参加这些活动的过程中人变得活跃了，喜欢参加群体活动，并且关心他人。也许是因为我的这些表现，我被选为学生大食堂管委会委员。要知道，管好近千人吃饭的大食堂不是件容易的事情，在大食堂旁边还有一个小食堂，那些有钱的学生在小食堂就餐，这对我们大多数学生来说也是个无形的挑战。

我的思想、行动的变化，使我成了清华地下党的发展对象。我的一位同班好友，被指派做我的工作，多次与我倾心交谈。但我却内心矛盾，这主要是因为，他说要把一切交给党，无条件服从党的纪律等，而我此时仍然没有放弃毕业后出国留学和当科学家、工程师的念头。这一内心矛盾没有人可以商量，后来还是我的这位好友替我做出决定：先参加党的"外围组织"——民主青年联盟，半年后由我提出申请，加入中国共产党。此时已是北平解放前夕。

大改行

1950 年，我大学毕业。那年夏季的一天，周总理和郭沫若等领导同志接见北京各高校毕业生。因为这是新中国成立后的第一批大学毕业生，党和政府非常重视。周总理讲了话，大致意思是：你们中每个人的具体情况我并不知道，但从政治思想上我是了解的，你们都是爱国的。现在新中国成立了，以后的主要工作是建设，国家需要各种人才，你们是国家的栋梁，要发挥自己的才干和专长，为建设新中国尽力。他要求我们服从国家分配。周总理语重心长的话使我们深受感动。我们回到学校，连夜开会学习，领会总理的讲话，大家纷纷表态，坚决服从分配。

让我没料到的是，我和其他 15 名同学被分配到北京俄文专修学校（现北京外国语大学）去学习俄文，说是为了掌握俄文，好好向苏联老大哥学习科学技术。这样一学就是三年，到 1953 年毕业，我又再次面临分配。我想，这次应该去搞我的专业工作了，但没想到我被分配到国家计划委员会（现国家发展和改革委员会）专家工作室去给苏联专家当翻译。因为这时有不少苏联专家来到中国，翻译人才极缺。其实，学会了俄文，却未必能当一个合格的翻译，因为来计委的苏联专家，都是计划经济方面的专家，而我对经济几乎是一窍不通，因此而感到为难。我开始硬着头皮加紧学习经济，边干边学，这一干就是三年。1956年夏，计委主任李富春同志率政府代表团访问苏联。随代表团去的翻译有许多人，我是其中之一。在苏联停留一个多月，除工作外，有机会到列宁格勒等地参观游览。我的印象是，当时的苏联到处都那么兴旺发达，欣欣向荣，科学文化水平高，让我大开眼界，心想，真是"社会主义好!"那一年，计委设立了世界经济局，这大概是为国家第二个五年计划做准备，也是"超英赶美"的需要，为此，要加强对世界各国经济的研究。组织上决定把我调到这个局去做研究工作，我当即提出要求"技术归队"，希望到我的专业岗位上去工作，组织上说，你在计委已三年，学了经济，你的专业就是经济，而且你懂英、俄两种外语，研究世界经济正合适，对此我无话可说，这是又一次分配工作。其实这三年，我对经济并没有学通，主要原因是我在学校时无形中产生了一种偏见，认为经济学不同于自然科学或工程科学，没有什么规律可循，似乎是"公说公有理，婆说婆有理"。此外，我还听说，连外国人都把经济学看作是"枯燥的学科"，现在偏偏让我干这一行，心中感到十分不情愿，只是勉强服从分配。

我在世界经济局，被指定研究美国经济，可是，在当时，我们连美国的报纸杂志或文章著作都没有，只能从苏联出版物中看一些二手资料，而我们的任务也就是搜集和整理这些资料供领导参考。俗话说："隔行如隔山。"我从电机工程专业转到世界经济研究，算是大改行了，必须从头开始。但当时并没有一位学科带头人来指导，我只好自己摸索。我开始自学马克思的《资本论》和列宁的《帝国主义论》，感到颇受启发，获益匪浅。使我认识到，世界经济，包括美国这样高度发达的资本主义国家的经济，有许多复杂的、重大的问题尚待研究。

1957 年，美国和其他资本主义国家发生了经济危机，我国对此非常重视，领导让我们深入研究。我仔细阅读当时苏联学者发表的有关文章，尽可能搜集有关资料，写了一篇题为《论美国经济危机》的论文交给副局长杨坚白同志，他看过后，提出了一些意见，并鼓励我把文章修改后公开发表。我把该稿投到《光明日报》，没想到很快就被采用，而且放在第一版的下半页上，这是我第一次发表文章，对我是极大的鼓励。

1958 年，计委世界经济局与中国科学院哲学社会科学部经济所合并，成为该所的一个世界经济研究室，我任该研究室发达国家经济研究组组长。那一年，美国的经济危机仍在继续，同年夏，河北省委党校来函邀请世界经济研究室主任勇龙桂同志就这一问题去做一报告。勇龙桂同志把这一任务下放给我。那次听报告的足足有上千人，我的报告主要是讲经济危机的发展过程、原因、影响、前景，也讲了些马克思主义经济学关于资本主义经济危机的基本理论，介绍了苏联等外国学者的一些看法，更对资本主义制度进行了批判，并与我国当时的"大跃进"进行对照，证明社会主义的无比优越性，等等。出乎自己预料的是，报告获得了听众热烈的掌声，使我再次受到鼓舞。

这两个"第一次"，不仅对我是极大鼓舞，增强了我搞世界经济研究的信心提高了我对此的兴趣，也使我深深领会到，世界经济研究实在是一门重要的学科，它不仅是我国领导人进行决策时所必需的，而且对广大干部、学生和普通群众来说，也需要对外部世界有更多了解。我国要建设社会主义，不能不对资本主义也有所认识。这样，我也终于安下心来，全力投入到世界经济研究工作中来。

这对我个人来说，确实是一次大改行，在我的清华大学同学中，像我这样改行的是个别的。20世纪90年代初，中央电视台对我进行了采访，问我对这种改行的认识和感受，我说，这是当时国家的需要，也是当时计划经济体制造成的，总之，是那个时代的现象，现在时代不同了，应该学以致用，不得已不要大改行。但我还要说，既然改行了，就要尽心尽力把它干好，干一行，爱一行。世界经济与电机工程虽大不相同，但都是科学，都需要以科学态度和科学方法来对待，深入下去，都是奥秘无穷的。

走向科学殿堂

1958年，计委世界经济局虽然并入中国科学院哲学社会科学部下的经济研究所，但我们的研究任务仍然是编写参考资料和内部报告，我个人除了完成这个任务外，还自己选定课题进行研究。几年内，我陆续发表了七八篇论文和文章，涉及美国的通货膨胀、科技发展、工人失业、农场制度、种族歧视等问题。这时我体会到，对问题的研究必须深入到理性认识，即上升到理论，即使写参考资料或内部报告，要想写得更深透、更有质量，也必须进行理性思考，有一定理论水平。我带着这种想法向经济所孙冶方所长请教，他同意我的这一意见，但强调对世界经济问题的研究必须尽可能多地占有资料，而进行理论研究，恐已属于政治经济学的任务了。这位著名的老一辈经济学家循循善诱地与我多次谈话，对我大有启示。

大约是 1959 年年底，孙冶方所长决定要编写一部社会主义经济理论的专著，他抽调了一些人组成了一个研究写作班子。因为书的框架中有一部分是关于世界经济的，所以我和世界经济室有些研究人员也参与其中。经过几个月的讨论，此书只初步写了一个纲要。接着，他把少数人集中到香山饭店，其中包括庐山会议后来到经济所的张闻天同志，我也有幸参加。在那里主要是就社会主义经济理论问题进行"务虚"，大家自由发言，各抒己见，气氛热烈。我抱着学习的态度，在这十来天中，听得多、说得少。张闻天同志特别谈到资本主义的经济发展问题，我细心聆听，深受教益。不久后，我们又接到中宣部的通知，要组织力量编写一套高校文科教材，其中包括世界经济。为此，成立一个编写组，共 10 个人，来自全国各地，我和世界经济室其他几位同志参加。组长由勇龙桂同志担任，但他不久另有任命，组长由当时外贸学院教授许乃迥代理。我们集中在中央党校，先是讨论提纲，但这关键的一步却难以迈出，主要是因为缺乏系统的理论研究基础。经讨论，勉强凑成一个提纲，分工后，先写出内容要点，然后拼在一起，共约十万字。我们自己觉得并不满意，为了进一步修改，编写组挂靠到外交部国际关系研究所，请该所所长孟用潜同志作顾问，孟老为人和善，平易近人，有长者之风，他对理论研究很感兴趣。该所副所长刘思慕同志也是老一辈学者，对马克思主义经典著作钻研不辍，并亲自动手写论文。他们的治学精神都对我日后的治学理念产生了重要影响。

经过这两次参与编书，我对世界经济研究有了进一步的感受和想法，感到要搞好科研，不但要占有大量资料，而且，世界经济是一门独立的学科，它应具有相对独立的理论体系。我认为，为了加强世界经济研究，应在世界经济研究室的基础上成立独立的世界经济研究所。我的这一想法经室内几位同志讨论后，取得了一致意见，由我执笔给中宣部副部长周扬同志写了一份报告，谈道：我国是一个大国，在世界上占有重要地位，为了知己知彼，应加强世界问题研究，首先是世界经济研究，为此，应建立世界经济研究所，这是具有战略意义的问题，等等。

1963 年年底，哲学社会科学部召开学部委员扩大会议。我接到通知，出席了这次重要会议，使我有了一次与许多著名老一辈学者见面的机会。这次会议听取了周扬同志的报告和许多学者的发言。会议后期，刘少奇同志到会作了重要讲话。会议结束当天，全体代表在中南海受到毛泽东主席的接见，并合影留念。让我深切感到，我们党对哲学社会科学是高度重视的，对知识分子也是高度重视的，对从事社会科学研究的青年是抱有殷切期望的。这一次经历，对我是一大激励，令我终生难忘。

也是在这时，我得知中央为了加强对国际问题的研究，决定成立若干研究所，其中包括世界经济所。其实，原世界经济室成立之初，就已开始筹备建立世界经济所了，只是我对此并不知情而已。也许是因为"大跃进"后，国家遭遇了巨大困难，或因为条件尚不具备，建所拖延了几年时间，到 1964 年，终于得以实现。新建的世界经济所，地址选在西苑宾馆，人员也增多了约一倍，超过百人，我被任命为该所发达资本主义国家经济研究组（室）组（室）长。

此时，一些高等院校也先后设置了世界经济系或国际经济系。从我个人来说，感到自己在世界经济研究领域也正在一步步成长起来。

十年浩劫及其后遗症之痛

世界经济所建立后，我们热情满怀，立即着手制订科研计划，准备开展研究工作。这时，接到通知，学部各所全体人员都要下放农村，参加农村社会主义教育运动，即"四清"运动，知识分子要在农村"滚一身泥巴"，而且说走就走。1964年秋，我们全所人员到辽宁省金县一个公社，与同去那里的省委党校师生和大连市一个区委的干部混合编成若干组，分别下放到各大队和小队。"四清"运动搞了半年多结束后，根据组织决定，大学刚毕业来所工作的年轻人要留在原地进行劳动锻炼，我被指定为"队长"。又过了半年，到1966年年初才回到北京。

我们重新考虑如何开展科研工作，但此时已是"文化大革命"的前夕，"山雨欲来"，不久，"文化大革命"开始。我先是被戴上"修正主义苗子"的帽子，作为"牛鬼蛇神"被关进牛棚，后又被办"学习班"，随学部全体人员下放到河南信阳偏远的易县的一个贫穷落后的农村，继续被关押审查，此时，我的罪名已是"现行反革命"了。1971年，学部全体人员回到北京，"清查"也搞不下去了，但我仍被隔离着，不许回家，直到"文化大革命"结束。

正在我下决心离开学部另找门路时，在原学部基础上成立了中国社会科学院世界经济研究所，由钱俊瑞同志任所长，我被任命为副所长。

这时，人们都说，科学研究的春天来了。诚然，经过粉碎"四人帮"，召开党的十一届三中全会，实行改革开放，开展实践是检验真理的唯一标准的讨论，等等，国内形势和人们的思想情绪随之大变，新成立的中国社会科学院也是生气勃勃、气象一新。但我觉得"文化大革命"的后遗症并不是一个晚上就能完全清除干净的，特别是在知识分子中，有的人受"左"的思想影响很深，总是动不动就给别人戴帽子、搞大批判，更多的人则是心有余悸、小心谨慎、思想自闭。这时，我在《中国社会科学》（1981 年第 10 期）上看到蒋学模先生的一篇关于如何认识帝国主义垂死性问题的论文和宦乡同志对此问题发表的学术通讯，他们的观点是不同的，蒋先生认为列宁所说的帝国主义的垂死性本意是指帝国主义的过渡性，因此仍应认为是正确的，宦老则认为列宁当时做出这一结论，是"过于乐观"了。我赞同宦老的观点，也就写了一篇文章，参加讨论，文章发表在《中国社会科学》杂志（1983 年第 5 期）上。我认为，列宁的这个论断是在第一次世界大战和俄国以及欧洲其他国家出现革命热潮的形势下做出的。但从那时至今，已经有 60 多年，实践证明，这个论断已经过时，而斯大林在 20 世纪 50 年代初仍坚持这一论点，并把它推向极端，更是没有根据。当然，我们并不认为，资本帝国主义将永远生存下去，它最终总是要死亡的，但这是一个长期的过程，如果说这是"过渡"，也不是短期即能完结的。

使我始料未及的是，有两位教授联合写了一篇文章，对我大加批判，也是因为当时香港一份杂志对我的文章断章取义，"摘要"转载，并借此胡说什么：中国学者已不认为资本主义会灭亡了，美国的媒体也趁机起哄。这两位教授就对我的文章上纲上线，说我"授人以柄"，似乎有"资敌"之嫌。他们的文章也投给《中国社会科学》，但据说因缺乏说服力，未被采纳。他们就把此事投诉给胡乔木同志，乔木同志十分重视，做了批示说，对马列主义经典著作不要随便写文章批判，此事不宜再讨论下去，等等。《中国社会科学》杂志编辑部表示承担责任，写了一份检查，与领导批示一并转给我。

当时，正在搞清除精神污染、批判自由化，有些人受到批判，我感到压力不小，但想不通，当即给杂志编辑部写了一封信，大意是：我并不认为我的文章观点有什么错，如果有错，责任完全由我来负。我还特别提到，《中国社会科学》代表我国社会科学研究的最高水平，国内外影响很大，希望能坚持我们党倡导的实事求是的学风。编辑部把我的回信印发社科院领导。这一小风波就此告一段落。但据我所知，此后，关于这个"垂死性"问题，仍不时有人写文章提出质疑，但也总是受到批判，至少被批为"美化资本主义"。依照这些人的观点，既然资本主义是垂死的，那么，我们党和国家的领导人在与西方国家的来访者晤谈时，经常提出双方要从战略的、长远的角度看问题，我们又有那么多的学生到欧美去留学，这一切又该如何解释？当然，资本主义制度是不合理的，西方要对中国进行西化，也是要警惕的，但这并不是认定它已经垂死所能解决的。这只是我经历的一件事，却也能从中看出当时的时代特点和学术研究环境的复杂。

把失去的十年找回来

"文化大革命"对我个人来说，身心受到深深的创伤，最让我痛心的是使我白白地失去了十年的时光，而这十年（40—50岁）正是我应该，也可能取得更大成果的最宝贵的十年。我决心把这十年再找回来。

我于1982年被调到西欧所任副所长和所长，1988年又回世界经济所任所长。直到1993年任届期满，因被推选为全国政协委员，1999 年才正式离休。这十多年里，我在担任所行政工作和进行一些社会活动的同时，抓紧时间，分秒必争，投入科研工作，取得了一些成果。在治学方面，我总结了一些体会：

1. 选题很重要

我担任国家社会科学基金会下的国际组副组长多年，我们每年都公开发布"课题指南"，供申请基金资助者参考。我个人从未申请过，我研究的课题几乎都是自己确定的。我选定的课题主要来自以下几方面：一是我的工作要求。例如我写的专著《第三世界论》（1993 年出版）是由于我在 1980—1984 年，被指派到联合国发展规划委员会，这个委员会的任务主要是就发展中国家的发展问题进行讨论，向联合国秘书长提出政策建议报告。我本不是专门研究发展中国家问题的，但这四年任期内，为了完成任务，对第三世界的经济和社会发展问题有了多方面的思考，认为有必要把它写成一部专著。二是从世界经济形势发展变化的实际中提出的。世界经济是不断发展变化的，会不断有新的问题提出，要求我们去研究。当然，我只能抓一些自认为适合自己的课题，如我写的《论当代资本主义世界结构性经济危机》一文（《中国社会科学》1987 年第 3 期）。因为在 20 世纪 70 年代资本主义国家发生了经济滞胀，直到 80 年代初才结束，我认为这是一个新现象，国内外学者写了许多文章。但我认为滞胀其实是不同于周期性危机的结构性危机，因此写了此文。三是针对我国改革开放和发展的实际提出的。如《我国经济改革开放和发展的若干国际比较》一文（《经济评论》1994 年第 6 期），是当年在北京召开的一次全国市长会议邀请我做的报告，经整理后成稿的。《当代国际垄断——巨型跨国公司综论》一书，是因为世界 500 强公司纷纷来中国投资，我认为有必要写一本专著，以便人们对它们有更深刻、更全面的了解。此书于 2002 年由华东财经大学出版社出版，获社科院优秀成果二等奖。四是在学术研究和讨论中提出的。学术研究没有止境，对一个问题的研究，越是深入，就越会产生新的问题，需要探究，特别是在与他人的讨论中，往往会产生新的问题和新的意见，这是我选题的又一来源，如《论经济全球化》（《中国社会科学》1995 年第 1 期）和《经济全球化的新发展和问题》（《世界经济》1996 年第 11 期），就是因为当时国内外学界对经济全球化问题进行着热烈讨论，我经过思考有了一些想法而写成的。

2. 研究贵在创新

我写文章力求写出些新意来，他人的文章要看，但都只能是参考，你若同意别人的观点，也可以再发挥、再创新，而不能重复；如果不同意别人的观点，你可以提出批评，但要讲出道理，这些都包含你的创新在内；如果别人没有提出的观点，由你提出，就更是创新了。例如，我在关于第三世界的研究中，提出了走资本主义道路的发展中国家，其资本主义具有不同于老资本主义的一些主要特点，可称为"后资本主义"，是先进资本主义国家实行殖民主义扩张时发展起来的，具有衍生性、依附性、落后性、与前资本主义关系并存的非同质性等特点。随着其经济现代化的发展，这些特点将逐步减少，但在相当长的时期内难以完全消除。

又如，我在论述原西欧国家在 20 世纪 80 年代的国有企业私有化和跨国公司的大发展时，认为那种由独家垄断的国有企业绝非全民性企业，尽管它们承担着一些社会职能，在经济发展中起着一定积极作用，但其生产社会性不如当代高度发展的股份制跨国公司，其私有化（或民营化）是必然的，是对生产力的解放。

还比如，我把苏联经济学家康德拉季耶夫的长文《论经济生活中的长波》译成中文，并对长波理论进行了研究，认定这种理论是有根据的。我还认为，大约五十年一次的长波与资本主义发展的阶段性有着内在的联系，前者不过是后者经济运动的一种表现。这一观点也是一种新的见解。

诸如此类的新见解这里不能一一详述。

这些新见解，可能是正确的，也可能并不完全正确，我当然希望学术界有所回应。我听到过一些朋友和同行表示赞同的声音，也有著作和文章获了奖，但学术界公开、深入、全面的评论并不多，而我个人正是在这全力投入和追求创新的治学过程中得到了一些成就和乐趣。

3. 个人研究是基础

一个课题的研究写作，可以由集体完成，也可以由个人承担，前者是由一位学者带头，若干人参加，组成一个课题组。这种集体研究和写作的方式是必要的，我也曾多次与其他同行合作，集体完成过十几本著作，其中一部《当代资本主义论》曾获中国社科院优秀成果二等奖。集体研究和写作可以集中多人智慧和能力，较快完成，但也有缺陷，即写作组成员往往水平不一，观点相左，写作风格更不一致，一本书实际上是论文集，而不是一本有严谨理论体系的专著。如果要集体形成一本专著，则参加者必须密切合作，基本观点大体一致，主编则要通篇进行统稿，且免不了要动手进行修改补充，对主编的要求很高。我认为，集体写作更适合于编写教科书、研究报告以及可以分成若干子课题的重大项目。主编必须有驾驭全书的能力和水平。

除集体写作外，个人研究写作应予鼓励。实际上，集体研究也是以个人研究为基础，特别是一些专题，写成论文或小册子，这样可以由作者充分发挥其特长，写出他的观点，文章也会有个人独特的风格。这种成果往往会有更高的质量，即使大的课题，只要有能力，也可个人承担，"十年磨一剑"，也是一种值得表彰的治学精神。

参与世界经济学的创建

钱俊瑞同志认为，世界经济是一门独立的学科。他决定集聚一定力量开展世界经济学的创建工作，我也追随其后，参与其中。

钱老着重研究世界经济的规律，明确世界经济学的对象，他强调以马克思主义为指导，同时参考国外一些学者的有关著作和文献。他首先主持编写出一份初稿，分上下两卷出版。这时，中国大百科全书编著工程启动，钱老决定争取把世界经济作为大百科中的单独一卷。他多次与许涤新等同志磋商，把经济学与世界经济学的条目分开，避免重复。他亲自执笔为世界经济卷写了长篇序言。他从全国各高校、各科研单位邀请了有关学者、专家，召开了多次会议，讨论这一卷的框架、编写要求、词条、编写分工等，任务十分繁重。我作为副主编之一协助钱老进行这一工作。

1980 年，我赴美进行学术访问。在华盛顿期间，钱老也来了，他的主要目的之一是把他关于创建世界经济学的想法说给美国学者，听听他们的意见。我与钱老一起访问了霍普金斯等一些著名研究机构以及我的东道主斯坦福经济政策研究所等。但我的印象是，美国人更多的是研究国际金融、国际贸易等问题，他们早已以这些问题为主建立了国际经济学，而对于世界经济作为一个独立学科，他们考虑不多。

钱老为创建马克思主义世界经济学倾注了全部心血。他的这种治学精神使我敬佩，可惜他过早去世，没有看到这部大百科的问世。现在看来，这本巨型辞书中有的条目的解释已显陈旧，但它体现出的严格的要求、严谨的学风、精准的表述，仍是值得继承的。

为了弥补这部巨著的某些不足，我出任世经政所所长后，再次组织全所和一些所外同行编写了一部世界经济百科辞典，于1994 年由经济科学出版社出版。这一辞典增加了数百条新条目，每条的解释更加精炼。获全国优秀辞书奖，后又再版，改名为《世界经济大辞典》。

在世经政所与研究人员谈工作（2006 年秋）

钱老逝世后，有关世界经济学或世界经济概论之类的著作，有多种版本陆续问世。但这些著作框架各有不同，涉及范围不一，各有千秋。但作者之间缺乏相互交流讨论。不仅如此，有人还认为，世界经济作为一门独立学科，尚很不成熟，甚至认为它不是一门独立学科，只是一个"领域"；但多数人认为，世界经济确实是一门独立学科，在经济全球化深入发展的当今时代，世界经济更明显地成为一个超越国民经济的整体，建立以这一整体为研究对象的世界经济学尤为必要和迫切，我支持这种意见。我曾在一次社科基金会议期间，写信给领导，要求保留这一学科。

我认为，世界经济具备作为一门独立学科必有的条件：一是它有明确的特定研究对象。世界经济学的对象是由各国经济互相依存、互相融合而成的有机整体。二是它有特殊矛盾和特殊发展规律。对此，几乎人尽皆知，自不待言。三是有一系列特定范畴，包括世界经济格局、世界经济秩序、经济全球化、经济区域化、世界经济结构、世界经济机制、世界经济（或全球经济）治理、世界经济危机，等等。四是有其完整的理论体系。已经出版的世界经济学著作，都试图建立起一定体系。究竟何者更为适宜，还需要进一步研究。明确了以上几点，也就会确定世界经济学在经济学科体系中的定位，它可看作是政治经济学下的二级学科，但又在国际贸易、国际金融，以及国别经济之上。明确了这些，也就会了解世界经济学的特点，它既有很强的理论性，也有很强的实用性；它既是独立的学科，又与其他许多学科相互交叉，如世界政治、世界文化、世界历史、国际关系、国际法学等；它既有相对稳定的理论体系，又随着世界经济和国际形势的迅速变化而与时俱进，不断发展，不断更新。

我根据个人的以上想法，邀请几位学者共同编著了一部《世界经济学新编》，于2000年由经济科学出版社出版，有些高校把此书作为教学参考书。此书于2002年获得第四届吴玉章人文社会科学基金会优秀著作奖。

他山之石

我从事世界经济研究，除阅读国内同行发表的文章著作外，更注意国外学术动向，尽可能读一些国外学者的文章和著作。我更愿与国外学者进行学术交流。中国社会科学院自成立始，也实行了对外开放的方针，一方面派学者出国进行学术访问和交流，另一方面邀请外国学者前来访问。我作为世界经济研究工作者，有幸有更多机会出国和接待外国来华学者。1979年，社科院派出三人小组，由我任组长赴埃及开罗，参加世界未来学代表大会。回来后，经领导同意，创办了中国未来研究会；当年，我院邀请英国学术代表团，由著名经济学家凯恩克劳斯爵士率领来华访问。这可能是我院成立后第一个来华访问的高级学术代表团。邓小平同志会见了代表团，院领导指派我陪同代表团到西安、苏州、上海、杭州和广州参观访问。凯恩克劳斯赠我的一本著作《经济学与经济政策》，由我翻译出版。1980年，我院派包括我在内的三人，作为访问学者赴美访问。我在美四个月，访问了美国著名高等院校、一些政府部门和科研机构。同年夏，外交部决定派一名经济学家任联合国发展规划委员会委员，外交部和社科院推荐我出任。我连任两届，共四年。在此期间，我结识了来自各国的一些著名经济学家，有的后来成为老朋友。同时，我也参加该委员会派出的工作组到一些发展中国家去访问和进行调研。1982年，我被调到西欧所。六年间，我有更多机会访问西欧国家或接待德、英、法等欧洲主要国家的来访学者。1988 年，我回到世界经济与政治所任所长后，多次访问美国、日本、韩国，或应邀参加研讨会，或作学术报告，或再次作为访问学者前去进行学术交流。我还于 1989 年随胡绳院长率领的代表团访问苏联，专门访问了苏联科学院世界经济与国际关系研究所，与该所所长签订了两所间学术合作协议。

访问欧盟总部（1987 年 11 月，布鲁塞尔）

我在这些学术交流中有一些体会：

一是西方国家对社会科学高度重视，其重视程度不亚于自然科学，尤其是经济学、政治学、法学等学科，在许多大学都是必修的重点课程，学生报考社会科学各学科的，也不少于理工科。这与社会科学各学科学生毕业后工作机会较多、待遇较高有关，如在设有院士制的国家，像英国科学院获得院士称号的不仅有自然科学家，也有社会科学各学科的著名学者。

二是西方国家的研究工作者的思想没有禁锢，鼓励个人独立思考，因而，学派林立、争论不休。我访问的教授和学者，见面后往往迫不及待地向我介绍他个人对某个问题的看法，或对他人的观点进行评议。如1980年，我在哈佛大学访问丹尼尔·贝尔教授时，他一只眼睛动了手术，用纱布蒙着，见了面，他握着我的手，还未入座就迫不及待地开始介绍他关于后工业社会的论点，半个多小时过去了，竟忘了让我入座。这样浓厚的学术气氛、这样执着专注的治学精神，是社会科学得以繁荣发展必不可少的条件。

三是我在20世纪80年代初出国访问时，感到西方国家的学者对中国十分重视，尤其是对中国的改革开放特别关心。有人也提出一些疑问，普遍的问题是，中国搞社会主义，又搞市场经济，这是可能的吗？我还遇到了一些"中国通"，他们把研究中国问题作为安身立命的终身事业。比如，我在1987年去布鲁塞尔出席比利时皇家科学院召开的主题为"西方与中国"演讲会时，遇到从英国赶来的几位学者，他们是跟随李约瑟博士研究中国科技史的专家，谈起中国的过去与现在，滔滔不绝，对中国的文化赞不绝口。我在国外，还遇到过一些企业界人士向我探询中国的经济政策、改革进程和市场情况等，如1985年，我应意大利国际经济交流中心邀请，赴那不勒斯为该中心组织的国际青年学员讲习班作关于中国改革开放问题报告，晚上出席该市企业界、银行界和学术界举行的欢迎晚会，就有许多企业家向我提出过这类问题，表示想与中国做生意，但苦于信息不灵。

四是我出国除进行学术访问和交流外，也注意观察所到之处的一些社会、文化、教育、民风等新鲜事物，使我开了眼界，长了见识，更加深了对这些国家的了解。一次，在芝加哥的研讨会后，主办者请来一位女歌唱家，她唱的都是美国民歌，非常动听。我过去以为美国没有民歌，这次使我改变了这种想法。我在美国威斯康星州的麦迪逊访问时，住在一位教授家里，他带我走遍了这座小城，这里的树林、湖泊、原野似乎都保留着原始生态，空气清新，没有污染，常有小鸟飞鸣、小兽出没，真是环境友好，人与自然和谐相处。我在意大利罗马逗留的七天里，独自一人，拿着一张该市地图去游览，看到这座古城那些有几百年、上千年历史的建筑竟保护得那么好，为保护古城，竟又在附近建了一座新城，这使我深受感动。我在智利圣地亚哥的一位高级官员家中做客时，他带我到阳台上，指着远处一大片低矮灰暗的房子说，那里就是贫民窟，而我们这里是富人区……如此等等。这一切，都给我留下深刻印象。在研究经济问题时，许多曾亲历的景象往往会浮现在眼前，成为我对世界认识的一个重要组成部分。

发挥余热

我于 1999 年离休，当初曾制订了一个离休生活规划：三分之一的时间多读些古今中外文史方面的名著；三分之一的时间外出旅游；余下三分之一的时间仍继续搞我的专业研究。我曾在全院老干部大会上介绍过我的这个"三三制"设想，获得大家的赞赏。但十多年来基本上未能真正做到，我几乎把全部时间都用于科研工作，而前两个三分之一则基本上落空了。这十多年来，是我的学术生涯中又一段成果丰硕的时光。2000 年我主编了《经济全球化、地区化与中国》一书，接着主编了《世界经济学新编》一书，独自完成《当代国际垄断——巨型跨国公司综论》；2005 年，又主编了《经济全球化新论》一书，同年，我又着手研究和独自写作

2010 年于昌平一养老院

《资本主义阶段性发展问题》，按计划于 2007 年基本完成。但由于这一年美国发生了次贷危机，不久就扩大和加剧成为严重的全球性金融危机和经济危机。这一次危机引起了我的注意，我认为它与我正在研究的资本主义阶段性发展问题有密切联系。因此，就把原稿推迟出版，而增加了有关这次危机的新内容。由于危机延续下来，我也就跟踪研究，直至 2011 年危机结束后才告定稿。这时的书稿篇幅已扩大 3 倍多，达到近 86 万字了。在此期间，我陆续发表多篇文章和报告。我之所以没有执行原订的"三三制"计划，把时间几乎全部用在科研上，一是我在以前的科研工作中都是全力以赴的，时间长了，就形成了一种惯性，欲罢不能；二是世界经济和国际问题不断发生变化，出现新问题，这些事态都对我有极大的吸引力，非要探求个究竟不可，而当我深入其中，经过思考有所得时，便觉兴趣盎然；三是仍有些期刊、杂志找我约稿，有些研讨会要我参加，也有推辞不掉只好答应的。

我今年已经 89 岁了，医生屡次告诫我要注意养生保健，动脑要适可而止，但我没有完全听进去。现在确已老迈，身体有病是自然规律。我看到一批批年轻学人在成长，非常羡慕，也非常欣慰。长江后浪推前浪，我国社会科学研究事业，包括世界经济研究事业后继有人，一定会有更大发展。

访问欧盟总部（1987 年 11 月）

李 琮

2011 年首发于中国社会科学网

2010 年春修订

李静杰

Li Jingjie

男，生于 1941 年 12 月 7 日，籍贯为江苏省邳县。

1965 年 7 月，毕业于南京大学。1961 年 9 月—1966 年 10 月，在苏联伊尔库茨克大学进修。1985 年 9 月—1986 年 9 月，在美国伯克利大学进修。1995 年 5 月—1996 年 3 月，在日本北海道大学任客座研究员。

1966—1981 年，在中联部工作。1981 年至今，在中国社会科学院俄罗斯东欧中亚研究所工作。1988—2004 年，先后任俄罗斯东欧中亚研究所副所长、所长。2004 年至今，任中国俄罗斯东欧中亚学会会长。2003—2016 年，任中国中俄关系史研究会会长。2003—2013 年，为第十届、第十一届全国政协委员。2003—2009 年，任中俄和平友好发展委员会分委会主席。1983 年任中国社会科学院副研究员，1989 年任中国社会科学院研究员。2006年当选为中国社会科学院学部委员，2001 年被聘为俄罗斯科学院名誉博士、俄罗斯人文社会科学院院士。2004 年任中国战略学会高级顾问。2013 年被聘为黑龙江大学首席专家。

主要学术成果及获奖状况:

在国内外先后发表论文、研究报告和各类文章 200 余篇;合作撰写和主编的专著有:《俄罗斯与当代世界》（世界知识出版社 1997 年版）、5 卷本《叶利钦时代的俄罗斯》（人民出版社 2000 年版）、4 卷本《十年巨变》（中共党史出版社 2004 年版）、40 卷本《中俄关系历史档案文件集》（商务印书馆将于 2017 年出版）等，还有大量译著。

正在进行的科研项目:主编并撰写 6 卷本《中俄关系通史》（国家社科基金重大项目），组织 70 卷本《20 世纪的俄罗斯:档案文件集》（国家重大课题）的翻译和出版工作。

自 1982 年以来，多次获得中国社会科学院"优秀研究报告""优秀信息一等奖""优秀决策信息对策研究奖"等。专著和主编专著《俄罗斯与当代世界》《叶利钦时代的俄罗斯》等曾获得中国社科院和总参的优秀科研成果奖。

学海作舟，自强不息

  2016 年 8 月是中国社会科学院学部成立 10 周年。10 年前，我当选中国社会科学院第一批学部委员。在 8 月 3 日学部成立大会上，陈奎元院长给我颁发了"中国社会科学院学部委员证书"。证书的扉页写着这样一句沉甸甸的话："中国社会科学院学部委员，是中国社会科学院的最高学术称号，为终身荣誉。"当得知当选为学部委员消息时，我的心情是非常复杂的。一方面，我感到很光荣，很高兴，另一方面，我感到更多的是压力，是惭愧。在中国社会科学院礼堂的大厅里，周围墙上挂着"文化大革命"以前的学部委员的肖像。他们都是学术大家。我想，论学术贡献，也许我永远进入不了他们的行列。

  学部成立以后不久，我见到荣誉学部委员何方先生。他问我多大年龄，我说 65 岁。他说，他真正的学术研究是卸任所长职务以后，那年他 67 岁。何先生的话使我受到鼓舞，点燃了我心中的希望之火。我下定决心，在无涯的学海中，继续作舟，把过去各种运动和行政工作占去的时间抢回来。于是，我没把当选学部委员当作学术生涯的句号，而是当作学术生涯的新起点。我想，通过"最后一搏"，即使不能取得什么惊人的学术成就，至少也要让年轻人看到，我们这一代人为科学强国，做到了艰苦奋斗，自强不息。只要这种精神能够传承下去，未来一定是光明的。

一　与共和国一起成长

1941 年十月十九日，我诞生在江苏省邳县碾庄乡王集村。那时农村人只知道阴历，不知道阳历。参加工作以后，我查了万年历，才知道阴历十月十九日是阳历 12 月 7 日。这一天正巧是珍珠港事件爆发即太平洋战争爆发的日子。所以，我的生日很好记。

我们的村庄紧挨陇海铁路，所以不管在日本人占领期间，还是在国民党统治时期，都属于"敌占区"。但是，往南不远就是苏北根据地，往北不远就是山东根据地。早在抗日战争之前，我家就是中共地下党的联络点。至今我还记得，地下工作者常常深夜潜入我家，白天躲到附近的青纱帐里。我哥哥他们装作割草，给他们送饭。我父亲和伯父很早就加入了共产党。1941 年 8 月，父亲在离我家 30 里以外的双沟镇遭遇日伪扫荡，与组织失去联系，病倒在一座庙里。待家里人找到他时，已经没有救了。我是在父亲去世一个月以后出生的。父亲去世的时候只有 26 岁，母亲 25 岁。我是他们的第三个儿子。

我们村很穷，没有一家地主。据说，日本人占领以前，我家有很多土地。我祖父和父亲都读过私塾，算是农村有文化的人。父亲去世以后，我家因为多次被告发"私通八路"，大人们几乎都坐过监狱。没有办法，只好把土地卖掉，用钱把人赎出来。我母亲带着 3 个儿子，在恐惧和贫困中，经过千难万苦，好不容易才熬出来。

我爷爷有 9 个孙子。他希望我们读书成才。他常说，"书中自有黄金屋，书中自有颜如玉"。但是，据我记忆，他要求我们好好读书，主要目的还不是为了发财，而是不再受别人欺负。在孙子们中，我的学习成绩最好，所以他就把希望寄托在我身上。1948 年春，我进入村子里的一家私塾。老师教我们念一本《小学韵语》。白天跟着老师念，晚上回家背给爷爷听。但只学了半年，就爆发了淮海战役。1949 年初战争结束以后，村子里办起了小学。自此我正式进入学校上学了。先是小学，然后是中学、大学……一路春风。我从上初中的时候就开始享受助学金。1960 年进入南京大学，每月助学金 13 元，其中 11 元用于伙食费，2 元用于零用，生活有保障。这是新中国对我的"恩惠"。

我与共和国一起成长。我和我的同龄人，经历了共和国的一切辉煌，也经历了共和国遭受的所有苦难。土地改革、镇压反革命、农业合作化、反右派、"大跃进"、人民公社、"文化大革命"、改革开放……一切都历历在目。

建国初期，农村是一片翻身解放的景象。那时干群关系非常好。乡政府只有正副乡长和一个文书。他们下乡与农民打成一片，还常与孩子们嬉戏玩闹，像当年"老八路"一样。但是，后来情况逐渐发生了变化。最大的问题是，一个"穷"字一直压在农民的头上。1954 年我考上初中，学费和书本费共 3 元，但是我家拿不出，是村子里一个卖艺的老汉把多年积攒的钱借给我，我才报上名。以后，每次开学前，全家都为我的学费而发愁，唯一的办法是把家中的口粮卖掉，这样，吃饭又成了问题。所以，那时家里人都不希望我继续读书，希望我早点工作，帮助家里解决困难。上初中的时候，曾求人给我找了一个在供销社当售货员的工作。但是我很不甘心，还是想上学，多学知识。上高中的时候，我虽然长得很瘦，但个头很高。我利用假期，到京杭大运河的码头当搬运工。一个假期下来，除了自己糊口以外，还能把下学期的学费和书本费挣出来。生活使我养成了艰苦奋斗的习惯。我知道，像我这样的人，只有靠自己的努力，才能摆脱困境。但是，摆脱贫困并不是我学习唯一的动力。如果仅是为了这一点，我当时就去当售货员了。在穷乡僻壤的农村，这个工作足以保证过上体面的生活。随着年龄和知识的增长，我逐渐发现，不仅我们村庄很穷，我们整个国家都很穷。这样，国家和民族的富强，自然也成了我的奋斗目标。

1960 年我考入南京大学。从农村到大都市，环境大变，我一时难以适应。在大学一年级和二年级的时候，我学习成绩一般，从三年级开始成绩直线上升，到四年级的时候，老师说我可以去听五年级的课。但是，我没有去听枯燥的语言学课程，而是偷偷地到政治系，听著名哲学家孙叔平先生讲中国哲学史。假期没有钱买火车票，我就留在学校学习。大学里最美好的回忆是图书馆，特别是夜晚的图书馆。人坐得满满的，而又那么宁静。我觉得非常有意境，为此写过一首诗，现在只记得一句，"繁星拥抱着青春的梦"。写诗源于我对文学的喜爱。我年轻时喜欢中国文学。农村教学条件差，数理化没有学好。我到 19 岁时才见到电灯，所以很多关于电的物理学知识总是搞不明白。高考时，我报的第一志愿是华东师范大学中文系，不知为什么未被录取，被分到南京大学外语系俄罗斯语言文学专业。学习外语不是我的志向。我出身贫寒，经历过艰难困苦，所以自以为比一般人能够更好地理解人生。那时我对文学的意义估计很高，认为只有文学才能够反映人民的苦难和对美好生活的向往，只有文学才能拯救人类社会。后来我学习了俄语，但是南京大学的俄语专业还是重视文学的，这多少弥补了我的遗憾。

到大学三年级，我的兴趣逐渐从文学转到政治。这与中苏大论战有直接关系。

1962—1964 年，中苏两党就马克思主义理论和天下大事进行激烈论战。当时，中国方面以《人民日报》和《红旗》杂志编辑部的名义发表了著名的"九评"①，批判苏联"修正主义"。那时没有电视，大学生们站在走廊里听"九评"文章的广播。20世纪 50 年代，中国全面学习苏联，到处宣传苏联"老大哥"。在上初中的时候，地理老师曾悄悄地告诉我们，中国的地图原来像芭蕉叶，后来少了一大块，变得像一只公鸡了，这同苏联"老大哥"有关。这些话都深深地印在我的脑子里。那时只许说苏联好，不许说坏话。但是，现在，中国敢公开批评"老大哥"了！那时我们还没有能力判断"九评"观点的是对还是错，但是文章磅礴的气势，广播员激昂的声调，我们听了非常振奋，有一种扬眉吐气的感觉。同苏联"修正主义"的斗争激发了广大知识分子的爱国主义热情。我也从那时起，逐渐对政治产生了兴趣。

青年时期，有三件事对我后来世界观的形成产生重要影响。第一件事是农村和农民的生活。新中国成立初期，农民的温饱没有问题，但是到了合作化和实行"统购统销"制度以后，农民的温饱就成问题了。特别是 1958 年"大跃进"以后，农民的生活越来越困难。贫穷、饥饿，年复一年，看不到尽头。集体化使农

---

① "九评"是指以《人民日报》和《红旗》杂志编辑部名义发表的9篇文章：1983年9月6日发表的《苏共领导与我们分歧的由来和发展》、9月13日发表的《关于斯大林问题》、9月26日发表的《南斯拉夫是社会主义国家吗》、10月22日发表的《新殖民主义的辩护士》、11月19日发表的《在战争与和平问题上的两条路线》、12月12日发表的《两种根本对立的和平共处政策》、1964年2月4日发表的《苏共领导是当代最大的分裂主义者》、3月31日发表的《无产阶级革命和赫鲁晓夫修正主义》、7月14日发表的《关于赫鲁晓夫假共产主义及其在世界历史上的教训》。

民失去了自由，连赶集、走亲戚都要经过批准，更不要说到异地谋生了。干群关系也不像新中国成立初期那样和谐，打骂群众的事司空见惯。1959—1960年，我在徐州一中上高三。徐州市是江苏、山东、安徽、河南四省交汇处。我现在一闭目，似乎还能看到当年饥民遍野惨不忍睹的景象。

第二件事是1957年的反右派斗争。反右派运动开始的时候，我进入本县的运河高中学习。高中生不还是个孩子吗？但是，当时竟在高中生中抓起了右派。运动开始的时候，动员大家给领导提意见。同学们主要是觉得生活太苦了，提了这方面的意见。结果提意见多的同学就被打成右派，被大会批斗，有的当场就被押送去农村。我了解他们，知道他们都很正直，而且很聪明。尽管后来给他们平反了，可是，他们的前途丧失了。直到现在，当我想起他们的时候，心里还是感到很痛苦。我当时由于不积极参加运动，被认为是"政治上不要求进步的"学生。我一看势头不妙，就转到了徐州一中。那里政治环境宽松，没有在中学生中抓右派。

第三件事是"大跃进"时说假话和浮夸风。1958年暑假，我们区的文教委员把我们这些高中生叫到区政府，动员我们到县政府去"报喜"，报告本区在两个星期之内完成了扫盲任务。这样的荒唐事到处都有。所以，我那时就感到，尽管我们建立了新社会，但是这个社会发生了问题，出现了弊端。改革的思想就是这样产生的。"文化大革命"开始的时候，我还在苏联学习，1966年10月底回国，也积极地参加了这场运动。我当时理解，毛主席和我们一样，也看到这个社会存在问题，需要变革了。当时很多人和我一样，都是从正面理解"文化大革命"的。

"文化大革命"开始以后，像阎明复等中央级的"高翻"，都被作为"苏修特务"抓进监狱。后来听说，政治局常委会议提出，要中联部抓紧培养俄语翻译人才，以备中央使用。我正好赶上了这个机会。我和另外三个最年轻的同学被分配到中联部，主要任务是继续提高俄语。康生在钓鱼台专门接见了我们，谈了两个多小时。他向我们描绘了以毛泽东思想为旗帜的国际共产主义运动大发展的前景。他说，中联部要扩大，要办得像第三国际那样的规模。中联部为我们配了一位俄语指导老师。她的名字叫欧阳菲，是革命烈士的后代，从小在苏联长大。但是，没过多久，她也成了"苏修特务"，被抓走了，出狱后已精神失常，不久离开人世。当时中联部的部长们都被打倒了：部长王稼祥是"反革命修正主义分子"，副部长刘宁一、赵毅敏是"叛徒"，伍修权是"彭真黑帮分子"，许立是"三反分子"。1968 年底，中央对中联部实行军事管制。1969 年 6 月，我和中联部大多数人一起，下放到"五七干校"劳动。先是在黑龙江省肇源县的一个国营农场，后来由于边境形势紧张，准备"苏修"打进来，又转移到河南省沈丘县内的一个国营农场。1970 年 8 月，我从干校奉调回部。

1977 年中国社会科学院成立。1981 年我们研究所（当时名称"苏联东欧研究所"，现名为"俄罗斯东欧中亚研究所"）整建制地从中联部转到社会科学院。中联部的研究工作是以应用研究为主，社会科学院的研究是以基础研究为主。我大约用了 5 年时间，才适应这种转变，学会了"做学问"。我这一生，大部分时间是在中国社会科学院度过的。对此我感到很幸运，这里确实是做学问的好地方。

我们这一代很幸运，赶上了改革开放的时代。改革开放彻底改变了中国，改变了中国人的命运。改革开放初期，当我第一次走进资本主义世界时，看到那里的繁荣景象和人民的富裕生活，心里产生一种自卑感。记得在美国一所大学的会议上，一个年轻

"两会"期间留影（2008 年 3 月）

的中国学生口无遮拦，说中国工人一个月的工资只相当于美国工人一个小时的工资。当时我坐在后排，听了这样的发言，羞愧得无地自容。斗转星移，现在中国的面貌已彻底改变了。每年有一亿多人次出国旅游，这是中国人过去做梦也不敢想的事。90 年代初，我在日本，看到人们开车上下班，大街上的车流如河水一般。看到这种情景，我很羡慕，心想中国什么时候才能达到这样的水平。那时普通中国人上下班都是骑自行车。但是，曾几何时，现在中国的城市已为车辆太多而发愁了。我访问俄罗斯，外交学院院长巴扎诺夫教授见面就说："欢迎来自超级大国的朋友。"我知道，他这是开玩笑，但是这也反映，在外国人的眼中，中国确实今非昔比，变得强大了。回想一百多年来中国受到列强的侵略和凌辱，我感慨万千。亲眼看到中国变得强大，看到中国人挺起了腰杆走向世界，我心中感到无比的快慰！

二　求知海内外

　　我的成长离不开学校和老师的培养。在国内，有两所学校对我影响最大：一是当年的"八义集初级中学"（现在为"八义集中学"）和南京大学。许多基本的自然科学知识都是八义集中学的老师教给我的。南京大学的学术气氛非常浓厚，平时和周末有各种各样的讲座，你可以自由选择。生活在这样的环境中，真可以说，徜徉在知识的海洋里。

　　对于研究国际问题的学者来说，长期在国外学习和生活是非常重要和非常必要的。一方面，在这些国家学习和生活，可以使你获得关于这些国家的感性知识；另一方面，在同这些国家人民的交往中，你能够获得在书本上得不到的信息和知识。我这一生，有幸在苏联、美国和日本长期进修和学习，这使我受益匪浅。

　　首先谈谈在苏联留学的情况。1964 年 10 月赫鲁晓夫下台后，中苏双方都试图挽回两国关系的颓势，但是没有成功。在激烈的意识形态论战中，两国的交往越来越少，甚至连互派留学生的事也中断了。1965 年 2 月苏联部长会议主席柯西金访问越南路过北京，会见了毛泽东主席和周恩来总理。据说，在前往机场的路上，周恩来问柯西金，苏联为何不接收中国留学生。柯西金说，他不知道这件事，并答应回去过问一下。不久，中苏恢复互派留学生。我很幸运，被选中了，赶上了这班车。我们一起动身的共 23 人，其中有 4 名是应届毕业生，其余是来自各大学的俄语老师和少量新华社与外交部的翻译。我们的任务是进修俄语，重点是提高口语水平。学习期限定为 2 年。为了赶上 9 月 1 日开学，我们乘火车提前到达莫斯科。在那里等了一个多星期，最后接到的通知是：我们不能留在莫斯科，所有的人都被分到伊尔库茨克大学。伊尔库茨克地处东西伯利亚。我们又乘火车，往回走了四天四夜。9月1日到达伊尔库茨克，那里已经下起了小雪。这里远离国家政治中心，受到官方反华宣传影响较小，老师、同学和老百姓对我们都很友好，这对我们的学习，特别是练习口语，非常有利。

在伊尔库茨克的许多见闻至今留在我的记忆中。第二次世界大战尽管已经过去了 20 年，但是到处还能看到战争的创伤。几乎所有的苏联家庭都有人牺牲。男女比例失调。商店、医院、学校，很少有男人工作，大多都是妇女在顶着。中年妇女成了寡妇，年轻的姑娘嫁不出去。有一天我们在商店里购物，年轻的售货员们得知我们是中国人，半开玩笑地问我们："能不能从中国给我们寄个丈夫过来？"战争夺去了千百万人的生命，破坏无数家庭的幸福。所以，反对战争、渴望和平的社会情绪很强烈。苏共二十大提出的和平共处外交总路线以及后来赫鲁晓夫提出的建立"没有武器、没有军队、没有战争"的世界，在很大程度上反映了广大人民的心愿。关于赫鲁晓夫下台的原因，国内曾分析认为，因为他搞"修正主义"，被中国"批倒"了。其实，情况根本不是这样。相反，人们对中国方面关于支援武装斗争、暴力革命等观点，很不以为然，甚至反感。苏共大肆渲染毛泽东在莫斯科关于世界大战的讲话[1]，借以攻击中共"好战"。总之，中国的"反修"文章没有在苏联社会产生积极的反响。苏联知识界一

---

[1]　在中苏论战期间，苏联报刊攻击中共"好战"，特别是大肆宣传毛泽东 1957 年 11 月 18 日在世界共产党和工人党莫斯科会议上的讲话。毛泽东说："我和一位外国政治家辩论过这个问题。他认为如果打原子战争，人会死绝的。我说，极而言之，死掉一半人，还有一半人，帝国主义打平了，全世界社会主义化了，再过多少年，又会有二十七亿，一定还要多。"（参见《建国以来毛泽东军事文稿》中卷，军事科学出版社、中央文献出版社 2010 年版，第 365—366 页）

批人打着批判"毛主义"的幌子，以影射的方法，揭露苏联社会主义模式的弊端，这为 20 世纪 80 年代戈尔巴乔夫的"公开性"和"民主化"改革准备了舆论。在同苏联人的交谈中，我们发现，民众对斯大林时期的秘密警察制度深恶痛绝。据说，以前克格勃人员以隐蔽的身份渗透到社会生活的各个领域，监视人们的言论和行动。抓捕、审讯、判决基本上都是秘密进行。有时，一个办公室的同事不知道什么原因突然消失了，以后再也没有出现，谁也不知道他的下落。苏共二十大批判斯大林的个人崇拜，为成千上万无辜受害的人平反，并废除了秘密警察制度。废除秘密警察制度，把人们从恐惧中解放出来，这是苏联社会政治生活的重大变革，是受苏联人民欢迎的。

俄罗斯科学院院长奥西波夫授予李静杰名誉博士学位（2001 年 9 月 18 日，莫斯科）

20 世纪 60 年代，正是国内强调社会主义社会存在阶级、阶级矛盾和阶级斗争的时候。出国前，领导反复提醒，"千万不要忘记阶级斗争"，"对修正主义要保持高度警惕"，对任何问题都要进行"阶级分析"，等等。那时，"阶级分析的方法"似乎成了唯一正确的思想方法。有一次，俄语老师给我们出了一道作文题："母亲——世界上最可爱的人"。为了表示自己立场，我努力用阶级分析的方法破题。我写道，对母亲也应该进行阶级分析，如果她是剥削阶级分子，或者在革命斗争中变成叛徒，那么她不仅不是"最可爱的人"，而且是应该与之进行斗争、划清界限的人。第二天，我发现，老师对我的作文一个字也没有改动。她拿着我的作文本，心平气和地对我说，"这是你自己的观点，还给你吧。"当时苏联国内完全是另外一种政治气氛。赫鲁晓夫上台以后，否定了斯大林关于"社会主义越接近胜利，阶级斗争越激烈"的理论。1961年苏共第二十二次代表大会宣布苏联已没有剥削阶级，只有工人、农民和知识分子三个劳动阶级，所以苏联共产党已经是"全体人民的先锋队"，苏联国家已经是"全体人民的国家"。人们不讲阶级斗争和无产阶级专政，而大讲"人性""人道主义"，讲如何"过好日子"，等等。在我们看来，苏联人确实"不想革命"了，"变修"了。

当时，对留学生的管理非常严格。出门必须两人同行，不许参加苏联学生的聚会或舞会；未经领导批准，不能到老师家里做客，等等。1966年暑假，国内"文化大革命"已经开始。我们集中到莫斯科大使馆，一方面学习国内文件，一方面检查受资产阶级生活方式和"修正主义"思想的影响，"在灵魂深处爆发革命"。开学之前，我们又回到了伊尔库茨克。"十一"国庆节前，我们在宿舍楼一层最显眼的地方办了墙报。墙报的大标题是"战无不胜的毛泽东思想万岁"。这引发了同苏联学生的冲突。他们来了很多人，试图强行把墙报撤除。我们围绕墙报，组成人墙，决心捍卫到底。双方对峙了一天一夜，搞得学校领导非常被动和尴尬。10月底，校方突然通知我们，由于在中国的苏联学生已经回国，按照"对等的原则"，中国学生也应该回国。这显然是苏联政府的借口，因为中国"文化大革命"开始以后，学校全部停课了，所有外国学生都因无法学习而回国了，这不是针对苏联学生的。经过一段时间准备以后，我们愤怒地唱着国际歌登上了返回祖国的列车。列车穿过蒙古，一进入中国境内，我们就发现铁路两边聚集的人群。他们一面追着火车，一面高呼"打倒苏修""热烈欢迎光荣的反修战士"等口号。火车到达北京站，我们受到了难以想象的热烈而盛大的欢迎。欢呼声、口号声响彻云霄。成千上万来自全国各地的红卫兵簇拥着我们，很多人要我们签名留念，好像我们真是建立了什么丰功伟绩的英雄似的。那是一个狂热的年代。在这革命的洪流中，我们深深感到祖国人民的深情厚谊和同仇敌忾的团结精神。我们每个人都很陶醉，都很激动。不久，在首都体育馆召开了"欢迎反修战士""声讨苏修"的万人大会。会场的气氛依然是那样的热烈，那样的激昂。出席大会的最高领导人是陈毅副总理。他的座位离我很近。我发现，他不停地打瞌睡，有时完全睡着了。我当时暗暗地想，像他这样饱经风霜的革命家，心里一定明白，我们这个"光荣的反修战士"的称号是多么廉价。

中苏关系一直没有好转，直到1989年戈尔巴乔夫访华，两国关系才实现正常化。所以，我一直也没有机会当上高级翻译。1985—1986年，我通过"自费公派"的方式到美国伯克利大学进修。由于长期研究苏联"修正主义"的关系，我对马克思主义理论有特别的兴趣。按照历史唯物主义原理，社会主义是建立在发达资本主义基础上的。而美国是世界上最发达的资本主义国家，将来在这里，如果发生革命，建成的社会主义该是什么样子呢？我是带着很多问题去美国的。为了接近美国人民的生活实际，我向美方接待单位提出，不要安排我住学校宿舍，而要安排住在美国人家里。一年之内，我先后住过3个美国人的家。他们对我都非常友善，除了平时无话不谈以外，还经常带我去参加各种活动。这给我近距离观察美国民众的生活提供了良好的机会。此后，我又多次短期访问过美国，进一步增加了对美国的了解。

美国给我的第一个印象就是法律很多。记得我们刚到不久，来自北京的几个同学去海湾嬉闹游泳，过了几天，他们接到了法院的传讯。到了法院，他们还不知道是怎么回事，经法官解释，他们才知道违反了游泳场的一个规定（具体的法规我已经记不起来了）。有一次，我乘美国人的车，行驶在高速公路的快车道上。他对我说，如果在后视镜里能看到后面3辆汽车，他就必须立即让开快车道，否则别人就会把他告到法院。一个美国人曾经对我们发牢骚说，他们被各种法律管得死死的，哪有什么自由！看来，民主社会首先是法制社会。每一个公民如同行驶在马路上的司机，必须严格遵守交通规则，决不能自行其是。

美国没有"啃老族"。基于一种文化，不管父母多么富有，子女过了18岁以后，都要自立，如果继续仰赖父母，与父母住在一起，就会被人嘲笑。我在一个博士班听课。班上一位同学因为过了18岁，就从父母家里搬出来，自己挣钱租房住。他原来住的房子空着，他父母就租给了我。美国的遗产税很重，子女不大可能依靠父母的遗产生活。我想，这也许是美国社会经久不衰的原因。老百姓的生活与政府（行政机构）似乎没有多大关系。但是，老百姓状告政府如家常便饭。政府为了应付民告官，不得不雇用许多律师。老百姓的生活与法院的关系倒是很密切。民众间的矛盾，包括民众与政府的矛盾，都是通过法院解决。法院受理的案件范围非常广，包括在我们看来非常琐碎的事情。中国人常常开玩笑说，这里的法院有点像我们的党支部，什么事都管。普通美国人不仅不靠政府，也没有"单位"的概念。人们的业余生活一般以教堂为中心。教堂既是接受思想教育的圣地，也是组织各种社会活动的场所。人们常常按照不同兴趣和爱好，组成各种各样的"协会"，开展活动，而所有这些都与政府无关。这使我想起了马克思关于"社会自治"和"自由人联合"的思想。我想，也许这就是未来社会的萌芽。

日本是我长期学习和考察的第三个国家。对于日本，我的心情比较复杂，也感到很好奇。1983 年我受格拉斯哥大学苏联东欧研究所的邀请，去英国访问。这是我第一次踏入资本主义世界。飞机停留的第一站是阿联酋的沙迦。我们在机场免税店看到了琳琅满目的电视机、录影机、照相机等各种家用电器。仔细看，都是日本产品。那时国内一般家庭买不起、也买不到这样高档的消费品。飞机在法兰克福停留时，我们在免税店也发现有很多日本产品。在英国，日本产的电器也充斥很多商店。当时我暗想：日本人终于"统治"世界了！第二次世界大战期间，日本为了统治亚洲，发动侵略战争，结果不仅给亚洲人民带来了极大的灾难，也使自己的国家蒙受极大的损失。1968 年，正当中国人沉醉于"文化大革命"时，日本的经济已跃居世界第二。日本人没用一枪一炮，而是用自己的产品、用经济的力量占领了世界市场。想到这些，我对邓小平关于和平和发展是时代主题的论断似乎有了进一步的理解。

在日本期间，我非常关注日本人对中国的态度，对中日关系的看法。我认识一位在政府机关做事的中年人（他俄语讲得很好）。有一次我对他讲了日本侵略给中国人民带来的苦难，也讲了我家人的遭遇。他听了以后非常感动，同时他又告诉我，在他们日本人之间，是不允许讲这些的。战争后期，美国为了避免日本"本土决战"，减少美国人的牺牲，同意保留天皇制度。最大战犯天皇保留下来了，下面的骨干自然也保存下来。在国家政治生活中，这些人继续发挥骨干作用。日本人为什么对侵略战争的态度这么暧昧，有时甚至美化战争，根本原因可能就在这里。

日文中有很多汉字，虽然读音不一样，但意思基本相同。所以你即使不会说日语，日常生活也没有问题。刚到日本的时候，我参观了一些博物馆和名胜古迹。越是走向历史，越是感到中日两国在文化上的亲缘关系。所以，在同日本朋友交谈时，我总是说，中日文化如此接近，两国人民间相互理解不成问题。后来我才知道，我的这个看法是不对的。在同中国学生和访问学者的接触中，我发现，同在美国的中国人不同，他们很多人对日本没有好感，甚至有反日情绪。我问他们，为什么会这样，日本人对你们做了什么不好的事？他们普遍回答说，没有做什么不好的事，但是同日本人很难交心，他们表面上彬彬有礼，但是内心里是怎么想的，你无法知道。我结识许多研究俄罗斯的日本学者。有一次，我同京都大学的木村教授赴斯德哥尔摩参加国际会议。我们一路谈得很多，其中谈到日本的对外政策。他说，冷战期间，日本的主要防御对象是苏联，现在的主要防御对象是中国。我问他，这是为什么？他说，俄国人心里怎么想的嘴上就怎么说，容易了解，但是，中国人不是这样，嘴上说的和心里想的不一样，无法知道中国人内心在想什么。听到中日两方友人这些谈话，我很感慨，甚至感到一种悲哀：中国和日本同属儒家文化圈，两个民族都很内向，尽管一衣带水，比邻而居，但是心灵深处却隔着一座大山。

历史问题引发的社会心理对立，是中日关系发展的严重障碍。日本侵略给中国人民带来巨大的灾难，但是中国没能像其他战胜国那样，对侵略者实行军事占领或者获得相应赔偿，中国人的屈辱感和愤怒一直积压在内心深处，一有机会就爆发出来。而在日本，特别是年青一代，总认为中国抓住历史问题不放，目的是为了压住日本，让它永远不能抬头。随着中国的崛起，越来越多的日本人担心中国总有一天会对日本进行报复。这是日本选择与美国结盟的重要动因。由于在两国民众中存在相互厌恶和怨恨的情绪，两国间发生的即使是一般性问题也很容易激化，影响两国关系发展的大局。长此以往，中日关系很难向上提升。我一直认为，没有中日的历史性和解和东北亚的区域化发展，就谈不上什么"亚洲世纪"和"亚洲人的亚洲"。我相信，中日关系迟早也会"结束过去，开辟未来"。

在苏联、美国、日本，我广泛地接触了这些国家的学术界，十分关注他们的科研机制和治学方法。优秀的科研机构、辈出的知名学者、科学的学术规范和价值体系，集中体现了一个国家尊重科学、尊重知识和人才的人文精神。俄罗斯科学院成立于1724年，是在全世界享有盛名的科学殿堂。斯大林时期，虽然有些科学家受到迫害，某些学科被贴上姓"资"的标签，受到错误批判，但是总体上来说，科学研究没有受到全局性的干扰和破坏。科学家享受优厚的待遇，大多数人能够专心致志地从事自己的专业，并取得举世瞩目的成就。从沙皇俄国到现在，先后有19位科学家获得诺贝尔奖，而且大部分是在苏联时期[①]。我认识很多

---

① 俄罗斯共有19位诺贝尔奖得主（不包括戈尔巴乔夫获得的诺贝尔和平奖），其中沙皇俄国时期2名，苏联时期14名，俄罗斯联邦时期3名。

俄罗斯学者。他们扎实的理论功底、严谨的治学态度，给我留下深刻的印象。

我欣赏美国学者自由探讨的精神。他们广泛使用案例分析的方法。其实，案例分析的方法就是实事求是的方法。1985 年我在伯克利大学。该校俄罗斯研究中心主任乔治·布莱斯拉沃尔教授为了研究苏联国内政治的演变，他搜集了赫鲁晓夫下台以后 20 年间每一位州委书记在中央报刊上发表的文章，通过对这些文章的分析，研究地方精英在苏联政治生活中作用的变化。在国内学者中，很难想象有谁会用这样"费劲"而且看起来有点"笨拙"的方法，去研究苏联一个政治问题。

在《中俄睦邻友好条约》签订十周年大会上发言（2011 年 7 月 28 日）

日本学者也非常重视实证主义的研究方法。北海道大学斯拉夫研究中心的井上教授研究西伯利亚少数民族。每年夏天，他带着日用品和发电机深入西伯利亚原始森林，与当地的少数民族实行"三同"（同吃、同住、同劳动），而且年复一年地坚持下来。晋川教授为了研究俄罗斯滨海边疆区"民主政治"中的裙带关系，他搜集和分析了该区所有议员的履历。日本学者对俄罗斯经济的研究非常精细，精细到每个企业。有的学者还把俄罗斯企业作为实验基地，参加企业的各种活动，其中包括参加企业领导层的会议。

海外学习和进修开阔了我的视野，增长了我的知识。海纳百川，有容乃大。放眼世界，取他人之长，补己之短——国家应该这样，个人也应该如此。

三 科研生涯五十年

1971年"九一三"事件之后，国内各项工作，包括外事工作，开始走上正轨。为了加强对国际问题的研究，周恩来总理指示：外交部重点研究美国，中联部重点研究苏联。中苏两党关系从1965年中断以后，我们没有"联络"方面的事可做，只好集中精力搞研究。给我分配的任务是研究苏联对外政策和对外关系。所有的研究成果都是以研究报告的形式呈送上去。1972年5月美国总统尼克松访问苏联。谈判中的一个议程是解决第二次世界大战期间美国根据"租借法案"向苏联提供援助的问题。就此，我查阅了很多资料，最后写成一个报告：第二次世界大战期间，美国根据"租借法案"，共向苏联提供107亿美元的物资。苏美此次达成协议，以苏联偿还7亿美元的方式，了结此案。这份报告由于提供了鲜为人知的信息，所以受到部领导的表扬。这是我第一个受到表扬的科研成果。那时的研究报告是不署名的，所以领导也不知道是谁写的。

我的研究工作是从研究苏美关系开始，然后横向展开，逐渐深入其他领域。概括起来说，我的学术研究主要集中在以下四个领域。

第一个研究领域：国际关系和我国外交政策。在这方面，可以概括为"两个重点"和"一个出发点"。第一个重点是俄罗斯对外关系，包括苏联与西方资本主义国家的关系、华约集团国家的关系、第三世界的关系，等等。有关著作，如《苏联妄图称霸亚洲的纲领——"亚洲集体安全体系"》（1973年），《苏联扩张战略中的华沙条约组织》（1981年），《勃列日涅夫以后的苏联对外政策趋势》（1983年），等等。第二个重点是世界大国关系，主要是中、美、苏、日四大国相互关系，如《中俄战略协作伙伴关系及其美国因素》（2001年）、《中俄战略协作与中美俄三角关系》（2013年），等等。所谓"一个出发点"是指为中国的国家利益和外交政策服务。我自己感到，我在这一领域比较成熟是在1980年前后，即改革开放开始的时候。1982年，国际形势出现一系列对中国不利的因素：美国里根政府上台后，在台湾问题上提出挑战；日本国内右倾思潮抬头；中苏关系继续处于僵持状态。当时，国内围绕国际形势和我国外交政策争论激烈，好像中美、中日关系都要发生倒退。这使我非常忧虑，担心对外政策再次受到"左"的思潮影响。我对此思考很久、很多。一天夜里，我久久不能入睡，下决心把自己的想法写出来。从凌晨3点一直写到早上8点，5个小时，一气呵成，写出了《关于我国对苏、美、日政策的几点想法》。在这篇研究报告中，我首先提出要改善同苏联的关系。我较早地提出了社会主义模式是多样的这样一个概念，这为后来承认苏联是社会主义国家提供了理论依据（那时官方不允许说苏联是社会主义国家）。报告强调从中国改革和发展的需要出发，必须缓和同苏联的关系，这样也才能更有利于发展与美国的关系。关于对美关系，不赞成由于两国矛盾增加而走向倒退。中美关系不仅不能削弱，相反要进一步加强和发展。中国不仅要吸收美国先进的科学技术，还要吸收它的优秀文化成果。报告还提出要与日本发展友好合作关系，强调对日本的军国主义要有个准确的判断和估计，不能认为由于日本国内有这种思潮和势力，就断定这个国家一定会走上军国主义道路。这篇报告受到国际问题大家宦乡的高度赞扬。大约 10 年以后，由于报告的观点经住了时间考验，社科院奖励了我 5000 元。这在当时是不小的数目，算是"大奖"。

在国际战略和我国外交政策领域，我还发表了其他一系列论文和研究报告，例如，2003 年受外交部委托撰写的长达 3 万字的研究报告《上海合作组织发展战略构想》。这是上海合作组织成立初期关于该组织全面而系统的发展战略构想和政策设计。后来的实践证明，该报告的基本观点是正确的。再如，2003 年的《关于扩大我国在中亚文化影响的建议》、2010 年《关于我国对东北亚政策的建议》、2013 年《对乌克兰危机引起的国际形势变化的看法和对策建议》等，都可称得上对我国外交政策的智力支持。

第二个研究领域：俄罗斯的改革和现代化。例如，《改革时期苏联内外政策的辩证关系》（1988 年）、《俄罗斯关于"文明选择"的争论》（1997）、《俄罗斯发展道路和前景》（2008 年）、《俄罗斯的现代化之路：传统和现代》（2011），等等。其中，《俄罗斯的现代化之路：传统和现代》比较有代表性。论文在总结和分析俄国历史上四次现代化运动经验和教训的基础上，结合世界其他国家和地区的成功经验，提出了"传统"和"现代"

相互关系的理论。这里不妨把有关的一段话引述如下："'传统'是指一个国家和民族在漫长的历史长河中形成并沿袭下来的文化传统、价值观念、思维方式、风俗习惯等。'现代'是指与先进生产力发展相适应并具有普遍意义的组织制度、文化观念、生活和行为方式等。对于力图赶超发达国家的后发国家来说，'传统'和'现代'是不可分割的。'传统'和'现代'关系如同土壤和种子的关系。'传统'如果脱离'现代'，就会变成不断退化的不毛之地。'传统'是历史的积淀，需要在与'现代'结合中，吸收新鲜营养，这样才能永葆活力，发扬光大，这如同电脑软件一样，要不断升级，否则就会被淘汰。而'现代'也必须与'传统'相结合、相适应，否则就会水土不服，即使生根发芽，也只是劣性变异的物种而已，正如古人云，'橘生淮南则为橘，生于淮北则为枳，叶徒相似，其实味不同。所以然者何？水土异也。'在当今世界，那些不顾国家民族'传统'，盲目引进外国的'现代'，结果失败，导致国家衰败的例子，不胜枚举。与此同时，把'传统'和'现代'结合得好、结合得成功的例子也很多。亚洲一些国家和地区的经验说明，现代化的水平越高，传统的东西保持和发扬得越好。'现代'和'传统'相辅相成，相得益彰。人类是从昨天走到今天的，又从今天走向明天。昨天、今天和明天是联系在一起的，是不能随意割裂的。对于历史传统，人们可以改造它，创造它，但是不能割断它，抹杀它。谁试图割断和抹杀民族的历史传统，谁就要受到严厉的惩罚。上世纪俄罗斯 90 年代的历史就是很好的例证。面向世界，善于向别的国家和民族学习，善于借鉴和吸收人类一切文明成果，这是一个国家、一个民族不断进步和兴旺发达的标志和源泉。如果拘泥于自我，拒绝学习和借鉴，拒绝'现代'，这对一个国家和民族也非常危险。苏联解体就是很好的例证。"①

我与郑羽等合写的著作《俄罗斯和当代世界》②（1998 年）、与海运共同主编的五卷本《叶利钦时代的俄罗斯》③（2011 年）、我主编的四卷本《十年巨变》④，都属于这一研究领域。

第三个研究领域：苏联社会主义问题。这始于 20 世纪 80 年代初我国开始改革开放的时候。那时主要是研究苏联模式的社会主义在东欧实践的经验和教训，以及东欧国家对这一模式改革的尝试，其目的是打破苏联主张的"社会主义建设共同规律"的神话。1983 年发表的《苏联的"共同规律"和东欧的改革潮流》集中反映的就是这方面的内容。80 年代后期的重点是介绍和分析戈尔巴乔夫的"新思维"、苏共第二十八次代表大会提出的"人道的、民主的社会主义"等问题。

但是，系统和深入地研究苏联社会主义问题还是在 1991 年苏联解体以后。

苏联解体和苏共丧失政权，是 20 世纪后期人类社会发生的最重大历史事件。一百多年以前，巴黎公社失败以后，马克思怀着极大的革命热情和责任感，搜集了所有关于公社的材料。正是在对巴黎公社的革命过程和失败原因进行深入研究和科学分析的基础上，他写出了《法兰西内战》这样光辉的经典著作，丰富和发展了他的阶级斗争、国家、革命和无产阶级专政的学说，从而把马克思主义和科学社会主义推向了一个新的高度。苏联社会主义建设以及苏联解体远比一百多年以前巴黎公社失败所包含的内

---

① 李静杰：《俄罗斯的现代化之路：传统和现代的结合》，《俄罗斯学刊》2011 年第 1 期。
② 李静杰、郑羽：《俄罗斯与当代世界》，世界知识出版社 1998 年版。
③ 海运、李静杰主编：《叶利钦时代的俄罗斯》（5 卷），人民出版社 2001 年版。
④ 李静杰主编：《十年巨变》，党史出版社 2004 年版。

容和提供的教训要丰富和深刻得多。多年来，我国许多学者认真思考这场剧变对人类社会发展和进步的真正含义，深入和科学地分析引起这场巨变的深层次原因，总结历史经验和教训，努力为马克思主义理论的丰富和发展提供新鲜材料，为把马克思主义和科学社会主义推向新境界，保证有中国特色的社会主义事业健康发展，做出了重要贡献。

由于中国与苏联一样，也是共产党掌权的社会主义国家，所以，苏共丧失政权、苏联解体在中国引起很大震动，并引发激烈的争论。为了向中国学者介绍一个真实的苏联，为中国学者提供研究充分的素材和依据，从 2002 年开始，我在李铁映院长的领导下，主持《二十世纪的俄罗斯：档案文件集》的翻译和出版工作。这是俄罗斯官方授权出版的关于苏共和苏联历史的档案文件集。文件集按专题编辑，到目前为止已出版 78 卷。中文译本由人民出版社陆续出版。

总结苏联解体和苏共丧失政权的历史教训的过程，也是重新学习马克思主义基本理论的过程。我在这方面的研究成果主要体现在下列论文中：《苏共失败的历史教训》（1992 年）、《苏联社会科学的命运》（2001 年）、《试析苏联同资本主义世界的对抗》（2006 年），等等。我与陆南泉等主编的《苏联兴亡史论》① 也属于这一领域。

《苏共失败的历史教训》是中央交办的"苏联解体的原因和教训"这一重大课题的主报告，由我独立完成。这篇报告集中地反映了我对苏共失败的原因和历史教训这一问题的思考和认识。我把这方面的内容归纳为以下八点：（1）苏联社会主义失

---

① 陆南泉、姜长斌、徐葵、李静杰主编：《苏联兴亡史论》，人民出版社 2002 年版。

败，其根本原因是在不具备社会主义必要的物质和文化条件下建立的，先天不足。在经济和文化落后的国家，无产阶级夺取政权以后，不能超越社会发展阶段，急于过渡，而要集中力量发展生产力，为建立社会主义创造必要的物质和文化前提。（2）把苏联20世纪30年代建设社会主义的做法和经验上升到"社会主义建设的共同规律"，并写进《社会主义政治经济学教科书》，从而束缚了几代共产党人的思想。社会主义社会没有固定的模式和"最终规律"可循，它是经常变化和改革的社会。（3）作为新事物的社会主义同作为旧事物的资本主义的关系不是简单的"谁战胜谁""谁取代谁"的关系，而是辩证的否定关系。社会主义不是把资本主义内部的一切因素全盘抛弃，而是否定资本主义中那些过时的、失去了存在条件的消极因素。至于资本主义中一切积极的因素，则作为社会主义发展的条件，经过改造以后，成为社会主义的有机组成部分。这就是说，社会主义对资本主义绝不是简单的抛弃，而是在否定中有肯定，是既克服又保留，是扬弃。（4）社会主义必须是富裕的，同时又是民主的。缺少这两者中的任何一个，社会主义都站不住。（5）无产阶级政党取得胜利首先是从思想的胜利开始的。它要继续得到群众的拥护，就必须永葆思想的先进性。解放思想不是一时的政治需要，而是无产阶级辩证唯物主义世界观的本质表现。无产阶级政党坚持马克思主义，但是更重要的是要发展马克思主义，不断地把马克思主义推向新境界。没有突破，就没有发展。（6）知识分子是"第一生产力"的载体，无产阶级政党必须正确对待知识分子，处理好同知识分子的关系。（7）在多民族国家执政的无产阶级政党要结合本国情况，制定正确的民族理论和民族政策。（8）无产阶级政党要选择正确的改革战略和策略。①

第四个研究领域：当代中俄关系和中俄关系历史。这是我研究工作的重中之重。

中俄关系是一种特殊的国家关系。这种关系长期以来就同中国国内的政治、经济、外交和文化等方面的发展相绞合，是影响中国国家政治生活的重要因素。远的不说，就说十月革命以后吧。20世纪20年代初，国共两党都选择了以俄为师的道路。苏联为了帮助中国革命，扩大在中国的影响，在帮助中国共产党建党的同时，也帮助国民党建党、建军。长期以来，苏联一直影响有时甚至左右国共两党的关系，直到现在，如果没有斯大林1950年蓄意策动的一场朝鲜战争，打破了中共解放台湾的既定计划，中国的统一早已完成，海峡两岸的分裂局面也不会出现。新中国成立以后，全面学习苏联，"照搬"苏联建设社会主义的经验。1956年，毛泽东开始探索中国自己的发展道路。"大跃进"、"人民公社"、"文化大革命"，都是为了摆脱苏联影响，探索中国自己的发展道路所进行的试验。1982年，中共十二大提出建设"中国特色的社会主义"。这里的"中国特色"在很大程度上也是针对苏联社会主义模式而言的。

总之，研究中国的党史、国史都不能离开对中俄关系的研究，这里且不说，作为我国最强大的邻国，俄罗斯对我国的外部环境是何等重要。

在这个领域，我的科研成就主要体现在以下四个方面。

第一，自1989年中苏关系走向正常化以来，一直对两国关系的发展进行追踪研究，先后以不同的形式发表的论文、研究报

① 李静杰：《苏共失败的历史教训》，《东欧中亚研究》1992年第6期。

告、文章 100 余篇，如《中苏关系及其发展前景》（1986）、《新时期的中俄关系》（1994）、《试论中俄战略协作伙伴关系》（1997）、《跨入新世纪的中俄关系》（2007），等等。把这些成果联系起来，可以清楚地看到从中苏关系正常化到中俄全面战略协作伙伴关系形成的历史过程及其内在联系。

第二，对 20 世纪 60—80 年代中苏关系的破裂和中苏大论战的历史进行了总结。中苏关系的破裂和中苏大论战不仅是两国国家关系问题，而且直接涉及中国的内政，影响重大而深远。1997 年年底和 1998 年年初，在广泛而深入讨论的基础上，我执笔撰写了《对中苏关系破裂原因的再认识》《如何认识 60 年代中苏大论战》两篇报告。这里，只要把报告中提示性的小标题列出，读者就能了解其主要内容了。《对中苏关系破裂原因的再认识》：（1）在国家关系和党的关系方面，苏联的大国主义和大党主义是导致中苏分裂的主要原因，苏联的责任是主要的。（2）在意识形方面，中苏争当"马克思主义正统"，互不妥协。中国在这方面责任更大一些。（3）50 年代末中国内外政策的"左倾"是中苏走向分裂的推动因素。（4）关于毛泽东的个人作用：毛泽东对苏联的委屈感由来已久；苏联领导人公开声称要毛泽东"下台"，这对已经恶化的中苏关系火上加油；赫鲁晓夫攻击"大跃进"和"人民公社"，使毛泽东无法容忍。《如何认识 60 年代的中苏大论战》：（1）大论战的前提错了（意思是说，共产国际已解散 20 年，各国党的主要任务是把马列主义普遍原理同本国实际相结合，走独立自主道路。在这种情况下，中苏企图制定为各国党所接受和遵循的国际总路线，是完全多余的，是注定不能成功的）。（2）"九评"对马克思主义的许多观点作了教条主义的理解，同时又把一些错误的东西附加给马克思主义。（3）大论战实际是

"文化大革命"的"序幕"，为"文化大革命"做了理论、舆论和政治准备。（4）论战的实质是争夺国际共运的领导权。

中苏论战和对抗使双方都付出了巨大的代价。正当中苏论战和对抗的时候，日本和亚洲其他国家和地区趁机坐大，迅速发展起来，把中苏远远甩到后边。"中苏对抗的 20 年是使两国落后于世界的 20 年。"① "邻居不能选择"，中俄两个相邻的大国"和"则两利，"斗"则两败俱伤②。我通过自己的研究成果，积极倡导，努力把中苏关系破裂的历史教训转化为发展新时期中俄关系的智慧。

第三，主持编纂《中俄关系历史档案文件集 1653—1965》。这是我一生做的最重要、耗费时间和精力最多的一件事。中俄关系历史长达 400 年。中俄之间没有发生过大的战争，但是两国关系的历史像中日关系一样，充满矛盾，错综复杂。像中日一样，中俄双方对两国关系历史的认识大相径庭，虽然这种认识上的不同没有影响当前两国关系发展的大局，但是不能忽视这种不同对两国关系的潜在影响。对历史的认识不仅在中俄两国之间有不同，在一个国家的内部不同人群之间也有不同。对同样一件事，不同的人群会得出完全相反的结论。究其原因，是不同的立场和世界观使然，但是对大多数人来说，是因为对历史资料、历史真相掌握的程度不同。档案是"未掺水的史料"，只有档案才能还原历史的本来面貌。同时，档案又是一个民族的历史记忆，是文明和文化传承的载体。档案可以帮助人

---

① 李静杰：《新时期的中俄关系》，载关贵海、栾景河主编《中俄关系的历史与现实》第二辑，中国社会科学出版社 2009 年版，第 22—23 页。

② 李静杰：《中俄战略协作和中美俄"三角关系"》，《俄罗斯东欧中亚研究》2014 年第 3 期。

们从历史中挖掘民族的智慧，"今世可以知古，后世可以知今"。基于这样的认识，我从 1996 年开始，主持《中俄关系历史档案文件集 1653—1965》（以下简称《文件集》）的编纂工作。为了搜集档案，我和课题组的同事们遍访了俄罗斯、美国、中国大陆和台湾的许多档案馆。20 年来，我基本上放弃了节假日和周末的休息，把时间和精力用到档案的搜集、鉴定、翻译、编辑等工作上来，饱尝了"板凳甘坐十年冷"的滋味，也充分享受了"做学问"的甜头。

本课题现在已经完成。全书共 40 卷，2400 万字。商务印书馆已列入 2017 年出版计划。根据国内专家的评论，《文件集》具有以下特点：（1）就其规模之大、时间跨度之长以及全面性和系统性而言，《文件集》不仅在中国，而且在世界上也是独一无二的。（2）档案文件质量高。《文件集》集中汇集国家高层外交档案文件，一般事务性交往文件收集很少。（3）资料来源最全面。清代中俄关系历史档案文件不仅来自我国第一历史档案馆，而且来自 1949 年国民党撤退时带到台湾的档案。民国时期和中华人民共和国时期的《文件集》不仅包含中国的档案，而且包含俄罗斯的档案。（4）《文件集》不是档案文件的堆积，而是通过对大量文件的筛选、点校、注释和编辑，为历史研究者提供了便利。2013 年结项时，《文件集》受到国内专家这样的赞扬：《文件集》是中国社会科学的"重大基础工程，是学术创举"；"是目前世界上最全面和最权威的中俄关系历史档案集，它系统全面地再现了中俄关系的历史"；"对中俄关系学科的发展具有里程碑意义"，等等。

第四，主编并撰写《中俄关系通史》。这是国家社科基金重大课题。全书共 6 卷：清代中俄关系史 2 卷，民国时期中俄关系史2卷，新中国成立以后的中俄关系史2卷。本人除负责全书的主编外，还撰写1949—1991年这一阶段的历史。本课题预计2018年年底完成。

当选学部委员已经10年。这10年没有虚度，并取得了一定的成绩。"莫道桑榆晚，微霞尚满天"，我感到很宽慰。

四　做一个合格的国际问题研究学者

我从事科研工作50年，感慨也很多，感想很多。在这里，我想仅就如何做一个合格的国际问题研究学者，谈几点体会。

首先，要有渊博的知识。国际问题涉及的范围很广，与很多学科都有关系。我是学外语出身的。20世纪70年代，开始工作后不久，我就发现自己知识结构上的缺陷。1978年我患肺结核病。按照规定，我应该离职休息18个月。那时除了X光透视证明患病外，我自己没有任何不舒服的感觉。所以，我就利用这一年半的时间，恶补了专业的和相关的学科知识。主要集中学习经济学和战略学方面的知识。我借来了工业经济学、农业经济学、财政经济学、军事战略学等方面的书籍。我把作息时间安排得与上班时一样，每天坚持不少于8小时读书。为了加深印象和理解，我一面阅读，一面做笔记。后来我的研究工作能够不断深入，不断提升，在很大程度上得益于这一时期的补课。随着研究领域的拓展，我按照缺什么补什么的原则，继续学习各种理论和知识。

国际问题研究有自己的特点。所以，研究国际问题的学者应该培育自己独特的思维方式。根据多年的观察和自我体验，我认为，一个优秀的国际问题研究学者应该具备三种"思维"："战略思维""理论思维""历史思维"。所谓"战略思维",是指把研究对象放在全局和整体中进行观察和剖析。所谓"理论思维",一是指以现成的理论为工具对研究对象进行加工处理,二是指在对研究对象进行科学抽象的基础上,提出新的理论。所谓的"历史思维",是指把研究对象作为历史长河中的一个浪花,力求从历史纵向的角度揭示事物的真相和走势。

正确处理科学与政治的关系。多年来,我一直坚持认为,科学和政治是既有联系又相互独立的两个不同事物。科学的主要使命是探求真理,政治的主要使命是追求利益和解决现实问题。从认识论的角度来说,科学和政治处于两个不同的阶段,前者的重点是认识世界,后者的重点是改造世界。把科学研究得出的真理变成政治实践,要经过一个复杂的过程,需要必要的条件。遗憾的是,在很多时候,科学和政治的关系被混淆了。

学者的使命是为真理而奋斗,但是要做到这一点很不容易,特别是在科学和政治的关系被混淆的情况下。这需要无私无畏的精神,需要不唯书、不唯上、只唯实的科学良心。在 2015 年 9 月纪念俄罗斯东欧中亚研究所建所 50 周年大会上,我就这个问题作了发言。我的发言得到长时间的热烈掌声。这说明,我的观点得到了共鸣。我想把这个发言转引如下,并作为我的这篇回忆文章的结束语。

50 年正好是半个世纪,时间不可谓不长。但是,我们这些过来人却感到时间过得太快,真是"弹指一挥间"!回想过去的 50 年,感慨万千,要说的话很多。这里,我想根据自己亲身经历的一些事——愉快的不愉快的事,谈两点体会。

第一，苏联东欧这个学科很特殊，科研的道路很艰辛。

苏联问题历来是中国国内的政治问题。苏联东欧学科一直是国际问题研究中政治性最强、最敏感的学科。1965年苏联东欧研究所创建的时候，正值中国在国际上"反修"、国内"防修"的"火红年代"。不久，中苏关系从意识形态大论战发展到国家关系的全面对抗。我们的研究对象——苏联被宣布为"修正主义"、"复辟资本主义"和"大资产阶级专政"的国家。1982年中共中央《建国以来党的若干历史问题的决议》虽然对"修正主义"的概念作了澄清，但是仍然不许说苏联是社会主义国家。在这种情况下，学者们虽然心里明白苏联仍然是社会主义国家，但是不能说，也不敢说。为了不犯错误，避免越过雷池，在文章和发言中说了许多言不由衷、牵强附会的话，现在回过头来看，连自己都感到羞愧。

我们长达20年不承认苏联是社会主义国家，直到1985年才有所突破。但是，没过多久，随着苏联的解体，国内又掀起了对戈尔巴乔夫"背叛社会主义"的批判。这种逻辑上的"急转弯"，使很多学者无所适从，跟不上形势。

在这样的大背景下，苏联东欧不可能成为客观和科学的研究对象。所以说，苏联东欧这个学科很特殊，这个学科的学者道路走得很艰辛。50年过去了，研究所在艰难曲折中发展到今天这个样子，人才济济，硕果累累，这很不简单，很不容易！

第二，坚守科学的良心。

1990年我们研究所发生了一件令人难忘的事。那一年，苏联还没有解体，但是东欧已经发生了剧变。当时，从上面下来一个文件，说东欧剧变的主要原因是"帝国主义和平演变的结果"。我们不赞成这个结论，于是以研究所的名义送上一个报告，强调东欧剧变的主要原因不是"帝国主义和平演变的结果"，而是在于内部，是这些国家党的工作没搞好。我们研究所因此受到严厉的批评，先是在政治局会议上，以后是在一些重要部门的会议上。我们认为自己的观点没有错，所以坚持不做检讨。上面的批评也下达到院领导。有一天胡绳院长召见所领导。出乎意料的是，他一句批评我们的话也没有说。在相关人员在场的情况下，他把责任全部揽到自己身上，他说："责任都在我，怪我没有领导好。"那时，有胡绳这样的领导爱护，研究所的同志们虽然有压力，但是心里很温暖，也感到很安全。这件事已经过去了很久，现在想起来还是很感动。

我想，在座的大部分同志都还记得，2001 年秋天，我们曾热火朝天地欢迎李铁映院长来研究所"访问"。但是，大家并不知道后面的很多故事。其实，并不是我们邀请他来的，是他自己主动提出要来的。他来的目的，是要通过与普通的科研人员一起唱歌跳舞、吃鱼子酱、喝伏特加，打成一片，来解除大家的思想顾虑，鼓励大家自由探讨、深入研究苏联东欧问题。

1997 年年底，江泽民主席提出这样的课题"中苏分裂，中国方面有什么责任"，要大家进行研究。我们研究所在有关同志的支持下，于 1997 年年底和 1998 年年初组织了两次大型研讨会。参会者包括参与这一时期中苏关系事务的外交部和中联部的部长们、中央领导的翻译、参加撰写"九评"的秀才以及研究中苏关系、国际共运的资深学者。这是非常权威的集体。此外，杨尚昆同志还在会外间接地参加了讨论。研讨会结束后，由我执笔，把大家发言的主要内容综合成两个《纪要》，题目分别是：《对中苏关系破裂原因的再认识》《如何认识 60 年代的中苏大论战》。此后，我请求通过社科院系统把这两个《纪要》送上去。结果，《纪要》不仅没有送上去，我还受到了批评。江泽民同志是在 10 年以后才从外交部的同志那里看到这两个《纪要》。他以及其他看过《纪要》的常委同志，表示完全赞同《纪要》的观点，并高度评价了学者的研究工作。此后，他召集我和今天在座的李凤林大使等几位同志，汇报中苏和中俄关系。汇报持续了 4 个半天。最后，他非常谦虚地说，"过去我一直认为，我的阅历这么丰富，地位这么高，很多问题我都知道。现在我才明白，很多问题我并不知道。"他因此给胡锦涛同志写了一封信，建议党内一定级别的干部应该了解中苏关系的历史。我讲这个故事，没有别的目的，我只是想通过这件具体的事，进一步说明：党和国家的领导是多么重视俄罗斯东欧中亚研究，是多么需要我们的研究成果，我们的研究工作多么有意义！这些都是后话，现在再回过头来谈谈李铁映院长来我们研究所"访问"的事。

20 世纪 90 年代末，科研工作中遇到的困难，使我感到非常茫然和困惑。我想，如果连内部研讨的自由都没有，这样科研还能搞下去吗？在这样的环境下，当所长还有意义吗？正好，这时李铁映同志调到社科院任院长。2000 年 8 月，中国社科院第一次在北戴河举行暑期工作会议。铁映同志认真地听取各所所长的汇报。其他所长都讲如何贯彻落实院党组的指示，我没有讲这些。我作了一个"坚守科学的良心"的发言。我说，如果连在内部研讨的自由都没有，我宁

全家合影（2010 年 7 月）

可辞去所长的职务。我当时并不知道我的发言会引起什么后果，正像现在我不知道今天的发言会引起什么后果一样。没有想到，当天晚上，我还没有吃完饭，铁映同志就主动来找我了。这是我生来第一次同一位政治局委员进行面对面的交谈。我没有隐瞒自己的观点。我谈了我们这个学科的特殊性，谈到我们科研人员的艰辛，也谈到了我们研究所受到的不公正待遇。我提出，希望社科院能够恢复中央曾经提出的"研究无禁区，宣传有纪律"的政策。自那以后，铁映同志表现了对我们研究所特有的关爱。他经常打电话、亲笔写信，指导我们的工作。我自 1988 年担任所领导以来，没有遇到哪一位院领导对我们研究所关照得这样具体，这样无微不至。他还经常与我们一起讨论苏联问题。他身居高位，但是在学者面前，他不耻下问，先当学生，后当先生，体现出"真理面前人人平等"。对于这样的领导，我们心悦诚服。

在筹备所庆期间，我常常想：研究所50年究竟形成了什么样的好传统，留下了什么东西值得一代又一代的人珍惜和继承？关于这个问题，我曾经与老所长徐葵同志讨论了两次。我们一致认为：不唯书、不唯上、只唯实，坚守科学的良心，这就是我们研究所形成的最好传统，就是最值得一代又一代珍惜和继承的东西。如果说，俄罗斯东欧中亚研究所有什么精神的话，这就是它的精神！

最后，再对所里的青年朋友说一句互勉的话。我在科研工作中挣扎了50年，悟出一个道理：做人、做事（科研），要站得住，经得起时间和历史的考验，唯一的办法是坚持实事求是。如果不实事求是，不管现在多么风光，迟早都站不住。我坚信这一点，希望青年朋友也相信这一点。

2011年首发于中国社会科学网
2016年4月26日重校

何　方

He Fang

男，1922 年 10 月 18 日生，汉族，陕西省临潼县人，中共党员。1936 年西安事变后参加抗日救亡的进步活动，后即加入民族解放先锋队、西北青年救国联合会等党的外围团体。1938 年赴延安，进抗日军政大学学习和工作。1945 年毕业于延安外语学校俄文系。抗战胜利后去东北做地方工作，曾任县委宣传部长、省委青年委员会副书记等职。1950 年随张闻天进外交部，先后出任驻苏使馆研究室主任和外交部办公厅副主任。1978 年起先任中国社会科学院日本研究所所长 8 年，后任国务院国际问题研究中心副总干事 7 年。1998 年年底离休。

1991 年起享受国务院颁发的政府特殊津贴。1984 年和 1994 年两次被北京大学聘为兼职教授，1995 年又受聘为南开大学兼职教授。1993 年俄罗斯科学院远东研究所授予其名誉博士学位。当过第七届、第八届全国政协委员。1991—2000 年任中苏、中俄友好协会副会长。现仍任中俄友好协会顾问和中国国际战略学会高级顾问。学术专长为国际问题和中共党史。

主要著作有：《何方集》《论和平与发展时代》《党史笔记——从遵义会议到延安整风》《何方谈史忆人》《从延安一路走来——何方自述》《争议下的国际问题观察》等书和近两百篇论文。主要获奖作品有：（1）《对当前国际形势的几点看法》，中国社科院优秀研究报告，1984 年 12 月 8 日；（2）《过渡时期国际形势的若干问题》，中国社会科学院 1977—1991 年优秀科研成果奖；（3）《我们所处的时代》，日本研究所优秀科研成果一等奖，1994 年 2 月；（4）《当前国际关系中的主要矛盾》，日本研究所优秀科研成果二等奖，1994 年 2 月。

从世界看中国

学习经历

我上学的时间不多，只上过私塾、小学和初中一年级。15 岁到延安，先后在抗日军政大学和俄文学校学习。上学的经历和我后来从事的研究工作的需要并不相称。如果算得上是学术积累的话，主要靠自学。我有比较强烈的求知欲，努力做到无论在任何环境下都争取手不释卷，学点东西。

我出生在陕西省临潼县（现为西安市临潼区）一个农民家庭。父母均为目不识丁的农民。我从小就参加力所能及的农业生产劳动。1931 年 9 岁才进私塾上学，两年后转县城小学，三年后考入西安第二中学，开始参加一些抗日救亡活动。

在此期间读了大量中国旧的章回小说，也读了一些鲁迅、田汉、蒋光慈等作家的新文学作品，并开始阅读时事类的报刊。

1938 年夏，我进入中共在国民党统治区创办的安吴青训班受训，一个月后即与几个同学徒步去延安。走到半道，就被当地国民党当局扣押，辗转押送设在原西安第一中学的三青团招待所。后在夜间翻墙逃出，经八路军驻西安办事处安排，终于到达延安，进入抗大。

1939 年抗大总校开赴敌后，我被编在留驻延安的第三分校。同年年底毕业后留校任政治助教。1941 年调俄文学校学俄文，主要是参加整风中的"抢救运动"和生产劳动。

在延安整风前这段时间，大家学习的热情高涨。无论是学习、工作还是被抢救，我都争分夺秒地读书。除了马列著作和社会科学书籍，还读了多部中外文学名著。如在抬粪过程中就熟读《红楼梦》。我的办法是，带上书，路好走就看上几页，路难走就默默背诵。因此，至今还背得出书中的大部分诗词。

日本投降后不到半月，我即被派赴东北，1945 年 9 月 2 日离开延安，经过约两个月行军到沈阳。因偶然遇到张闻天夫妇，随即跟他们一起去北满。北满分局分配我到黑龙江省双城县做地方工作，先后任双城学院主任，县委委员兼区委书记，从事发动群众和剿匪工作。1947 年按东北局指示，带领工作队南下，先后到吉林东丰县和辽宁辽阳县搞土改和对敌斗争。1949 年 5 月任辽南省青年代表团团长，赴北平出席全国青年代表大会。会后辽南省已撤销，遂被分配到辽东省，任省委青年工作委员会副书记。这时遇上时任省委书记的张闻天，从此被他用作助手，跟他工作了十年，直到 1959 年他被打倒。

我因文化水平低，所以一直抓紧时间，利用机会自学。在东北打游击时，白天驻扎下来，没敌情，就读诸如《西洋哲学史》《美国十大家族》之类的书。平时行军，途中也可看点名人传记或小说，一天能看个中篇。《苏沃洛夫传》《库图佐夫传》之类的书籍，就是那时在行军途中读的。

1950 年随张闻天调外交部驻联合国代表团在北京待命。1951 年随张闻天驻苏联使馆，任研究室主任四年。其间写了十多篇调研报告。1954 年被临时调去参加日内瓦会议代表团，从事起草发言稿等文字工作。1955 年调回外交部，先后任政策研究室专员和办公厅副主任，协助张闻天主管部属各单位和驻外使馆的调研工作，为外交部起草一些上呈或下发的文件，平时则专门研究国际问题和对外关系，写些调研报告和工作建议，还主办几种给部内外单位和驻外使领馆的通报及内参。

进入外交部门，因为要开始从事国际问题研究，这个时期着重读的是世界史地、国际关系、世界经济等方面的书。从驻苏使馆回到外交部这五年，是我一生中工作最紧张繁忙，写的文章和报告数量最多的时期。很难有阅读大部头书籍的时间，我就充分利用长途旅行出差的机会读书。一部《纲鉴易知录》（20 册）就是在一次旅途中读完的。

1959 年庐山会议以后，在反右倾运动中我被打成外交部"张闻天反党宗派"主要成员和右倾机会主义分子，受到撤职、降级、留党察看的处分。

1959 年年底外交部反右倾运动一结束，我就被下放到饥荒重灾区安徽农村劳动改造。就在每天粮食定量只有三两，几乎饿毙的状况下，我仍然坚持读书看报。除了再读《反杜林论》以及新出的苏联《政治经济学教科书》之类政治理论书籍外，还读了一些诗词古文。带下去的一部《聊斋志异》，就翻阅了十多遍。读这些书似乎与国际问题无关，我却不以为然，认为研究国际问题需要广博的知识，读书看报越多越好。

1960 年年底回北京住院医治因饥饿而得的浮肿病，病情稍轻后被任命为外交部办公厅综合组（主管研究工作）组长，协助领导管些文件起草和部内外（驻外使领馆）的调研工作。1963 年部党委不让我再在部内工作了（理由是有政治思想问题的人不宜接触外交机密），决定调我去国际关系研究所。我提出了调离外交部到地方去工作的意见。部党委不久又要我先去农村参加"四清"，加入在河北昌黎县的外交部"四清"工作团。参加了两期"四清"，用时一年多，部党委也给我联系好了地方工作，即就地安插，任设在昌黎县的河北省果树研究所党委书记兼所长。我虽知自己完全不适应，只是来地方既然是自己的要求，也就不便再说什么。但这时外交部却变了卦，从河北省把我要了回来。原因是外交部主管的《世界知识》副总编辑病情严重了，临时又找不到适当人选，于是就找我顶替。我只好重回外交部。但还没来得及报到，"文化大革命"已热火朝天地开展起来。外交部领导让我别急着上班，先回办公厅参加运动。

从此，我就脱产参加"文化大革命"，前后十余年。运动一开始，部领导即将我交由群众专政、进行批斗和从事体力劳动。于1969年3月下放外交部江西"五七干校"长期改造，前后劳动九年多。在这九年里，头两年劳动紧张，管制也严。后逢林彪出逃，对我的专政也逐渐放松。我便利用这个机会重读了《资本论》等大量马列原著。写过一长篇学习马克思关于商品经济论述的笔记。还研究了点国际问题。第二次世界大战后，日本经济发展迅速，比中国快得多，我因有感，就根据《参考消息》的资料写出一篇数万字长文，提出自己的看法。此文曾送给宦乡等研究国际问题的领导同志参考和指正。这也许与我后来受命筹办日本研究所有关。

"文化大革命"结束后，从1959年起20多年历次强加在我头上的一切诬陷不实之词和各种错误的处分统统被推翻了。部党组在1979年2月28日给我做的《审改决定》中认为，1959年以来对我的定性和处分"都是不对的，应予纠正平反"。这就等于搬掉了长期压在我头上的一块大石头。与此同时，我希望离开外交部。经过半年多努力，终于调到了中国社会科学院。

从恢复工作后到1999年离休这20年，是我能够比较顺利和稳定地专心从事研究，一生中学术工作最活跃的时期。学术思想走向成熟，个人在国际问题上的一些基本观点，多是在这个时期形成的。这段时间，我集中研究世界经济和国际政治，特别是一些带理论性和战略性的问题，如时代问题、全球化、世界格局变化等。还积极支持并参与宦乡倡导和开展的对外学术交流。

这期间的研究成果以内部调研报告为多，此外又增加一项政策建议的内容。1979年调到中央成立的专门研究苏联问题的国际问题写作小组，同时参与过其他一些问题的研究酝酿和给中央写报告的工作，如在李一氓主持下建议不再坚持世界大战不可避免的提法，以及《"三个世界"划分的理论不能成立》等几个报告，宦乡牵头的《关于拉开与美国的距离、调整对苏关系、改变"一条线"外交战略的报告》等。

1999年离休后改行，个人独立研究中共党史，写出《党史笔记——从遵义会议到延安整风》（上下册）。这一著作使我在学术上确立和增加了一项专长——中共党史研究，并得到党史界许多学者的承认。同时，又开始研究个人较熟悉的共和国成立后头三十年的外交问题。直到现在，仍是同时进行党史和外交问题的学习和研究。

毛泽东去世，"文化大革命"结束，国内迎来了一个的"百家争鸣、百花齐放"局面。中央还提出"解放思想，实事求是"为党在新时期的思想路线。在这之后，同以往相比，我的学习和研究也发生了一些变化。这就是，有了真正的独立思考，以求真探源为目的，根据个人经历和过去的所学所想不断进行反思。凡

何方在会议中发言

有所得即书写成文，自以为也算最后对社会做的一点贡献。

还应提到，当张闻天助手的经历，以及我的两位亦师亦友的忘年交——担任过中顾委常委的李一氓和张闻天夫人刘英，都对我的学习提高起到过重要作用。李一氓的帮助比较全面，刘英则主要是在党史方面。

研究工作

我的研究工作，从人生历程讲，可以分为三大段。第一段是新中国成立后调到外交部的十年，即从 1950 年到 1959 年。第二段是 1979 年 8 月转到中国社会科学院，直到离休。第三段是1999 年离休后到现在。我一生的学术活动只限于国际问题和中共党史这两方面。

　　我虽然做了大半辈子研究工作，但很难说成是学术研究。不过里面也确有学术研究的成分，只是不大容易分出来论述。所以这里就笼统地谈一下我的研究工作。

何方在北京顺义家中工作（2007 年 4 月 16 日）

（一）有点影响的内部调研报告

　　在外交部的十年，写的调研报告不少，但照例是不留底稿不署名，也已记不清题目和内容，只知道都是为当时的外交斗争服务的。现在只举几个还多少记得点内容，并对外交工作起到过一定作用的几篇调研报告为例。

　　1. 关于朝鲜停战和谈问题

　　1951 年 5 月正当朝鲜战争打得难解难分，处于相持阶段之际，我在张闻天大使指导下写出一份《关于朝鲜停战和谈问题》的内部研究报告。这是我从事国际问题研究后，向外交部和党中央写的第一篇调研报告。由于中国的参战和苏联的援助，美国军队已不可能推进到鸭绿江边，而中苏朝"三驾马车"（毛泽东语）也无力把美国赶出朝鲜半岛，美朝双方和世界舆论又都希望不要再打下去了。正是在这种历史背景下，张闻天让我以驻苏使馆研究室名义写了这篇调研报告。报告送到外交部和中央后，引起极大重视。周恩来总理兼外长曾亲自致电使馆，说今后这类报告应以电报发回，交定期的信使带会贻误时机。

在战争僵持于三八线，很难把美国赶出朝鲜，毛泽东也想通过妥协走出战争的情况下，我们上送了这份报告，因此得到周恩来总理的表扬。一个驻外使馆研究室的调研报告能受到如此重视，不仅因为时任驻苏大使的张闻天为政治局委员，更重要的还是驻苏使馆的报告，正好适应当时中央的决策需要。朝鲜问题的最后解决，实际上也是这个报告设想方案的实现。

2. 关于印度支那的划界分治

1954年日内瓦会议，先讨论朝鲜问题，后谈印度支那问题。前段没有取得什么结果，后段反而实现了停战和划界分治。我参加朝鲜问题会议后，张闻天就让我回使馆去，不再参加印支问题的会议。

在1954年日内瓦会议上，美国还不占主导地位，起决定作用的主要是英法。当时的印支战争，法国已实在打得精疲力竭、难以为继，英国也不愿意法国长期陷入印支泥潭，所以时任英国外交大臣的艾登就提出了东方洛迦诺的建议。其实，我方（苏联、中国、越南）想让法国彻底退出印支也是不现实的。何况美国很快插了进来，最后完全取法国而代之。我方当时也想谈出一条停火线，但仍想通过奠边府战役取得更多一点胜利果实，谈出较好的结果，要求过高了些。

在这种情况下，我写了一篇《评英国的所谓亚洲洛迦诺计划》的调研报告，分析英法在印度支那问题上的底线，无非是停止战争、划界而治，然后维持现状。标明洛迦诺，只是援引1923年欧洲主要国家在意大利洛迦诺签订的维持当时欧洲现状的协议。协议的主要作用在于求得和苏联和平共处，使欧洲脱离战火威胁，赢得一个和平稳定局面。我的报告起到了两个作用，即摸清西方的底牌和说明我方取得胜利的限度，而这两条正是中央亟须了解的。所以当张闻天将我的报告在日内瓦会议期间送交周恩来时，当即得到他的高度赞赏，认为可以对那场外交斗争起到一定的参考作用。事实上，后来会议大体上也就是按此预测进行的，用的时间较短，取得的结果是在整个印度支那停战，越南分界而治，柬埔寨和老挝实行中立。实际上是法国势力退出印度支那，美国势力进来，中国的援越抗法变成了更长期的援越抗美。

这里还可讲点有关个人工作的插曲，说明为什么我没能参加日内瓦会议的全过程。张闻天担心周恩来有可能在日内瓦会议开完后把我夹在代表团内一起调回国内，所以他在朝鲜问题会议的最后阶段就让我回使馆。还对我说，看来总理对你很感兴趣。他怕总理提出让我去总理办公室工作，到那时他不得不放人。造成我已回使馆的既成事实，总理就不好调了，他也就可以继续把我当作他的助手使用下去了。

3. 个人迷信问题

在驻苏使馆期间，我有一两年投身于追踪和调查研究苏联的反对个人迷信问题。这个问题已超出了为外交斗争服务的范围。

我组织使馆研究室同志和自己就苏联反对个人迷信所写的调

研报告，曾在国内引起一阵轰动。那时正是中国执行"一边倒"政策的时代，苏联的动向对中国至关重要。1953年斯大林死后，新的苏共中央领导掀起一阵强劲的反对个人迷信宣传，先只说不应在电影和文学著作中对库图佐夫等沙俄时期名人名将搞个人迷信，对斯大林有所影射，后来才直指斯大林。使馆当然要将这一重要情况及时了解清楚并报告国内。因此研究室就在张闻天大使的指导下，集中力量调查研究了苏联反对个人迷信问题，写的有关报告约十来篇，在国内引起了极大反响。毛泽东、刘少奇就分别向全国批发了好几篇，中宣部的《宣教动态》摘要转载了十余篇。这就使反对个人迷信问题在中国的宣传教育中普及开来，延缓了中国的个人迷信。

这个刚开始出现的词是译成"个人迷信"还是"个人崇拜"，当时我和延安俄文学校同学、使馆同事李则望等商量来又商量去。虽然"个人迷信"的译法较符合俄文原意，但最后为了"照顾"斯大林，却决定译成"个人崇拜"。从事后效果看，这一译法起了很不好的作用。后来刘少奇曾提出应译为"个人迷信"，毛泽东则坚持"个人崇拜"的译法。

（二）在重大国际问题上的主要观点

这里只简单谈一下个人研究工作中涉及路线和理论问题的思想认识。

1. 卷入新中国成立后两条外交路线的斗争

中华人民共和国成立后的外交路线，从一开始就有两条。一条是毛泽东的，认为世界仍处在帝国主义和无产阶级革命时代（即战争与革命时代），世界大战不可避免，而战争又必然引起革命。所以我们要加强备战，立足于早打、大打、打核战争。对内要"以阶级斗争为纲","继续革命";对外以推进世界革命为目标,着力输出革命,口号就是"打倒帝修反"(指帝国主义、修正主义、各民族主义国家的当权派)。新中国成立后头三十年贯彻执行的也就是这条路线。这特别明显地表现在"文化大革命"时期。世界革命路线由于违背世界潮流,不符合时代特征,所以处处碰壁,并给新诞生的共和国带来巨大损失,造成对外闭关自守和长期孤立。在二战后世界经济科技的高速发展时期,我们却置身于世界潮流之外,关起门来瞎折腾,接连搞各种运动,特别是反右派和"大跃进"。我们不但丧失了一个发展的黄金时期,而且增加了社会困难和矛盾。

另一条路线的代表人物主要为张闻天,主张中国外交的总方针应是和平共处。周恩来思想上认同这一路线,但和张闻天一样,执行的是毛泽东路线。还有几位中央领导同志也是倾向和平共处路线的。

张闻天认为,当时不存在世界革命形势,世界大战也有可能避免,世界将面临一个较长时期的和平环境,资本主义还有强大的生命力,因此中国只能也应该集中力量把自己的事情办好,加强国内经济建设和提高人民生活水平;对外就是争取和不同社会制度的国家长期和平共处,坚持革命不能输出的马克思主义原则,不可去搞什么世界革命。认为输出革命不会有什么好结果,反而会给革命力量带来损失。

作为张闻天的主要助手和文稿起草者,我的想法当然和他的思想完全一致。1956年6月我替张闻天写了一篇《论和平共处》(收入《张闻天文集》四),他一字未改就交付打印。原来他想以此作为他在党的八大会议上的发言。当他带我一起向周恩来送去发言稿(《论和平共处》),以便听取意见后由我作进一步修改时，周恩来说，关于外交问题，已有陈老总（陈毅，这时为副总理，尚未任命兼外交部部长）一个发言，你就不用再讲了。张闻天理解周总理的难处，不强求发言了。

两条路线的另一重大分歧是对二战后兴起的民族民主运动高潮的态度。毛泽东认为，这是世界社会主义革命的组成部分，因此所有的亚非拉国家都应进行中国式的新民主主义革命，走"十月革命的道路"，推翻资产阶级统治，建立共产党领导下的人民民主专政。中国对它们应加以引导，施加影响。张闻天1956年和我谈过，二战后亚非拉民族民主运动是资产阶级领导的，独立后建立的也是资产阶级统治政权，走的自然是资本主义道路，并不是世界无产阶级革命的一部分。他明确指出，毛泽东的《新民主主义论》对国际形势和世界发展前景的估计，已被第二次世界大战后的事实证明是不准确的。毛泽东本人后来也做了修正，只是没抓住要害，仅仅修正了涉及一部分民族主义国家的对外政策问题，而没有改变他关于一切殖民地半殖民地国家都要通过新民主主义革命、走非资本主义道路的基本观点。他1958年9月2日对巴西记者说，他在《新民主主义论》中讲第二次世界大战后殖民地半殖民地资产阶级要么跟帝国主义走，要么跟社会主义走，没有第三种情况，这种观点事实上只适合于一部分国家，印度等许多国家不站在帝国主义或社会主义一边，而持中立的立场。1957年，我随张闻天视察我国驻印度、印尼等南亚和东南亚国家大使馆，历时半年多，也对这些战后独立的民族主义国家进行了就地考察，由我执笔先后向中央写了好几份调查研究报告。

我个人经过几年的研究，写了一篇有关第二次世界大战后民族独立运动和民族主义国家成长的公开论文，题目是《有关当前民族独立运动的几个问题》，发表在《国际问题研究》1959 年第 3 期上。

2. 提出了"和平与发展时代"这一重大理论问题

1985 年邓小平提出世界存在两大问题，就是和平与发展。1986 年我把这两大问题定性为两大时代特征，并同列宁的战争与革命并列起来，说成是"和平与发展时代"。历史已经证明，资本主义还有强大的生命力，正在蓬勃发展，还会继续发展下去。我的意见当时曾引起理论界的轩然大波，受到一时的围攻，连陈云也参加了批评（见《陈云文选》第三卷第 370 页）。但是人们终究还是讲道理的，所以经过近十年的争辩，最后全国理论界绝大多数已认同和平与发展时代。20 世纪 90 年代中期以后，由我首先提出的"和平与发展时代论"已完全站住脚。

关于时代的看法，我是根据列宁主义的理论来套的。和平就是不发生世界大战，发展就是没有暴力革命的经济、政治、社会、文化的发展和进步。展望未来，根据国际形势和世界发展趋势判断，和平与发展时代还将持续下去。而且随着"全球化"的迅速发展，人类之间也只能是和平的竞赛与斗争，并加强互助合作，共同促进科学技术的日新月异。

我认为，从 1985 年出现全球化这个名词起，世界上就急速展现了两大潮流：一是经济市场化，二是政治民主化。这两大时代潮流不可阻挡，还会一直延续下去。我已经发表过文章，提出战后民主化已经历了第一波、第二波和第三波，现在到了第四波。民主潮流还没有过去。经济要发展，必须市场化，政治要稳定、要进步，必须民主化。这是一个常识性的问题，是世界潮流，改变不了，只能前进。但是过程会很慢。

第四波碰到中国会怎么样？中国最后也是要前进的。就像经济市场化一样，谁也挡不住。经济市场化的进程也曾看起来非常慢，一战、二战后，市场化都很慢。世界上实行市场经济的国家，人口只有世界人口的十分之一，参与市场化的国家只有欧美少数国家。出现全球化名词的 1985 年是世界经济市场化的一个关键年份。在这之后，市场化发展就加快了，从 1985 年开始到 1995 年，基本囊括了全世界所有国家。全球化的基础就是全球经济市场化的形成。中国、苏联、印度先后宣布放弃计划经济改行市场经济，90% 的国家和人口就是在这一波中被"化"了的。

民主化也是如此。在东欧剧变时，来势也很凶猛。到第三波，连一些有专制暴力传统或半专制暴力传统的阿拉伯国家都挡不住了，谁还能挡得住？只是它们在宗教和民族问题上卡了壳。民主化进程看起来很慢，但还要看到这当中的深度变化。"青山遮不住，毕竟东流去"，这个时代潮流是阻挡不住的，迟早会把全世界都卷进去。不管古老文明有多么悠久，是躲不开这两大世界潮流的。这就是"全球化"，不主动"化"，也会被动地"化"。

学界有人认为，时代问题可能是我在 50 年国际问题研究中所作的最突出贡献。我不敢说真有什么贡献。只是俄罗斯远东研究所 1993 年授予我名誉博士学位，主要的根据就是我有关时代问题的研究和论著。

3. 在日本和苏联等问题的研究上提出个人的不同看法

（1）由于担任了八年的日本所所长，在研究国际问题时，如何认识日本和处理好中日关系，一直是我在国际关系中的研究重点之一。我有两个基本观点一直未变：第一，走军国主义道路在日本已成历史。这既由时代特点决定，也是因为日本执政当局先被迫后自觉地走上了和平与发展道路。第二，中日两国应该也可能像德法这两个世仇已经做到了的那样，世世代代友好下去。两国关系的顺逆，同两国相互认知和政策选择的变化相关联。因为我较早就开始不断写文章宣讲我的这些观点，一些学者也称我是"对日新思维"的开创者。

我在 1997 年写的《对中日关系的一些看法和意见》一文，针对当时占主流地位的看法提出了一些不同的意见，曾产生过较大影响，并引起不小争议。也受到当时日本舆论的重视。我提出的一个重要观点就是，战败后的日本，无论是国内因素，还是国际形势，都不容许它重走老路，"复活军国主义"在今后的日本已不再可能了。基于我对中日关系和日本研究的贡献，2010 年 5月日本外务省授予我"外务大臣奖"。

何方获得日本"外务大臣奖"（2014 年 5 月 19 日）

在增进相互间的认知方面，我认为，日本有右倾化和缺乏民族犯罪感的问题，我们则有个把历史宿怨放到两国关系合适地位上的问题。我们，包括我自己在内，过去一直没有把日本的对外侵略看成和说成日本的民族犯罪，而总是用阶级分析的方法和阶级斗争的观点把日本的军国主义分子（还强调他们只是"一小撮"）和支持并追随他们的广大群众严格区分开来。这就不如欧美人看德国。欧美人认为德国法西斯的胡作非为，既是希特勒等法西斯头子的罪行，也是整个德国民族的犯罪。由于德国人自己也认识到希特勒发动的对外侵略战争属于民族犯罪，特别是反法西斯势力战后取代了纳粹的统治，所以才有近乎全民的普遍反思；才有禁止军国主义和法西斯活动的法制；才有战败后东部领土被割去一大片也一直没有再提领土问题；才有勃兰特总理访问波兰时在华沙对犹太人死难者的下跪，等等。这都和日本形成鲜明对照。

（2）我对苏联问题的研究，是同时代及世界格局变化的研究相结合的。1979年邓小平指示研究苏联问题，成立了一个由近二十人组成的研究写作小组，准备写一部《苏联是怎样变修的》或叫《社会帝国主义论》的书。小组由胡乔木挂名当组长，管事的是副组长宦乡。我参加了这个小组。我们初步研究的结论是，这本书没法写。一是写此书势必要揭发斯大林，而在评价斯大林的问题上，我们和赫鲁晓夫等长期进行激烈的论战，反对他们全盘否定斯大林。二是我们革命胜利后几乎全盘照搬苏联模式，批判苏联就等于揭发自己，容易搞乱舆论。大家主张停止这一工程，并报中央同意，小组也就自行解散了。这等于说，以前我们对苏联的观察并不对头，必须有一个重新认识。

在苏联解体前，我在中央党校和政协小组会议上提出"苏共气数已尽"的看法。与会的同志和当年听我说时代已变时一样，大为吃惊。2007 年我写《对俄国十月革命的回顾与思考》一文，代表了我对十月革命的性质、苏联模式以至马克思列宁主义的新思考。

（3）其他问题。社科院为学部委员和名誉学部委员出文集，我的那本书所以定名为《争议下的国际问题观察》，就是因为我发表的文章往往同当时的主流看法不太一样。除了前述日本和苏联问题外，其他的例如：针对多年的"南北差距不断扩大"论，提出南北差距已经缩小而且还在进一步缩小；对于全球化，多数看法先是不愿承认这一发展，后又想把对全球化的认识和接受局限于经济领域。我写了多篇文章，论证全球化和时代的关系，以及全球化的覆盖面是各领域和全方位的，对人类进步具有重大意义。

无论是学习还是从事研究，我一生都在追求真知和真理。我走弯路的时间不短。原因是有迷信思想和自我禁锢。78 年的革命和工作经历，对中共党史和国际问题的研究，使我到晚年不断对早年所学所信的一切进行反思。我的两个研究领域，让我总是把中国和世界、历史和现状、理论和实际结合起来思考。在这个过程中，我对一系列问题产生了一些新的认识。这些问题包括：究竟什么是社会主义、什么是资本主义，以及人类社会的发展规律、革命目标及手段，等等。

学界耆宿周有光老先生有一句名言："要从世界看中国，不要从中国看世界。"我很赞同周老的这个观点。只有从世界看中国，才能对中国取得的成功和遭到的失败做出科学的分析判断，才能看清中国在世界上所处的真实地位，才能做出正确的战略策略抉择。

对于身在其中七八十年的中国共产党，自认为了解得还比较透，至于学术研究，我知识领域的缺项较多，对历史、世界和理论问题的认识也只能达到目前这样的水平，其中的不足乃至错误肯定不少。

我的学术自传就写到这里为止。

何　方

2011 年首发于中国社会科学网

2016 年 3 月修改

何方接受中国人民抗日战争胜利 70 周年纪念章（2015 年 7 月 28 日）

余永定

Yu Yongding

　　男，1948 年 11 月 18 日生，广东台山人。中国社会科学院学部委员，牛津大学经济学博士，中国社会科学院世界经济与政治研究所研究员。主要研究领域是国际金融、中国经济增长和中国的宏观经济稳定问题。1965—1969 年，在北京科学技术学校学习，1969—1979 年为北京重型机器厂工人。1979 年进入中国社会科学院世界经济研究所；1986 年任西方经济理论研究室主任；1987 年任副研究员。1988 年赴英国牛津大学学习；1994 年获博士学位，同年回世界经济与政治研究所任职。1995 年任研究员并获国家特殊津贴；1998—2012 年任世界经济与政治研究所所长；2000—2013 年任中国世界经济学会会长；2004 年 7 月至 2006 年 7 月任中国人民银行货币政策委员会委员。发表学术论文、文章数百篇，专著（含主编、合著）十余部。

　　主要代表作：

　　《宏观经济分析和中国稳定政策设计》（*Macroeconomic Analysis and the Design of Stabilization Policy in China*）（英文），博士学

位论文，牛津大学图书馆藏，1994 年；《西方经济学》，经济科学出版社，主编和主要执笔人，1997 年；《我看世界经济》，生活·读书·新知三联出版社 2003 年版；《一个学者的思想轨迹》，中信出版社 2005 年版；《见证失衡》，2010 年；《最后的屏障》，2015 年。

一个学者的思想轨迹

　　我自 19 岁自学《资本论》始，研究经济学已三十有五年。数年前，朋友建议将多年来的论文和文章结集出版。然自知学术价值有限，未敢轻允。数月前被确诊身罹癌症，遂萌生出版文集之念。既自视不高，为何还要浪费纸张？勉强找到的理由是：文集时间跨度三十余年，对寻觅"失踪者"们的足迹，或有一定史料价值。

　　文集中的论文和文章按写作时间和内容（两者基本一致）分为六部分。第一部分中的三篇文章并非真正经济学之作。它们分别写于 1970 年、1974 年和 1995 年。在 20 世纪六七十年代的中国，一些乳臭未干的少年执拗地要去背负历史的十字架。他们崇拜拉赫玛托夫、牛虻和保尔·柯察金，却又相信"自我意识具有最高的神性"。古往今来，在无"罪感"的汪洋中，"平庸的邪恶"或毋宁说"邪恶的平庸"永远是胜者，理想主义和理性主义相结合的结局必定悲惨。这些轻狂少年大都已随时间而湮灭，现在已无人知道他们，更无人想知道他们。最悲哀的是：他们牺牲一生最美好时光所换来的，不过是恢复了"对普通事物的常人见解"。但这又怪得了谁？金圣叹嘲笑得好："谁叫你赤膊？"1970 年的《关于学习的几个问题》一文意在呼吁大家系统学习马克思主义经典著作，用全人类的知识财富丰富自己的头脑。然而，"理解的执行，不理解的也要执行"。要你信仰你就信仰，谁叫你思想。正如中世纪经院哲学中的荒谬派对那些千方百计试图证明上帝存在的思想家的抨击所显示的，任何证明上帝存在的企图都是对上帝的亵渎。难道你的理性高于上帝不成？为了这篇现在看来完全无害的文章，我理所当然地付出了沉重代价。我对中国历史没有任何专门研究，1974 年的《关于秦末农民起义的若干问题》一文的价值仅在于它的弦外之音：一个年轻人对"专以天下自适"，"独制于天下而无所制"的独夫思想的憎恶以及对文人帮闲的反感。重读"文化大革命"期间仅存的两篇幼稚之作，我感到一种淡淡的悲凉。"悟以往之不谏，知来者之可追"。将它们收入文集就权且作为一种为了忘却的纪念罢。进入"而立之年"后，我不再研究纯经济学之外的问题，更不就专业领域之外的问题发表看法。写于 1995 年的《我们自己眼中的中国》是唯一例外。当时回国不久，国内的进步令我欢欣鼓舞，对洋人的说三道四深感不快，有感而发。一个已近"知天命"之年的职业经济学"家"本不应破坏自己遵守多年的规矩，但这篇文章同 *Conscience* 和 *Justification* 两家刊物有关。收入文集意在"立此存照"。

文集的第二部分为 20 世纪 80 年代初所作有关马克思《资本论》的三篇文章。从 1967 年到 1970 年，我用了两年半的时间攻读马克思的《资本论》，写了一本又一本的读书笔记。以后又多次重读《资本论》。坦白地说，我对马克思《资本论》经过了多个"不懂—懂—又不懂—懂"的"螺旋形循环"。马克思《资本论》中的以范畴的辩证运动为特征的思维方法和他所喜欢使用的"实体性"概念等都是十分难以把握的。恩格斯对马克思的辩证法做过这样的描述："我们采用这种方法，是从历史上和实际上摆在我们面前的最初的和最简单的关系出发……既然这是一种关系，这就表示其中包含着两个相互关联的方面。我们分别考察每一个方面，由此得出它们相互关联的性质，它们的相互作用。于是出现了需要解决的矛盾……我们研究这种解决的方式，发现这是由建立新关系来解决的，而这个新关系的两个对立面我们现在又需加以说明，等等。"在学习《资本论》的初期，我的注意力完全集中在追踪"范畴的辩证运动过程"，并希望从中演绎出对当代经济发展的"自然历史"的必然性解释。就我自己而言，这种努力当然是失败的。后来，我不再关心"正题"和"反题"如何产生"思想"，对立的思想如何产生"思想群"，"群的辩证运动"如何"产生系列"，"系列的辩证运动"又如何"产生整个体系"等。我感到，由"范畴的辩证运动"所构成的"辩证逻辑"不是一种与形式逻辑相对立并高于后者的逻辑。换言之，两者是属于不同种类的概念，不能构成对立的统一，并不存在一种不同于形式逻辑并与之对立的第二种逻辑。如果说形式逻辑是思想的语法，辩证逻辑就是一种安排思想素材的框架和体例。于是，我把注意力转到研究《资本论》中的具体问题，并依照形式逻辑的规则（如"无矛盾性"的规则）来解读《资本论》。在这个过程中，把《资本论》中的个别（individual）理论用数学语言重新加以表述，并通过数学演绎发现其中可用于解决现实经济问题的内涵，成为我当时最感兴趣的工作。

马克思的再生产理论是马克思《资本论》中最有实践意义也是一般读者感到难以掌握的部分。《马克思再生产数例的一般数学形式》发表于 1988 年，但实际上是在 20 世纪 80 年代初完成的。在这篇论文中，我把马克思的再生产模式表达成一个差分方程。通过对方程的求解和分析，进一步演绎了马克思再生产模式中所蕴含的内容。事实上，马克思的再生产模式就其内容的丰富性和推导的复杂性来说，大大超过了后来的哈罗德—多马模型。实事求是地说，《资本论》包含了现代宏观经济理论和增长理论的丰富素材。《论生产资料生产优先增长问题》一文也完成于20世纪80年代初，但由于没有杂志愿意发表，一直拖到1985年。这篇文章给出了列宁的再生产理论的数学表达式。列宁的《论市场》一文发展了马克思的再生产理论。列宁通过假定第一部类可以以高于第二部类的速度增长，论证了俄国贫困这一事实并不能阻止资本主义在俄国的发展。列宁的这一思想后来成为社会主义国家优先发展重工业政策的理论基础。列宁在写《论市场》时只有23岁，其逻辑思维的严密性令我深感吃惊。有感于当时学术界对使用数学方法研究经济问题的排斥态度，我在文章中发出这样的感慨："由于经验材料的不足，采用归纳法的同志在'优先增长问题'上存在着不同看法是十分正常的。但采用抽象演绎法的同志在经过几十年的讨论后在这个问题上依然莫衷一是就有些奇怪了。似乎可以认为，造成这种现象的一个重要原因是：一些理论素养很深的同志在研究再生产理论时，不愿意使用必要的数学方法。由于再生产理论的研究对象的高度复杂性，如果不使用必要的数学方法，而单靠普通的逻辑推理，许多问题是难于搞清的……利用（数学）模型，我们可以从马克思、列宁就社会再生产问题所做的基本假设出发，利用各种形式化的数学推理方法，很方便地把蕴涵在这些假设之中的潜在内容充分演绎出来，而不至于犯各种逻辑错误。"我用一个差分方程组概括了列宁《论市场》一文中所包含的重要思想，我的学生则对两大部类的增长路径和平衡关系进行了数字模拟。这篇论文得出了一些有趣的结论，澄清了当时学术界在讨论两大部类增长速度之间关系时的一些逻辑问题。（仅仅是逻辑问题！）

劳动价值说是马克思经济理论中最基本、最困难，同时也是争议最多的部分。价值作为"社会必要劳动时间的结晶"，并不是一个容易把握的概念。而用"社会必要劳动时间"衡量的价值量显然是一种用可变尺度衡量的量。俄国经济学家鲍尔特基维茨于 1907 年发表了一篇题为《论马克思〈资本论〉第三卷的基本理论结构的正确性》的论文，他提出，在马克思的"转化程序"中，作为生产结果的产品是按它们的生产价格出售的，但是作为生产前提的那些相同的产品却是按它们的价值出售的，而这在逻辑上是不允许的。长期以来，西方马克思主义经济学家围绕马克思《资本论》第三卷中关于"价值转化为生产价格"的理论进行了热烈的讨论。而我国理论界则有意无意地回避了这一问题。《关于"转化问题"的讨论》一文反映了我长期以来学习价值理论的一些体会。在这篇文章中，我实事求是地介绍了西方马克思主义者对转化问题的研究，并提出了自己的看法。马克思是一位伟大的经济学家。但是，马克思主义不是教条，《资本论》也不是《圣经》。正如康德所说的：当宗教想要躲在神圣后面，法律想要躲在尊严后面时，它们恰恰引起人们的怀疑，而失去人们的尊敬。因为只有能够经得起理性的自由与公开的检查的东西，才能博得理性的尊敬。我认为，正视《资本论》中的逻辑问题，并对这些问题做认真与诚实的探讨，正是对马克思的最大尊敬。

文集第三部分的文章是我在 20 世纪 80 年代初，把马克思再生产理论和西方现代经济增长理论结合起来以回答中国经济的实际问题的尝试，而速度与比例的关系则是当时经济学界的热门话题。《社会主义再生产模型初探》写于 1981 年，是为参加第一届全国数量经济学讨论会准备的论文。在一个经济系统中，各个经济变量之间存在着紧密联系，一个经济变量的变化会程度不等地引起其他所有经济变量的变化，而这些变化反过来又会影响到最初发生变化的这个经济变量。研究任何经济变量之间的关系，确定任何经济变量的数值，都不能脱离经济关系的总体而孤立地进行。在分析经济问题时不仅要从整个经济系统这一总体出发，考虑在一定时期内各个经济变量的直接和间接的交互作用，即看到它们之间的横向联系，而且要考虑到某一时期各个经济变量的变化对以后各接续期的各个经济变量的影响，即看到它们的纵向联系。这就是说，不仅要看到一种经济决策的短期后果，而且还应预见到它的长期后果，经济变量间的这种横向联系和纵向联系交织在一起，形成更为错综复杂的关系。换言之，对宏观经济问题的研究几乎都离不开对联立方程组或联立微分方程组的求解。基于这种认识，《社会主义再生产模型初探》参照西方经济增长理论，把属于社会主义再生产理论范围内的一些重要宏观经济变量，如国民收入、积累率、生产基金、生产基金占用系数、积累基金、积累基金占用系数、消费水平和价格水平等，联系起来建立了一个简单的宏观经济模型。这个宏观模型反映了我从总体上把握社会主义扩大再生产所涉及的各种关系，为从总体出发研究个别经济关系提供一个框架的最初尝试。由于改革进程的飞速发展，经济学家很快对社会主义再生产理论失去了兴趣。但是，用联立微分方程组来描述和解决宏观经济问题却成了我后来最喜欢使用的研究方法。

《从 FMD 模型到社会主义经济增长模型》发表于 1982 年。这篇文章介绍了苏联著名经济学家费尔德曼在 20 世纪 30 年代提出的如何处理经济增长速度与两大部类比例关系的著名模型——

费尔德曼模型，并以"更合乎马克思主义传统"的方式，重新推导了这一模型。《刘国光模型的数学推广》发表于1983年。当时翻阅了不少中国学者20世纪60年代以来所撰写的有关经济增长速度和两大部类比例关系的文章，刘国光教授1963年发表的《比例与速度》一文给我留下很深的印象。隐约感到此文隐含着一个完整的数学模型，于是尝试着把刘国光的语言模型翻译成数学模型。完成这一工作之后，我吃惊地发现：刘国光教授的思想与费尔德曼以及印度经济学家马哈拉诺比斯的思想完全一致。刘国光的《比例与速度》一文是当时我找到的既可在马克思主义经济学文献，也可在西方经济学文献中占有一席之地的不多的大陆经济学家的论著之一。

文集的第四部分代表了我在20世纪80年代中期研究西方经济理论的一些成果。自1979年开始，我在世界经济所理论室从事西方经济学的研究工作。在这一时期，我主要研究西方经济增长理论和剑桥学派同新古典学派的论争。同当时研究西方经济学说史的同事有所不同，我并不把西方经济学著作作为"史"，而是作为"学"来研究。我深信，西方经济学有很强的实践性，应该"学"好西方经济学。"批判"应该建立在"学懂"的基础上。《西方现代经济增长理论》发表于1983年，是国内当时比较系统和深入介绍西方现代经济增长理论的一篇文章。

《两个剑桥之争》是我1986年完成的硕士学位论文。1953年，罗宾逊夫人发表了一篇题为《生产函数和资本理论》的文章。她从资本的度量问题入手，猛烈抨击了传统的生产函数概念。她以其特有的敏锐，发现了作为西方宏观经济理论和增长理论基础的总量生产函数是循环论证的产物。以此为开端，新凯恩斯学派同新古典综合派进行了长达二十余年的激烈论战。这就是所谓"两个剑桥的资本理论之争"。这场论战最终以萨缪尔森承认失败而告终。逻辑是否正确是判断任何理论的可接受性的首要标准。我一向认为经济学是一门对逻辑性的要求几乎像数学那样高的科学。但是，罗宾逊夫人的胜利对后来西方经济学的发展并未产生什么影响，"那些被迫承认自己的观点站不住脚的人依然坚持自己的观点"。西方经济理论依然在总量生产函数的基础上继续发展着。这种现象大概是需要科学史家来解释的。不管怎么说，通过对这场争论的研究，我比较深入和具体地认识到，抛开其在规范性（normative）领域中的问题不谈，仅从形式逻辑的角度上看，西方主流经济学也存在严重问题。用罗宾逊夫人的话来说，"皇帝没有穿衣裳"。基于这样一种认识，我在应用西方经济理论研究实际经济问题时，一直保持着比较清醒的头脑。《两个剑桥之争》这篇论文的一个重要特点是：不满足于对争论双方的论点做一般性的文字表述，而是对争论的各种技术细节，包括数学细节进行深入研究，在彻底搞懂每个逻辑环节之后再做自己的判断。中国学者历来重文辞轻逻辑；精密分析的缺乏使他们"容易限于笼统、虚浮等思维弊病"。罗宾逊夫人的著作是应该像几何学那样来研究的，这样做将大大提高经济学学者逻辑推理的严密性和发现经济理论逻辑漏洞的敏锐性。

《索洛及其对经济增长理论的贡献》完成于 1986 年前后。在 1988 年作为华夏出版社出版的索洛代表作《经济增长——一个理论探索》的附录发表。这是一篇更详细介绍西方现代经济增长理论的文章，比较全面地反映了保罗·罗默新经济增长理论之前的西方经济增长理论的成果。

文集的第五部分包括了 20 世纪 90 年代以来，有关中国宏观经济理论的几篇论文。1988 年 10 月我负笈英伦，在牛津大学接受正规经济学训练，1991 年开始撰写博士学位论文《中国宏观经济分析和稳定政策设计》。在这篇博士学位论文中，我运用当时最新潮的宏观经济理论和方法，特别是数理经济学方法，给出一个分析中国宏观经济稳定问题的理论框架。文集这部分中的第一、第二篇论文都是以我的博士学位论文为基础的。在"文化大革命"期间，我通过罗素了解了逻辑实证主义；通过赖辛巴哈了解了科学哲学；之后又接触了波普、库恩和拉卡托斯等人的思想。科学哲学在很大程度上帮助我摆脱了形而上学和决定论的影响。长期以来，我一直着迷于掌握一种方法或方法体系，通过运用这种统一的方法或方法体系解决经济理论问题。作为一个折中主义者，我相信归纳法的重要性同时又惊叹于演绎（特别是数学演绎）的威力。尽管假设—演绎法（hypothetic – deductive method）是牛顿时代的产物，但我却始终喜欢使用这种方法。在经济学研究中，第一步，也是最重要的一步，是能够正确地提出问题。正如波普所指出的："所有科学讨论都是从某个问题（P1）开始的，对于这个问题，我们提出某种尝试性的答案——一种尝试性的理论（TT），然后对这一理论提出批评，以消除错误（EE）……这一理论和对它的批判性修正又导致新理论（P2）的产生。"问题的提出可以是实践的产物也可以是对现有文献的分析的产物。中国经济学家的最大优势在于中国正处于经济剧烈变革时期，实践给我们提出了无数有重大理论价值的问题。然而，发现问题，特别是正确提出问题，并不是一个简单的经验过程。任何人在试图发现和提出问题的时候，早已形成了某种"先验"结构。这正是所谓的"仁者见仁，智者见智"。对于经济学家来说，这种先验结构就是他所应用的经济理论。爱因斯坦说："理论物理学的完整体系是由概念、被认为对这些概念是有效的基本定律，以及用逻辑推理得到的结论这三者所构成的。这些结论必须同我们的各个单独经验相符合；在任何理论著作中，导出这些结论的逻辑演绎几乎占据了全部篇幅。"理论的最基本部分是那些"数目上尽可能少""不能在逻辑上进一步简化"的基本概念和基本假设。经济理论的结构也基本如此。例如，在消费理论中，预算约束和居民效用最大化假说就属于这类基本概念和基本假设，一旦这些概念和假设被确定下来，居民的消费行为实际上就同时被确定下来了。经济学家所需要做的工作就是通过解一个条件极值问题，把蕴含在基本概念和基本假设中的居民消费行为逻辑地演绎出来。又如，只要掌握了必要的数学工具，从国债余额对 GDP 之比、财政赤字对 GDP 之比、经济增长速度这三个概念以及少数假设出发，我们就能够演绎出国债余额对 GDP 之比的动态路径，我们就可以回答在什么条件下中国的财政状况可以实现稳定这个重要问题。事实上，在西方经济学中，存在着大量规范的用于进行这类演绎推理的数理经济方法。当然，为所研究的问题找到相应的数理经济方法有时也不是一件很容易的事情。更重要的是，现实经济问题是极为复杂的，在大多数情况下，已有的数理经济方法是完全无能为力的。在这种情况下，经济学家就必须求助于经济史。最后，正如数理经济方法的主要提倡者之一摩根斯特恩（Morgenstern）所说："在经济学中，大量数学公式的使用实际上是没有必要的。它们之所以被使用恐怕是为了炫耀（showoff）。"滥用数学确实是一种必须加以反对的倾向。

需要指出的是，任何科学方法都不能代替灵感，而灵感在很大程度上又来源于实践。经济实践给我们带来了各式各样的困惑。经过一段时间（有时困惑会萦绕脑际多年）之后，你会突然想到：问题应该是这样提出的！或是想到：问题可以这样解决！

这时，也只有在这时，假设—演绎法才能帮助你以最有效、最严格的方式得出有实践意义的结论。

《中国经济的消费函数》最初在 1993 年作为西英格兰大学工作论文（英文）发表。二十多年来中外学者对中国消费函数的研究大多采用经验归纳法。根据经验试验性地给出决定消费需求的有关变量，然后使用计量经济学方法计算出消费函数的各解释变量的系数，并对回归结果进行统计检验。根据检验结果，增加或减去一些变量，直至得到令人满意的结果。应该说，这种研究方法的理论基础是十分薄弱的。特别是，许多作者并不关心所使用的时间序列的具体性质，因而他们所进行的回归是"伪回归"，他们所提供的检验实际上是假检验。基于对计量经济学的"不信任"，我更相信理论推导，而不是经验（数字）分析。关于中国消费函数的论文试图从某种理论框架出发（居民跨时效用函数最大化），并把中国的制度性特点考虑进去（中国特有的预算约束），用假设—演绎法推导出了可以很好地解释中国居民消费行为的结果。

《中国经济的两部门动态增长模型》发表于 1996 年东亚经济协会第一届年会，也是以我的博士学位论文为基础的。这篇论文同时考虑了中国的资本积累过程和货币财富积累过程，以及两者的相互作用，从而建立了一个两部门增长模型。该论文还把中国宏观经济的瞬时均衡和经济增长的动态过程结合起来，讨论了宏观经济政策对经济增长路径的影响和中国通货膨胀的发展趋势。

《总供给函数的推导》发表于《经济研究》2002 年 9 月刊，但实际上是我 1994 年博士学位论文的一个章节的中文译文。总供给曲线是宏观经济分析中的一个重要组成部分。总需求曲线和总供给曲线构成了宏观经济学的最基本理论框架。在西方经济学中，为了推出一条向右上方倾斜的曲线（即物价水平越高，产出量越大这样一种关系），经济学家必须做出各种各样的辅助性假设。所有这些假设都存在很大的任意性，缺乏简明性。此外，在推导总供给曲线的时候，经济学家都假设了所谓的"代表性"居民和企业，从而把分析"代表性"居民和企业行为得出的结果简单地推而广之，作为整个居民部门和企业部门的行为。我的论文放弃了"代表性企业"的概念，假设不同企业劳动生产率是不同的，且服从某种概率分布。在分析了每个企业的价格和产出的关系之后，按事先设定的分布概率，对应于给定的物价水平，把所有企业的产出加总起来，由此推出一条斜率为正的总供给曲线。这篇论文显示，在微观单位（代表性居民和企业）和宏观总量之间还存在着一块十分广大的"中观"领域，对这一中间地带的研究必将大大丰富现有的宏观经济理论。

发表于 1999 年的《中国财政稳定性分析的简单框架》从理论上回答了有关中国财政的可持续性的一些问题。这篇论文证明，尽管目前中国的隐性债务很高，只要中国能够把财政赤字对 GDP 比控制在一定范围内（如 3%），并保持较高的经济增长速度（如 7%—8%），中国就将能维持财政的稳定。《M2 - GDP 比的动态增长路径》的基本思路是几年以前形成的，断断续续考虑了很长时间，直到最近才最终成文。在过去二十余年中，中国宏观经济的一个显著特点是货币供应量的高速增长。由于货币供应量的增长速度持续高于 GDP 的增长速度，中国的 M2 - GDP 比不仅大大高于与中国发展水平相近的发展中国家，而且显著高于大多数发达国家。许多经济学家对中国通货膨胀的潜在危险十分担心。这篇论文在对传统货币数量理论进行补充和修正的基础上，解释了中国何以能够在货币供应量增长速度大大高于 GDP 增长速度的情况下保持物价稳定，并进而给出 M2 - GDP 比增长的动态路径。论文的结论是，导致中国 M2 - GDP 比极高的原因包括：低通货膨胀率、高居民储蓄率、高不良债权率、企业留利水平低、资本市场不发达和企业资金利用效率低等。高 M2 - GDP 比本身还不能说明中国是否潜伏将来发生严重通货膨胀的危险（也不能说明就没有危险）。论文最后建立了一个动态宏观经济模型，并对影响通货紧缩形势的因素进行了分析。

多年的经济理论研究实践使我深深感到经济学作为一门"科学"还处于十分幼稚的发展阶段。经济理论是难以为许多实际经济问题提供令人满意的答案的。我认为，经济学家充其量能够为决策者提供一个首尾一贯的可供检验的思想框架，并通过不断地"试错"，逐步改进这一框架。

文集第六部分，也是最后一部分，收集了我在 1994 年回国后，有关中国宏观经济管理的 12 篇文章。这些文章的题目分别是：《中国宏观经济稳定和非银金融机构的发展》《关于外汇储备和国际收支结构的几个问题》《国民收入分配、金融结构与宏观经济稳定》《中国股票市场的发展与宏观经济稳定》《中国的宏观经济稳定和货币政策新进展》《中国宏观经济管理的新阶段》《打破通货收缩的恶性循环》《执行适度的货币政策，促进中国经济的稳定与增长》《中国应从亚洲金融危机中汲取的教训》《中国当前的财政问题》《中国不能走财政赤字货币化的道路》和《20 世纪 90 年代中国宏观经济运行与政策回顾》。这些文章反映了我在 20 世纪 90 年代中期以来不同时期对中国当时的重要（或热点）宏观经济问题的看法。在 1994—1996 年我同中国大多数宏观经济学家一样，为中国失去对通货膨胀控制的可能性感到担忧，因而坚决支持中国政府的反通货膨胀措施。而中国经济由通货膨胀到通货紧缩的转变为什么会发生、为什么会发生得这样快，则是我直到现在仍感到迷惑不解的问题。自 1997 年夏季以来，在很大程度上受对日本经济考察的启发，开始为在中国出现通货紧缩的可能性感到担忧，因而积极主张采取更为扩张性的货币政策（例如在 1997 年夏季呼吁再次降息）。在 1998 年上半年，同是受日本货币政策失效和"重整财政"失败的启发，积极主张在中国采取扩张性的财政政策。在 1996 年我对中国的"双顺差"发表了一些不成熟的看法，受到某些高层人士的斥责。关于发展中国家对发达国家保持贸易顺差的问题，最近几年在国际上正引起越来越多的讨论。我们迟早还会回过头来再次讨论这个问题。由于尽管采取了扩张性的财政货币政策但经济增长仍然乏力，于是开始从供给方寻找有效需求和通缩的原因。1999 年发表《打破通货收缩的恶性循环》一文，为理解中国当前的经济形势提供了一种思路。

现在回过头来检查我对中国宏观的实际经济问题所发表的文章，似乎可以说：没有惊世骇俗的见解，大多数看法是对的，有些看法是错的，还有些看法仍有待实践的检验。就职业而言，我的主要工作是研究世界经济问题。宏观经济学应该算是我的"业余爱好"，希望将来还有机会把我在世界经济方面的文章结集出版，以供同行批评。扪心自问，数十年来我一直恪尽经济学人的职守，"对职位、牟利，对上司的恩典，没有任何考虑"。这里谈不上什么崇高动机，我只是对经济学本身感兴趣而已。记得恩格斯曾经说过，一个人的最大幸福莫过于有一个合乎自己兴趣的工作。对于才智平平的人来说，经济学研究可能是最好的职业。

最近几年，一直在思考中国经济可持续增长和宏观经济稳定的理论框架，以继续我在牛津开始的"中国宏观经济分析和稳定政策设计"的研究。孔子云，"工欲善其事，必先利其器"。在过去近三十年的时间里，我一直都在做"利其器"的工作。真希望自己还有更多的时间，做出一些真正有价值的东西来。幼喜读贾岛绝句："十年磨一剑，霜刃未曾试。今日把示君，谁有不平事?"时日无多，霜刃未试，不免有些悲戚之感。然"尽吾志也而不能至者，可以无悔矣"，而又何悲乎!

余永定

原作于 2002 年 11 月 20 日

2016 年 3 月重校

谷源洋
Gu Yuanyang

　　男，1934 年 11 月 26 日出生于辽宁省大连市，祖籍山东威海，中共党员。1954—1956 年就读于大连市第一高级中学。1956年 9 月被保送进入北京大学东方语言系，学习越南语和法语。1961 年毕业后先后在中国外交部第二亚洲司、中国社会科学院经济研究所和世界经济与政治研究所从事调研和科研工作。1988 年被评为研究员，1992 年享受政府特殊津贴。1993—1998 年任世界经济与政治研究所所长、研究员、博士生导师（国务院学位委员会授予），《世界经济》和《世界经济与政治》杂志主编；中国社会科学院第一届学术委员会委员、中国社会科学院第一届和第二届学术咨询委员会委员；中国人民外交学会理事等职。离开行政管理工作后曾被聘为国务院发展研究中心亚非发展研究所所长、中国国际经济合作学会副会长兼学术委员会主任。现为中国社会科学院荣誉学部委员、中国社会科学院世界社会主义研究中心常务理事、中国国际文化交流中心名誉理事、亚太安全合作理事会中国委员会理事、中国国际问题研究基金会世界经济研究中心主任、北京外国问题研究会常务理事及东南亚研究中心主任、中国国际经济交流中心理事、丝绸之路国际文化论坛专家委员会首席专家等职。

主要业务专长：发展经济、世界经济，其研究成果曾多次荣获中国社会科学院优秀科研成果奖、优秀信息对策研究奖，以及中国国际问题研究基金会优秀调研作品奖。2013—2016 年的代表作品有《发展困境与深度调整中的世界经济》《地缘政治危局笼罩下的世界经济》《世界经济温和复苏，未进入漫漫长夜》《美联储货币政策变化及其溢出效应》《美国全球经济布局的 3T 战略》。

我对世界经济的研究与追求

自 1961 年从北京大学毕业以来，从事调研和科研工作已逾半个多世纪。回首往事，既有欢乐也有遗憾。最大的遗憾是"文化大革命"和"五七干校"使我们这一代学人，失去了十余年最宝贵的科研时间，而最大的欢乐莫过于经过自己的辛勤耕耘，科研成果得到社会的承认。记得改革开放初期，我写了一篇短文《新加坡的绿化美》，投给了《人民日报》海外版，因不知能不能被采用，每天都在焦急地等待着，当《人民日报》发表出来后，当时的兴奋与激动难以言表。

2005 年，中国社会科学院学术委员会为委员们出版了《文集》。为撰写《文集》，我对过去发表过的科研成果做了一下整理，发现 1978 年以前及此后一段时间发表的一些科研成果不见了，对此深感心痛。但看着摆放在案头上的已收集到的厚厚的科研成果，依然感到充实，感叹自己没有虚度年华。我所撰写的论文、文章、研究报告等，大部分发表在院内外各种学术刊物及报纸上，少部分是参加国际学术研讨会的论文，在美国、日本、德国、新加坡、韩国、马来西亚、印度、越南及中国香港、中国澳门等国家和地区发表。2006 年当选荣誉学部委员以来，我依然坚持研究世界经济问题，为国家的改革与发展及开展经济外交提供了较为客观的研究报告。近几年，应有关单位邀请，我赴法国、斯洛文尼亚、俄罗斯和越南参加了"一带一路"国际研究会。

半个多世纪以来，我的科研成果留下了所走过的科研道路的足迹。

越南问题研究：科研道路起点

我于1956年考入北京大学东方语言系。东方语言系设有多种语种，系主任季羡林先生让我们各自选择想学的语言。我毫不犹豫地选择了越南语。当时和此后，不少人问我为什么要学习越南语，我的回答明确而简单，越南同中国一样，既是发展中国家，又是社会主义国家，有位伟大的领袖——胡志明主席。1962年我赴河内综合大学进修越南语。1963年中国国家主席刘少奇率团访问越南，为欢迎刘少奇主席访越，中国驻越南大使馆举行了盛大的招待会，胡志明主席出席了招待会，我有幸第一次近距离地见到了这位仰慕已久的革命长者。

在中越关系如"同志加兄弟"的20世纪60年代，访问我院的越南学者很多，院领导接见时大多是由我做翻译。记得越南著名史学家陈辉燎到访时，郭沫若先生在家里会见了他，两位史学家交谈甚欢。越南著名文学家邓泰梅来访时，要求拜访巴金先生，我陪邓泰梅一行去上海，巴金先生在家里同越南外宾进行了亲切交流。此外，对外文委、文化部、教育部、中国科协及中国科学院等单位还借我去做翻译。在越南抗美救国战争时期，北京各界人士多次在人民大会堂召开声援越南"抗美救国"战争的大会，我为大会做过同声传译。更加难以忘怀的是在"文化大革命"的年代，周恩来和陈毅同志一起接见并宴请越南南方民族解放阵线领导人，席间越南同志要求去广西看看越南高干子女学习过的学校。由于当时广西"武斗"很厉害，周恩来总理力劝不要去，但越南同志依然坚持，周总理只好派伏罗希洛夫赠送的专机，把越南代表团送去了广西。在越南共青团领导人先后两次访问北京时，邓小平和胡耀邦同志分别接见了他们。

考入北京大学时留影（1956 年）

　　然而，20 世纪 70 年代末，中越关系由于众所周知的原因，反目成仇，兵戎相见。90 年代初，两国关系出现转机。1990 年越南政府邀请中国派团参加在河内召开的"胡志明主席诞辰 100 周年国际研讨会"。由于当时中越尚未实现外交关系正常化，经有关部门和院领导研究决定，让我作为中国唯一的代表出席会议。来自 34 个国家的 70 余名学者同越南专家共聚一堂，高度肯定和评价了胡志明主席光辉思想的作用和价值。研讨会在巴亭大会堂举行，越南党和国家领导人就座第一排，我坐在第二排，越南外交部副部长丁儒廉把我介绍给坐在我前排的越共中央顾问范文同，并安排我在全体大会上发言。没有想到的是，我发言刚结束，坐在主席台上的武元甲大将走到我身边与我紧紧拥抱。出席会议的越南学者、外国学者及新闻媒体普遍认为此举预示着中越关系即将"解冻"。1991年，在印度加尔各答举行的"胡志明思想国际研讨会"期间，武元甲大将及其夫人在其下榻之处再次接见了我。

1990年9月和1991年11月，中越两国领导人先后在成都和北京会晤，江泽民总书记曾引用古人诗句"渡尽劫波兄弟在，相逢一笑泯恩仇"来形容两国领导人会晤所取得的重大成果。两国实现外交关系正常化之后不久，越南社会科学院院长阮维贵率团访华，院外事局局长姜汉章和我亲自到友谊关零公里处迎接代表团。以此为起点，中国社会科学院和越南社会科学院高层领导频频互访，胡绳院长率团回访了越南，签署了两国社会科学院学术合作交流协议，以此为平台，中越学者展开了多领域、多学科的学术交流，为中越友好关系的发展做出了贡献。

1991—2016年，我多次往返于北京与河内，参加了在越南召开的许多双边研讨会和重要国际会议，包括1998年在河内召开的"首届越南学国际研讨会"，并应邀在大会上用越语宣读了论文。2000年，中共中央政治局委员、中国社会科学院院长李铁映率团访问越南，受到越共中央总书记黎可漂接见。2000年上半年和下半年，在中共中央政治局委员、中国社会科学院院长李铁映与越共中央政治局委员、越共中央理论委员会主席阮德平的共同主持下，中越两国理论界分别在北京和河内召开了两次高层理论研讨会，其主题是"社会主义的普遍性与特殊性"和"社会主义：在中国与越南的经验"。我全程参与了这两次理论研讨会，在两次研讨会前遵照李铁映院长的指示赴越进行调研，写了多篇调研资料，刊登在院《要报》上，为两国高层研讨会召开做了有针对性的准备工作。2004年7月，越南社会科学院在胡志明市举办"第二届越南学国际研讨会"，我为会议提供的论文是《越南主动融入区域经济和国际经济》；同年9月，越南政府总理研究室邀请国际货币基金组织、世界银行、亚洲开发银行、联合国开发计划署人员及少数外国专家、学者对越南2001—2005年经济社会发展计划进行评估，并要求根据他们提出的13个问题，对2006—2010年经济社会发展计划提出建议。我提交了题为《对21世纪前10年越南国家发展战略的评估、思考和建议》的报告。后来得知报告被译成越南文，报送越共中央和越南政府。2005年，应越南政府总理潘文凯邀请，我出席了在河内召开的"越南全国第七届爱国劳动竞赛大会"。大会期间，越共中央总书记农德孟、国家主席陈德良、政府总理潘文凯共同会见了中国、古巴、老挝、柬埔寨、俄罗斯五国与会代表。2010年5月19日是胡志明诞辰120周年，越南胡志明国家政治行政学院在河内召开"胡志明遗产"国际研讨会，我作为中国学者应邀出席了研讨会，并受到越共中央总书记农德孟的接见。2010年12月，我应越南政府总理阮晋勇邀请，出席在河内召开的"越南全国第八届爱国劳动竞赛大会"，在大会闭幕时同越共中央总书记农德孟、国会主席阮富仲、政府总理阮晋勇等合影留念。

2011年1月，阮富仲当选越共十一大总书记，我及时写了《越共十一大前后的社会政治动向》及《越共十一大后的中越关系》报告，对中越关系发展表述了自己的看法。中共中央对外联络部当代世界研究中心2011年9月16日致函中国社会科学院：

"贵院荣誉学部委员谷源洋教授撰写的《越共十一大前后社会政治动向》和《越共十一大后的中越关系走向》被我中心《当代世界研究参考资料》采用。在此，我中心对贵院暨教授本人表示诚挚感谢。"为参加中央组织部和全国党建研究会联合召开的庆祝建党 90 周年高层研讨会，按李慎明副院长要求，我提交了《越共加强党的理论建设的经验》一文，经大会组委会审查评选列为入会论文，在分组会议上做了介绍。2016 年 1 月，应越南外交学院邀请赴越访问，越南外交部阮青山和邓庭贵副部长分别与我进行交谈，并在越南外交学院同越南学者就世界经济与中国经济问题相互交流。

参加越南国庆招待会与越南驻华大使陈文律合影

2015 年是中越建交 65 周年。回顾过去，两国经历了 28 年"同志加兄弟"的亲密时期和 13 年"乌云弥漫"的痛苦岁月，又经历了 24 年全面恢复和发展的阶段。无论从时间来看，还是从内容来看，友好合作都是中越两国关系的主流。2015 年 4 月越共中央总书记阮富仲访华，11 月中共中央委员会总书记习近平访越，把两国政治关系及战略对接合作推向了新的发展阶段。

在我的科研生涯中，越南问题并不是我的主要研究方向和领域，但研究成果颇多，涉及越南经济、政治体制的"革新"，越南社会主义定向的市场经济，中越经贸合作与发展，中越国有企业改革比较研究等。迄今，我仍关注着越南经济、政治"革新"进程及其理论动态的变化。

发展中国家研究："南方因素"凸显

毛泽东主席关于"三个世界"划分理论奠定了我国学者研究发展中国家的理论基础。邓小平在 1974 年 4 月召开的联合国第六届特别大会上全面阐述了"三个世界"理论，明确指出从国际关系变化来看，现在的世界实际上存在着相互联系又相互矛盾着的三个方面、三个世界。冷战结束后，怎样看待三个世界理论依然是学界关注的问题。世界经济与政治研究所前副所长谈世中在《历史拐点：21 世纪第三世界的地位和作用》一书中指出西方不少人认为苏联已解体，"皮之不存，毛将焉附"，"三个世界"理论已不复存在了。西方学者鲍尔等人甚至声称第三世界国家之间并不存在将它们联系在一起的实际利益纽带，外国援助的终止将导致这种虚幻团结消失。然而，国内外更多人士则认为"第三世界"概念不会消失，世界经济与政治研究所前所长李琮在《第三世界论》专著中指出"第三世界是历史发展的产物，它必将在历史发展中消失，但这是一个很长的历史过程，是相当远的未来的事，目前根本谈不到什么第三世界的消亡问题”。这样的结论性看法，我作为研究发展中国家的同行深表赞同。

但冷战后“三个世界”含义内容却发生了变化。由于苏联解体，两个超级大国只剩下美国，它极力推行单边主义。西欧、日本和加拿大等发达国家和地区，既与美国结盟，又同美国有矛盾。广大第三世界国家，亦即发展中国家依然继续存在，成为当今世界大国争夺的对象。不同的是由于经济发展不平衡规律的作用，在广大发展中国家中陆续涌现出一批新兴市场国家或新兴经济体。新兴经济体在国际社会发挥着越来越重要的作用，并对发展中国家的研究提出了许多需要研究和回答的问题，其中最为重要的问题是新兴经济体对世界经济格局产生了什么影响。

世界经济格局是否发生变化，关系一个判断，涉及对发展中国家地位和作用变化的正确认识。需要研究的现实问题是发展中国家与发达国家之间的经济差距是在趋于缩小，抑或继续扩大。对这个根本性问题已争论了几十年，其主流观点是南北经济差距在继续扩大、正在扩大、进一步扩大。我发表的《新兴经济体崛起及世界格局变动》一文指出，联合国贸发会议发布的《2008年发展和全球化：事实和数字》报告显示：发达国家 GDP 占世界 GDP 的比重，从 1992 年的 80% 降为 2006 年的 73%，发达国家与发展中国家之间的人均 GDP 差距，从 1990 年的 20:1 下降到2006 年的 16:1。2003—2007 年，发展中国家人均 GDP 增长了近30%，而同期以七国集团为代表的发达国家人均 GDP 仅增长了10%。这组数据表明，发展中国家作为一个整体，不仅在经济总量上缩小了同发达国家的差距，而且在人口基数增加的前提下，人均 GDP 也缩小了与发达国家之间的差距。这与 20 世纪 80 年代不同，80 年代发展中国家的经济增长率虽然高于发达国家，但人均 GDP 增长率却低于发达国家，而到了 90 年代，发展中国家的 GDP 与人均 GDP 增幅双双超过发达国家。这种发展趋势不可阻挡，在 21 世纪前 10 年，特别是在 2008 年美国金融危机和世界经济衰退中，发展中国家的 GDP、人均 GDP 以及拉动经济增长的私人消费、固定资产投资和对外贸易的增速，都继续保持高于发达国家的势头。

美国高盛集团全球经济研究部主管、首席经济学家奥尼尔，2001 年提出"金砖四国"（BRICs）的概念，并在 2003 年 10 月发表了《与"金砖四国"一起梦想——2050 年之路》。"金砖四国"是一支不可忽视的国际力量，其经济快速增长对全球发展进程产生着巨大而深远的影响。2003 年国际投资界又推出"钻石十一国"（NEXT11）的概念。"钻石十一国"在 2004—2007 年 4 年间，年均经济增长率约为 5.9%，超过欧洲国家平均增长率的两倍以上。日本"金砖四国"研究所于 2007 年则提出了一个新的专有名词"展望五国"（VISTA），系指越南、印尼、南非、土耳其和阿根廷，认为这 5 个国家具有巨大发展潜能，在未来几十年内，其经济将会飞速发展。根据日本"金砖四国"研究所推算，2005—2050 年，以美元计算，西方七国集团的经济规模最多只能扩大 2.5 倍，而"金砖四国"将扩大 20 倍，"展望五国"可能扩大 28 倍。这种预测虽然只是对未来的一种展望和一种预期，但从一个侧面反映了新兴经济体的崛起趋势。"金砖四国""钻石十一国""展望五国"的成员被国际社会冠以新兴市场、新兴经济体和新兴工业国等称谓。

世界银行行长佐利克认为，未来世界经济格局的鲜明特点是新兴经济体的崛起。实际上在 2008 年美国金融危机之前，新兴经济体已经开始崛起，随后而至的危机则更加快了其崛起的步伐。后金融危机时期，新兴经济体特别是主要新兴经济体已成为世界经济增长的新发动机。预计 2020 年前后，按汇率计算，新兴经济体和发展中国家的 GDP 将占全球 GDP 的"半壁江山"。看到新兴经济体崛起，看到南北经济差距反向变化，对研究发展中国家乃至研究世界格局具有重要意义。世界经济格局变化涉及权力分配及经济游戏规则话语权等变革。然而，学术界对世界经济格局是"量变"抑或"质变"，是"突变"抑或"渐变"，所持观点不尽相同。我的科研成果认为世界经济格局变化速度日趋加快，"经济量变"中已经有某些"经济质变"，但从"量变到质变"仍任重而道远。

新兴经济体的涌现及世界经济格局的变化，使"南方因素"在当代国际关系中成为不可或缺的重要因素。因此，自 20 世纪 70 年代中期开始，我把科研领域扩展到对东南亚和亚太问题的研究上，主编了《东南亚各国农业》和《亚洲四小龙起飞始末》，并在研究东南亚和亚太问题的基础上，把科研领域拓展到发展中国家综合性问题的研究。2010 年中国社会科学院老专家协会组织资深社会科学专家编写《中国社会科学发展历程》丛书，以其亲身经历，描述当代中国社会科学各个学科的发轫、草创、发展、沿革过程中的曲折经历。我应邀写了《发展中国家研究的起步与发展的回顾》。该文对发展中国家研究作了以下概括：

第一是对发展经济学的初步探索。20 世纪 80 年代初，世界经济与政治研究所所长浦山邀请 10 位外国专家给发展研究室人员讲授发展经济学。发展经济学是现代西方经济学的一个分支，主要研究发展中国家的经济发展理论和实践。发展经济学涉及领域广泛，我和我的同事研究了经济增长理论、人力资本理论、二元经济理论、平衡与不平衡发展理论、进口替代与出口替代理论、宏观的投入—产出结构分析与微观的成本—收益分析理论，等等。

第二是对发展中国家利用外资的初步探索。20 世纪 70 年代末，邓小平倡导建立经济特区，作为利用外资、引进先进技术和管理经验的窗口。但当时有人并不太理解建立经济特区的重要意义。记得改革开放初期，负责引进外资工作的汪道涵同志亲自主持召开了多次会议，讨论和研究利用外资问题。1980 年我写了《关于发展中国家引进和利用外国资本问题》。此后主编了《世界经济自由区大观》一书。当时有人对"自由"两字望而生畏，唯恐"自由"后就无法管束了。为此我在书中有针对性地指出：经济自由区对内而言，实为一个特别区域，凡属内政、国防、外交等有关事宜，其管理方式与区外其他行政区并无二致。建立经济自由区（包括经济特区）不存在有损国家安全和主权的问题，并指出经济自由区的"自由"，不是人们通常所说的资产阶级自由化的"自由"，而是指以减免税收为主要刺激目的的自由贸易政策以及商品、资金、人员的相对自由流动。

第三是对发展中国家发展战略、发展目标、发展政策的初步探索。20 世纪 80 年代初，于光远同志在人民大会堂多次召开研讨会，侧重研究我国经济社会发展战略问题。在于光远同志的启发下，我研究并撰写了《发展战略的不同模式及其经验和教训》和《发展中国家的发展战略与战略调整》等多篇调研报告。

第四是对国际经济和政治新秩序的初步探索。南北关系和南北问题的核心是国际秩序的"破旧立新"，以促进南北共同发展、共同繁荣。邓小平在联合国第六届特别联大会议上，就建立国际经济新秩序问题做了重要发言。此后，我从多个角度研究了国际经济新秩序问题，先后发表了《建立国际经济新秩序斗争的发展及其前景》《西方国家对建立国际经济新秩序的基本策略与思潮》及《西方国家对南北对话问题的基本主张》等多篇研究报告。报告体现了我的两个学术观点：一是由发达国家主导建立的"秩序"是不公平、不平等、不合理的国际秩序，只有利于发达国家，而有损于发展中国家。而发展中国家主张建立的"秩序"，不应只是对发展中国家有利，要考虑到发达国家的感受，确保它们的正当合法利益，否则"新秩序"难以建立起来。"新秩序"必须实现"秩序利益共赢"，用现时通用的词语，亦即国际新秩序必须体现"包容性与共享性"。二是建立"新秩序"不可能一蹴而就，势必受到来自外部和内部的种种干扰，中国作为发展中大国必须把建立"新秩序"的诉求坚持下去，建立"新秩序"这面大旗不能丢掉。

第五是对南南合作的初步探索。在发达国家主导的国际经济秩序下，加强南南合作不仅具有经济意义，而且具有重要的政治和战略意义，有利于推动南北对话和建立和平稳定、公正合理的国际政治经济新秩序。发展实践表明，南北合作及南南合作是推动世界经济发展的两个不可或缺的重要支柱。我撰写的代表性文章有《南南经济关系在80年代进入新的活跃时期》《南南合作的历史沿革及其发展前景》等。

现在看来，对上述五个领域的初步探讨依然有必要，研究成果所表述的观点依然正确，经受住了实践的检验。我对发展中国家问题的研究及观点，集中体现在1997年中国社会科学出版社出版的由我主编的《发展中国家跨世纪的发展——人们关心的二十四个问题》一书中，这部作品是哲学社会科学"八五"国家重点课题的成果。

提及我们对发展中国家问题的研究，总不能忘记钱俊瑞同志所做出的贡献。钱老担任世界经济与政治研究所所长期间，为世界经济研究呕心沥血，想编写一部《马克思主义世界经济学原理》。为给这部巨著做前期准备，他抓了3本书：《战后资本主义》《世界社会主义经济的理论与实践》和《发展中国家的经济发展战略与国际经济新秩序》。钱老对发展中国家的研究极为重视，在世界经济与政治研究所成立了发展中国家研究室，对发展中国家进行了综合性、理论性研究。当时的发展中国家研究室在全国可算是首屈一指的专门研究发展中国家的机构。全室研究人员发表了许多在社会上有影响的科研成果。在全室人员的共同努力和参与下，陈立成、谈世中和我主编了《发展中国家的经济发展战略与国际经济新秩序》，完成了钱老的嘱托和心愿。

钱老之所以让我们编写这本书，是因为二战以后，亚非拉地区的民族解放运动风起云涌，大批发展中国家相继获得独立。第三世界作为一股新兴力量登上世界舞台，逐步改变了世界经济政治力量的对比，在国际经济事务中赢得越来越多的发言权，为发展民族经济开辟了前进的道路。但是，长达几个世纪的殖民地统治，导致发展中国家的经济严重落后，生产力发展水平很低，科学教育事业不发达，人民生活极端贫困，不公正、不合理的国际经济旧秩序在各个方面阻碍着民族经济的发展。发展中国家为排除经济发展障碍，把贫穷落后经济引向现代化的经济，必须从各自的基本国情出发，制定和实施不同类型的经济发展战略。因此，在研究和编写《马克思主义世界经济学原理》的过程中，不能不把发展中国家重重写上一笔。

《发展中国家的经济发展战略与国际经济新秩序》一书问世后，受到多方面好评，获得首届中国社会科学院优秀科研成果奖。为迎接中国社会科学院建院30周年，中国社会科学院科研局将历届院优秀科研成果奖中的部分获奖著作重印出版，作为《中国社会科学院文库》的首批图书向建院 30 周年献礼。其中就包括《发展中国家的经济发展战略与国际经济新秩序》一书。

上文所述关于研究发展中国家的"故事"，只是我及我的同事研究成果中的一部分，而并非全部。在回顾发展中国家研究起步与发展成长时，我经常想到钱俊瑞、浦山、李琮、陈立成、谈世中、司马军、魏燕慎、王耀媛、周圣葵、杜方利、刘明、宣杏云、刘秀莲、焦福军等领导和学人对发展中国家研究做出的努力和贡献。至今有些教授、研究员、高级领导干部在不同场合见到我时，仍说"我是看着你们作品长大的"，这种过高的评价足以让我们感到欣慰了。

世界经济自由区研究：经济特区理论依据

在邓小平同志倡导建立经济特区之后，我和我的同事开始着手研究外国的自由港、自由贸易区、出口加工区、科学园区、保税区等。国内学者对上述特殊区域大体有三种概述：一是统称为世界经济特区；二是统称为世界自由港区；三是统称为世界经济自由区或世界自由经济区。我们是第三种称谓的主张者。我在由我主编的《世界经济自由区大观》一书所写的绪论"世界经济自由区的十大理论和现实问题"中，论述了世界经济自由区的类型选择与目标、世界经济自由区的租税奖励、世界经济自由区的土地政策、世界经济自由区的外资企业股权、世界经济自由区的政治风险与经济环境、世界经济自由区的货币流动、世界经济自由区企业产品的内销政策、世界经济自由区企业产品国产化、世界经济自由区建立具有弹性的保税业务体系和世界经济自由区环境污染的社会成本这十大问题。今天看来，对这十大问题的阐述，基本观点依然可取，具有借鉴和参考价值。

我们研究世界经济自由区的初衷，是想为中国经济特区、高新技术开发区、保税区等的建立提供理论依据和经验，为"世界经济自由区学"的创建做些基本铺垫工作。我在《世界经济自由区大观》一书中指出早在450多年以前，人们就已开始在交通发达地区和港口，划定特定的区域作为海关监督下的非关税区，并通过实施与东道国本身不同的特殊政策，吸引外国船只和厂商自由进出以及提供商品免税自由输出入优惠，借此达到发展贸易、增加财政收入、创造就业机会、引进技术与管理经验、促进经济发展和繁荣的目的。我国建立经济特区等，旨在实施以减免税收为主要刺激目的的自由贸易政策以及推动商品、资金、人员的相对自由流动。

在研究世界经济自由区的过程中，我强调随着近代产业的发展，技术所起的作用日趋突出和重要，并由此推动世界不少国家科学园区破土而出，迅猛发展。各国创建的科学园区，一般是技术和知识密集产业研究和开发的集中地；国际社会把技术和知识密集产业称为高科技产业。高科技产业可以用金字塔和倒金字塔来形容，金字塔的顶端，代表着高价位的新技术及其新产品，底端是衰退萎缩中的技术和产品，其金字塔的基部，则是即将淘汰的技术及产品。这就是所谓的"金字塔下沉理论"。科学园区的主要功能是研究开发金字塔顶尖的产业技术及其产品；各国的研究与开发不仅需要雄厚的资金及先进的仪器和设备，而且需要一流的科学技术人才，包括基础科技人才、高级工程技术人才和实际操作机器的技术劳动者。由于发达国家具备了这些条件，因而科学园区或研究园区或研究三角区主要集中在美、欧、日等发达国家。

发展中国家处于从以劳动密集型的轻纺工业为主，逐步转向以资本技术密集型的重化工业和信息产业为主的"转型阶段"，因而仿效发达国家的科学园区模式，创建和发展了自己的科学园区，在引进、吸收、消化国外适用技术或高端技术的基础上，通过增加研究与开发支出，发挥科技的"乘数效应"。但发展中国家建立的科学园区，往往发生某些变形，甚至带有出口加工区的浓厚色彩。我发表的科研成果特别强调了世界经济自由区在其发展过程中，已涌现出值得关注的新趋势，包括商业型经济自由区与工业型经济自由区相互融合的趋势；单一目标的经济自由区向多目标经济自由区转化的趋势；在世界科技蓬勃发展和经济转型的推动下，科技型经济自由区迅猛兴起的趋势；建立发达国家或以发达国家为主导的自由贸易区的趋势；各邻近国家和地区联手建立各种称谓的经济自由区的趋势。上述趋势是我国经济特区、经济开发区等在发展和建设过程中必须面对的新趋势和新潮流。

经济全球化研究：经济发展大趋势

20 世纪 80 年代以来，全球化发展速度之快、影响之深前所未有。全球化是一个不断发展的历史过程，在历史的不同时期曾经表现出不同的特点，对其全球化内涵的探讨也必然随着分析视角的差异而呈现出多样性和复杂性。从 20 世纪 90 年代中期开始，我国有越来越多的学者关注全球化问题。全球化有狭义和广义之分，从经济视角研究全球化，就是人们通常所说的经济全球化。我是较早研究经济全球化的学者之一，在主持世界经济与政治研究所工作期间，曾多次向中央领导汇报我们对经济全球化和政治多极化的看法，并报送相关研究报告和研究简报。我为《人民日报》写的《经济全球化与"游戏规则"》和为《当代资本主义和世界社会主义》（与靳辉明共同主编，海南人民出版社 2005 年版，被评选为中国社会科学院优秀科研成果二等奖）写的《经济全球化与国际垄断资本的发展》一文，探讨和研究了经济全球化的基本内涵、经济全球化的本质、经济全球化的特征、经济全球化的动因、经济全球化的发展阶段、经济全球化的规则、经济全球化的两重性、经济全球化的矛盾与冲突和反经济全球化运动等问题。

20 世纪 80 年代以来，科学技术的迅猛发展、社会分工的不断深化和细化、生产社会化程度的空前提高等，必然导致将资本的社会化程度提到一个新的高度。超国家垄断资本主义形态的国际垄断资本主义应运而生。国际垄断资本的产生是经济全球化发展到当今阶段的新现象，是资本主义生产关系适应生产力发展内在要求的反映，是国家垄断资本主义在现阶段政治、经济条件下的延续。国际垄断资本主义是国家垄断资本主义的更高阶段，其主要特征是生产力的高度发展及先进技术的大力推动，使其资本流动空前增长，空前活跃，产生了以追求更高剩余价值率和剩余价值量为终极目标，而不以民族国家为划分界限的垄断资本，迫使一个国家对国内资本的干预和调节难以摆脱国际资本流动的影响，整个世界的再生产和流通过程，被纳入了国际垄断资本榨取垄断利润的轨道。

国际垄断资本通过在全球寻找投资场所而较好地解决了由于国内劳资关系紧张造成的利润收缩问题，将一国范围内资本主义生产目的和手段之间的矛盾与对立转移到全球范围，从而降低了资本主义国家内部社会矛盾的积聚程度。随着经济全球化的深入发展，国际垄断资本聚合生产要素的能力得以进一步增强，而在全部生产要素中，除了土地无法流动外，资本的流动性已远远超过了劳动力的流动性。经济全球化使垄断资本家有条件和有可能通过选择成本更低的国家和地区进行投资，并重组劳资关系，从而创造出一个全球性的劳动市场，在获取高额利润的同时，把对立的矛头由国内劳资双方引向了世界劳动者整体。国际垄断资本的形成其实是把国内无产阶级和资产阶级的对立尽可能地转化成为与发展中国家无产阶级的对立，从而在一定程度上缓和了其国内阶级矛盾。国际垄断资本虽然对于缓解经济危机起到了一定作用，但并未改变全球社会化大生产和资本主义私人占有制之间的矛盾，全球化时代的资本积累规律导致生产与消费的矛盾更加尖锐，也就不可能从根本上消除经济危机的根源。经济全球化为中国等新兴经济体带来发展"红利"，通过融入世界经济促进了经济的发展及繁荣。在近几年的科研成果中，我指出自 2007 年美国次贷危机和金融危机以来，美国等对经济全球化的热情减退，但经济全球化依然是不可违逆的大趋势。

区域经济一体化研究：制度化合作加速发展

全球范围内的区域经济一体化是我一直研究的重点领域。区域经济一体化与经济全球化是世界经济发展过程中出现的两个并存的重要趋势。由于全球多边贸易谈判进展迟缓，国际贸易进入"摩擦多发期"，以及一般经济交往迅速走向制度化合作，世界各国根据 WTO 的相关规定，即两个或两个以上国家（包括独立关税区）为实现相互间贸易自由化、便利化，可以签署自由贸易协定（FTA）。各国签订的自由贸易协定或建立的自由贸易区，属于区域或跨区域经济一体化的范畴，其称谓与其他区域经济合作组织有所差异，但基本含义并没有根本的不同，均为制度化区域合作。据 WTO 统计，约90％的成员参加了不同称谓的制度化区域合作，对区域经济发展发挥了无可替代的作用。20 世纪 60 年代，出生于匈牙利的美国政治经济学教授贝拉·巴拉萨概括了区域经济一体化的五种形式：自由贸易区、关税同盟、共同市场、经济联盟、完全经济一体化。

我发表的《从一般经济往来到制度化的经济合作》《东亚区域经济一体化及其相关理论》《亚洲的觉醒与崛起》等论文，集中反映了我对区域经济一体化的观点，较为系统地研究了不同层次或阶段的区域经济一体化，要想取得实质性的进展，都必须妥善处理和解决以下六大理论和实践问题：

排他性与开放性

区域经济一体化或"块状经济体"具有排他性：一是对其成员国的限定，成员国必须在所属区域范围之内。二是对其优惠政策的限定，各成员国相互给予的优惠待遇只限于区域内，区域外国家则不能享有。但这两个"限定"并不妨碍区域合作整体和个体实行"地区开放主义"，积极发展与其他地区和国家的全面经济合作，甚至与域外国家和地区签署自由贸易协定和建立自由贸易区。

主导权与非主导权

北美自由贸易区以美国为主导，欧盟则是以"法德为轴心"，亚洲特别是东亚区域经济一体化由谁来主导？无非如下：一是由日本主导；二是由中国主导；三是由中日共同主导；四是由东盟主导。日本一向声称要由它主导亚洲区域经济一体化，中国则支持东盟发挥主导作用。基于对历史问题的认识等多种原因，中日两国难以联手对亚洲区域经济一体化发挥主导作用。从美国的战略利益考虑，任何不包括美国在内的亚洲或东亚区域经济合作实体都不会得到美国的支持。美国既不会支持由日本及东盟主导，更不会支持由中国主导，而是坚持由美国主导。中国—东盟自由贸易区不存在由谁主导和支配的问题，但亚洲和亚太区域经济一体化则始终存在主导权争议。美国主导的TPP，名为"跨太平洋伙伴关系协定"，但参加的区域成员却要由美国圈定。

制度化与非制度化

区域经济一体化要经历不同的阶段：特惠贸易区、自由贸易区、关税同盟、共同市场、经济联盟和完全的经济一体化，都是制度化的经济合作组织形式，其阶段越靠后，制度化程度也就越强。由于亚太经合组织在成立时定位于松散、协商、非制度化的经济论坛，使人们陷入一种误区，总认为非制度化要好于制度化。实际上亚太经合组织实行的"集体行动＋单边行动＋评审机制"的运作方式，已使它具有某些制度化的内涵。但亚太经合组织仍难以摆脱"论坛属性"定位的影响，缺少法律强制性和约束力，没能取得明显的实质性合作进展。

多数与少数

由两个以上有关国家组成的"块状经济体"，都存在着在合作中如何处理多数与少数利益矛盾的问题。李光耀先生率先提出解决多数与少数利益冲突的途径。东南亚国家联盟成立之初只有5个国家，在讨论经济合作项目时，采取了"协商一致""意见一致"原则。"一票否决制"有其好处，体现了民主原则，但缺憾是有一个成员国持有异议，其合作项目就难以启动，因而抑制了区域合作的有效开展。李光耀提出了"5－1"原则，亦即5国中有4国赞同，其合作议题就应通过和实施。此外，欧元区作为货币联盟，实现了货币统一，有两点值得称赞：一是不予强求，欧盟成员可以加入或不加入欧元区；二是加入欧元区使用欧元必须达到5个趋同标准要求。欧元区的做法与李光耀的"5－1"原则对区域经济一体化合作如何解决多数与少数意见分歧具有借鉴意义。我在相关论文中指出中国—东盟自由贸易区运行过程中，多数与少数矛盾体现在东盟国家内部，而不表现在中国与东盟双方之间。可喜的是东盟在与中国建立自由贸易区和"自由贸易区升级版"谈判中，东盟内部并无明显分歧，因而中国—东盟自由贸易区不断取得新进展，其合作领域日趋拓宽，成为全球区域经济合作之典范。

国家利益与区域利益

所有参加区域经济一体化组织的成员都有其经济的动因和追求，如果每个国家都把国家利益置于区域利益之上，只想有所得，不想有所失，那么区域经济合作难以搞起来，即便勉强搞成，也不会取得实质性成果。因此，如何协调国家利益和区域利益，成为区域经济一体化必须妥善处理的现实问题。美国在北美自由贸易区中虽处于绝对的主导和支配地位，但美国也不能不考虑其他两国，特别是墨西哥的经济利益和承受能力。为此，北美自由贸易协定为墨西哥安排了过渡期和差别待遇。在区域经济一体化进程中，包括自由贸易协定谈判和建立自由贸易区，有关国家相互之间既要考虑自身的利益，也要考虑他国的利益，特别是经济强国和大国需要做出某些利益让渡，以促进和推动区域经济一体化谈判取得成功。

经济因素与非经济因素

当今国际经济关系不仅受经济因素左右，同时受非经济因素干扰。非经济因素包括政治、社会、文化、历史、思想及意识形态等。仅就东亚区域经济一体化而言，影响一体化进程的非经济因素，包括日本对历史问题的认识、美日安保条约的存在、少数国家对他国主权的干预、伊斯兰极端主义的活动、领土主权的争端、西方价值观与发展模式的强制推行等，这些非经济因素无一不对亚洲特别是东亚经济整合产生负面影响。广义的亚洲区域经济一体化和狭义的东亚经济一体化所遇到的阻力，要比其他地区大得多、强得多。在亚洲和东亚区域经济合作谈判、合作机制形成及运行过程中，必须采取有效措施消除种种非经济因素的干扰，最重要的问题是需要加强各国间的政治互信并建立相应的机制。

除上述六个理论和实践问题外，在我的区域经济一体化研究成果中，还强调了需要研究和处理好区域合作与地区安全的关系，以及区域经济合作规则和全球多边贸易规则的关系问题。

中国作为亚洲地区大国不断推动亚洲区域经济整合，为促进其相互合作做出了巨大贡献。亚洲各国现已签署了 50 多个不同称谓的区域经济合作协定，但一体化标准仍远低于欧盟、欧元区和北美自由贸易区，尚不能说亚洲区域经济合作已经同欧盟、北美自由贸易区形成了三足鼎立的格局。亚洲区域经济一体化仍任重道远。2016 年 3 月，我完成了《美国全球经济布局的 "3T" 战略》研究报告。该报告指出 2007 年美国爆发次贷危机和金融危机，为摆脱金融危机和走出经济衰退，美联储实施三轮"量化宽松"货币政策（QE），奥巴马推行5年内"出口倍增计划"，美国政府推出"3T"战略进行全球经济布局。所谓"3T"系指TPP（跨太平洋伙伴关系协定）、TTIP（跨大西洋贸易和投资协定）及TISA（全球服务贸易协定）。美国试图通过"3T"战略，建立超越WTO的"第二代"全球贸易与投资新规则，确保美国占据规则重构中的绝对主导地位，继续捍卫美国在全球经贸版图上的中心位置而不受经济"崛起国"的挑战。

在我的报告中分析了"3T"战略反映了美国对FTA态度与政策的转变。在全球FTA浪潮下，美国既不希望迅速兴起的FTA破坏由其主导的GATT/WTO框架下的全球多边贸易谈判，又不愿意看到美国在FTA大潮下被边缘化。因此，20世纪80年代末开始，美国改变对FTA的政策，"由单一支持全球贸易谈判转向同时重视双边、多边和全球谈判的多轨模式"；分析了美国积极推动FTA的三重目的考虑，即施压全球多边贸易谈判取得进展、强化与一些国家的安全同盟、主导制定国际贸易与投资新规则；分析了"3T"战略折射出美国对亚洲区域经济合作正在做策略性调整，具体表现为美国利用日本搅局，自己暂时加入不了也要把其盟友塞进亚洲区域合作；借助重返亚洲主导TPP谈判，TPP成为所谓"亚太再平衡战略"的经济支柱；美国以"两洋国家"为由，把太平洋与亚洲联系起来，用亚太区域合作替代亚洲区域合作，旨在名正言顺地塑造"亚太体系"，巩固和扩展自身在亚洲的经济、政治及安全等领域的权力及其影响力。

我的研究报告，其重点是面对美国"3T"的全球经济布局，中国有关部门和研究机构应聚集力量加强研究，在透彻了解TPP、TTIP和TISA文本内容及中国同TPP、TTIP国家经贸关系的基础上，对"3T"给中国带来的贸易和投资"转移效果和创造效果"，进行全面、系统的评估，并予以理性应对。中国是亚洲国家，同周边国家的贸易额已超过与欧洲、美国的贸易额总额，因而对外经贸战略基点似应放在亚洲，立足于周边，辐射"一带一路"，构建面向全球的高标准自由贸易网络，推动对外出口及对外投资的新发展。具体而言，提出了中国应对美国"3T"战略的全球经济布局的八点建议。

世界经济研究：改革开放经验借鉴

在经济全球化和区域经济一体化深度发展的今天，各国间的经济联系愈加紧密，各国经济发展同世界经济荣枯及其相互关联程度息息相关。因此，各国无不关注世界经济的变动态势。世界上许多国家特别是大国都设置了专门机构对世界经济进行短期、中期和长期的趋势研究、分析与预测。但是，经济学家对世界经济的分析与预测主要采用因素分析法，目前尚没有成熟的可用的预测世界经济的模型。经济学家对世界经济形势的判断总是有所谓乐观派和悲观派之分。其实发展实践表明，世界经济顺向发展时，也总会伴随着种种制约因素，世界经济逆向发展时，也总会存在一些利好因素。世界经济如此，国家经济同样如此。关键问题是经济学家能否在混杂多变的经济现象中以及在积极因素与消极因素之间，把握住经济发展的脉动，做出较为客观的判断。当然，这说起来容易，做起来并不容易。正如西方一个笑话所说，10个经济学家坐在一起讨论同样一个问题，会产生11种以上的看法。

我从20世纪90年代初开始侧重研究世界经济形势，可以说对世界经济研究的时间最长，相比其他领域，世界经济研究成果较多。在担任世界经济与政治研究所所长期间，定期召开由院内外学者参加的世界经济研讨会，主持编写年度《世界经济黄皮书》，并每年向中央领导报送世界经济形势研究报告。一次在中南海向中央领导汇报我所对经济全球化和政治多极化的看法时，中央外办主任刘华秋对我说，"你们提供的世界经济研究报告很好，希望以后继续送我"。从所长岗位退下来之后，个人研究时间多了，近20年来，我从未中断过对世界经济的跟踪研究，研究成果也得到大家的肯定和好评。2002年第4期《求是》杂志刊登了我写的《世纪初世界经济的基本态势及近期走向》一文，约稿编辑给我发来了《读者来信选编》（2002年第9期）：浙江读者姜师庆来信反映，"文章以翔实丰富的材料说明世界经济的走向以及对我国的影响。有骨有肉，引人入胜；文字简练，条理清楚。读后使人们对当前世界经济形势有了切实的了解，对中央提出的对策也更加容易理解，受益匪浅"。

提及20多年来我对世界经济形势的研究，不能不说到中国国际问题研究基金会提供的宽松研究平台。2009年，中国国际问题研究基金会成立了世界经济研究中心，聘我为该中心主任。中心由长期从事世界经济和重要国别研究的老专家组成，包括新华社高级记者李长久、中国社会科学院荣誉学部委员陈宝森、中国国际问题研究院研究员陈德照和甄炳禧、中国现代国际关系研究院世界经济研究所所长陈凤英、中国外汇投资研究院院长谭雅玲、商务部研究员徐长文、清华大学美国研究中心教授周世俭、中国社会科学院世界经济与政治研究所研究员谈世中、中国社会科学院欧洲研究所研究员王鹤以及部分资深外交官和前驻国外大使。这个"老人团队"按季度召开研讨会，对国内外关注的世界经济及主要经济体热点问题，各抒己见，相互交流。在集体讨论和个人研究的基础上，写出的报告和论文，主题新颖，行文规范，数据可用，观点明确。这些科研成果分别刊登在基金会国际问题研究报告、由基金会理事长刘古昌主编的国际问题蓝皮书和国际纵论文集以及基金会国际问题网站上，受到有关方面的关注和重视。

我为国际问题蓝皮书提供的世界经济研究报告：《发展困境与深度调整的世界经济》《地缘政治危局下的世界经济》《美联储货币政策变化及其溢出效应》被评选为中国国际问题研究基金会2013年度、2014年度、2015年度优秀调研作品奖。中国社会科学院《要报》于2015年10月30日印发的《舆论参考》将我的《在美联储货币政策变化下要防范金融颜色革命》一文，上报中央办公厅、中央宣传部、中央国安办、国务院办公厅。《要报》编辑部李红霞电话反馈意见：《要报》上送的很多，但被中办采用的不多。《在美联储货币政策变化下要防范金融颜色革命》一文已被中办采用。

中国的发展离不开世界，世界的发展离不开中国。国内各方面对世界经济研究成果的市场需求量很大。我所写的相关世界经济的研究报告、论文和文章，主要发表在院所刊物和院外刊物上。院所两级刊物有：《世界经济》《世界经济调研》《中国社会科学院要报》《中国社会科学院院报》《中国社会科学院世界社会主义黄皮书》《世界社会主义研究》《马克思主义研究》和《当代亚太》等。我更多的世界经济研究成果发表在院外刊物上，包括原国家发展计划委员会宏观经济研究院《宏观经济研究》《人民日报》《求是》《红旗文摘》《光明日报》《经济日报》、中国人民外交学会《外交》季刊、《世界知识》、首都经济贸易大学和中国工业经济学会《经济与管理研究》、吉林省社会科学院

"金融危机下的世界经济与中国" 讲座（2010 年 3 月 20 日）

"社会科学战线"、国务院发展研究中心亚非发展研究所《亚非纵横》、北京外国问题研究会《外国问题研究》《新华通讯社内参》《世界通讯》《瞭望》、中国国际经济交流中心《现代化》及其博士后工作站《全球要事报告》、商务部中国国际经济合作学会《国际经济合作研究》、中国国际问题研究基金会《国际问题研究报告》及《国际视野》、中共中央宣传部《时事报告》、广西社会科学院《东南亚纵横》等。除从事世界经济研究工作外，我应邀在中央党校、外交部、新华社、中国国际经济交流中心年会、上海社会科学院以及广西等做过世界经济形势和国别经济形势报告与演讲。十余年来，我还参加了国家发展和改革委员会国家信息中心博士后工作站和中国国际经济交流中心博士后工作站的博士后招生面试、开题报告评审和出站报告答辩工作。

半个多世纪的亲身经历，我深感各方面对世界经济的关注与需求，但世界经济研究并不容易，不确定因素太多，经济数据变化无常，如果不能随时跟踪，就根本无法研究世界经济。为确保世界经济研究成果的质量，我尽力研究世界经济难点与前沿、世界经济"确定因素与不确定因素"和世界经济话语的软实力问题。

关于世界经济难点与前沿

在世界经济研究中，既存在对经济数据信息认识与分析的不同，也存在对经济现象或问题认识与分析的差异。其难点表现为：一是如何处理数字信息问题。世界经济数据信息的主要来源有：国际货币基金组织、世界银行、世界贸易组织、国际清算银行、联合国贸发会议和联合国工发会议等；地区性经济与金融组织，包括亚洲开发银行、拉美经委会、欧盟委员会、亚太经合组织（OECD）等；各国政府及其有关部门和研究机构等；大型咨询公司和企业等。然而，这些组织和机构所公布的数据信息，不仅存在统计方法上的差异，也存在数据信息可信度问题。如何判断、取舍和选用来自各方面的大量数据信息，成为世界经济研究首先需要解决的难题。有位中国学者发表了题为《关于世界经济，我们应该倾听谁》的文章，认为在所有关于世界经济的权威机构当中，国际货币基金组织和世界银行是世界经济的"数据提供者"。但它们发布的数据亦并非完全准确。二是对同质性经济现象的认知与判断问题。经济学家对世界经济出现的同质性现象的看法往往不同，甚至会给出截然相反的看法，如对2001年美国经济走势的看法，有人认为是 W 字形，有人认为是 U 字形，有人则认为是 L 字形，还有人认为是 V 字形；对2002年美国经济是否会发生"二次衰退"，有人认为不会，有人则认为会或许可能；对 2003 年布什实施减税计划和美联储降低利率措施是否能有效促进美国经济复苏，其观点也是完全相反的，可谓"公说公有理，婆说婆有理"。这就需要从实际出发，给出客观分析与判断，而不能采取"中庸之道"。三是对违背经济常规的现象的分析问题。世界经济经常会出现背离经济常规的现象，如 2003 年世界经济三强中，欧元区经济"敬陪末席"，然而欧元兑美元汇率却大幅攀升，没有真实地反映欧元区经济基本面。研究世界经济，仅仅发现这种背离经济基本面的现象远远不够，更为重要的是需要对这种现象进行理论分析。四是国内经济与国外经济统筹问题。当今世界，国内问题"国际化"和国际问题"国内化"的特点突出，研究世界经济和国别经济，其目的是服务于国家改革开放，开展对外经贸合作，促进经济发展。由于从事世界经济研究的多数学者对国内经济知道不多、了解不深，因此，国内外经济结合研究不尽人意，难以提出有分量的可行的对策建议。五是前沿问题的选择与确定问题。我们经常说要研究前沿问题，何谓世界经济前沿问题？据个人浅见，前沿问题的基本内涵似应包括三个层面的问题：一是国家和社会迫切关注的重要热点问题；二是已有科研成果尚未涉及或涉及不多的重大理论和实践问题；三是世界经济研究当中存在的难点和疑点问题。在研究世界经济的过程中，如果能解决好上述问题，其科研成果质量就会有所提高。

根据世界经济的发展态势，国际经济关系变化趋势以及国家和社会的需要，我于 2004 年年初提出将以下问题作为世界经济前沿问题加以探讨和研究：全面建设小康社会面临的国际大环境及其因应对策，经济全球化与融入世界经济对全面建设小康社会的作用与影响，21 世纪资本主义大国之间的矛盾与统一关系，我国如何适应世界经济形势变化与大国经济政策的调整，区域经济一体化的若干理论和政策，美国、欧盟和日本贸易政策的调整及其对我国的影响，全球资源与世界安全新变化趋势，国际直接投资的变化动向与我国有效利用外资，21 世纪和新形势下的南北关系和南南合作，建立衡量南北经济差距指标体系。2004 年 3 月 15 日，中国社会科学院要报《领导参阅》刊登了我提供的《世界经济研究中的难点及前沿问题》一文，反映了上述我的一些观点。

关于世界经济的 "确定因素与不确定因素"

在探讨和研究世界经济时，人们总会提及 "不确定因素"，但对 "不确定因素" 的认知却不尽相同。我在《世界经济有望迈入周期景气的起步阶段》一文中，指出何谓 "不确定因素"。看起来好理解，其实不然，各有各的说法。有人将世界经济存在的问题视为 "不确定因素"，有人把世界经济不同预测与判断，当作 "不确定因素"。多数学者则认为 "不确定因素" 系指未能预料到的或 "已知事件" 不知向什么方向演化的因素。判断 "不确定因素" 的困难在于，有人认为的 "不确定因素"，在有些人看来却是 "确定的因素" 或 "已知性因素"。"不确定因素" 不是一成不变的，"不确定因素" 不一定都是负面因素，"不确定因素" 不一定都朝着恶化方向发展。

与此同时，对于世界经济 "不确定因素" 是在增加抑或减少，人们的认识也并非一致。达沃斯世界经济论坛创始人克劳斯·施瓦布认为 "人类已步入了一个不确定因素加剧的时期"，但施瓦布先生并未说明其依据是什么。如果将 "不确定因素" 拓展到社会、军事、安全及地缘政治等多领域、多层面去加以考虑，那么施瓦布先生的说法或许有些道理。但仅从经济层面看，朝着利好趋势发展的世界经济则有可能会抑制某些"不确定因素"向其反方向变化。

关于世界经济话语的软实力

国际货币基金组织不单是世界经济的"数字提供者"，而且是善于"创造词汇"的权威机构。"创造词汇"可以制造轰动效应，是 IMF"软实力"的体现。2014 年 IMF 总裁拉加德认为"世界经济或许会经历一个长期低于平均增长水平的新平庸时代"。"新平庸"（New Mediocre）一词已被一些主要经济体的政治领导人频频引用。但关于"新平庸"在国内外学界却存在不同看法，有人认为"新平庸"是世界经济新常态，而有人则认为不是新常态。我是国内较早对"新平庸"提出质疑的学者。中国国际问题研究基金会丛书《国际问题纵论文集》（2015/2016）采用了我写的《世界经济尚未进入"漫漫长夜"》。该论文提出了以下观点：

一是世界经济步入"新平庸时代"或者世界经济进入"新常态"，讨论的议题都是世界经济增长和发展速度及与速度相关的要素问题。从发展实践看，2010 年世界经济增长率约为 5%，已经基本走出危机，虽然危机后遗症并未完全消除。高盛资产管理公司前董事长吉姆·奥尼尔认为在 2010—2013 年的 4 年里，世界经济年均增长率约为 3.4%，大体与 IMF 提供的年均增长 3%—3.5% 的数据相一致。IMF 预测 2014—2016 年世界经济增长率分别为 3.4%、3.1% 与 3.4%（IMF 可能向下修正 2016 年全球增长预期）。上述数据虽然低于 2003—2007 年"黄金时期"年均 4.5%—5% 的增速，但却并不比 20 世纪 80 年代全球经济年均增速的 3.2% 及 90 年代的 3.1% 的差。

二是"后金融危机"时期以来，世界经济在多重挑战与风险的冲击下，没有出现"二次探底或衰退"，全球经济运行较为平稳。按汇率计算，全球 GDP 总量从 2010 年 70 万亿美元增加到 2015 年超过 80 万亿美元。在世界经济基数不断增大的基点上，能以年均 3% 以上的速率向前运行，称得上是过得去的几个年份。用"黄金时期"的增长标准去衡量大危机后世界经济的表现，其要求显得过高，正如世界经济论坛创始人施瓦布所说，世界需要停止向后看，自 2008 年金融危机以来，我们浪费了太多能量用于试图回到经济快速扩展的昨天。

三是世界经济变幻莫测，既存在结构性与周期性的制约，又面临地缘政治危局冲击及不时出现的难以预料的突发事件。但变革、调整、转型、创新和发展业已成为世界性的潮流，面对众多已知风险的冲击，发达国家和新兴市场国家、发展中国家纷纷加速推进改革、调整、转型与创新驱动的步伐，促其实体经济从旧的增长模式向新的增长模式转变。当今的世界"正处在划时代的变化当中"，我们既要看到世界经济"忧"的一面，也要看到世界经济"喜"的一面。然而，国内外人士对世界经济的消极因素看得较为充分，而对世界经济的积极因素却看得有些不足，实际上世界经济不乏亮点与动力，包括美国经济步入"周期性回升期"；全球投资领域宽广，直接投资回升；国际贸易加速自由化、便利化，推动多边和双边贸易发展；国际油价回归理性利于世界经济可持续发展；金砖国家上升趋势不会改变；世界将迎来"新兴国家"时代；创新驱动发展战略成为经济的新增长点等。

四是拉加德作为 IMF 总裁指出世界经济或许步入"新平庸时代"，只是向世人发出了一种警告，让世界各国在"后危机时期"要有忧患感和危机感。实际上拉加德对未来世界经济发展走向，依然强调两种趋势，即世界经济正处于拐点：它可以一直保持低增长，进入"新平庸时代"；或力争走出一条更好的路子，制定大刀阔斧的政策，加速增长，增加就业，从而获得发展新势头。近几年来，虽然 IMF 总是向下修正世界经济增长预期，但 IMF 提供的 2010—2015 年的数据，世界经济年均增长率略超出 3%，今后 5 年，世界经济年均增长率为 3%。统计数字表明：世界经济既未步入"强劲增长时期"，也未进入"漫漫长夜"，依然在温和复苏的轨道上爬行。

五是"世界经济温和增长，尚未进入漫漫长夜"的基本认知和判断并不是建立在世界经济不存在风险与挑战的基点上，恰恰相反，世界经济面临重重新旧风险和挑战。从短期因素看，某些地缘政治危局依然难以消除；从中期因素看，一些国家仍在消化包括高负债、高失业在内的金融危机后续影响；从长期因素看，劳动人口老龄化和劳动生产率的弱势增长将抑制潜在产出的增长，导致未来全球经济整体增速趋减。

六是世界经济如同一国经济发展一样，难以无止境地保持"地球村"承担不了的高速增长，因而伴随经济基数的不断扩大，人们不应再期望或习惯于世界经济持续保持年均增长 4%—5% 的水平。我们必须运用辩证的、两点论的观点，客观分析和全面认识外部经济环境发生的变化。中国国家主席习近平 2015 年 10 月在中英工商峰会致辞时指出，"当前世界经济气候风云变幻。越是在前景不确定的时候，我们越是需要坚定信心。历史经验和经济规律告诉我们，世界经济发展从来不是一帆风顺，但增长终究是趋势，一时数据高低或市场起伏不能改变这个大势"。

《世界经济尚未进入"漫漫长夜"》一文，受到同行们的重视，《全球要事报告》《国际问题研究》《外国问题研究》等先后予以刊登。

结束语

在经济全球化不可违逆的大趋势下，中国经济与世界经济之关系将变得更加紧密。如何客观地看待"后金融危机"以来的世界经济演变及未来 5 年世界经济的发展走势，事关中国"十三五"规划时期对外部经济环境的正确认定与判断。美国彼德森国际经济研究所提出应对世界经济进行一次"真相调查"，通过"真相调查"，还原世界经济的真实"面貌"。由于人们对世界经济形势分析与预测依然存在巨大差异，全面、客观分析和研究世界经济是从事世界经济研究工作者的责任和本分。

我在中国社会科学院学术委员会出版的《谷源洋文集》"自序"中写道："自选集是笔者对社科研究工作的检查，通过这次检查深感有许多不如意的地方，因而对自己有了更加清醒的认识。这一感悟比起自选集的出版更为重要、更为宝贵。自选集的出版或许不是我科研生涯的终结，在科研道路上可能还要继续走下去"。如果今后身体和精力允许的话，我打算把 2006—2016 年发表的世界经济研究成果做些整理。

谷源洋

2011 年首发于中国社会科学网

2016 年春修订

张蕴岭

Zhang Yunling

男，1945 年 5 月 8 日生，中国社会科学院研究员，学部委员，国际研究学部主任，第 10、11、12 届全国政协委员，中国亚太学会会长；曾任欧洲研究所副所长，亚太研究所所长，兼任日本研究所所长，博士生导师；1992 年被授予有突出贡献的中青年专家称号；现被聘为山东大学一级教授，中国－东盟博览会高级顾问，广西大学东盟研究协同创新中心首席专家，外交学院亚洲研究所学术委员会主任、东盟与东亚研究院（国际）董事（代表中国）等；曾作为访问学者或访问教授先后到美国哈佛大学、约翰霍普金斯大学、欧洲大学、哥本哈根大学、日本中央大学进修或进行研究、讲学等。

主要著作：

个人专著：《世界经济发展中的相互依赖关系》（1989、2012）、《探求变化的世界》（2003）、《中国与亚洲区域主义》（英文，2010）、《中国崛起与世界秩序》（英文、2010）、《寻求中国与世界的良性互动》（2013）、《构建开放合作的国际环境》

（2013）、《在理想与现实之间》（2015）。

担任主编:《转变中的中美日关系》（1997）、《亚洲现代化透视》（2001）、《未来10—15年中国在亚太地区面临的国际环境》（2003）、《世界区域化发展与模式》（2003）、《世界市场与中国对外贸易发展的外部环境》（2007）、《中国与世界:新变化、新认识与新定位》（2011）

我的"学术成道"之路

按说，我走上搞研究、做学问之路是比较晚的，由于"文化大革命"的耽搁，1978 年才考入中国社会科学院研究生院做研究生，当时已经 30 多岁了，已过而立之年，进入社会科学院专门从事研究工作，已近不惑之年。不过，也好，既然到了不惑之年，心里就清楚该干什么了，不再走弯路。诚如郑板桥所言：咬定青山不放松，立根原在破岩中，千磨万击还坚劲，任尔东西南北风。不寻常的生活经历告诉我，人只要下定决心，肯下功夫，功夫就会不负有心人。

不敢说出的心底"秘愿"

我高中的外语老师，北外毕业，本是高才生，因被打成右派，被发配到地方中学教书。他人好，教课认真，课堂上对学生要求很严，他说我有外语天赋，发音准，有灵感，报考大学的时候，他力主我报考外语系，说是学成了好当外交官。他当初就是抱着那样的理想学外语的，不想当了右派，梦想破裂。我听老师的，报考了外语系，先是入山东大学外语系俄语专业，后转到英语专业。大学的老师也夸我学外语有灵性，进步快，一下子成了尖子生。不想，"文化大革命"来了，学业半途止步，做外交官的梦被击破，毕业后被派送到农村接受"再教育"，成了农民。

远离家乡，举目无亲，我没有了别的想法，只有卖力干活。后来，我离开农村，几经变动，调到了河北省外贸局工作。也许是因为此前工作经历的原因，我没做外贸业务，而是被领导安排做了政工干事。不过，我倒得了个便宜，单位为我安排的单身床铺就在外贸局的书库里。图书室很大，我睡觉的床在一个角落里，房间里摆着一排排书架，书架上放满了有关国际贸易和国外情况的书，有些还是英文的。单身的生活很单调，晚上，星期日没有事干，我就翻看那里的书，一年多下来，几乎把书架上的书看了个遍。

在农村的时候，我亲眼看到，农民的日子有多么苦，公社体制有多么无效，经济如何每况愈下。当时，我有困惑，不太明白为什么老百姓天天干活，到头来还是吃不饱，穿不暖。我也想改变，曾壮着胆子给省里写信，要求在村里实行生产"承包"，提高效率，差点被打成反革命。

在看了那么多的书之后，才知道，外国还有那么先进的东西。我心里想，什么时候有机会能去国外看一看，研究一下人家如何发展的？这成了我藏在心底的一个"秘愿"。在当时，这样的想法很危险，不敢说出来，要是让别人知道了，告我一状，那就完了。我曾吃过这样的亏，在"文革"中，由于别人告状，我被军宣队定性为"不适合从事外事工作"，因此，分配的时候，很多同学去了军垦农场作为外事储备人才，我却被入了另册。

1978年，国家决定恢复研究生教育，我感到机会终于来了。我决定报考研究生，碰碰运气。我报考的是中国社会科学院研究生院世界经济系的美国经济专业。我心里明白，是为了实现我那藏在心底不敢说出了的"秘愿"：研究外国，解开别国发达的

"秘籍"，学习外国经验，让国家能发展起来，能让苦够了的老百姓过上好日子。

天遂人愿，我被录取了。三年的学习很苦，一是学习条件差，看书学习就在搭建起来的木板房里，冬天靠生煤炉子取暖；二是生活条件苦，收入很低，还要养家，吃不上好饭，肚子经常饿得咕咕叫。但是，心里倒也充实，因为要学的东西太多，什么都感到新鲜，听课、看书，真有点"如饥似渴"。也许是因为我太拼了，把身体都搞坏了，只好去住院治疗，就是在医院了，还带着书，几次都是医生把书拿走。

要写毕业论文了，还是离不开我那心底的"秘愿"。我决定研究外国的大公司，把美国的跨国公司作为主要研究对象，目的是要探究那些大跨国公司是如何发展的。由于下了真功夫，毕业论文得到好评。研究生毕业后，我到北京师范大学经济系的美国经济研究室工作。我不仅研究美国经济，也研究发展中国家如何利用外资发展经济。我在北师大学报上连发了两篇长文，论述发展中国家利用外资的政策，据说，此前还没有年轻教师连续在学报上发这样的"大文章"。我之所以又研究美国，又研究发展中国家，还是与我的那个心底"秘愿"有关，即研究外国如何取得快速发展的。

1982年国务院国际问题中心成立，我调到了该中心工作，曾集中精力研究国外科技革命的发展，写出了关于美国科技革命与我国对策的报告。我还骑着一辆破旧的自行车，多次到中关村地区调查，撰写了关于在中关村建立科技园区的建议，通过中心上报，得到当时的高层领导批示。

1983年，出于有些特殊的原因，我调到了中国社会科学院欧洲研究所，主要从事有关欧洲一体化的研究。不过，我还是对世界的开放发展问题给予特别关注。1985年，我有机会到美国哈佛大学做访问学者，我选择的研究题目就是关于世界经济发展的相互依赖问题。当时，在国内，这个议题还是禁区，没有人做过该领域的系统研究。我之所以选择那样一个难题，目的是想探求世界经济发展的规律，为我国的改革开放寻求理论和规律基础。凭着一股韧劲，在一年的时间里，我阅读了大量的著作，收集到了丰富的文献，也凭着一股闯劲，我访问了许多著名专家、教授，对写一本我自己的书充满信心。回国后，我只用了半年的时间，就写出一本40多万字的专著书稿，书名为《世界经济中的相互依赖关系》，该书的最后一篇就是专门论述中国如何实行开放发展，融入世界经济，参与分工，加快发展的。

1993年，我调到了亚洲太平洋研究所。亚太所的研究领域离中国更近了，更直接了。利用我以前研究欧洲一体化的底子，我选择重点研究中国如何参与和推动亚太一体化。我意识到，这个领域可以更多涉及我国的改革开放与发展，可以通过研究为政府建言献策。1990年，中国加入亚太经合组织（APEC），我立即推动成立了"中国社会科学院 APEC 政策研究中心"，没有经费，就通过开展合作，自筹资金，设立课题，开展有关中国参与 APEC 政策的研究，中心组织了许多国内、国际会议，向政府部门提供许多研究报告，在院内外聚拢了一批研究人才。我先后主编出版了《开放竞争与发展》《聚焦上海—亚太经合组织的前景》《走发展、合作、开放之路》等著作，发表了很多中外文的论文。由于太投入了，朋友为我起了一个绰号"Mr. APEC"（APEC 先生）。

1997年发生亚洲金融危机，萌生了东亚的区域合作的意识。我以极大的热情转向东亚区域合作的研究，并且积极参与了关于中国—东盟自贸区、东亚自贸区的设计，负责主持起草可行性研究报告，还先后出版了《亚洲现代化透视》《走出危机的阴影》

《东亚合作的进程与前景》《世界区域化发展模式》等专著，发表了很多论文，参加了各种有关东亚合作的会议，在诸多场合，都留下我的身影和声音，许多人戏称我成了"中国代表"。事实上，这十几年来，让我倾注最多的就是推动中国参与东亚区域合作。因为我认定，中国可以在参与中实现更好的发展，只有通过参与才可以发挥大的作用，推动东亚合作是创造历史，有利于中国，也有利于地区。基于这样的理念，我还积极推动创建了多个中国与周边国家的学术与思想交流平台，如"东亚思想库网络""中国—东盟智库论坛""中国—东北亚智库论坛""中国—南亚智库论坛"，积极参与构建国际性论坛，如"亚洲博鳌论坛"（海南），"济州论坛"（韩国），"亚太圆桌会议"（马来西亚）等。我的苦心和努力得到了回报，许多建言被政府采纳，不少学术思想被国内外研究者引用。2015 年，我出版了精心写作的专著《在理想与现实之间——我对东亚合作的研究、参与和思考》，它既是对以往的总结，也是对未来的展望，在深度思考的基础上，为中国的未来之策提出了建言。这本书被列为中国社会科学出版社"中国战略家丛书"首部出版。不过，出版这本书的时候，我已到"古稀之年"了。

回首过去几十年，似乎往事历历在目。那是令人激动、振奋的时期，因为中国踏上了改革开放的新征程，实现了经济的快速发展，甩掉了落后的帽子，跃升为世界第二大经济体。尤其对于像我这样的经历过诸多折腾，目睹老百姓遭受贫穷之困的人来说，这一切都难以想象。当年压在心底的"秘愿"，如今不需要隐藏了。改革开放成为国策，中国融入了世界，每年有几十万青年出国留学，有上亿人出国旅游。作为一个学者，我每年应邀到世界许多国家参加学术会议，站在学术讲坛上，讲中国的故事，谈中国与世界的关系，此时此刻，心情与当年埋下心底"秘愿"的时候就大不一样了！

经得住时间考验的理论

《世界经济中的相互依赖关系》一书是我的处女作，花了很大的工夫，没有课题立项，没有任何资助，1987 年完稿，但是，由于诸多原因，书稿写出后找不到出版社出版。1989 年，还是我在经济科学出版社任副主编的朋友范国鹰"慧眼识珠"，冒着风险，支持出版，不过条件是砍掉关于中国的第五篇。为了出版，我不得不接受，不管怎么说，这样，书就可以出版问世了，不至于被长久束之高阁，况且，出版社不收出版费（当然也没有稿费），这已经是给予特殊照顾了。它是国内第一部系统分析世界经济发展相互依赖关系并提出自己独到观点的书，影响了很多人。

我从来没有为这本书申请过奖项，是想让它接受时间的考验。2011 年，中国社会科学出版社希望把这本书再版，列入其"当代中国学者代表作文库"。该文库收录的都是经得住考验的有关人文方面的研究，而本书是关于当代国际经济问题的。该书毕竟出版 20 多年了，此后，世界发生了巨大的变化。编者让我仔细看一看，该书所做的分析、提出的论点是否需要修改。在仔细看了几遍之后，我告诉出版社，除了个别章节（如，东西方关系）因为世界大格局发生了变化，已经时过境迁，以及统计表的数据需要更新外，该书的分析逻辑，主要的理论和观点，并没有过时，当时提出的许多论点，如今读起来依然觉得很新鲜，不需要做修改，数据也不更新了。我只是需要写一个较长的再版前言，一是对新的变化做些概括性分析，二是弥补当年被砍掉的关于中国与外部世界的那一篇的缺憾。当然，如今，中国发生了翻天覆地的变化，中国的经济发展与外部世界的关系与 20 世纪 80 年代大不一样了，我不需要再去论证中国实施改革开放的必要性，而是重点分析中国实现发展转型与重构和外部世界关系的重要性。

这里仅仅引书中的几处观点，表明当时的分析和结论是如何经受住了时间考验的。关于世界发展的特点，我当时写到，"我们不仅生活在一个日益变小的世界，而且还生活在一个日益相互依赖的世界"，"不断扩大的贸易交往，日益增多的资本流动，加速发展的技术传播和信息交流等等，这一切都使得各国的经济日益相互渗透、相互依赖和相互制约"，"经济生活的高度国际化已经成为我们这个时代发展的一个基本特征"。这个概括在今天看来更具有现实性。一国为什么要实行开放发展战略，我提出，"世界经济中各国交往和相互依赖加深的趋势并不因为各国社会制度，或者说占统治地位的生产关系的改变而终止"。因而，仅仅从资本主义生产关系的角度来解释和分析当今相互依赖关系发展的内在原因是远远不够的，还应当从生产力发展本身的内在动力和规律来加以研究。书中还指出，"对于世界经济的发展来说，具有更深刻意义的是生产力发展本身要求在世界范围内不断开拓发展的适宜和优化的环境……在这种内在的动力驱动下，国别生产力的增长与经济中的外向扩张压力成正比"。因此，"从生产力发展来看，一国内区域隔离的打破是对社会生产力发展的一大解放，而国界疆域的打破，及生产和交换的国际化的发展，则使生产力的发展得到更为广阔的活动空间。在很大程度上说，社会生产力在世界范围发展的程度是生产力发展水平的标志，因而各国生产力的发展能否获得解放与发挥，取决于在多大程度上冲破国别的限制，实现世界范围获得要素资源的优化选择、组合与利用"。这里，本书强调，必须从世界经济发展的本身规律来观察、研究和看待世界经济的相互依赖关系发展，尤其是要从生产力的角度来认识经济的对外开放。

该书对信息要素的分析体现了前瞻性。我指出，信息是构成现代世界的神经系统，"是把社会诸要素协调起来构成有机体的机制"。具有重要意义的是，"信息量的增长引起质的变化，使得它们成为经济中相对独立的构成要素。在现代经济中，信息的生产、信息的传递和信息的利用成为经济活动中重要的内容"，明确指出了信息是独立要素，是商品。如今，我们处在新的信息时代。无论是信息的形式、信息的手段，还是信息的地位和信息的作用变得更为突出。该书提出了加强国际治理的必要性，指出"国际组织作为超国家机构在管理、调节世界经济和国际经济关系中起着特殊的作用"，"国际交往愈发展，及世界经济越一体化，对国际组织管理和协调作用的要求愈强烈"。全球化和由此构成的世界经济发展中的紧密相互依赖关系要求更强的全球治理，因此，国际组织应该有更好的发展，其功能应进一步加强。从根本上说，"共同利益原则是构成各国间紧密联系与相互依赖的重要基础，也是国际组织存在的客观基础"。国际组织的职能是"调节交往过程中的出现的矛盾，制定和保护共同的行动守则或者建立国际交往的机制"。

关于世界经济体系，书中指出，"各国经济间交往程度愈深，不仅在发展上相互依赖和相互牵制越多，而且在利益上所凝成的共同点也越多。越来越多的共同利害关系则形成一种愈益增强的内在稳定机制"。但同时也指出，"世界经济中的相互依赖关系是一个有机的体系，但并非是一个和谐的体系"。"经济中的对外依赖关系增多会增加经济的脆弱性"。为此，本书提出重视开放参与的能力转换问题，强调减少"从属性依赖"的途径。

关于中国的开放发展，书中强调："世界经济的愈益一体化和各国间相互依赖的不断加强是一个不可逆转的趋势"，"在新的发展面前，能否清醒地认识现实，顺应发展潮流和利用发展机会，对一个国家来说是至关重要的"，"重要的不仅在于观念上的转变，而且更在于实现发展战略和政策上的转变"。中国通过进一步改革开放，同世界各国的经济交往会进一步加强，同国际市场的关系会更为密切，"沿着这个方向发展，我国经济的发展将能以一个崭新的姿态出现，中国经济真正跨入强国之林的愿望是可以实现的"。应该说，20 世纪 80 年代中后期，我国经济的发展还处在非常艰难的攻坚阶段，如今，"跨入强国之林"已是梦想成真了。

当年写出这样的书，除了真下功夫外，动力来源是心里装着国家的发展，有着强烈的冲动，推动中国的开放发展战略实施。我记得，当年曾向分管院领导给予点支持，得到的答复是："太难了，超出你的能力。"那我只有我暗下决心，一定要成，证明自己的能力。成功了，我并没有抱怨领导，毕竟太难了，空口无凭，没法让人家相信我能成。"有志者事竟成"，做学问就是要有点这样的自信才行。

我大致数了一下，就涉及中国的对外开放、对外政策、中国与外部世界的关系，先后出版独著 7 部（其中英文 2 部），主编的书不下 40 部，发表的论文（包括国外发表的英文），撰写的报告就更多了。

如今，"老骥不鞭自奋蹄"，研究、思考、写作似乎成为我机体运行的一个有机组成部分。

做开拓性的实践者

像我这样的学者能有机会把自己的研究付诸实践，实属幸运。我参与了中国—东盟自贸区的构建，参与撰写可行性报告，作为专家，提出了一些创新性的政策建议，融入实践。比如，我提出，抓住了东盟国家担心中国太强、开放会吃亏的想法，建议实施"早期收获"安排，即在总的谈判开展之前，先选择一些易见成效的产品，先期开放。这个建议被采纳，双方决定先从农产品开始，中国率先向东盟国家开放。这推动了整个中国—东盟自贸区的构建，同时，也为其他国家谈判自贸区提供了可以借鉴的经验。其实，这个创意也不是我的发明，而是东盟国家提出的想法，基于研究的基础，让我立即认识到它的价值。还有，为了凸显中国—东盟之间的合作，双方决定举办"中国东盟博览会"，设在广西南宁。这是一个新事物，没有现成经验可以直接借鉴。我被聘为"高级顾问"，是顾问团里的唯一学者。对我来说，这也是一个新领域，凭着知识的积累，加上尽力投入的精神，从指导思想到合作方式，我所提出的建议大多被采纳。至今，十多年了，这个"高级顾问"的名头还挂着，不过，人家已经有了经验，我插上嘴的机会也不多了，尽管如此，每当他们征询我的意见，我还是认认真真地思考。有人开玩笑说，十几年不知从博览会那里发了多大的财呢！说老实话，担任专家组成员也好，博览会高级顾问也好，既没有立项课题，也没有一分钱的劳务费，任劳任怨，无怨无悔。

推动东亚合作，是中国的一项大战略。我先后受命担任"东亚展望小组"中方代表，"东亚自贸区可行性研究联合专家组"

组长，主持由 13 个东亚国家专家参加的关于构建东亚自贸区的研究。"展望小组"先后组建三次，就东亚合作提出了三份报告，我为此倾注了很大的精力，一些有影响的思想，比如，关于东亚共同体建设的精神，东亚自贸区的功能性建设以及推进东亚经济共同体建设等，都有我的创建性贡献。有关东亚自贸区的可行性联合研究，历时一年多，在反复讨论的基础上，我亲自起草可行性报告文本，并向东亚经济部长会议和领导人会议报告。可惜，由于日本的干扰，本应付诸实施的一份好报告被搁置了。东亚地区的合作有着很强的政治因素，受到多种因素的影响，只有知难而进。

在中国社会科学院日本研究所作报告（2016 年 5 月）

其实，付出了就不会白费，尤其是智力的投入，往往是"大道无形"，思想会以各种形式发挥作用。其实，作为学者，更为重视的是思想理念的扩散与影响。许多年来，我参加的各种学术会议，包括诸多国际会议，难以说得清有多少，通过提交论文，发表讲演，与与会者交谈，尽可能把"中国的声音"扩散出去，发挥影响力。说老实话，不停地奔波，还是挺累的。不过，也有收获，由此交了一个很大的"智者朋友圈"，大家似乎成了默认的"志同道合者"，都在为推动区域合作尽力。也难怪不少人同事都给我说：你真有人缘啊，我们到很多国家访问，几乎都有人向你问候。我知道，这问候代表的不仅是友情，更是信任。

2009 年，我被任命担任中韩联合专家委员会中方执行主席。这个委员会是中韩两国领导人决定成立的，职能是为发展两国关系出谋划策，向两国领导人提出政策性建议。作为"领军人物"，我不仅负责把握研究和讨论大方向，更重要的是发挥引领作用，对推动两国关系的发展提出前瞻性的政策建议。像我这样担任"主席"的不多，几份报告都是由我亲自起草撰写的。2010 年 3 月 26 日，发生了韩国的"天安舰"沉没事件。韩方认为是朝鲜所为，要求中国政府表态。由于中国方面没有满足韩方的要求，一时间，韩国的舆论一边倒，责难中国，这对两国关系造成很大的影响。在此情况下，我与其他专家一起，提出增进共识，深化战略合作伙伴关系的具体建议，并安排专家与媒体、师生、公众进行直接对话，提出了建立两国"热线"、开展战略对话，加快自贸区谈判等建议，均被政府采纳，专家委员会的工作得到两国领导人的充分肯定，对于在复杂形势下推进中韩关系发展发挥了正能量。

多年来，我还一直积极推动有关我国周边安全的研究。安全领域并不是我的专长，像是有点"不务正业"，但长期的国际问题研究经验让我意识到，这个领域对我国的发展非常重要，在复兴进程中，构建安全环境，特别是周边安全环境至关重要。为此，我推动成立了院级地区安全中心，十几年来，全部经费自筹，每年完成几十份调研报告，我本人还参与了有关国家安全战略构建的研究，提出了创建性的观点，得到有关部门肯定。朋友劝我，"这么大年岁了，还这么拼，图个啥！"是啊，"图个啥？"对这样的问题，我还真没想过。

不尽的思绪

我们这代人，尽管经历了不少折腾，吃了不少苦，但也是幸运的，赶上了改革开放的年代。

回顾起来，真的有很多没想到。本来，大学毕业，我被放到农村，摸爬滚打，死了心在地方工作。不想，国家恢复研究生教育，经过考试，成了一名"文革"后的首批研究生；本来，"文革"中，我被驻校的军宣队宣布"不适合做外事工作"，不想，后来却一直与外国打交道，走访了几十个国家，结交了许多外国朋友，成了"著名国际问题专家"；本来，评上了作为最高学府的中国社会科学院研究员就应知足了，不想，社科院搞"创新改革"，建立学部，我成为首批"学部委员"，还做了学部主任，一做就是十多年；本来，习惯于过苦日子了，不想，赶上了快速发展，现代化，品尝到发展与现代化带来的甜蜜；我不曾读过博士，却带出来20多位博士研究生……

其实，也许是经历赋予的"本能"，我们这一代人是有很强的责任感的，而责任感的核心则是心里装着国家的发展，尽己所能，为国家发展思考，为国家发展献策。"心里装着国家"，既是作为从事研究的动力，也是人生"自奋蹄"的力量源泉。我从20世纪80年代初开始到国外访问，深切体会到国家发展所带来的巨变，不说中国本身，就说作为中国学者的亲身感受吧：80年代出国参加会议，我只坐在会场的角落位置，不敢主动发言，再说，那时说什么都有要求，回来还要求如实写汇报，应邀参加的活动也很有限；90年代，我就开始大胆发言了，能够让老外倾听来自中国学者的声音了，成了"活跃人物"；进入新世纪，就开始主持国际项目，其中包括代表国家的项目了，在政策性研究中可以嵌入中国学者的思想了……这些变化代表着我个人研究水平的提高，但更是代表着中国本身的发展强大，有了中国强大的后盾，说话有底气了，人家也给予了更多的关注和重视。

"讲中国故事"，首要的是中国故事让人愿意听，人们听后受到启迪。我记得，2009年在法兰克福书展的一场研讨会，它是专门为中国作为"主宾国"而组织的，由于程序上的分歧，曾一度闹得气氛紧张。我作为中国团的领队，最后做总结发言，讲从贫穷到小康的"中国故事"，半个多小时的发言，让听众感动了，得到了长时间的热烈掌声，让会场气氛变得热烈起来。我还记得2016年1月在澳门，全国侨联组织了来自几十个国家的侨领与会，作为澳门回归20年的重头戏，让我做专题讲演，我讲中华复兴，一带一路倡议的故事，让千人的会场"寂静无声"，我看到，听众中有人在抹泪，我知道，那是中华复兴的故事勾起了华人的情感，会后，大家涌过来，对我表示感谢，邀请我到他们那里去讲演。这气氛令我感动，更让我感到了自己的责任——我不仅仅是一个学者，还是一个"中国符号"。

说老实话，我们这一代人的学习被"文革"中断，尽管后来进入学校学习，但毕竟理论的底子不厚实。特别是我，只读了三年的硕士课程，后来全力投入研究，理论的功底主要是在实践中一点点积累起来的，提出的带有创新性的观点，也是基于时间实践的思考。我很想静下来，系统读理论著作，重压的研究任务，加之长时间担任研究所、学部领导，静下来很难。我曾想写一部有关区域经济合作的理论性著作，列出了提纲，但无论是理论功底，还是时间保证，都难如愿，只好作罢。直到如今，我还很难有真能"静下来的时候"，"忙"真的不是随口说说的托词。我在想，如果真有一天，能"静下来"，那时，也许会是"心有余而力不足"了。

在黑龙江扎龙丹顶鹤保护区（2008 年 9 月）

学术之路是艰辛的，没有"八小时内外"之说，可谓是，"天天都在干，时时都在思考"，学术"成道"更难，能成大家者，更是凤毛麟角。说老实话，做学问，要能经受住磨练，更要有内在支撑的精神才行。这个行当里，沽名钓誉者，终难长久，不肯下真功夫者，不可能成功。"学海无涯"，此语既是对做学问人的警示，也是鞭策，需铭记在心。

不过，做学者也不是要当苦行僧，好像没有了读书写作之外的选择，没有了"玩趣"。尽管很忙，我还是有不少让自己"享受人生"的喜好，比如，摄影，虽不专业，但也颇有一片"爱心"，每到一地访问，我总是尽可能找机会，捕捉灵感。2016年世界知识出版社出版了我的影文并茂的书，书名为"把时光留住"；我喜欢养狗，对我们家的拉布拉多犬"淘淘"，视同平等的家庭成员，它的聪明与活泼为家里增添了生气；我喜欢看电影，每当写作累了，往往很投入地看上一部惊险片，为此，还购置了家庭影院设备；也许是因为有下乡务农的经历，我很喜欢干地里活，喜欢到郊外，沿河边漫步，与淘淘追逐嬉戏……列宁说过，不会休息的人，就不会工作。其实，学会"忙里偷闲"，这也是一种本领，能让"枯燥的研究"里融入生活的乐趣，那也是"学问"。

张蕴岭

2016年春撰于书斋

陆南泉

Lu Nanquan

　　男，1933 年 11 月出生于中国江苏省江阴市徐霞客镇。1956 年 9 月至 1960 年底，赴苏联莫斯科财政学院（现俄罗斯联邦财政大学）读研究生。1960 年获苏联经济学博士学位。回国后，先后在中国人民大学、中共中央对外联络部执教与从事苏联问题的研究工作。从 1981 年 1 月起，在中国社会科学院苏联东欧研究所（现改名为俄罗斯东欧中亚研究所）工作，先后任苏联经济和俄罗斯研究室主任研究员。现任中国社会科学院俄罗斯研究中心副主任、中国社会科学院研究生院教授、博士生导师。先后兼任清华大学、山东大学、黑龙江大学、华中师范大学、吉林大学、新疆大学与新疆师范大学等校兼职教授，并任清华大学中俄转型经济比较研究中心名誉主任。陆南泉教授积极从事中国对俄罗斯经贸合作的指导与咨询工作，为此他还兼任哈尔滨市、佳木斯市与牡丹江市政府经济顾问，哈尔滨市经济开发区高级顾问。陆南泉教授长期以来担任中国俄罗斯东欧中亚学会秘书长工作，在组织和推动全国有关苏联、俄罗斯问题的研究方面做了大量工作。陆南泉教授曾多次访问过美国，并与美国学者共同研究有关俄罗斯问题的重大课题。他于1986—1987 年、1993—1994 年，先后两次任日本北海道大学斯拉夫研究中心、日本国际问题研究所客座教授。1992 年荣获国务院颁发的为我国社会科学事业作出突出贡献的证书，享受政府特殊津贴。

　　陆南泉撰写与主编的专著有 29 部，此外还合译有《苏联财政》与《苏联政治经济学》教科书等 5 部译著，并发表了大量论文与研究报告。主要的学术代表作包括：《苏联经济体制改革史论（从列宁到普京）》（人民出版社 2007 年版）、《中俄经贸关系现状与前景》（中国社会科学出版社 2011 年版）、《走近衰亡——苏联勃列日涅夫时期研究》（社会科学文献出版社 2011 年版）、《苏俄经济改革二十讲》（生活·读书·新知三联书店 2015 年版）、《俄罗斯经济二十年（1992—2011）》（主编，社会科学文献出版社 2013 年版）、《转型中的俄罗斯》（主编，社会科学文献出版社 2014 年版）、《苏联真相——对 101 个重要问题的思考》（三卷本，合作主编，新华出版社 2010 年版）、《苏东剧变之后——对 119 个问题的思考》（三卷本，合作主编，新华出版社 2012 年版）、《苏联剧变深层次原因研究》（合作主编，中国社会科学出版社 1999 年版）、《苏联兴亡史论》（修订版，合作主编，人民出版社 2004 年版）。所获得的主要奖项包括：《关于苏联经济改革的研究报告》1984 年被中国社会科学院评为"优秀研究报告"，《1996—2000 中俄经贸关系发展前景研究》1997 年被中国发展研究评审委员会评为三等奖，《新条件下推进中俄经贸合作的重要性与新思路》2008 年被中国社会科学院评为"优秀科研成果"三等奖，《中俄经贸关系现状与前景》专著 2015 年被中国社会科学院评为"优秀科研成果"二等奖。1993 年被评为北京市第二届"社会科学优秀学会工作者"。

潜心研究苏联体制六十载

自赴苏联留学回国至今，一直在研究苏联、俄罗斯经济问题，重点是研究其经济体制改革与理论。

在莫斯科红场留念（2006 年）

党的十一届三中全会以来，我把主要精力集中在研究苏东国家经济体制改革问题上。可以说，我是我国最早在总结了苏联改革实践基础上，提出中国经济改革应按照扩大企业自主权的思路来进行的学者之一。1979 年正当我国处于搞改革试点时期，我就提出，为了扩大企业自主权，就必须解决企业计划权、正确认识指令性计划、明确企业法法律地位和职工拥有管理权等重要问题。在当时来说，提出上述观点是极不容易的。接着，我又着力研究苏联改革遇到的种种阻力，目的是引起国内关注。1979 年我撰写的《苏联经济体制改革为何迈不开大步?》一文，由时任中央党校副校长胡耀邦同志批示在《理论动态》上发表（1979 年第 171 期）。后来，我根据国内改革的需要，撰写、发表了大量有关苏联改革的论著。

我对苏联体制改革研究的主要思路与观点如下：

1. 根据邓小平同志关于制度问题"更带有根本性、全局性、稳定性和长期性"这一重要观点，研究苏联经济体制改革的历史，分析一个社会主义国家的成败、兴衰归根到底取决于选择的体制模式，以及能否在不同历史时期根据变化了的情况对选择的模式进行正确与及时的改革。经济体制是整个体制中的一个重要组成部分，它对生产力与社会的发展起着重大的作用。我在分析苏联经济体制问题时，总是紧紧将它与苏联社会的兴衰联系起来加以考察的。因此，我从经济体制这一角度总结苏联经济发展问题，也是为了我国在深化经济体制改革过程中，更好地根据邓小平理论、"三个代表"重要思想来判断苏联经济体制模式的是非，从中吸取教训，并根据中国的实践，来建设具有中国特色的社会主义。

我早就提出并一直坚持认为，苏联剧变表明斯大林式的苏联社会主义模式未获得成功（包括经济体制模式），但绝不是"共产主义已经死亡"，也并不意味着科学社会主义的失败。正如中国社科院前院长胡绳同志所说："苏联社会主义崩溃不是社会主义基本制度和原则的失败，而只是社会主义的一种特定模式即斯大林模式的失败。"党的十一届三中全会以后，中国通过改革开放开始摆脱斯大林模式，坚持走符合中国国情的社会主义道路，从而取得了世界公认的成就，这就是一个证明。这也说明，只有从体制与制度层面去分析问题，才能正确认识苏联剧变的深层次原因，并避免把苏联剧变原因完全归罪于某些领袖人物。

2. 我对经济体制问题的研究，并没有就体制论体制，而是从理论、路线与基本政策三个相互联系与相互作用的方面，考察了苏联经济体制的形成过程以及改革失败的种种原因。我特别重视阻碍苏联历次经济体制改革的经济理论因素，指出苏联长期以来对待马克思主义持教条主义的态度，不能根据变化了的情况与时俱进地发展马克思主义，而是不断地批判"市场社会主义"，坚持产品经济观等，使得经济改革不可能朝着市场经济方向前进，从而历次改革只能在旧体制框架下进行修修补补，无法取得实质性进展。与此同时，我指出，在俄罗斯快速向市场经济转轨时，对西方市场经济理论不顾具体条件而盲目地搬用，是造成叶利钦时期俄罗斯经济转轨产生严重危机、出现一系列失误的一个重要原因。这也说明，即使是俄罗斯向资本主义市场经济转轨，在运用西方经济理论时亦要结合本国国情吸收其有益的成分，不能生搬硬套。苏联时期对马克思主义持教条态度，一味排斥市场经济是错误的；叶利钦执政时期的市场经济万能论，根本排斥国家对经济的调控，把国家必要的、正确的宏观调控说成是官僚行政的干预，也是错误的。我还认为：苏联时期的经济改革与俄罗斯时期经济转轨实践表明，中国要深化改革，使改革顺利发展，既要反对对马克思主义的教条化认识与运用，又要反对对西方经济理论的教条认知。

我在研究苏联、俄罗斯各个历史时期的经济体制时，提出了一些值得深思的问题与看法：

接受日本记者采访（1996 年）

1. 我认为，斯大林经济体制模式的形成、最后确立与日益巩固的原因，除了当时苏联面临的各种复杂的客观因素外，它主要是以下八个相互紧密联系的因素相互作用的结果：（1）列宁虽然对军事共产主义政策作了批判性的总结与认识，但其后的领导人往往仍把它视为一种有效的政策；（2）最高领导层对新经济政策未达成共识，过早地被斯大林"抛弃"；（3）超高速工业化大大加速了经济集中，促使斯大林经济体制的全面建立与巩固；（4）农业全盘集体化把在国民经济中居重要地位的农业，纳入了斯大林的统制经济之中；（5）教条地对待马克思主义有关商品经济理论，坚持产品经济观，成为斯大林经济体制牢固的理论基础；（6）俄国长期实行专制制度，集权与扩张等历史传统，对斯大林建立高度集中的经济体制，潜移默化地产生影响；（7）20世纪30年代的"大清洗"是导致斯大林高度集权政治体制形成与巩固的一个极其重要的因素，这一政治体制又促使高度集中的指令性计划经济体制的日益巩固与发展；（8）斯大林个人品性对形成高度集中的指令性计划经济体制，不可能不起作用。

我还认为，从斯大林经济体制模式形成过程看，它具有明显的人为的政治斗争因素，这种模式不是唯一的选择。正如胡绳同志在总结苏联剧变的教训时指出的："20世纪的历史经验，并不证明社会主义制度已经灭亡，但的确证明社会主义制度必须改革。在20世纪大部分时间通行的社会主义模式并不是唯一可能的模式，随着世纪的更替，新的模式正在促成社会主义的更生。"

2. 对赫鲁晓夫时期改革失败原因提出看法。在我看来，作为苏联历史上第一个改革者的赫鲁晓夫，其改革失败的原因不在于批判了斯大林的个人崇拜，因为这是进行改革绕不过的一步。改革失败的主要原因是，赫鲁晓夫并不理解，揭露斯大林仅是走上革新社会道路的第一步，而更重要的是斯大林模式，必须在经济、政治、社会精神生活等方面进行根本性的重大改革。赫鲁晓夫想同斯大林主义分手，但不同这种制度分手。他虽同这种制度的创造者决裂，可是他崇拜由这位创造者所创造的世界。赫鲁晓夫在反斯大林的过程中，虽也能感悟到战后新时代即将到来，但他又无力自觉地把握战后时代转换的重要契机，深刻地变革斯大林留下的不能继续推进社会经济发展的体制模式。他的这种局限性，使得其在改革过程中无法解决上述种种矛盾。因此，改革虽在某些方面取得进展，但这一时期的改革未能离开斯大林体制模式，再加上经济改革本身存在一系列问题，所以，改革不可能取得成功。

2013 年在新疆师范大学做学术报告

　　3. 我对勃列日涅夫时期的历史定位问题提出了看法。我认为，勃列日涅夫时期，改革一开始就强调在不影响集中统一计划原则的条件下进行，加上政治体制的倒退（与赫鲁晓夫时期相比），这样就制约了经济体制改革。体制改革的停滞产生了严重的经济后果：经济增长率明显递减和停滞；粗放的经济增长方式和低效的经济难以改变；粗放型的投资成为导致经济效率低和浪费大的一个重要因素；经济结构更加畸形，抑制人民生活水平的提高；等等。由于上述原因，我提出了两个结论性看法：

一是勃列日涅夫时期是苏联停滞和积累危机因素并走近衰亡的时期。

如果以主要领导人来划分苏联历史发展阶段的话，如果把安德罗波夫和契尔年科短暂执政时期撇开不算，那么，勃列日涅夫时期是苏联解体前的最后一个历史时期。把勃列日涅夫执政年代视为停滞时期，在苏联和俄罗斯的政治界与学术界是较为认可的总体评价。如果把苏联作为一种社会主义制度的变迁的角度去分析，勃列日涅夫执政的 18 年，完全可以说是停滞和衰颓时期，僵化保守的思想占统治地位，在很多方面"悄悄地重新斯大林主义化"。就是说，作为一种社会主义制度并没有朝着进步与完善方向迈出大的步子，总体上讲，仍然是斯大林时期形成的那一套模式。我认为，看到勃列日涅夫时期的主要特征是停滞，是在走近衰亡，是抓住了这一时期的本质，从而也就找到了它在苏联历史上的确切定位。

应该说，这对勃列日涅夫时期历史定位的看法具有重要意义，因为这个时期在稳定这个表象的掩盖下，苏联社会主义社会逐步积累了大量的社会、政治与经济问题，一步一步由停滞走向全面停滞，极大地消耗了苏联的各种潜力。从而，勃列日涅夫执政年代对苏联走向衰亡有着重大影响。

二是"悄悄地重新斯大林主义化"是勃列日涅夫时期的又一个重要特征。

我明确指出：经济改革的停滞，政治体制的倒退，带来的另一个严重后果是，在勃列日涅夫时期苏联社会又开始了"悄悄地重新斯大林主义化"。对此，我的分析是，重新斯大林主义化在勃列日涅夫时期并不是困难的事，因为：一是正如我们在分析赫鲁晓夫改革失败的原因时已谈到的，在赫鲁晓夫时期虽然捅了一下斯大林，特别是斯大林个人迷信，但是并没有从根本上触动斯大林主义或斯大林时期形成与发展起来的体制。就是说，赫鲁晓夫在苏共二十大作报告时，对斯大林时期的苏联社会主义制度存在的问题是看得很肤浅的，可以说还根本没有触及制度性问题。二是植入苏联社会的斯大林主义，它经历了一个很长的历史时期，为了让它生根采取了各种手段，包括最极端的大规模的恐怖，从而使其在苏联根深蒂固。三是在斯大林时期，不只是形成了以斯大林主义为基础的体制，并在这个体制下培养了适应和积极维护这个体制的领导干部。这些干部，同时又握有种种特权，他们离开了这个体制很难工作，还会失去特权与利益。因此，在勃列日涅夫时期，"正如我们所看到的，领导层中很多很多人仍然持旧的、斯大林主义观点。他们要在任何一个别的社会政治体制下为自己寻找一个位子即使说不是完全不可能，那也是很难的。这些当权者除了往下面贯彻'上头'的意旨外，不会做任何其他事情"。在上述条件下，在苏联社会"形成了一种独特的局面。只要最高领导一停止施加压力，使社会实现非斯大林主义化的种种努力，整个社会意识形态和社会体制几乎无须下达新的补充指示就会自动恢复原状，就像被按倒的不倒翁一样，只要手一松开，它马上便直立起来，或者像自行车一样，如果你不再用脚蹬，它就向一侧倒下去"。所以，正如有人指出的："断言我们似乎告别了斯大林主义，此话说早了，太早了。"

最后，我明确地指出：说勃列日涅夫时期重新斯大林主义化，最主要的内容还是表现在政治、经济体制的僵化和"成熟化"方面，即这一时期的体制的基本方面仍然是斯大林时期留下的传统体制模式。另外，说重新斯大林主义化，绝不意味着勃列日涅夫时期与斯大林时期一模一样，而基本含义是指"要保持和重建斯大林时期的秩序和机制"。

4. 有关戈尔巴乔夫改革失败原因与苏联剧变关系的看法。

我认为，对戈尔巴乔夫时期改革失败的原因应从客观与主观两个方面进行分析。

客观因素是阻碍机制与阻力对改革的影响日益增大。阻碍机制对改革所产生的影响，这绝不是一个空洞的理论问题，而是在斯大林体制模式下长期成长起来的、在各个领域让人感觉到的、实实在在存在的种种阻力，并在此基础上形成的一种十分顽固的、一时难以克服的机制。由于在斯大林逝世后的历次改革并没有对斯大林体制模式产生根本性的触动，因此，这一阻碍机制虽然对社会经济发展和改革产生影响，但并不突出。但到了戈尔巴乔夫时期，进行根本性体制改革时，情况就不同了，阻碍机制对改革所体现的阻力就开始强化并最后发展到政治冲突的地步。改革刚开始时，党领导层的大多数持正统观点的人承认有必要进行局部改革。这是因为，这些人在改革刚开始认为，这些变革的主要目的是进一步加强单一的权力、单一的所有制和单一的意识形态。而当改革进一步深化时，这些人看到了改革的观念发生了大的变革，并影响到他们的切身利益，因此，对改革的抵制也加强了。

根据苏联学者的一些论述，对于苏联阻碍机制的基础可以做以下的分析：

从政治关系看，由于苏联政权具有经过周密安排的职务等级制度，加上有一个保证国家对经济活动及社会生活的各个方面实行直接集中领导的系统，从而产生党和国家的职能实际上的相互重叠，难以分开，所有大权都集中在由上面任命的、不向人民汇报的行政领导阶层手中，在这种政治制度下，本位主义和官僚主义生长繁殖，使得无论是工人阶级还是全体人民都无法实现真正的民主政治，无法实现自己的国家主人的地位。

从经济关系看，被称为全面所有制形式的国家所有制是苏联政治制度的经济基础，但这种所有制只把劳动者看作活劳动的体现者，而未能成为它的主人。在这种高度集中管理国家财产的条件下，这种所有制形式的空洞性越来越明显地暴露出来。在财产分配、有效使用和增加方面与生产者没有现实的利害关系。

从社会关系看，由于整个政治经济体制是以庸俗的社会各阶层根本利益一致的思想为依据的，因而对各个社会集团和阶层的利益不相同的观点持轻视和隐讳的态度。

在对阻碍机制的基础作了以上的分析之后，我得出的结论是："阻碍机制是僵化的经济形式、陈腐的政治组织体制、无效的领导方法和管理杠杆的总和，它阻碍着已成熟的矛盾的解决，使社会主义优越性得不到体现，束缚着社会主义的顺利发展并使其进步的速度放慢。"阻碍机制的存在，产生了对改革的种种阻力。

主观因素是戈尔巴乔夫改革政策出现以下一系列失误：在经济体制改革起始阶段，实行加速战略是走错的第一步；经济体制改革未从农业开始，影响了整个经济体制的顺利进行，未能尽快地解决市场供应问题；在经济改革过程中，没有解决好"四个结合"问题（指经济发展与改革相结合、人民近期利益与长远利益相结合、改革的迫切性与长期性相结合以及微观与宏观改革措施相结合）；政治体制改革从失控到迷失方向，使它对经济改革起不到促进作用；把政治领域中实行的妥协战略运用到经济改革中，导致经济改革踏步不前。

在分析了戈尔巴乔夫改革失败的原因后，我指出，改革失败加速了苏联剧变的进程，同时也明确提出，苏联剧变的根本原因或深层次原因在于斯大林模式。因为这种模式丧失了动力机制，在整体上已成为苏联社会经济发展的障碍。

5. 对叶利钦时期出现严重经济转轨危机的原因提出了看法。

我一直不赞成把叶利钦时期产生的严重经济转轨危机的原因仅仅归咎于"休克疗法"的观点。在 1993 年 2 月撰写的一份研究报告中我就提出，导致经济转轨危机的因素，不少是苏联时期留下来的，就是说，旧体制、不合理的经济结构与落后的经济增长方式等惯性作用在短期内不可能消除。在转轨过程中新旧体制的摩擦、矛盾与冲突比任何一个从计划经济体制向市场经济体制过渡的国家都要尖锐和严重。另外，经济转轨过程中出现的矛盾与失误也起了重要作用。在分析政策失误时，我特别指出以下问题：俄罗斯放弃国家对经济的调控；过度的、无区别的紧缩政策恶化了客观经济环境、危及企业的基本生存条件；软性预算控制措施与软弱无力的行政控制手段；对国企私有化改革的负面作用；对西方的经济援助期望过高和分配领域中政策失当等。对俄罗斯经济转轨危机严重性原因的上述符合实际情况的分析，避免了人们对叶利钦时期出现严重转轨危机问题简单化的认识。

我的另一个研究领域是中俄经贸关系。我先后参与了国家一些重要研究项目：2004 年参加由中国商务部与俄罗斯经济发展与贸易部共同成立的联合课题组，制定《中俄经贸发展规划（2006—2010）》；2000 年受中国社会科学院领导委托，与黑龙江省政府成立联合课题组，由我任课题组长，完成了《推进黑龙江省对俄日韩经贸关系的战略研究》报告（约 25 万字）。2011 年还完成了《中俄经贸关系现状与前景》专著（42 万字），在书中提出了不少扩大对俄经贸合作的对策建议。

如果从 1956 年赴苏留学读经济学研究生算起到 2016 年，整整 60 年我一直在从事苏联、俄罗斯体制问题的研究，我这一辈子的全部心血都花在这上面了，我无怨无悔，觉得是十分值得的，因为这为中国的体制改革提供了多方面的启示。

陆南泉
2011 年首发于中国社会科学网
2016 年春修订

陈宝森

Chen Baosen

男，汉族，1924 年 8 月出生，北京人，中共党员。1946 年冬毕业于上海圣约翰大学政治系，获得学士学位。中国社会科学院美国研究所研究员，兼任全国美国经济学会顾问、中国财政学会顾问。学术专长为美国经济。1992 年享受国务院颁发的政府特殊津贴。

独著：《美国经济与政府政策——从罗斯福到里根》，世界知识出版社 1988 年版；《美国跨国公司的全球竞争》，中国社会科学出版社 1999 年版；《美国制造业复兴的启示》，中国对外翻译出版公司 2000 年版；《当代美国经济》，社会科学文献出版社 2001 年版；《剖析美国"新经济"》，中国财经出版社 2002 年版；《西方财政理论研究》，经济科学出版社 2005 年版。

合著：《美国经济周期研究》，商务印书馆 1996 年版；《财政学》，中国财经出版社 1984 年版。

主编：《亚太经贸事典》，中国对外经济贸易出版社 1992 年版。

论文：《当代资本主义分配关系》，载《当代资本主义论》，社会科学文献出版社 1993 年版；《贸易、金融、生产全球化》，载《经济全球化、地区化与中国》，中共中央党校出版社 2000 年版；《美国跨国公司在华投资的考察》（内部报告，合著），1996 年。

获奖作品：《美国经济与政府政策——从罗斯福到里根》，获吴玉章奖和社科院优秀成果奖；《美国跨国公司的全球竞争》《剖析美国新经济》两书均获社科院优秀成果奖；《美国跨国公司在华投资考察》内部报告也获优秀成果奖。

书山学海不迷路，探索真理要指南

　　我出生于北京的一个四世同堂的封建大家庭，那是 1924 年阴历的八月初七。出生地在离中山公园不远的高碑胡同，这个大家庭的家长是曾祖父陈名侃（我叫他太公），他是清朝末期的官员，做过都察院副都御史，负责对官员的监察，被称为言官。他在都察院曾做过的一件事是向光绪皇帝弹劾袁世凯不忠，这件事颇有风险，是家人津津乐道的故事。不过他的忠君思想很浓厚，清朝覆灭后就隐退了。太公活到 80 多岁，我是最小的曾孙，被留在北京陪太公。不久太公去世，又被留在做过民国县官的祖父身边，一直到 1942 年祖父去世。这时我 18 岁，去了上海，与父母和两个哥哥生活在一起。

　　从我的家庭出身可以看出，幼小时受封建官僚家庭的影响较深。我 6 岁入小学，就读北平师范大学附属小学，师大附小是个不错的学校，据说邓颖超曾在这里当过教员，我入校不久就爆发了"九一八"事件，日寇入侵东三省，日本飞机到北平上空示威，形势紧张，学校被迫停了两天课。二年级的朱燕堂老师是个爱国青年，给我们讲喜峰口大捷、马占山抗日、宋哲元二十九军用大刀同日本兵肉搏的悲壮故事，在我们幼小的心灵中点燃起了高涨的爱国主义热情。在学校的组织下，我积极参加了小学的捐献运动，向二十九军致敬，还参加过宋哲元在北平四中对童子军的检阅，与此同时蒋介石搞了个"新生活"运动，宣传他的"礼义廉耻，国之四维"和向领袖效忠的封建加法西斯思想。西安事变时我在小学五年级，已经懂得关心时事，对张学良放了蒋介石感到是幸事，当时确实是把中国的希望寄托在蒋介石身上。现在看了《少帅》这部电视剧，又回忆起当时的情景，很有感触。

1937 年"七七"事变不久后，日本占领了北平。祖父原想往南方逃难，没有来得及走，我们变成了亡国奴。这时我从师大附小被保送到师大附中，这也是个不错的学校，钱学森是我们早年的老校友。不过这时日本已经把手伸向了学校，宣扬大东亚共荣圈，开始了奴化教育，派了一个日本女老师教日语，但除个别学生外，大家都不愿意学。特别是在南京沦陷的时候，感到中国完了，没有希望了，我曾为此大哭过一场。不过当时师大附中在政治上很沉闷，一直到高中二年级离开，我对中国共产党毫无所知。

不过从北平到上海就不一样了，我的人生观和世界观也在这里逐步成熟起来。在北平从小到大 18 年，头脑是杂乱的。封建的思想、迷信的思想、享乐的思想、儒学的思想、佛教的思想一应俱全。那时在沦陷区还可以看到一本叫《西风》的杂志，专门宣扬洋房、汽车的美国生活方式，也有一定影响。但在变为亡国奴以后，怎么救国，中国应当走什么道路成为自己最急于求解的问题。幸运的是 1943 年我到上海念圣约翰大学的时候，接触到了搞秘密活动的地下党，经过同学们的传递，看到了许多进步书籍，如艾斯奇的《大众哲学》，列昂捷夫的《政治经济学》，斯诺的《西行漫记》和毛泽东的《矛盾论》《实践论》《论持久战》等，就觉得非常新鲜，思想一下子开了窍。觉得马克思主义有说服力，共产党是中国的希望所在。圣约翰大学是一个美国人办的教会学校。1942 年珍珠港事件后，美国人进了集中营，换了中国校长，在梵皇渡原址复校，学校在体制上还是原来的美式教育，中国老师用英文讲课，课程分必修课和选修课，学生可以自己组织"团契"开展课外活动，而团契则成了共产党、国民党、日伪各派政治力量争夺青年的阵地。共产党虽然处地下，但影响力很强。我作为北方来的同学也组织了一个团契，开展文娱和交友活动。在团契之间的互动中我认识了文汇团契的几位进步同学，他们筹划着去苏北解放区参加革命，我也想同他们一起秘密出走。我之所以有这个想法，也有家庭方面的原因。自从离开北平到上海，家庭生活有不小的变化。在北平时和祖父在一起是一种封建式的祖孙之间温情脉脉的氛围，到了上海和父亲在一起，我父亲靠给英国的华德路钞票公司做买办，赚了钱，抗战时华德路公司迁往大后方，他没有去重庆，留在了上海，后来加入中南银行担任信托部经理，过着资产阶级生活，很奢侈，很享受，但对家庭成员则比较苛刻，我对这样的家庭并不满意。另外，上海是一个贫富悬殊极其明显的社会，走在繁华的四马路上就可以看到"朱门酒肉臭，路有冻死骨"的凄凉情景，在我去学校路上，在近郊梵皇渡火车站周边，弃婴尸骨随处可见，日本兵的暴虐行径也令人切齿，让人深感社会的炎凉和亡国的凄惨。这些经历都促使我向往着解放区。我同思想进步的表兄任百贞商量出走的事，他很赞成我去解放区，他说他也计划去苏北，并给了我一些资助，相约到那边见面。没有想到在我离家前夜，我的行装被家里发现，并被扣住，不许我走，父亲抛出了一个诱饵，说他有个朋友和苏联有关系，在重庆，可以托他帮忙去苏联。这对我很有吸引力，就听从了父亲的建议，开始着手寻找去内地的路径和伴侣。因此，我不再去学校念书，而是进行俄语的强化学习。并在我家附近霞飞路（现在的淮海中路）鸿英图书馆找进步书籍苦读。大约1945年春，任百贞从苏北回上海，他见我没有去苏北就对我说："不必去苏北了，我已经和党取得了联系，现在留在上海有许多工作要做。"这时任百贞同锦江茶楼老板董竹君先生（有个《世纪老人》的电影以她为背景）已经建立了很密切的联系，在董先生的资助下办起了协森印刷厂（在马当路），出进步书籍，并由他出资，由我组织，找同学何伯英办了一个名叫《麦籽》的杂志，作为思想阵地。另外就是由我把在鸿英图书馆认识的青年组织起来，办了一个读书会。

转瞬到了1945年8月抗战胜利，日本投降，1946年年初，苏北解放区城工部派田云樵同志到上海，任百贞把我和我在鸿英图书馆结识的黄森以及东吴大学的冯尔泰等都介绍给田云樵，他给我们的任务就是团结进步青年，扩大党在沦陷区的影响和社会基础。经过一段考察，他觉得我是真心信仰马克思主义，参加革命的愿望也很真诚，很可靠，1946年4月接受我入党。我知道参加地下党有危险，但又感到真理在握，应当不怕牺牲，义无反顾地为国家、为民族、为共产主义事业奋斗终生。入党是我人生的重大转折，从此走上了阳光大道。入党后几个月，田云樵因为要专心搞敌后策反工作，把我的组织关系由他那里转到了上海地下党学生系统。接上关系后，组织上要我重返圣约翰大学。

回学校后正值国共和谈，许多民主人士从重庆回到上海，在学校里，国民党的三青团和地下党斗争很激烈。因为我在政治系读书，与同学们一起组织了政治学会，并以学会的名义请民主人士如黄炎培、胡子婴等做报告宣传反内战、要民主的政治主张。

与此同时，我与关系最好的进步同学一起，学习马克思主义，热烈地讨论哪种主义、哪个党能够救中国，还讨论了许多哲学问题，如物质和精神的关系，主观和客观的关系，认识和实践的关系，上层建筑和经济基础的关系，个人和国家、集体的关系；并对主观唯心论和唯物论、机械唯物论和辩证唯物论、马克思主义的历史观和资本主义的千年王国论进行比较、辩论，由此引导进步同学入党。由于我有前一段自学马克思主义的基础，所以做这类启蒙工作还是比较顺手的。

1946 年春我从圣约翰大学毕业，很快在国民党行政院物资供应局找到了工作。这时组织上要我做的是两项工作，一项是毕业同学工作，毕业前我被选为同学会主席，我们利用出版毕业同学年鉴的办法拉广告，筹集了一笔钱，在华山路静安寺路口盘下了一家公司的会所，办起了一个约友联谊会。团结毕业同学，扩大党的社会基础；另一项是在国民党政府的物资供应局相继开展活动。

国民党行政院物资供应局是在向美国贷款下建立起来帮助国民党打内战的机构。美国把第二次世界大战时期在太平洋跳岛作战时存放在各岛的大量剩余物资一股脑儿地给了国民党。由宋子文与美国政府签订了借款 5 亿美元的协议，同时把他的亲信江杓放在这里当局长。江杓是国民党兵工署系统的强人，以镇压过兵工厂罢工运动闻名。他也是蒋介石的红人，除管理物资局以外，还承担着给蒋介石买军火的任务。我能进物资局是靠表兄任百页的朋友，也是圣约翰毕业的裘家齐介绍。开始是在调拨物资的需要处当科员。做了一年，适逢江杓的机要秘书离职，要找一个人接任。当时的需要处处长是圣约翰大学较早毕业的同学陈纲。他和裘家齐一起想在物资局系统建立自己的势力圈子，就极力推荐我去，得到了江杓的同意。去局长室前，陈纲特别叮嘱我说这个岗位很重要，要处处小心，少搞外边的活动。

当了局长的机要秘书，多少有了点优势，便于在这里广交朋友。我在这里的活动对约友联谊会的校友工作也有帮助，因为许多同学毕业后找不到事情，物资局成了一个可以安插一些同学的平台，这有助于后来在物资局成立职工联谊会。机要秘书的工作之一是给江杓管保险柜和机要档案。所有江杓给蒋介石从各国购买军火的来去文件都存在这里。我记得江杓经手的最重要的一次交易是从西班牙买虎式坦克，江杓特别嘱咐我说这件事只有你知我知，不可走漏消息。实际上我早就把这些情报随时报告给了组织。随着解放战争的节节胜利，组织上已经把解放上海后的接管工作提上日程，这时重点工作一个是把物资局在上海的所有仓库、机构、人员做出调查向上面提供详细资料，另一个就是千方百计阻止国民党向台湾抢运物资。物资局是一个有许多仓库和一万多职工的大机构，当时在物资局的地下党员并不多，彼此也不认识，都是单线联系，各自为政。我在总局抓到一个机会就是趁着国民党要向台湾逃跑，要求职工表态或去或留，利用大家提出发放安家费和遣散费的机会在总局组织起职工联谊会，在江杓不能满足要求时，宣布怠工，后来知道，江杓曾同军统头子毛人凤协商，想用他的老办法进行镇压，但因解放军逼近，没有来得及下手。这次怠工迫使江杓几个星期不敢上班，起到了阻止抢运物资的一定作用。江杓在上海解放前曾接宋子文两次来电要他早日离开上海，他为了向蒋介石表忠心，说自己一定要坚守岗位不溜号。但是他也给自己准备了一条后路，要我到陈纳德的航空公司预约好飞机，视局势变化，随时逃跑。与此同时，他怕我离开他会泄密，要我住到他家，随时跟他走。这时，我用什么办法离开他是一个问题，经请示组织认为必须尽早摆脱，于是就以我父亲在香港来信要我赴港去处理一些重要家务为名，弄了一份假电报和一张假机票给他看，在得到他批准后，在市里隐蔽起来，直到上海解放。

上海解放后解放军三野后勤部的邝任农司令员接管了物资局，我参加了接管工作。接下来华东财政部建立了物资管理局，后来又改为物资储备局，我搞办公室工作，1954年调财政部华东财政干部学校当副教务长。在做行政工作的这几年，有几件事促进了我对马克思主义理论持续不断的兴趣。一个是参加了华东局组织的由沈志远教授主讲的政治经济学学习班。另一个是在全国学习斯大林《苏联社会主义经济问题》时，《解放日报》发表了我写的学习心得，这是我第一次在报纸上发表文章。再就是我在财政部华东财政干部学校讲联共（布）党史时一边自学，一边给学员授课。

从1946年入党至今，我从一个接受了进步思想的知识分子转变为革命者，这对自己来说是一个脱胎换骨的蜕变。由此，我深深体会到懂得了马克思主义的真理是万幸，但只在象牙塔里学理论是没有生命力的，只有在实践中运用这个理论，在党的政策指导下取得进步，才能真正成为革命的力量。但这又同党的马克思主义正确路线分不开。上海解放前，党中央的地下工作方针是在总结"极左"路线的错误后形成的，当时的十六字方针是："荫蔽精干，长期埋伏，积蓄力量，以待时机"。上海解放前，我为团结青年，积蓄进步力量做了一点工作，因此，在解放前夕，才能够与国民党展开斗争，在维护人民财产上起到了一点作用。

如果说截至1956年我在做人、做事上找到了正确道路，那么在此后我就进入在党的领导下"做学问"的新阶段。

我开始做学问同党中央重视科学研究的决策有关系。1956 年中央做出了向科学进军的重大决策。毛主席在发表《论十大关系》前找了 20 个部委听取汇报。在听财政部汇报时说,你们要搞科学研究,应该培养出一批博士。就这样,财政部建立了财政科学研究所,从几个大区调人,也就是这一年把我从上海调到了北京。我因为本来对理论有兴趣,欣然从命。从此,我就由行政工作转到了理论工作——做学问,也就是说要专门从事理论研究为中国的社会主义建设实践服务。所以我做学问是由自学马克思主义,到参加革命实践,再到以马克思主义为指导专职做学问的一个比较自然的逻辑发展过程。动力一个是党和国家的需要,另一个是个人的偏爱。

财政部科学研究所于 1956 年成立,我算是第一批参加者。我们党在解放区时就强调政策研究,政府机构常设政策研究室,但建国后政府部门建立研究所搞理论研究是个新鲜事,需要一个探索过程。我报到后,接触到的第一个课题就是财政体制问题,要研究中央和地方的财政关系、国家和企业的财务关系。当时争论最激烈的是集权和分权的矛盾问题。新中国成立初期因为财经困难,中央高度集权,但随着国民经济的恢复和经济建设的展开,这种体制已经与形势发展不相适应,地方要办的事千头万绪,但财政收入大部分入了国库,地方政府手中缺钱,所以各省都吵着要财权。另外,计划经济本身是高度集中的,三大改造完成以后,企业多数变为国营,更是被计划约束得厉害,展不开拳脚,所以企业有多大财权也是一大争论。我们当时研究这个体制问题受到计划经济思想的束缚,还没有提高到要不要搞市场经济的高度,只是从需要放权、需要搞经济核算的角度看问题。但是又出现一管就死、一放就乱的矛盾，因此感到很困惑。这个问题中央是在十一届三中全会以后，实行改革开放政策并逐步由计划经济过渡到市场经济才得到较好解决的。从我个人来说，是一个逐步提高认识的过程。

在财科所做学问遇到的另一个问题是研究方法，我们那时在所里有个"坐冷板凳"还是"赶热炕头"的争论。有些人主张研究工作要以坐在机关里，以读经典、看资料为主，不要急急忙忙下基层搞调研。但在"大跃进"时期，群众运动热火朝天，有的领导人就强调，要把科研所的秀才们赶到运动中去，并和大队人马一起，到基层搞调研，当写手。实际上两种观点都有片面性。经过几年的磨合，到1963年前后，财科所同人们的研究方法以许毅同志为首已经比较成熟。明确科研所为财政部中心工作服务应与各司局的政策研究有所不同，要抓重大课题，要加强研究的深度和广度，一方面要重视下基层调查研究，提高研究的深度，另一方面也要开阔视野，了解古今中外，重视历史经验和国际经验。学习运用辩证唯物主义的方法，在掌握大量资料的基础上探索事物的客观规律。另外就是把独立思考和集思广益相结合，提倡"脑中暴风雨"，在热烈的争论中，爆发出思想火花。在财科所的后期，我对如何做学问开始摸到了一点头绪，特别是十一届三中全会以后，打破了许多原来的僵化思想，为改革开放在农村和城市做了不少调查研究，对中国国情有了进一步的认识，做研究工作也有了更足的底气。

1979年中美建交，不久我的研究重点就由中国财政转移到了美国经济。当时中国社会科学院筹办美国研究所，需要一个在语言上能沟通，对中国财经又较为熟悉的研究人员，因此找到了我。就我自己来说，对研究世界经济和美国经济也饶有兴趣，愿意做这项工作。经社科院同财政部协商，就把我调了过去。这是1981年的事情。正式到美国所上班已经是1982年。虽说财政经济相通，我过去对美国问题也比较关注，但专门研究美国对我仍然是一个挑战，不过有了在财科所的工作经验，我对研究美国并不发怵。尤其幸运的是，美国所创立之初就决定给我们这批较老的研究人员以优先去美国做实际调研的机会。我第一次去美国做专题调研是1984年末，利用了美国的卢斯基金。这次调研历时一年多。

赴美之前，选什么课题为我国的改革开放政策服务是一个需要考虑的问题。新中国成立后的前30年，我国对美国的看法仍然停留在列宁时代，认为它是个垂死的、腐朽的帝国主义国家。但是自20世纪30年代美国发生大萧条，罗斯福实施"新政"之后，美国出现了许多新变化，特别是第二次世界大战以后，美国经济有过20多年的繁荣时期。是什么原因导致美国经济的延年益寿，需要认真探索。所以我就选择了《美国经济与政府政策》这个题目。怎么做这个课题，从何处下手呢？我觉得一年的时间有限，而去美国一趟不容易，所以要抓住这个机会，深入基层。亲眼看看美国的国情。俗话说耳听为虚，眼见为实，于是我就利用各种机会去考察美国的工厂、农场、银行、金融公司、教堂、监狱、施粥棚，同接触到的知情人交谈，力求获得美国真实的第一手资料。在这方面美国密执安大学中国研究所的奥森伯格和李侃如帮了不少忙。李侃如介绍我参加了一个在纽约的名为Servas的旅游组织，参加者是遍布美国各地的美国人，他们都是旅游爱好者，到过世界很多地方，包括中国，参加这个组织的人承担一个义务，就是愿意在他们自己家中接待来访的外国客人，负责客人的食宿，安排对当地的参观访问，最多两个星期。于是我买了一张灰狗大巴的长期票，计划好路线，事先同选定的主人协商好到达时间，在这条旅行路线上我还同时安排了要顺访的一些学者，如在大学里执教的各个时期的总统经济顾问委员会主席，以及几个美国总统图书馆。这次旅行日夜兼程，常常就在大巴上过夜，但是收获很大，对我完成既定的课题很有帮助。在美国的一年多时间中，我也重视搜集资料，包括搜集书籍和查档案，但因时间所限在美国只能选读，其余部分则打包成行李，带回国内逐步消化。这样在回国后的一年多的时间中完成了第一个研究成果《美国经济与政府政策——从罗斯福到里根》。在这本书中对美国自罗斯福到里根9位总统的主要经济政策做了较为系统的介绍，共77万字。这次调研使我认识到美国资本主义制度之所以能延年益寿，根本原因是政府发挥了重要作用，其某些进步政策促进了科学技术的发展，调整了分配关系，使上层建筑对经济基础发挥了较好的反作用。但是凯恩斯主义的赤字财政政策并不能从根本上解决资本主义的基本矛盾，而且这种政策用过了头会走向反面。两党轮流坐庄的政治体制又使有利于大资本的新自由主义政策复活，使两极分化加剧。不过由于美国在科技创新上拥有优势，政府宏观调控能力有所加强，所以尽管经济发展像扭秧歌一样进两步退一步，但经济的总趋势仍然是在增长。对这一点马克思早有预见，他说："无论哪一种社会形态，在它们所能容纳的全部生产力发挥出来以前，是决不会灭亡的。"这是马克思的远见卓识。这次调研也使我对美国市场经济在创造财富上的能力印象深刻，同时看到，新自由主义使财富分配不公，加剧贫富分化，对美国经济的发展起了副作用。罗斯福和里根恰好代表着两种不同理念，也导致了不同的结果。这对于我们如何搞市场经济是很有启迪作用的。

我第二次去美国做访问学者进行调研是 1987 年，是在第一个课题成果交付出版之后，选择的题目是"美国经济周期研究"。这个课题之所以重要是因为中美经贸关系已经非常密切，美国经济的兴衰会对我国经济有重大影响。但如何预测美国经济的前景是需要深入探索的问题。这次去美国，因为中途生病，做了大手术，为完成这个课题，在美国待了一年半。与第一次不同，这次调研重点突出，主要调查对象是商务部经济分析局、国民经济研究局、美国联邦储备局以及若干研究经济周期的专家学者。这次调研工作得到尼克松总统经济顾问委员会主席保罗·麦克拉肯的帮助。他当时是密执安大学商学院的终身教授，兼任美国企业研究所所长。上次我在密执安大学做访问学者时结识了他。后来美国所曾接待他来华访问，为人热情诚恳，他首先介绍我去联储拜访他的老朋友格林斯潘。又由格林斯潘安排联储负责美国经济预测的单位接待我，因此对联储如何跟踪美国经济周期变化有了比较多的了解。后来我又去经济分析局调查，了解他们如何做美国经济的季度报告和年度报告，发布经济信息的流程等。我在波士顿的国民经济研究局主要是了解经济周期定期委员会的工作。访问专家们时得出的印象是美国经济学家虽然认为周期波动有规律，经济总要经过繁荣、衰退、复苏的过程，但对其根源在理论认识上是分歧的，周期波动的时机没有哪一位能说得准。因为变量太多，变化莫测，无论是用模型法，还是指标法都不太灵，倒是资深专家凭经验对多种经济变量所做的综合分析反而较为靠谱。所以经济预测虽然是美国政府、商界和学界最关心的问题，也在实践中找到了一些路子，但至今仍难言准确。在学术界他们为了鼓励经济预测的准确性设立了金鸡奖，每年评选预测最接近实际的专家，但是没有一个专家得到第一次奖又能得到第二次的。这个问题不仅是美国的问题，也是市场经济国家的普遍问题。马克思主义政治经济学对西方市场经济的周期问题有比西方深刻得多的分析和批判，但事实证明市场经济对建设社会主义是有用的，所以我们也需要加强经济预测的本领。这次调研取得了一定收获，并体现在我和几位同事合著的《美国经济周期研究》中。

以上讲的是我对美国经济所做的两次比较系统的调研。它们使我这个半路出家的美国经济研究者取得了一些成果，也对美国经济有了比较全面的认识。20 世纪 90 年代以后，特别是中国加入世界贸易组织以后，中美经贸关系有了长足发展，与此同时摩擦加剧，我的研究精力较多地用到了中美经贸关系方面，对经济全球化、美国跨国公司、中美贸易逆差、美元和人民币汇率都做过专题研究，同时我对老布什、克林顿、小布什几位总统的经济政策也没有忽视，成果表现为内部报告、著作和报刊文章。这些文章又集中在一起，以《中美经济竞合论》的文集形式出版。之所以取这个名字是因为我的这些文章反映了中美经贸关系既合作又竞争的关系。中美建交 30 多年，虽然历经坎坷，但经贸关系仍然是稳定双方关系的压舱石，总体而言做到了双赢，不过必须承认竞争也是激烈的，这是新型大国关系在经济领域的应有之义。作为中国方面的美国经济观察者，自己的职责就是要研究美国经济为我国的改革开放服务，起促进相互合作、包容互鉴的积极作用，发扬促进进步的竞争，反对以邻为壑的恶性竞争，为使合作成为双方主流而尽一分力量。

因为是自传，前面大略地说了说自己的经历。归结起来就是：我的历史并不复杂，我今年 92 岁，从 21 岁起投入马克思主

陈宝森做客人民网"经济热点名人访"（2008 年 10 月）

义和共产党的怀抱，至今已经 70 多年。多年来我不是没有犯过错误，但在大风大浪中对共产主义的信念从来没有动摇过，相反历久弥坚。由于信奉了共产主义，我的人生观是乐观向上和唯物求实的，我的世界观是认为人类社会在不断进步，世界的未来会无限美好，大同社会不是空想，一个高度繁荣、生活优裕、人尽其才、才尽其用的理想社会终归会实现，但这一切都不能坐享其成，也非唾手可得，更不能靠上帝的恩赐，而要靠人类，特别是先锋队发挥主观能动性，从客观实际出发，用科学的理论和思想去促进它，改造它。我以能够成为参与改造旧社会的一员而自豪，更以自己侥幸在年轻时就认识了这个真理而庆幸。我这一辈子是以马克思主义思想为指导去做人、做事、做学问的。当然还做得很不够，但辨别是非的能力还是有的，并且是在努力去做的。这是回顾自己走过的这 70 年道路的真实感受。

我从 1956 年到财政部科研所开始，专心做学问，迄今也已经过了 60 年。关于做学问的诀窍也有了一些体会。

　　我认为最重要的一条是要吃透两头。两头的一头是学懂马克思主义，另一头是对承担的课题做深入调查研究，包括深入实际掌握第一手资料和广泛涉猎，狠抓历史和现实的第二手资料。做由此及彼、由表及里的比较分析研究，探寻对事物规律性的认识。

　　真正搞懂马克思主义不像读《圣经》，是要下大力气的。因为马克思主义是社会科学的巅峰，就人文科学来说，它总结并发展了德国的哲学、英国的政治经济学和法国的空想社会主义，同时又吸取了自然科学有关生物进化论、物质不灭定律和能量转化定律等科学成就，找到了事物发展的最普遍规律和认识世界、改造世界最科学的方法。它是做学问最强大的思想武器。做学问的人与众不同的地方在于其所站位置是思想战线，要同"左"的、右的、敌对的意识形态作斗争，以保卫我们的核心价值观，这是我们的职责。

　　因此，作为研究人员我们学习马克思主义必须付出十倍的努力，像《资本论》这样的巨著不是看一遍就能弄懂的。但是一旦弄懂就会终身受用。马克思主义是普遍真理，但对革命者来说它是指针而不是教条，马克思主义是在与实际相结合中不断发展的，必须与时俱进，依不同的时间、地点、条件而对客观实际得出新的认知，制定新的政策。俄国革命和中国革命的成功都是创造性发展马克思主义的成果，苏联的解体和"文化大革命"的失败都是思想僵化或脱离实际的祸害。共产党防止犯错误的武器是民主集中制和批评与自我批评。既要有高度集中的英明领导，这个领导集体又要善于集中群众的智慧，共产党人在探索中犯或"左"或右的错误在所难免，因为创建一个崭新的社会并无前例可循，但是民主集中制使共产党能够具有纠正错误、自我修复的能力。这是中国革命史已经证明了的。民主就包含社会科学研究人员的建言、献策。我们的优秀研究成果是群众智慧的精华，我们的责任是光荣而重大的。

总之，我认为：在社会科学领域为党做学问首先要掌握好马克思主义这个思想武器，解决好立场、观点、方法问题。接下来，就是要有吃苦精神。我用三个字来概括：一是"勤"，二是"恒"，三是"毅"。这是我自己的格言。第一个字是"勤"，我相信勤能补拙。我是一个智商不高的人。我的信条就是人能十之己百之，人能百之己千之。我在工作岗位上的时候，尽可能争取多去美国做调查研究，现在离开了工作岗位，但我没有停止做研究，怎么办，除依靠图书报刊资料外，互联网也有很大帮助，现代计算机信息技术可以使我们实时了解时局的进展，这对研究国际问题特别重要。所以上网是我每天的功课，平时还要做资料积累，在计算机里建档。这也是我每天的功课。信息是搞研究的源泉和质量的保障，而这是要花时间的，只能勤快一点。第二个字是"恒"，恒就是要有恒心。发挥钉子精神，不要三心二意，这山看着那山高。搞研究后我就待过两个单位，在财政部科研所26年，在美国所30多年。专业就是两个，即中国财政和美国经济。取得一点微不足道的成绩，还是靠"锲而不舍，金石可镂"的笨功夫得来的。第三个字是"毅"，毅就是要不怕困难。过去共产党的干部有个特点，就是根据革命需要，边干边学，很少有科班出身的。我们这些人也是一样，学的和做的不完全是一回事。这样就必须有个过渡期，边干边学是要克服许多困难的。比如说我从研究中国财政到研究美国经济就是这样，需要从头学很多东西。但只要有毅力，有一股无"艰"不摧的气概就能够较快地适应新工作。总之勤可以补拙，恒可以致远，毅可以克艰。这是我的信条，虽然也还做得不是很好。

在中国美国经济学会主办、吉林大学经济学院承办的"后危机时期的全球经济格局与中美经贸关系"研讨会上发言（2010 年 8 月 2 日）

此外，作为一个社科院的研究人员我觉得还要处理好三个关系，第一个是政策研究和基础研究的关系，第二个是个人研究和集思广益的关系，第三个是吃透中央精神和个人有所作为的关系。第一，党中央国务院给社科院的定位是三个，前两个一是智囊团，二是思想库，而第三个是马克思主义最高殿堂。照我的理解，智囊团比较侧重解决现实问题，思想库比较侧重理论建设和基础研究，社科院两个功能兼而有之，照我的理解应当更侧重于在深入基础研究之上提出政策建议。然而两者都要花时间，特别是写出一本有质量的著作谈何容易，如何取得两者的平衡是一个需要很好把握的问题。从个人说就只能更勤快些，更多地付出自己的劳动。第二，研究所的优势就是他的集体性，在集思广益的基础上可以碰撞出火花，更好地发挥创造力。只靠自己苦思冥想、闭门造车是不行的。但又必须是在个人钻研的基础之上的集思广益，讨论才有质量。第三，关于吃透中央决策精神的问题，这非常重要，中央决策的正确性来自集中了最多的信息和全国的智慧。再加上马克思主义领导者的决策，这是个人无法比拟的，所以一定要吃透，这样研究才有方向。但是事物的深度和广度是无限的，变化是无穷的，中央决策之前之后都需要咨询，专职研究人员就有了用武之地。一批人专注于某个领域，掌握尽可能多的信息，可以提高领导层决策的及时性、准确性和可行性。我在工作岗位时的体会是党中央和许多决策机构对我们都很重视，我受咨询最多的是美国经济形势。在这方面我们能起多大作用关键看我们够不够专业，能不能提出准确的信息和分析，这一点就取决于自己的水平和努力了。

陈宝森

2016 年 3 月 12 日

周 弘

Zhou Hong

　　女，曾用名周红。1952 年 10 月生人。祖籍山东曲阜，博士研究生，中国社会科学院学部委员、国际学部副主任。中国欧洲学会会长、中国社会科学院欧洲研究所前任所长。1975 年毕业于南京大学德语专业。1975 至 1979 年任中央编译局翻译。1979 年考入中国社会科学院研究生院哲学系，后出国留学。1986 年调入中国社会科学院西欧研究所（后更名为欧洲研究所）。1992 年获美国布兰代斯大学比较历史学博士。1988 年起历任中国社会科学院欧洲研究所社会文化室副主任、所长助理、副所长、党委书记、所长。中共十五大代表，第十二届全国人大代表。2001 年于北戴河休假期间代表社会科学界向中央领导汇报。参加 2009 年 5 月政治局集体学习，主讲国外社会保障制度。1996—2012 年主持《欧洲年度发展报告》（蓝皮书）的编写。主要研究领域包括：欧洲福利国家研究、对外援助与国际关系研究、欧洲一体化和中欧关系研究等。福利国家研究方向的主要成果有：《福利的解析》（1996）、《福利国家向何处去》（2006）、《社会保障制度的国际比较丛书》（主编 2010）、《走向人人享有保障的社会》（合著2015）等；对外援助研究方向的主要成果有：《对外援助与国际关系》（主编 2002）、《外援在中国》（合著 2007）、《中国对外援助 60 年》（主编2015）、《外援书札》（2015）等；欧洲一体化与中欧关系领域的成果包括：《欧洲文明的进程》（合著 2003）、《中欧关系的共同性与差异性》（主编 2004）、《欧盟治理模式》（主编 2008）、《欧盟是怎样的力量》（主编 2009）、《盘点中欧战略伙伴关系》（主编 2014）等。目前主持国家社会科学基金委托课题"东西德统一的历史经验""两岸欧洲研究丛书"等项目，业余时间参加社会保障制度改革的研讨，并继续关注国际发展合作和欧洲转型议题。

随时代同行，与社会共进

撰写学术自传，对于尚在求知的旅途中跋涉的我来说，显得有点为时过早。对自己半个世纪的学术人生做个初步简要的回顾，在紧凑的时间夹缝中拾取零散的、时隐时现的记忆，循着走过的脚步，整理出些许个人的发展脉络和感悟来，不知不觉间就对我们这一代社会科学工作者走过的道路产生了一些新的认识。

一　从"土插队"到"洋插队"

"土插队"和"洋插队"，这两段为时不短的经历，是我们这一代知识青年中相当一部分人共有的人生经历，这段人生经历影响了我们的人生观和人生道路，必然给我们之中的每个人留下难以忘怀的记忆。

1966年，也就是整整半个世纪以前，"文化大革命"的风暴吹进了我就读的北京一〇一中学。我不满一年的初中正规教育就此终结。此后，在目睹了数月的"红卫兵"运动并和高中同学一道经历了"大串联"之后，一种怅然若失的感觉油然而生。学校里重新兴起了读书热。凡是能够找到的书，都会迅速地在同学们中间传播开来。除了大家读熟了的毛主席著作以外，苏联小说和法国小说成为中学生们的必读书，高年级学生们还追捧列宁的《国家与革命》和黑格尔的《小逻辑》。听说哪位高年级同学已经开始读《大逻辑》了，我们这些低年级的学生都会钦佩不已，而且必然要效仿一下，不管是否能够读懂。敢于读不懂之书，当时也是一种时尚。

很快就到了"知识青年到农村去，接受贫下中农再教育"的1968年。我把《毛泽东选集》《国家与革命》《杜甫诗选》《稼轩词选》《词源》等几本淘来的书塞进一只小铁箱，背上简单的行李，经过三天的颠簸，到了陕北延安地区宜川县的一个山村里插队。正是从那个时候开始，确定了我边工作边读书的生活路向。至今，在窑洞里闪烁的煤油灯下阅读，被油灯熏黑了鼻孔的情景还历历在目。碰上不需要出工的冬季晴日，就坐在窑洞前读读《词源》，或者到老乡家里聊聊家常。

1969 年冬在陕北宜川县党家湾公社李家畔二队知青窑洞前

严格地讲，在农村插队的三年多里并没有读多少书。凌晨四五点下山驮水或进山砍柴，往返都要一个多小时。那时候的劳动生产率是很低的。早餐后，7 点出早工。8 点多吃完早饭后，又是一整天的农活，午饭送到地里吃，一直干到太阳落山。高原上的太阳出山早、落山晚，晌午时分，人已筋疲力尽，太阳却像被钉在头顶一样，纹丝不动。当时就想，为什么会有羿射九日的传说？可能就是因为那位羿大叔不堪太阳的长时间照射想象出来的故事。说实在话，干活累到极点，咬牙坚持的时候，也曾真想找支神箭把太阳射下来，好让我们歇工回村。高强度体力劳动之后，读书就成了一种意愿，一种精神支柱。伴着昏暗的油灯，不一会儿就昏昏欲睡，眼皮怎么也支不起来。《国家与革命》从头看了十数次，离开陕北的时候也没读完。

那时候，定阳大队的几个插友兴起了诗社。何家畔生产队的郭仲华写了一曲《桂枝香》，随即流传，激发了知青们一连串的励志表白。后来，李家畔二队的王晓波将大家的诗词汇总起来，命名为《窑洞诗人》。时隔半个世纪，每每读起来，还能让人泪流满面。

《桂枝香》（郭仲华）

遥舒远目，看日落深秋，鸟归寒树。四面川塬迭起，晚烟斜吐。疏槐淡柳村头绿，路迥折，半边窑露。访来相问，邻家道是，学生新住。

怎能忘，年时落户？算日月如梭，一年飞渡。是否时时记取：重荷肩负？长矛欲揽观天下，正纷纭，六洲雷怒。不辞途险，但谁和我，凯歌同赴？

才情细腻的何家畔插友刘小联后来写下了:

> 秋晚风凉谷穗黄,初闻一曲《桂枝香》;陇田汗水书悲乐,窑洞诗篇话汉唐;……

我则在一首《念奴娇》中写出了:

> ……滴水能漏磐石,问新来者:能保江山固?……

当时都仅仅是十几岁的孩子,通过写诗,用有限的知识表达对国家民族的真情和忠诚,相互勉励,在我们那一带的塬上传为佳话。后来,我被选调作为工农兵学员去南京大学学习德语,一直留在陕西的王晓安在写给我的送别诗中勉励说:

> ……学业尚须期韧力,征途但患有迷荆。欲闻怎保江山固①,记取宜川三载情。

作为回应,我也曾写下:

> ……三寰疾苦存肝胆,举世烽烟待挥鞭。未有寸功答先烈,惜将分秒度若闲;……

三年半的陕北插队生活,在我的一生中留下了永难磨灭的印记。离开李家畔那天,陕北老乡默默地汇集在村口窑背顶为我送行,很多人流下了眼泪,是留恋也是期盼。在陕北,我从一名无

---

① 诗人原注:念奴娇:"问新来者,能保江山固?"编注:周红入读南京大学,此诗为赠。

知的青年长成一名年轻的中国共产党党员，一名基层农村干部，对中国农村的贫困落后有了真实的了解和很多当时无解的思考，对改善人民生活、建设伟大祖国、服务广大民众产生了一种使命感，培养出一种敢于面对艰难困苦而绝不退缩的坚韧和毅力。陕北留给我的精神遗产是我终生的财富。此后的人生道路没有坦途，有时可以说尽是荆棘，但是有了这份精神财富，意志就找到了依托，奋斗就有了不竭的源泉。也许只有亲身经历过的人才能感悟到这样一种力量。后来，我曾经这样表述过这种动力源：

> 荏苒光阴卅五年，梦中常有旧时塬；垅头冬麦芽初绿，窑顶果林叶未残。
>
> 都为丰功经日月，每临风雨忆延安；任从沧海千重浪，仍向波涛看挽澜。

　　1972 年 5 月，我带着求知报国的信念和山川沟壑陶冶出来的韧性，连同十分有限的文化知识，离开了培育了我三年半的陕北农村，一步就跨入了位于"江南佳丽地"的南京大学。对于本来已经准备终身务农的青年来说，能够重返校园是一种怎样的幸运和机遇，现在也已经难以用准确的语言表达。在南京大学，我和另外一位来自陕北的插友总是被人一眼认出：土棉袄、肥腿裤，斜挎着背包，大步流星地，走在绿树如茵的校园里，显得十分不协调。但是，也许因为有了老乡们的企盼、插友们的勉励、延安精神的陶冶，我们总有一种别样的自信，学习也格外努力。

　　工农兵学员的学习生活也有很多无奈。因为是"文革"后期，很多老师都还没有"解放"，我们基本上是自己管理自己，除了学工、学农、学军占去了很多时间以外，还要应付各种"复课闹革命"活动。更加无奈的是一种"读书无用论"总是有市场,认真学习还是有"白专"嫌疑,所以我只好常常背着班上同学找个安静角落读书,老师给我吃点课外小灶都要避人,唯恐再受批判……。我当时不断反问自己,难道消磨时光是革命,为建设国家而读书就不是革命吗?对知识的饥渴和求学中遇到的困难共同构成了我的大学回忆。毕业后,我有幸在中央马列编译局工作了四年,那里的学习生活弥补了我知识上的不足,在那里我也目睹了老一辈翻译家们对事业的毕生奉献。不久,改革开放的大潮给了我们这一代人又一次鲤鱼跃龙门的机会。1979年我告别了中央编译局的前辈们,报考中国社会科学院研究生院哲学系,读完了一年课程以后,在哲学所导师杜任之和南京大学老师叶逢植的鼓励下,跟随着研究生出国潮,公派自费到美国求学。人生的轨迹从此没有离开过学习:出国留学,回国工作,再出国留学,再回国工作,好像工作就是学习,学习就是工作。最后,终于以学为业,将工作和学习彻底地融合在了一起。

在美国留学的经历不仅是无奈,简直就是煎熬、是磨炼。若不是有三年半"土插队"的积累,很难设想我能够熬过"洋插队"的八年,一直到获得博士学位。在精神上,"洋插队"的苦闷程度远甚于"土插队"。在美国求学的日子里,开始时还有奖学金,后来就是真正的"半工半读",这就意味着要经历生活的窘迫和精神的苦闷这双重考验。我在中餐馆里打过工,做过清扫工、护工、社工,当过保姆,看过大门,也做过翻译和助教,一边在美国社会底层挣扎,一边在美国高等学府求学,在高反差的条件下保持学习的心态,在高体力消耗之后插空读书,其中的辛苦实在不足为外人道。

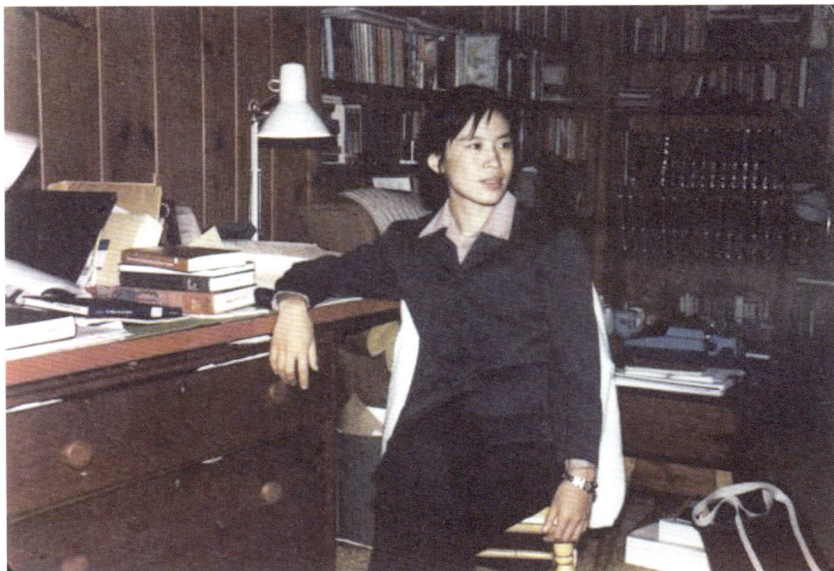

1985 年在美国居所——地下室中，博士论文开题后摄

书桌是从街上捡来的门板搭的，旁边摆放着一张同样是捡回来的床垫。

二　我的专业选择

我的专业道路与人生道路一样曲折，这也和我们那个时代许多文科学生的命运相似。如果说，学习德语和从事马克思恩格斯哲学著作的翻译是当时国家的分配，那么此后的多次重新选择就是在个人的志趣与能力和社会的现实与可能之间不断地调整选择，而对于我来说，每次选择都与国家的发展和需要不无干系，即使远在美国，国家需要也是个人选择的前提。

刚进入美国布兰代斯大学的时候，那里只有 5 名中国留学生。我沿袭在中国社会科学院研究生院的专业，一心想要攻读西方当代哲学，一度想搞懂鲁迅与尼采在思想上的联系。当时新马克思主义哲学和思想家马尔库塞恰好离开他创办的布兰代斯大学哲学系，去了加利福尼亚，布兰代斯大学哲学系就此取消了博士点，像其他美国学校一样，走起了应用道路，不是搞和航天相关的科学哲学，就是搞与医学相关的伦理哲学，而这两个方向都非我所长，因此我以一篇《鲁迅与尼采》的论文结束了我的哲学生涯，转入了历史系比较历史专业的思想史方向。

当时的布兰代斯大学历史系有两个方向，一个是美国史方向，一个就是比较历史方向。所谓比较历史其实就是欧洲历史，是比较英国、法国、德国、俄国这些国家的历史。比较历史专业有两位思想史名家，一位是学校的荣誉教授——西方文明史大家法兰克·曼纽尔（Frank E. Manuel）教授，他是美国学术院的院士，启蒙思想和乌托邦思想领域里的权威，以研究牛顿及启蒙思想家著称，对马克思主义亦有深入研究。另外一位是鲁道夫·宾尼（Rudolf Binion）教授，他不仅懂得欧洲思想史，也精通欧洲文化艺术史，还是心理学史的创始人之一。转入历史系就是冲着这两位去的。当时曼纽尔教授已经不带研究生了，但是开一门"启蒙"的研究生课。在课上，他对中国学生特别关照鼓励。他说，他是李约瑟的朋友，一直向往中国文明，曾经站在香港眺望过中国大陆，却没有机会登上大陆的土地。他认为，欧洲各国的历史同根同源，是继承关系，不存在"比较历史"，只有在不同的文明之间进行比较，例如在西方文明和东方文明之间进行比较，才能算是比较历史。这在欧洲中心论和西方中心论盛行的美国历史学界是相当开放和平等的观念。在他的影响下，布兰代斯大学比较历史系开设了中国历史课程，允许选择中外比较历史作为研究课题。曼纽尔教授要求学生十分严格，经典著作的主要原文都要求背诵下来，学生们在通考的时候都害怕他的到场。宾尼教授才华横溢，可以流利地使用英法德意多种欧洲语言讲学和写作，业余还写剧本，自编自导自演。他喜欢用一些概念来贯穿思想家和文学家。例如他讲授的一门题为"人类生存环境"的课程，就是从莎士比亚、卡夫卡、卡缪等人的作品中去寻找不同时代人们对于"人类生存环境"的理解。

欧洲思想史跨度大，涵盖知识面广，对于半路出家的外国学生来说，最大的挑战是要掌握巨大的英语词汇量和复杂的历史背景，对于连《基础英语读本》都没学完就敢于去美国高等学府闯天下的我来说，考验可想而知。每天早上上学，标配是一个小录音机，加上一小水壶的茶水和两片加了花生酱的廉价面包，有时还带上一个小苹果。晚上回到宿舍，再重复地听录音，伴着读那些似懂非懂的书。好在研究生不怎么有课堂考试，论文可以假期过完以后再交，这样一来，寒暑假除了打工糊口，就是写论文了。后来奖学金用罄了，语言能力也就逼得差不多了，艰苦的半工半读此时才正式开始。周末在中餐馆"跑堂"的收入是不错的，但中餐馆的老板通常是不喜欢我的，因为美国的食客们见我这个"跑堂的"竟然是名校的学生，就会多聊几句，也多给点小费。当然"翻台"也就慢了。辞掉中餐馆去做清洁工，碰到很刁钻的人家，每次支付 4 小时的工钱。有一次发现我们 2 小时就干完了，就自动减了一半工钱，于是我也就抄了这家的鱿鱼。后来，找到了免交食宿费的类似家庭保姆的工作（英文叫做"live-in"），终于又可以正常上课，直到把全部课程修完。

在博士资格考试中，我通过的科目是思想史和社会史。起初，我并没有选择社会史，而是选择了政治外交史。但是有位美国教授提出，要我以朝鲜战争为学位论文，还说作为中国人我可以拿到美国人拿不到的研究材料，拿博士学位比较容易。我理所当然地拒绝了。选择社会史主要是从可行性考虑，因为所有的参考材料都是公开的文献，考验的是学生的理解能力和分析方法。我当时对自己的理解能力很自信，美国人搞不懂的有些社会现象和概念，我感觉不难懂。也许因为我们这一代中国文科生的知识基础和英语能力虽然比不上美国学生，但是社会阅历却十分丰富，这些阅历有助于提高人的思维能力和判断能力。

当时，中国的改革开放事业全面展开，布兰代斯大学的海勒学院是当时美国社会福利学界的最高学府，这时也开始尝试与中国建立交流关系，准备派一个教授团到中国讲学，然后再请一个中国代表团到海勒学院访问。为此，海勒学院特别编写了一套有关社会福利保障概念的简易讲稿，请中国学生事先帮忙翻译成中文。我有幸得到了这份价值 2000 美元的工作。完成翻译工作之后，我对社会福利有了一种入了门的感觉，而且我当时相信，这门新的知识一定会对中国社会的发展进步有用。我向比较历史系提出在总考中将政治外交史改为社会史，系主任则要求我提供合格的宏观经济和微观经济学学分，然后他又带着诡异表情说："你们中国学生的经济学都不行，这一关很难过。"

我相信，在很多情况下，人的潜能是可以逼出来的，因为我当时就是一不做二不休，重新坐到本科生的大教室里去，认真听讲、按时交作业、参加课堂考试，直到拿着合格的经济学考分找到那位系主任老师，他才不无惊诧和勉强地同意我转学社会史了。

在布兰代斯大学期间，我得益于两位教授的具体指导，一位是我的博士论文指导教师，后来做了比较历史系主任的犹太史名家，来自牛津大学的 Bernard Wasserstein 教授，我们都叫他"水石教授"，因为他的名字是德文，翻译成中文就是水石。"水石教授"是典型的绅士，少年得志，可能只比我大几岁，当时就已经是正教授了，而且还有很多荣誉称号。他对中国有兴趣，特别是对中国犹太人研究有兴趣，曾经多次到中国调研，我执意选择社会保障史作为我的博士论文，他似乎有点勉强，但在论文设计、资料来源方面，他还是给了我关键性的帮助。在他的指导下，我去查阅了英国殖民部和外交部的档案，这些成了我博士论文立论的关键一手资料。另外一位恩师是海勒学院的 Barry Friedman（百瑞·弗里德曼）教授，他算是我的系外导师，也是良师益友型的导师。百瑞是劳动经济学家、麻省理工学院诺贝尔经济学奖得主弗兰科·莫迪利安尼（Franco Modigliani）教授的弟子，知识全面系统，授课条理分明，为人十分和善，在学生中的口碑很好。百瑞本人对中国也有兴趣，后来作为世界银行社会保障制度改革的专家多次到过中国。在美国的时候，百瑞的办公室总是开着门，我去讨教，他也是每问必答，不像历史系教授那样"惜时"。我问百瑞，同是布兰代斯大学，为什么学生在海勒学院就能得到更多的帮助？百瑞淡淡地说，"that is why we are here for"（"这是我们的职责所在"）。这句话使我终生难忘。当时我在精神沙漠里苦熬，听了这话，我相信了助人是为师的职责也是人生的目的。

1985 年，我终于通过了"总考"，也就是博士资格统考，又顺利完成了开题报告。初战告捷，我急不可待地要回国去工作。祖国如火如荼的改革开放事业和日新月异的变化像巨大的磁石一样吸引着我。我相信，回国可以学以致用，同时也可以从实践中补充知识的不足。布兰代斯大学允许通过博士资格考试的学生领取相关领域的硕士学位并离校参加社会工作，完成博士论文写作后，回到学校答辩。我就利用这个政策，领了一纸硕士证书回国工作了。

1985 年的北京到处都吹着改革的新风。知识青年们的思想极其活跃，大家如饥似渴地学习着国门打开后涌进来的各种新鲜知识。作为刚刚从美国归来的学子，当然也就成为各个机构征询知识的对象。那个时候的周末，基本上是在北京的各场会议上度过的，不是参加北京青年经济学会的讨论，就是参加三联书店的聚会，要么就是帮助某些机构建立对外联系。还有些素不相识的学生和青年不断地找上门来，提出各种各样有关外部世界的问题。我在几个工作单位之间进行了一番比较之后，决定留在中国社会科学院从事研究工作，并将工作关系从哲学研究所转到了西欧研究所。

当时，中国的青年改革们已经开始在研究如何建设"社会主义市场经济"的问题。市场经济的先天不足用怎样的社会政策来矫正？西方资本主义市场经济为什么能够保持比较长期的社会稳定？这些问题提出来，社会保障作为一种市场经济的配套制度自然就受到了特别的重视。我在中国社会科学院西欧研究所的第一项任务就是参加李琮所长领衔的"西方社会保障制度研究"。在那个项目中，我承担了西欧社会保障制度一书三章（即"理论"、"历史"和"比较"等三章）的写作。

与此同时，我开始翻译尼采的《论道德的谱系》，以重温我搁置已久的德语。在业余时间，还给一些正在实行改革开放的政府机构帮忙做外联和翻译的工作，给报纸杂志写写短文，给体制改革部门撰写有关西方国家社会保障制度的咨询报告，当然还要照顾和教育一岁多的儿子，此前他一直和爷爷奶奶生活在一起。

"忙碌"成了我那个时代的记忆。四年的时间居然不知不觉就过去了。1987年，我在北京青年经济学会上的有关社会保障的文章获得了一个一等奖，1989年1月，我在《中国社会科学》上发表了《西欧社会保障制度的历史变迁》，而尼采《论道德的谱系》也于90年代初在三联书店出版。做完这些工作，又代表西欧研究所参加了在德国举办的社会保障国际会议，并顺路去英国公共档案馆复印了一批历史档案后，我回到美国撰写我的博士论文。因为低估了博士论文的难度，原来计划半年之内完成论文，却整整花了两年的时间。

再返布兰代斯，时过境迁。这时不仅要打工挣钱，还带着5岁多的儿子，需要为儿子的入学和中文教育奔波，加上我的房东，路易·艾黎的朋友，哈佛教育系的兰本达（Brenda Land-own）教授患脑溢血瘫痪，需要照顾，我的时间恨不能一分钟掰成两半儿用。为了能多挤出一点时间来写论文，我先辞去了波士顿精神卫生局社会工作者的正式职位，回到中国餐馆去打周末工，同时在《侨报》包了一个版面写点小专栏。为了让儿子和一批中国留学生的子女每天下午三点下学后有个集体学习中文的地方，我和先生四处奔波，在剑桥镇注册了一所中文学校，白手起家，义务劳动，找剑桥教委谈判，到多民族委员会申辩，聘请中文教师，联系校车接送，忙过了一大圈以后，"剑桥中国文化中心"居然成了有规模的中文学校。作为第一任董事长，我提出并践行了一系列的原则规定，例如所有的管理者，包括董事长、副董事长和校长、会计等都不领取工资，任课老师按照最高市价支付工资，这样学生家长就可以支付低于市价的费用让孩子们入学。我们的中文学校每天开班，为的是有利于孩子在外语环境中巩固所学的中文。我们还制定了使用国内通用教材，与国内同步教学等政策。我提出的口号是："让小留学生的家长能无后顾之忧地带子女回国工作"。为了能够更好地保护中国留学生的利益，我受剑桥教委的推荐，成为剑桥市少数族裔委员会的委员。在打工、社会工作、子女教育、家务劳动之间，当然还要坚持写博士论文，偶尔去哈佛听听学术演讲，感觉那是一种精神上的享受和奢侈。所以，我当时学会了计划使用时间，一星半点也不能浪费。终于熬到了博士论文答辩，那年我已经 39 岁了。

博士学位一拿到，工作机会接踵而来。我在兰本达教授做过顾问的一个国际发展组织做培训和项目设计，同时在哈佛大学欧洲中心做没有资助的访问学者。在美国，一旦有了年薪，生活方式就会改观，生活也会比较稳定。但是留在美国却从来都不是我的人生选择。一年过后，我带着儿子回到北京，回到中国社会科学院欧洲研究所，重新做起了助理研究员。再过了一年，也就是1994 年，欧洲研究所换届，我成为所长助理，开始了我为期 20 年的研究组织和管理工作，1995 年世界妇女大会后我成为研究所副所长，1996 年我当选为中共十五大代表，此后的工作就更加繁忙了。

三　福利国家和社会保障研究

在科研领域，我最先定向的是欧洲福利国家研究，在研究福利国家作为一种特殊的国家制度的同时，梳理欧洲各国的社会保障制度，并为国家相关领域里的改革提供一些信息和自己的理解。离开布兰代斯大学以前，我到海勒学院拜访了著名的社会福利哲学家大卫·基尔（David Gill）教授。基尔教授问我，"社会保障和社会福利研究领域涉及的学科很多，你想从哪个角度切入?"我说,根据我的基础和兴趣,还是想集中了解社会保障的历史和哲学。他给我推荐了一批书,其中包括维伦斯基的《工业化社会与社会福利》(Wilensky, Harold L. & Charles N. Lebeaux, *Industrial Society and Social Welfare*)、瑞姆林格的《福利政策和欧洲、美国和俄国的工业化》(Gaston V. Rimlinger, *Welfare Policy and Industrialization in Europe, America and Russia*)、波兰尼的《大转折》(又译《巨变》, Karl Polanyi, *The Great Transformation*)以及爱斯宾 – 安德森《福利资本主义的三个世界》(Esping – Anderson, *The Three Worlds of Welfare Capitalism*),还有一些其他的书,但基尔教授说,这几本书是基础的基础。我设法购买或复印了这些书籍带回了中国。

回到中国以后,有一些国际性机构邀请我去工作,例如联合国国际开发署,我也给世界银行和联合国儿童基金会做过临时的顾问。最终选择继续留在中国社会科学院工作的主要原因大概有三个,一是我觉得作为少数留学归国人员,理应为祖国的进步而尽力;二是我认为,在"体制内"我可以学以致用,做出一些积极的贡献;三是希望能够有更多时间,将我对于社会保障和社会福利的理解写成一本书,我当时感觉,这本书应对中国的改革有些参考作用。若干年后,我碰到大学一些相关领域的教授,他们见到我的第一句话就说,读了《福利的解析》,眼界为之一开,而后开始了社会保障的研究。知道我的那本小书的确发挥了一点作用,我真心地为当年的选择感到欣慰。

《福利的解析》第一版印刷是 1996 年,后来与东方出版社的一套丛书一道于 1998 年正式出版。这本书的篇幅不大,写作的目的是为了厘清社会福利与职业(或部门)福利之间的区别。因为我看到当时在国内学界各种观点十分混乱,市场经济正在初创，而创建与市场经济相互配套的社会再分配制度的重要性却远没有被广泛认知。不少人认为，市场本身就具有平衡和公平的作用，不需要社会性的福利制度，还有不少人的观念中，社会保障还是部门福利的一种形式，将社会福利与部门人力资源政策混为一谈。按照这种理解，社会保障平衡社会分配的工具就会被用于部门之间的相互竞争，成为扭曲市场的一种力量。所以，我觉得有必要把市场和社会在社会保障制度中的关系说清楚。

《福利的解析》出版以后，我开始承担了大量的研究所行政工作，包括外事工作、科研组织工作，还有大量的社会工作，对社会保障和社会福利的跟踪研究只是断断续续地进行。大约每年都会应约写上一两篇文章。对于欧洲联盟的研究也集中在社会政策领域。偶尔利用出国开会的机会，到经合组织等机构去挖些新资料，写些小文章，这样积累了大约十年之后，我决定将这些文章汇集成册，又增加了一些内容，命名为《福利国家向何处去》，于 2006 年出版。

《福利国家向何处去》开始是以论文的形式在《中国社会科学》上发表的，有大约 3 万字，有些反响，因此我想进一步扩展成书。成书以后的内容包括了我对于复合结构的国家社会职能的认识，对欧洲社会保障制度历史变迁的理解，还就一些相关理论进行了讨论，分析了产业转型和经济全球化对传统福利国家的影响、福利改革的政治问题、欧洲一体化进程中社会政策的整合方式，最后探讨了全球化进程对福利国家的未来可能产生的影响。

《福利国家向何处去》出版后不久，我接受了人力资源和社会保障部（当时是劳动和社会保障部）的委托，就 100 个以上国家的社会保障制度进行比较研究。经过精心策划，我决定调动较多人力，进行四个步骤的跟踪研究：第一步是跟踪世界上 125 个国家社会保障经费的收入和支出（包括反映在收支过程中的原则、法律、缴费比例、管理机制等），从资金的流向和流量中考察国家在社会立法、税收（或缴费）制度以及社会行政等方面的异同。研究结果清晰地显示了产业结构与社会保障制度之间的正相关性。第二步是从这些国家中选择了 50 个国家，进行社会保障体制和机制的解析，观察其制度设计和机构设置，并以图解的方式表述出来，这项研究的结果显示出不同类型或模式的社会保障制度在哪些方面表现出异同。第三步是再从 50 个国家中选择 30 个国家，进行历史和法律的比对，重点放在对于历史和文化，特别是政治文化的挖掘上。第四步是邀请国内相关领域的名家，就一些社会保障的热点议题进行讨论。最终成果是一个四层"蛋糕"，在"蛋糕"的底部分析共性和趋势性问题，然后逐级研究不同类型的国家的制度特性。我希望这项研究在整体设计上超越美国社保署和国际劳工组织当时的研究框架。我也真心地感谢来自国内近十所大学和中国社会科学院兄弟单位的 50 多名博士生导师和他们的学生们的通力合作。他们参加我的团队，完全没有行政和权力的因素，大家都是为了研究问题、寻找真知而汇聚到一起。在研究的过程中，大家自觉地相互砥砺、相互学习，没有人讨价还价或争名夺利。通力的协作，共同的求知、求实、求是，成为这个项目顺利完工的保证。

2008 年，当这项研究的第一阶段将近完成时，我被人力资源和社会保障部选中参加中央政治局集体学习，主讲国外社会保障制度。经过数月的努力准备，这项任务于 2009 年 5 月顺利完成，我的学术生涯又增添了一段难得的经历。看到长期的积累对于国家和领导层具有参考价值，一种欣慰由衷而生。此后不久，四卷本的《现代社会保障制度的国际比较研究丛书》，其中包括：

《社会保障制度国际比较》《30国（地区）社会保障制度报告》《50国（地区）社会保障机构图解》《125国（地区）社会保障资金流程图》于2009年和2010年陆续出版。

2014年春，我卸任中国社会科学院欧洲研究所所长，成为一名普通的研究人员。此时我开始着手完成一个小小的心愿：将我数十年来对于中国社会保障制度改革的观察和理解记录下来，特别是让国外的同行和读者们了解，中国共产党在实现最初的社会理想的过程中都进行过哪些探索，遇到了哪些困难和难题，又是怎样去克服困难、不断创新和改革制度，并使之与经济发展、时代要求和人民期盼相吻合的。这就是我2014到2015年间撰写的《走向人人享有保障的社会——中国社会保障的制度变迁》，这些文字不仅记录了我多年来的观察和思考，也记录了我作为一名国外问题研究者与中国社会改革之间的互通共振。感谢张浚同志在资料等方面的大力协助，使得这本书得以在2015年问世。

回顾我在福利国家和社会保障制度领域里的探索，大体走了一条从理论研究到现实研究，从个例研究到制度比较的发展脉络。在整个过程中，我追求的是理解复杂的现象，是借鉴人类的文明成果，读懂世界与中国，哪怕是仅仅读懂社会保障制度和福利国家的局部，就是我的全部目的和动力。我还自认为是一个比较用心的观察者和思想者，能够在观察和思考中获得极大的满足。

四　国际发展援助与国际关系

福利国家研究，特别是福利国家的比较研究，可能导向很多其他的研究方向，例如可能在福利经济学或福利政治学领域里加深造诣，而我却转向了国际发展援助领域，这里也有几个原因。首先是我以为，作为中国社会科学院国际研究学科片的一名工作人员，除了要有一门比较专业的知识（例如欧洲福利国家）以外，还应当对国际关系学科有所贡献。我在布兰代斯大学求学的时候曾经上过罗伯特·基欧汉（Robert Keohan）和罗伯特·阿尔特（Robert Art）这些知名国际政治学家的课，也去弗莱彻国际关系学院（Fletcher School at Tufts University）旁听过一些课程，但是对于西方国际关系理论没有产生特别的兴趣。我有兴趣研究的国际关系属于务实一类，也就是国与国之间真实地发生着的那些关系，例如国家间的经济贸易关系、外交关系、文化关系，还有就是援助关系。我们生活的这个时代，国际关系发生了深刻和结构性的变化，全球化在多个层面打破了国家间的边界，使得国家间的关系变得丰富多彩起来，传统的外交理论远远不能解释新出现的现象。援助关系（在国际上都称为"国际发展合作"）自第二次世界大战以来，历经发展变迁，从开始仅仅体现国家意志和利益，发展出另外一套相对超越了国家利益和意志的体制机制和话语体系，从而深刻地影响了国家发展和国际关系。此外，在美国求学期间，我也曾在国际发展组织工作过，大致了解当时在联合国有咨商地位的600余家国际性非盈利组织和非政府组织的情况和能量，了解这些组织的资金支持很多来自于国际发展援助，因此一直都希望有机会系统地梳理一下国际发展援助的来龙去脉。当然，国际发展援助与社会保障和社会福利在理论上是相通的，前者是跨国的财政转移，后者是国内的财政转移，决定这两种转移的要素不同，但是在理论上有惊人的相似之处，比较起来十分有趣。

我在研究国际发展援助的时候也设计了一些步骤，并组织了一个团队。第一步是了解国外的相关研究和国外的基本制度。为了使这个步骤走得实，我设法邀请了当时国际发展援助领域里最知名的学者和教授，例如挪威的欧拉夫·斯托克（Olav Stokke）和美国的凯若尔·兰开斯特（Carol Lanchaster）。斯托克教授是联合国发展援助系统认定的权威学者，他的研究，特别是他有关"附加条件论"的论述，奠定了国际发展援助领域的基本理论。兰开斯特教授是一位活跃人物，曾经在克林顿政府里担任过美国国际开发署（USAID）的副署长和助理国务卿帮办。小布什当了总统以后，她就回到乔治敦大学当起了教授，仍然研究对外援助问题，特别是美国的对外援助政策。我还邀请了一位日本教授、一位法国教授以及意大利和德国的学者，还有我在欧洲研究所的同事们，大家一同撰写了《对外援助与国际关系》，这本60多万字的大书恰好在2003年蒙特雷发展筹资大会前问世，商务部参加谈判的同志拿到书就直接带上了飞机。

第二步研究主要聚焦国外援助在中国的实施情况，也就是研究中国如何通过外援这个渠道实现自己的战略发展目标。研究涵盖了新中国成立初期的苏联对华援助和改革开放后的西方对华援助。我和我的两位同事一道梳理了苏联、国际多边组织和主要西方国家以及非政府组织在不同时期对中国的援助，分析了中国对这些援助的政策和管理，以及这些援助与中国发展改革之间的相关性，得出了一些令我们自己始料不及的结论。为了使这项研究更加真实，我们三位作者在收集了大量相关材料之后，迈开双脚、跋山涉水去采访外国的对华援助项目，足迹遍及云南边境地区和青海甘肃交界的高寒地区。我开始时希望能够做到，外国援助者走到哪里，我们的研究就跟到哪里。虽然这一初衷并未能完全实现，但实地考察对我们这些一向只靠抄抄写写发文章的研究者来说，真是眼界大开。很多结论坐在办公室和书房里是做不出来的。这项研究最后形成了一本名为《外援在中国》的书稿于2007年出版，之后又再版，并且译成英文，在斯普林格出版社出版。一些国外的中国问题专家肯定了这本书的价值。自然，我从来就没有时间去收集这些评论。研究一结束，就开始了第三阶段的研究：中国的对外援助。

研究中国的对外援助远比想象的困难。国内资料很难找到，国外数据又不可靠。我决定从抢救式的访谈开始着手。在商务部援外司和国际合作局的支持和配合下，我们带着录音笔，开始了对十数名"老援外"的访谈。这些难得的、宝贵的、动人的讲述确实是动人心弦，有时甚至是催人泪下。那些快被人遗忘的真实的援外故事帮助我们这些研究者真正地了解了我们的国家、我国的政策、中国和第三世界国家的关系。当时国际政治学界有"放弃不干涉内政原则""八项原则过时"等议论，我认为是"没有调查就没有发言权"。我提到的那些抢救式访谈形成了不供发表的《访谈录》，提交给了商务部。在国内访谈的基础上，我们开始到非洲访谈，到东南亚调研。虽然最终的成果并不能尽如人意，但还是有些新的发现，还原了一些历史的真实。我们的最终成果《中国对外援助60年》一经问世，即被翻译成韩文出版，英文版也即将问世。

最近，应中国社会科学学部的要求，我将我本人撰写的、散落在各处的有关对外援助的文章汇集起来，形成《外援书札》，作为学部委员文集发表，算是对我个人20年来在对外援助领域里的学习和研究有个比较完整的交代，也为国内该领域的研究提供一些参考。

五　欧洲一体化与中欧关系

20 世纪 90 年代，欧洲共同体发展成为欧洲联盟。1995 年欧洲联盟发布了第一份对华政策文件，成为中国愈来愈重要的外交对象和合作伙伴。我于 1995 年就任欧洲研究所副所长，分管外事工作，自此，开展与欧洲联盟相关机构的合作，组织对欧洲联盟这样一种新型的国际行为体的研究，就成为我义不容辞的分内工作。

中国与欧洲联盟的前身——欧洲共同体于 1975 年建立正式的外交关系，对欧共体的系统研究则起始于 20 世纪 80 年代初期，主要是北京和上海两地研究世界经济的学者和教授从经济贸易的角度开展欧共体研究。欧共体发展成为欧洲联盟以后，欧盟的权能进一步增加，形成一个复合、庞大、多元，而且日益变化中的行为体。欧盟在很大程度上主导了成员国的对华贸易政策，在其他许多政策领域里也开始协调立场、统一行动，形成合力。鉴于欧盟和国际领域里的其他主权行为体的行为方式迥异，所以必须深入地研究这个特殊的行为体，才可能把握好中欧关系的方向和尺度。

就任副所长伊始，欧洲研究所里的一些老同志希望我能够帮助研究所打开对欧洲的学术外交局面，我肩负众望自然格外努力，经过各种谈判、协调和磋商，我推动中国社会科学院欧洲研究所加入了"中欧高等合作项目"，使社科院 10 个研究所、50 多名研究人员能够参与欧洲一体化研究，并获得了合作项目的资助，到欧洲进行短期进修。在此基础上，我组织了《欧洲一体化译丛》的翻译出版。这套书共五卷，涵盖了政治学、经济学、法学、历史学、国际关系等多个学科。作者多是经过审慎挑选的，有的是多次再版的名著，有些作者是专门为中国读者撰写的，去除了意识形态因素的著作。译者则多来自欧洲研究所。我当时的考虑就是要借重国外的资源，尽快地扩大我国对外部世界的知识面。这套丛书作为基础参考，后来成为很多欧盟研究者的入门书籍。

在这里不能不提及与我长期合作的德国曼海姆大学政治学教授，一位欧洲乃至世界知名的让·莫内讲席教授，研究欧盟治理的大家，比娅塔·科勒－科赫（Beata Kohler–Koch）教授（她现在的名字是比娅塔·科勒）。我和比娅塔之间的合作延续了十年有余，而我们之间的友谊延续至今。初识比娅塔是在"中欧高等教育合作项目"的学术委员会上，她严谨认真、一丝不苟、娴熟地操纵着各种程序，俨然是一位学界领袖。在她的带领下，项目进行得有条不紊。比娅塔严守学术规范，不大会周旋妥协，所以其他学术委员都有点怵她。我敬重她的科学精神，从她那里学到了很多有关欧盟研究的知识和方法，她也经常和我讨论中国历史和文化。久而久之，我发现她并非缺乏灵活性，在坚持学术规范的同时又十分善解人意和通情达理。我把我的学生派到她的学校，她总是不辞劳苦、不厌其烦地指点这些学生，而且关怀他们的生活，她因学养深厚、平等待人和尽职尽责赢得了中国学生们的敬重。"中欧高等教育合作项目"结束以后，我和比娅塔决定继续合作，先后完成了"欧洲研究课程开发项目"和"中欧—欧洲研究中心项目"，又合作主编了一本《欧盟治理模式》（2008）。比娅塔退休的时候我恰好在欧洲，参加了德国同事们为她举办的荣退庆祝会，会上她说，开始的时候，她认为她是在帮助中国学者和学生了解欧洲，经过十年的努力，她发现她从中国学到的东西绝不少于她教授给中国人的知识。我知道，这是她的肺腑之言。我在曼海姆短期访学，一有时间就和比娅塔神聊，我们共同指导学生，还相互推荐书籍。曼海姆大学的欧洲中心有一个藏书丰富的图书馆，我就近补充了一些相关知识，就我所关心的国家形态问题进行了更深入的阅读和思考，完成了《民族建设、国家转型与欧洲一体化》（《欧洲研究》2007 年第 5 期）的写作，其中关于民族建设和国家建设不同步的理论分析对于我后来解释欧盟的错位发展现象十分有用。

从 2004 年到 2007 年，欧洲研究所在中国社会科学院的支持下承担了"中欧—欧洲研究中心项目"的管理权。作为欧洲研究所所长和中欧联合学术委员会主席，我主持了多少次谈判和联合会议，现在已经记不清楚了。该项目资助的全国 20 个欧洲研究中心大都位于名牌高校，管理这个项目使欧洲研究所成为全国欧洲研究网络的中心。在网络中，各个欧洲中心分工合作、互通信息、交替组织会议，极大地推动了中国欧洲研究事业的发展。项目结束后，由我总主编的《欧盟模式研究丛书》也出齐了，一共有《欧盟治理模式》《欧洲经济社会模式与改革》《欧盟法律创新》和《欧洲认同研究》等四卷，每分卷设一名分主编，内容大都是中国学者与欧洲学者合作写成的，既体现了中国学者当时的研究水平，也促进了中国与欧洲学者的深入合作。

研究欧盟不同于研究一般的国际行为体，欧盟各个领域发展不平衡，各个层面权力分配很独特，而且文化多元，仅官方语言就有 24 种之多，研究起来费时耗力。作为中国研究者，还少不了要有一种独特的"为我所用"的视角，一种目的性，就是更好地了解中国与欧盟之间的关系。所以，我在研究所里主张每个研究室都从各自不同的角度（或经济、或法律、或政治、或文化）涉猎中国与欧盟的关系。比如说，经济研究室既研究欧盟经济，也研究中欧经贸关系；文化室既研究欧洲文化，也研究中欧文化关系，如此等等。深入了解欧盟各方面的发展有助于理解中欧在各领域里的关系。除此以外，在传统的双边关系（如中法关系、中英关系、中德关系）中加入欧盟视角和元素，否则难以全面把握中国和欧洲国家的双边关系。当然，中国和欧盟的关系中也有大量的成员国作用和因素。要准确把握两者之间的关系，也绝非易事。

欧盟和中欧关系研究的难题在于边界和概念总是比较混乱，毕竟欧洲联盟在人类历史上是一种特殊的存在，并无先例。很多人不了解欧盟的特性和权能，对欧盟的独立外交能力的期望值不是过高就是过低。为了让更多读者了解欧盟的特殊性，我组织了一些中国学者，共同撰写了一本《欧盟是怎样的力量》，从欧盟作为经济力量、作为规范力量、作为治理力量、作为政治力量、作为文化力量、作为军事力量等等许多角度分析欧盟的特性，并回答欧盟作为一支重要的国际力量的各种行为取向和原因。这本书后来被编入中国社会科学文库。

对于欧盟和中欧关系的研究不能停留在介绍的阶段，要借助新的方法和视角去发现新的道理和规律。为了达到这个目的，我先是发表了《中欧伙伴关系——非对称性与对称性》（《欧洲研究》2003 年第 2 期），后来又组织了有关"欧洲人的中国观"和"中国人的欧盟观"的问卷调查，出版了《中国对欧盟及中欧关系看法的调查与初步分析》（《欧洲研究》2008 年第 2 期）等，并成立了专题组，每年就中欧关系进行跟踪研究。我还与美国和欧洲学者合作编写了《中欧关系：观念、政策与前景》（Routledge 2008），在欧洲学界产生了一定的影响。卸任欧洲研究所所长前，我就中国欧盟确立战略伙伴十周年组织发布了《盘点中欧战略伙伴关系》的蓝皮书，全面梳理中国和欧盟战略伙伴关系的十年发展，英文版2016 年由社科文献出版社和斯普林格出版社共同出版。

密切关注欧洲发生的各种热点问题是基本方法之一。自 1996

年始，我发起了欧洲形势年终报告的写作和出版，组织欧洲研究所的研究人员，以编年史的方式记录欧洲各种重大事件，对重要现象进行深入的分析，作为主题报告发表，形成了一套研究工作程序和方法。年终报告后来以蓝皮书的方式出版，有些主题和专题报告在中央和国际上获得了好评，例如在 2003 年科索沃战争后论证了"欧洲模式与欧美关系"，解释了欧洲和美国为何不同；2007 年《罗马条约》签订 50 周年之际推出了"欧洲联盟五十年——经济、政治、法律与价值理念建设历程述析"；2008 年中欧关系出现各种倒退迹象后，深入分析了欧盟各个机构对华政策的异同，撰写了《欧盟"中国观"的变化》；《世界金融危机冲击下的欧洲》（2009）、《欧盟与利比亚战争》（2011）、《欧债危机的多重影响》（2012）等篇也都收到了很好的社会反响。

我认为，中国的欧洲研究还需要一些基础设施建设，就利用欧洲研究所建所 30 周年之际，组织了对中国欧洲研究领域的重要成果进行分科的全面梳理总结介绍，写成《中国欧洲研究 30 年》，以《欧洲研究增刊》的形式发表，为后来的欧洲研究提供一个学术基础。在组织研究的过程中，我还看到了中国学界在欧盟研究领域里的认识和教学有欠全面，也不够专业，这样会影响中国欧洲研究的水平。为了改变这一状况，我发起了《欧盟研究硕士课程开发》，组织了北京大学、外交学院和中国社会科学院欧洲研究所的学者们，就中国的欧盟教学现状进行了需求评估，又联络德国、荷兰、奥地利、葡萄牙和中国澳门的教授共同讨论课程的框架和必要的阅读，编写了包括欧盟政体、欧盟经济、欧盟法、欧洲一体化历史等四门核心课程，以及欧盟研究方法论、欧盟东扩、欧盟竞争法、欧盟四大自由、中欧关系、欧盟福利国家等选修课程在内的共 18 门课程及教学参考，免费地推荐给各大学的欧盟教学中心和教授作为参考。

六　两德统一与德国研究

欧洲主权债务危机之后，欧盟内部的力量格局发生了明显的变化，这些变化必将影响欧盟的发展以及欧盟与中国的关系。例如，在对华关系领域里，欧洲大国的排序从英法德变成了德法英，德国问题研究，特别是德国在欧盟内部和全球范围内的地位和作用的研究提上了日程。

要深入了解德国地位的变化还要从冷战结束和东西德统一开始研究。无论从理论还是现实需要的角度看，两德统一历史的研究都需要尽快开展。为此，我组织了"两德统一的历史经验"课题组，还是从翻译入手，在各方面的帮助下，组织调动了中国在德国的留学生、在职的研究人员、新近毕业的学生和退休的老大使、老外交人员，人称"海内外兵团"，历时三年多的时间，完成了首批四卷《德国统一史》和一本《329 天》的德文翻译，为进一步的研究提供了基础材料。

两德统一史和德国现状研究得到了中国社会科学院前任院长陈奎元、副院长李扬和国际货币基金组织前副总裁朱民的大力支持，他们或予以道义和资金的援助，或直接帮助建立国外联系和过问研究的具体内容，因此《德国马克与经济增长》能够以仅仅 10 个月的编辑、翻译和校订周期高质量问世，《德国社会市场经济》也将于 2017 年出版。两德统一史的研究进展虽然受到我退出领导岗位等因素的影响而有所延迟，但又因为有国内其他研究机构和个人的加盟和承诺而恢复了运行。目前，这个项目还在进行中。

余　言

写到这里，我觉得有些感悟可以分享。

回顾个人走过的求学旅途，恰逢祖国经历前所未有之巨变的时代，能够从事与国家进步相关的工作，投身于国家的改革、开放、建设事业，使生命融入社会进步的滚滚洪流之中，进而与时代变化同步、与国家发展同行、感受国家进步的脉动，与社会变迁共俯仰，和中华文明同进步，这是我们这一代研究工作者的莫大幸运，是人生在世少有之乐事。

由于时代和社会的发展速度过快，因此要与时代和社会同行，就注定了个人的路途会曲折而丰富。我求学求知的道路横跨了人文和社会科学两界，从一名学习外国语言的学生进入哲学和历史领域，中途又转道学习社会史和社会保障制度，最后回归到国际关系和外交，每每要从头开始，这需要付出艰苦的努力，之所以做出这些大跨度的选择，而不是埋头耕耘"一亩三分地"，一则是回应时代和国家的需要，二则是在我的理解中，世界上的知识是触类旁通的，特别是对于国际关系和外交的理解，不仅离不开语言的能力、历史的视角、理论分析的功力，更离不开对社会变迁的把握、对各种国际关系行为主体的深入了解。由于全球化的速度加快，作为国际关系的主角的国家在转型，影响国家外交决策的社会在变化，国家边界被多重打破，所以研究国际关系和外交的视角和方法就需要跟上并体现这些变化。

比较我早年对人文类学科的喜好和现在所从事的社会科学类的研究，我想我的选择大体是偏于经世致用的，这种偏好毫无疑问与我的"土插队"经历相关。我理解的经世致用不是急用先学那一类，而是沿着科学的路径循序渐进。所以我总是先了解所学所问的学术方位，其在国内外的研究状况，然后选择适当的研究方法，并认真地分析和解答问题。"把握住学术发展的链条"是我常用的语言，突然心血来潮的研究也可能独领风骚三四年，但却很难成为学术发展链条中的重要环节，与学术积累裨益不大。"学以致用"是我另外一种常用的语言，生当社会变迁之世，如果不做与社会发展相关联的研究，愧对这一伟大的时代。学以致用不仅是一种目的，更是一种推动研究者不断探索前进的不竭动力。知其一者必然想知其二，如此类推，没有止境。

也是由于时代发展过快，周围的许多现象，前进中的很多问题都需要研究。因为需要研究的课题太多，需要做的事也太多，我惊讶于此生的忙碌。过去的半个世纪似乎都是在忙碌中度过的，一件事情没有做完就又有新的事情等着要去做。一个课题研究出了眉目，还没有时间去好好品味，就有新的课题等着去研究，这好像就是我们这一代社会科学研究工作者的宿命。由于时代的原因，我们起跑得太晚，我们努力去跑完应跑的路程，却发现这路漫漫的，并无终点。我们起跑的时候是一条小径，而后却进入阡陌纵横、天高地广的境界。早期个人的小小的兴趣逐渐被大大的社会使命催促着、推动着，不敢停步、不敢懈怠、一直向前再向前，渐渐地个人的兴趣就与时代的需要越来越关联了。作为研究者，我们虽然还只是跑自己的路，但是前后左右的同跑人越来越多，道路也越跑越宽，这也是一件人生乐事。

有同时代的人说，我们是"过渡的一代"，注定只能在学术前人和学术后进的高峰之间搭建桥梁。因为我们起步太晚，受到的局限太多，缺乏很多攀登巅峰的必要条件。从我个人的经历来说，在30岁的"有成"年龄才开始负笈留学，到了"不惑之年"才拿到了一纸国际学界认可的文凭，比前人和后人都晚了十数年。这十数年间，我们虽然缺了系统的学校教育，但是却在社会大学堂中历练，从无字之书中体验社会人生，积蓄动力。因此，作为桥梁的我们这一代人也绝非一般的桥梁，而是坚固而四通八达的桥梁。为了当好这座桥梁，我在过去的30年间，在中国人未曾关注或较少关注的领域中进行探索，不是为了攀登什么学术高峰，只是为了求取真知。

要做好桥梁，就不能放过任何一个向前辈学习的机会。为了使自己对欧洲的知识更具有广度和深度，我曾应欧洲研究所前任所长陈乐民先生之邀，合作撰写《欧洲文明扩张史》（第二版改名为《欧洲文明的进程》），其实就是想从陈先生那里学习治学，同时补充我对欧洲早期历史的知识。当时陈先生已经卧病在床，仍然笔耕不辍，有时找个学生来笔录他的口授，在这种情况下，还对我的分工部分进行指导。当时我想，中国学术的大厦就是由这样一代接一代的奉献垒起来的。只要我们坚持垒下去，还怕没有广厦吗？

我做研究的经世致用偏好主要还是体现在选题上。我的选题基于个人兴趣和能力，又不完全囿于个人兴趣，多项研究的动力来自于时代和社会的需要。这种需要能给人动力，使人对本来可能是枯燥乏味的研究产生出耐心和兴趣。有一年，我听说中国医疗领域里的"红包"现象盛行，有关机构建议我做一个社会史的案例研究，说是社会需要，其实和欧洲研究关系不大。但我还是带着一名学生一头钻进了北京图书馆，将所有与医疗制度相关的陈年老书翻了出来，又设计了问题四处打电话访谈，之后恰好碰上"非典型性肺炎"流行，大家在家里休假，我就和这名学生一道把一篇《医疗领域里"红包"现象的社会史分析》写了出来。十几年过去了，文章都还没有过时。社会需要是可以把人的能力逼出来的。记得当年研究对外援助，课题组分工的时候同事们都选择了自己熟悉的国家，例如法国、英国、德国、欧共体等，剩下美国对外援助没有人写。我联系美国研究所，也没有找到对相关议题感兴趣的同事。到了这种时候，只好自己去溜缝儿。这种溜缝儿的事情我没少干。作为科研组织者，除了要干溜缝儿的事，还要干好整体设计和分工，并撰写最重要的部分，如果不能身先士卒，主编也是当不好的。

选题是关于研究方向的，方法是决定研究质量的，方法对于成果的重要性怎么强调也不过分。选择方法的过程可以避免急功近利，因为总是要先了解国内外已有的研究成果，总是要考证自己的视角和方法是否站得住脚，总是要确认资料和数据来源的可靠性，总是要横向确认自己的发现是否正确，如此等等，如果只想一鸣惊人、一举成名，结果也就是"各领风骚三四年"。所以，我涉猎的研究，包括欧洲一体化、德国统一研究、对外援助等等，都是从翻译权威性名著开始，然后选定主要的研究方向和可用的研究方法，形成结论后再开始写作的。在写作时，我务求简洁平实。"写东西要让人看懂"，这也是我常说的话。研究的过程可能是繁杂的，但是研究后发现的逻辑和真知却往往是简单朴素的。所以，我告诉我的学生们，写文章要有"群众观点"，文章写出来是要给人看的，自己搞懂了还不够，还是要花一点时间让别人看懂，科学研究不是自娱自乐，故作高深没有任何意义。如果写出来的东西晦涩难懂，说明作者本人也不甚了了。

研究工作虽然繁忙，但是我从来不拒绝参加社会实践活动，无论是高端的智库论坛，还是基层的调研活动。我参加的政府部门的咨商会和专家会也是多不胜数。社会科学研究的课题、方法和结论都来自于社会，离开了社会，研究就会失去活力，缺少真实感，甚至会误入歧途。

总而言之，作为社会科学工作者，我们遇到了一个伟大和变革的时代，我们的工作与国家的发展变化密切相关，因此可以获得双倍的快乐——从事所热爱的工作的快乐和看到所做工作产生社会效益的快乐。研究工作的过程有时很慢，有时很枯燥，有时还不为人所理解，会感到就像是在沙漠中行进。但是我相信，"千淘万漉虽辛苦，吹尽狂沙始到金"。记得我 2001 年在北戴河参加休假活动期间向中央政治局领导汇报时引述过屈原的一句话，"亦余心之所善兮，虽九死其犹未悔"。我相信，这句话不仅代表了我的心声，也代表了许多我的同时代人的心声。

周　弘

2016 年春

在书房查阅资料

徐世澄

Xu Shicheng

男，生于 1942 年 5 月 9 日，上海市人。中国社会科学院荣誉学部委员，拉美所研究员。1959 年毕业于上海市敬业中学，1959—1960 年在北京外国语学院留苏预备部学习俄语，1960—1964 年在北京大学西班牙语系学习，1964—1967 年在古巴哈瓦那大学文学和历史学院进修。1967—1972 年在中共中央对外联络部拉美所和拉美局工作。1972—1976 年在中国驻阿尔巴尼亚大使馆调研室工作。1976—1980 年在中联部拉美局和拉美所工作，1981—2008 年在中国社会科学院拉丁美洲研究所从事研究。2008年退休。曾先后任南美洲研究室、经济和国际关系研究室主任，拉美所科研处处长、副所长（1985—1995 年）。1985 年被评为副研究员，1992 年被评为研究员。1995—2007 年任中国拉丁美洲学会副会长。2009 年获古巴拉丁美洲通讯社成立 50 周年奖；2010 年被授予 2007—2009 年度中国社会科学院科研岗位先进个人奖；2011 年 9 月获古巴国务委员会颁发的"友谊奖"；2012 年被多米尼加共和国科学院授予通讯院士称号。

主要学术成果：独著《拉丁美洲政治》《古巴》《墨西哥》《卡斯特罗评传》《查韦斯传》《冲撞：卡斯特罗与美国总统》《墨西哥政治经济改革及模式转换》《墨西哥革命制度党的兴衰》等；主编《现代拉丁美洲思潮》《美国和拉丁美洲关系史》《帝国霸权与拉丁美洲——战后美国对拉美的干涉》《拉丁美洲史稿》第三卷（主编之一）等。译著有《第三次革命》《蒙卡达审判》《为玻利瓦尔辩护》等。曾主持国家社科基金项目"美国和拉丁美洲关系史""拉美左翼和社会主义理论思潮研究"，院重点项目《现代拉丁美洲思潮》等。所获荣誉：1996 年《拉丁美洲史稿》（第三卷）获中国社科院优秀科研成果优秀奖；2000 年《美国和拉丁美洲关系史》获中国社科院优秀科研成果三等奖；2007 年《拉丁美洲左派的近况和发展前景》（研究报告）获中国社科院优秀科研成果三等奖。

情系拉美研究

我这一生的大部分时间是在拉美研究和与拉美交往中度过的，可以说，是情系拉美研究一辈子。

在北大"代培"

屈指算来，55 年前，我就算是拉美所的人了。1961 年 7 月，当中国科学院哲学社会科学部（以下简称"学部"）拉丁美洲研究所成立时，我与苏振兴等学长还在北京大学学习西班牙语，但当时我们已是"学部"在北大定向委托培养的学生，即"代培生"。拉美所成立时，我们被告知，我们将来要到拉美所工作。在北大学习期间，我们代培生曾去过几次哲学社会科学部（现社科院院部），聆听过时任学部副主任刘导生等的报告。我也几次到拉美所，见到时任拉美所副所长的王篯西和王康（当时拉美所没有正所长）。两位所长都很平易近人，尽管他们资格都很老，但待人很和气，一点架子也没有。他们十分关心我们在北大学习的情况，勉励我们要刻苦学习，掌握好西班牙语这门工具，为将来研究拉美打下扎实基础。

留学古巴

1964 年 1 月，我由科学院学部派遣，作为教育部公派留学生，在哈瓦那大学文学和历史学院进修。对此我感到很幸运，下决心要在古巴好好学习，以便回国后能在拉美所顺利地从事对古巴和拉美问题的研究。同年 10 月，拉美所副所长王箴西作为中古友好代表团的成员到古巴访问，得知他访古的消息，我高兴地前往"自由哈瓦那"饭店去看望他。他非常关心我的学习和生活情况，"自由哈瓦那"饭店离我上学的哈瓦那大学很近，我陪同他一起到哈大参观，我们还一起照了几张相，至今我还保留着这些照片。王箴西所长告诉我，拉美所和西亚非所等所一起已于同年 9 月正式脱离科学院学部，直接归中共中央对外联络部（中联部）领导了。

我在古巴进修的 3 年，正是古巴社会主义革命和建设的初期，当时，古巴人民在以菲德尔·卡斯特罗为首的古巴党和政府的领导下，革命和建设的热情都十分高涨。我和其他中国留学生与古巴大学生一起，除在学习上相互切磋外，还手持步枪、站岗放哨；手持砍刀，3 次去农村砍甘蔗；曾参过古巴全国军事动员，下过兵营，挖过战壕；乘上火车，周游古巴全国各省；作为翻译，我参加了 1966 年年初在哈瓦那举行的亚非拉三大洲会议；在革命广场或在哈瓦那大学，无数次聆听菲德尔·卡斯特罗、切·格瓦拉和劳尔·卡斯特罗等古巴革命领导人激动人心的演讲。我至今仍清楚地记得我几次与卡斯特罗与格瓦拉面对面说话的情景，青年时代在古巴的种种经历，至今仍历历在目，终生难忘。

我充分利用了在古巴留学的 3 年时间。第一年，我重点选修西班牙历史，西班牙文学和西班牙语语法、正字法；第二年，重点选修古巴历史、古巴文学、古巴外交政策；第三年，重点选修拉美文学、拉美历史和拉美的殖民主义与不发达等课。除课堂学习外，我还利用到古巴农村砍甘蔗的时机，写了有关古巴农村土地改革和古巴小农的调研报告，受到使馆和我国高等教育部的好评。我也经常到古巴"美洲之家"参加拉美知名作家、学者和政治活动家的报告会和研讨会。

我在哈瓦那大学上学时的老师和同学，有的后来成为古巴党和国家的领导人，如教我们拉美历史的老师里卡多·阿拉尔孔后来曾担任古巴全国人大主席、古共中央政治局委员，2003 年我随中国社科院代表团访古时有幸会见他，2008 年他访华期间在北大作报告时，我又见到他。当时我和中国留学生就读时的哈瓦那大学文学历史学院院长罗伯·托雷塔马尔现在是古巴国务委员、"美洲之家"主席，1992 年和 1995 年我两次到古巴哈瓦那和圣地亚哥市参加何塞·马蒂国际研讨会时，有幸见到他。他在 1995 年圣地亚哥市举行的何塞·马蒂国际研讨会讲话时，还特地高兴地向与会的各国代表介绍我和毛金里研究员编译的中文版《何塞·马蒂诗文选》。

正式到拉美所工作

1967 年 2 月，我从古巴回国，当时国内的"文化大革命"已经开始了几个月，我随归国留学生参加了两个多月的运动后，就到拉美所报到，正式成为拉美所的一员。我被分配在拉美所编译室工作。但我的屁股还没有坐稳，拉美所的业务工作与其他研究所一样，由于"文化大革命"而停止了。所里贴满了大字报，王箴西和王康两位所长成为所里造反派批斗的对象。

不久，我被借调到中联部业务局，陪同西班牙共产党（马列）代表团，一借好几个月。送走代表团回所后不久，所里两派已经联合，军管小组驻所代表让我与另外一位同志去外地搞"外调"，以落实干部政策，解放干部。我们去了大西北和西南，一去两三个月。12 月初回北京后，军管小组代表根据上级指示，代表组织又让我随分配到中联部的大学生和留学生一起去广东汕头牛田洋 0490 部队农场进行劳动锻炼。

牛田洋部队农场锻炼

我二话没说，几天后，我告别了所里的领导和同事，告别了家人，先后乘火车和长途汽车到达广东汕头郊区牛田洋 0490 部队农场，与我在同一连的有后来任外交部部长的李肇星、国际问题研究所所长马振岗、驻委内瑞拉大使王珍和驻墨西哥和阿根廷大使张沙鹰等。我们的主要任务是围海造田和种水稻。1969 年 7 月 28 日，我们经受了强台风（风力强达 18 级）的严峻考验。我们这批来自北京的大学毕业生和进修生共 136 人，牺牲了 25 人。我所在的学生一连牺牲了两名学生战士。台风洗劫了我们带到农场的所有财物。后来，部队发给我们每人两套军装、一条被子和一条褥子及其他一些日用品。在部队农场锻炼的后期，根据上级指示，我们在艰苦劳动的同时，又开始复习外语。

我去部队农场后不久，1969 年春，中联部军管小组奉上级指示，宣布解散包括拉美所在内的 4 个研究所，研究所的干部大部分下放到中联部在黑龙江肇源国营农场办的"五七干校"。1970

年1月，奉上级指示，原拉美所的干部又随中联部干校的"五七"战士一起迁移到中联部河南沈丘"五七干校"。

河南沈丘"五七干校"

我在牛田洋的部队农场一直劳动锻炼到1970年5月19日，当天，部队有关领导指定让我带领十多名在牛田洋的部队农场结束锻炼的中联部干部赶赴中联部河南沈丘"五七干校"。第二天，我们先后乘火车和大卡车抵达沈丘，在干校校部，我们受到了热烈欢迎。我被分到了原拉美所干部所在的、插队在大于庄的干校六连，又高兴地与拉美所的同志一起"战天斗地"和"练红心"。我在干校劳动了半年多时间，先后搬运过木材、当过泥瓦匠等。

在中联部工作

1970年年底我被借调到中联部政工组参加"一打三反"运动的工作，我的具体工作是与其他几位同志一起负责中联部清仓查账的工作。20世纪70年代初，由于当时拉美所尚未恢复，原拉美所的一些干部有的自谋出路，自找工作；有的被陆续调回中联部各部门工作。

在"一打三反"运动将要结束时，我被正式调到中联部"四局"（即后来的拉美局）工作。我在"四局"工作时间不长，主管过哥伦比亚事务，其间曾跟蒋光化同志（当时是调研员，后任中联部副部长和中国拉美学会会长）陪同智利革命共产党等代表团到韶山、井冈山等地访问。1971年年底，组织上通知我，部里根据工作需要，把我作为中联部第一批派往驻外使馆的人员之一，派往中国驻阿尔巴尼亚使馆。

在阿尔巴尼亚 4 年

当时阿尔巴尼亚被认为是"欧洲社会主义的一盏明灯"，中阿关系十分密切。而我从来没有学过阿尔巴尼亚文，出国前，我十分担心，去阿尔巴尼亚后，我如何开展工作？1972 年 3 月春节刚过，我怀着忐忑不安的心情从北京出发，经莫斯科、布达佩斯，飞抵地拉那。我在中国驻阿使馆工作了 4 年零 4 个月。时任中国驻阿大使的刘振华（后任外交部副部长、北京军区政委）对我十分关心。由于我经常接触来自世界各国的左派外宾，出于工作需要，我在阿尔巴尼亚学习了阿尔巴尼亚语，后基本上能用阿语进行日常会话和粗读阿尔巴尼亚的报纸。我还随使馆的同志学习了一点英语和法语。我注意观察阿对华关系和阿劳动党与左派党，特别是拉美左派党关系的动向。我根据在阿尔巴尼亚工作的左派党朋友反映的阿党和政府的一些内部新情况，特别是阿劳动党开始反华的动向，写了一些调研报告，受到大使和国内上级单位的好评。1976 年 7 月下旬，我任期已满，奉命调回国内工作。

投入拉美所的恢复和重建工作

回国后不久，正遇到 1976 年 7 月唐山大地震。地震后的一天，我正与家人在抗震棚里准备午餐，老所长王康来看我，他告诉我，根据中央的决定，拉美所即将正式恢复，薛端同志被任命为拉美所筹备小组组长，他本人和赵勇增同志为副组长，我被任命为筹备小组成员之一。他希望我安排好家里的事情后，尽快到所里上班。

经过半年多时间的筹备，1977年4月6日，中联部领导正式批文同意恢复拉美所，并任命薛端同志为恢复后的拉美所所长，王康、赵勇增为副所长。不久，王康被调到国家科委工作，由沙丁继任副所长，主管业务。拉美所恢复后，我和李芸生负责南美组。不久，苏振兴同志从阿根廷回国，南美组一分为二，我任南美一组（安第斯国家）组长，苏振兴任南美二组（南端国家）组长，后来，组改为研究室。

根据中联部的指示，在部里工作的原拉美所人员原则上都应回拉美所工作，因此有四五十名原拉美所的干部回所工作，但也有十多人由于各种原因没有回所工作。为弥补人员不足，所里又陆续从外单位调入一些干部，此外，还进了一些大学毕业生和研究生。

恢复拉美所后不久，我和全所研究人员投入了编写《拉丁美洲手册》和《拉丁美洲各国政党》两本书的工作。与此同时，所里恢复编辑出版《拉美情况》和《拉美资料》两种内部刊物。1979年11月，经上级批准，所里创办《拉丁美洲丛刊》（后改名为《拉丁美洲研究》），从此，拉美所有了自己的公开出版的刊物。我在前几期上发表了《安第斯条约组织的发展趋势》《拉丁美洲的人口问题》等文章。

1977年8月—1978年2月，根据组织的安排，我第三次下放劳动，这一次是在中联部河北廊坊市固安县"五七干校"。1978年2月，我从干校回所，重新投入研究工作。1978年起，所里开始招收第一批研究生，自20世纪80年代初起，我和所里的研究人员也开始给研究生授课。

1979 年 4 月 24 日至 6 月 7 日，经所里推荐，我作为中国人民对外友协代表团团员（当时中联部拉美所尚未公开）到哥伦比亚、委内瑞拉和墨西哥 3 国访问，团长是对外友协副会长侯桐。这是我第一次访问这 3 个拉美国家。我们访问哥伦比亚时，哥伦比亚尚未同中国建交，5 月 14 日，哥伦比亚总统图尔瓦伊在总统府接见我们代表团时说，中哥建交不会是遥远的事，他希望中国进口更多的哥伦比亚咖啡。令人高兴的是，在我们回国半年后，1980 年年初，中国与哥伦比亚正式建交。

1980 年 10 月初至 12 月底，所党委决定派我去北京市党校学习 3 个月。这 3 个月的党校学习，我受益匪浅，对改革开放的重要性和新形势下党的任务加深了认识。

拉美所回归社科院

1980 年，根据胡乔木（时任中共中央书记处书记、中国社会科学院院长）的意见，中联部和社科院一起给中央打报告，为加强对国际问题的研究，拟将中联部所属的拉美所、苏联所和西亚非所划归社科院。经中央批准，拉美所等 3 所自 1981 年 1 月 1 日起隶属中国社会科学院领导。中国社会科学院是 1977 年在原中国科学院哲学社会科学部的基础上成立的。

说实在的，我真正坐下来投入拉美问题研究，是在改革开放之后，特别是在拉美所回归社科院之后。在此之前，我与拉美所的其他同志一样，不是投入政治运动就是下放劳动（我曾三次下放），或在中联部从事党的联络工作。

1981 年年初，我被评上助理研究员。同年 8 月，所里研究室进行调整，我被任命为新成立的经济和国际关系研究室主任。由于我没有专门学过经济，为更好地从事拉美经济问题的研究，我买了不少有关经济方面的书籍，也借阅了不少有关经济和国际关系的书籍。然而，不到一年，1982 年，所里按照社科院的要求和规定，设立了科研组织处，我被任命为拉美所首任科研处处长。科研处的工作头绪很多，如协助所领导制定所的科研计划、日常的科研管理、组织科研成果的评定、接待外宾、安排所内人员出国访问的有关事宜、组织学术会议、负责研究生工作，等等。1984 年拉美学会成立后，科研处还负责学会的管理和年会的组织工作。尽管科研处的各种工作名目繁多，人手很少，但处里的同志互相合作、配合，工作开展得还比较顺利。在科研处处长任期内（1982—1985 年），1983 年我参与了中国拉丁美洲学会的筹备、创建工作，起草了学会成立的请示报告和学会的章程。1984年 5 月 15 日—21 日，在山东烟台举行了学会成立大会暨拉美民族民主运动学术讨论会。学会理事会第一次会议决定聘请原社科院副院长宦乡为学会名誉会长，外交部原驻巴西、古巴大使张德群同志为会长，人民大学教授李春辉、中联部拉美局副局长杨白冰和拉美所副所长苏振兴为副会长，选举我为学会秘书长。拉美学会的成立和成立后的各种活动为加强拉美所与中国和外国拉美学界的联系、促进拉美所和我国拉美研究事业的发展起了积极作用。

1984 年下半年，我去秘鲁、委内瑞拉和智利从事为期 3 个月的考察，在秘鲁，我的落脚点是秘鲁研究所。这是秘鲁一流的研究机构，所长是知名的秘鲁学者马托斯·德尔马尔。20 世纪 90年代，他作为总部设在墨西哥城的美洲印第安研究所所长，曾同他的女儿、泛美地理历史研究所的研究员一同到中国访问，我参加了接待。在委内瑞拉，我的落脚点是中央大学发展研究中心，中心主任是已加入委内瑞拉国籍的德国学者松塔克。在智利，我的落脚点是美洲社会科学学院（FLACSO），院长是华金·布鲁诺。布鲁诺在智利"还政于民"后出任文化部部长。这 3 个月的考察，使我对这 3 个安第斯国家有了初步了解。回国后，1987 年年初，我与白凤森合著的《秘鲁经济》一书由社会科学文献出版社出版。

20 世纪 80 年代初，薛端和沙丁两位所长先后离休。1982年，由赵勇增和苏振兴两位副所长主持工作。1985 年 5 月，赵勇增同志离休，院党组任命苏振兴为所长，我和徐文渊为副所长。我主要分管科研和外事工作。同年年底，我被评为副研究员。

1986 年 4 月 7 日—5 月 6 日，应美国国际新闻署的邀请，经所里和院里批准，我同孙士明同志一起访问美国。我们访问了华盛顿、纽约、旧金山、洛杉矶、匹兹堡、迈阿密、奥斯汀和檀香山等城市，拜访了美国国务院泛美事务局、美洲开发银行、美洲国家组织、外交学会、美洲理事会、兰德公司、外交学院、约翰·霍布金斯大学国际问题研究所、加州大学洛杉矶分校拉美研究所、迈阿密大学国际关系学院和古巴研究所等美国 30 多家与拉美有关的政府机构、研究机构和大学。这次访问使我对美国的拉美研究状况和美国对拉美的政策有了不少感性知识，使我开拓了眼界。回国后不久，作为这次出访的成果之一，我主编了《美国和拉丁美洲关系史》一书，并由社会科学文献出版社出版，后获社科院科研奖。

20 世纪 90 年代初，我被评为研究员。在我担任科研处处长和副所长的十多年时间里，所里的科研工作和国内外的学术交流有了显著的进展。在对外学术交流方面，所里前后接待了不少拉美知名政治家和学者，其中包括墨西哥前总统埃切维利亚、委内瑞拉前总统卡尔德拉、哥斯达黎加前总统菲格莱斯、厄瓜多尔前总统博尔哈、美洲开发银行行长伊格莱西亚斯、秘鲁学者后任总统的托莱多、巴西知名学者后任文化部部长的富尔塔多、巴西学者多斯·桑托斯、智利学者松凯尔等。1988 年所里首次主办了"跨入 90 年代的拉丁美洲"国际研讨会，为办好拉美所第一次主办的国际研讨会我投入大量时间和精力。作为中国拉丁美洲学会的秘书长，我全力以赴认真组织每年一次的拉美学会年会暨学术研讨会，为推动我国的拉美研究做了自己的努力。

90 年代初，为纪念哥伦布到达美洲 500 周年，我投入了不少精力，与张森根等所里绝大多数研究人员一起参与编撰了《拉丁美洲历史词典》（1993 年由上海辞书出版社出版）。与此同时，我作为主编之一，参与编写由李春辉、苏振兴和我主编的《拉丁美洲史稿》（第 3 卷）（1993 年由商务印书馆出版）。此书也获得了院科研奖。

辞去副所长后我的主要工作(1995—2008)

1995 年因我要求去墨西哥长期进修，根据院里有关规定，我提出了辞职申请，申请得到了批准。同年，在等待墨西哥签证期间，我作为《何塞·马蒂诗文选》的编译者之一，应邀去古巴参加了何塞·马蒂的国际研讨会，后又应西班牙外交部的邀请，作为第一位应西班牙外交部邀请的中国拉美问题学者到西班牙考察3 个月，完成了《西班牙加入欧共体之后的经济发展》的西班牙文和中文的研究报告。

20 世纪 90 年代后期，我应邀参加了时任社科院副院长汝信牵头的"世界文明大系"国家社科基金重点课题，我和郝名玮合写了《拉丁美洲文明》一书（1999 年由中国社会科学出版社出版）。

　　1996 年 5 月至 1997 年 5 月，我由社科院和教育部派遣，作为访问学者到墨西哥国立自治大学经济研究所进修。2000 年 5 月至 2001 年 3 月，我又应墨西哥外交部国际合作署的邀请，作为墨西哥外交部邀请的第一位中国墨西哥问题专家再次到墨大经济所从事研究。前后将近两年在墨西哥的考察研究，使我近距离地对墨西哥有了比较深刻的了解。我先后写了《一往无前墨西哥人》《墨西哥》《墨西哥政治经济改革和模式的转换》《墨西哥革命制度党的兴衰》4 本有关墨西哥的书。2001 年年初我离开墨西哥之前，用西班牙语写的考察报告也于 2003 年在墨西哥正式发表。

与墨西哥现总统佩尼亚合影（2013 年）

　　我卸任副所长后被分配在政治研究室，先后在曾昭耀、刘纪新、袁东振3位室主任领导下从事研究，直至退休。其间，我注重对拉美政治制度的研究，并关注20世纪90年代后期拉美左派崛起的新动向。在这段时间里，2004年我和袁东振共同完成了社科院重点项目《拉丁美洲国家政治制度研究》（2004年由世界知识出版社出版）；2006年我独自编写的中国社会科学院研究生院重点教材《拉丁美洲政治》由中国社会科学出版社出版，这是拉美所编写的第一部研究生教材，也是迄今为止我国国内唯一有关拉美政治的研究生教材。我还及时地观察拉美政局的新的动向，撰写了多篇关于拉美左派崛起的文章，受到国内学术界的好评。2006年我撰写的《拉丁美洲左派的近况和发展前景》（研究报告）获2007年中国社科院优秀科研成果三等奖。

　　1996年、1997年、2003年、2004年、2005年和2006年，我曾6次访问古巴。我先后撰写和出版了《冲撞：卡斯特罗与美国总统》和《古巴》。2005年，根据所里的安排，我和毛金里、白凤森和张金来（外文局翻译）一起将毛相麟同志的专著《古巴社会主义研究》一书，从中文译成西班牙文，我还负责全书译文的校对工作。

　　自1999年起我开始带博士生，先后带了9名博士生。他们中有国家机关的司局长和外交部驻外大使，也有高校的老师和所里年轻的研究人员。

　　从1995年我卸任副所长职务至2008年年初我退休的十多年间，是我从事拉美研究以来科研成果最多的时期。一共独著、主编、合著、独译或合译了近20本书，撰写了数百篇论文、文章和研究报告。可以说，这一时期是我的"丰收"期。应该说，我取得的一点成果是与国内改革开放创造的"社会科学的春天"大环境密切相关的，是与院所领导的正确领导和指导以及同志们的帮助分不开的。

我的退休生活（2008 年至今）

2008 年年初我正式退休。但我仍笔耕不辍，并未放下我的研究工作。2008 年 2 月，我同宋晓平、刘承军、毛金里、白凤森等同志一起参与翻译了《卡斯特罗访谈传记——我的一生》，并负责全书的校对。2008 年，我与宋晓平、黄志良和郝名玮一起翻译了《总司令的思考》，并负责全书校对。同年 5 月，我独自撰写的《卡斯特罗评传：从马蒂主义者到马克思主义者》一书，由人民出版社出版，共 53 万字。同年，我和郝名玮合写的《拉丁美洲文明》的修订补充版，由福建教育出版社出版。当年，我还撰写了 40 多篇论文、文章和内部报告。当年 12 月，我有幸随同中联部考察团到玻利维亚和厄瓜多尔考察社会主义思潮，取得了不少收获。

2009 年 1 月，我不幸大病一场，先后住了 10 次医院，进行了 8 次化疗和 1 次手术。所领导和同事们以及我的拉美学界朋友对我十分关心，使我深受感动。经过院方积极的治疗，加上组织和同志们的关心和亲友的精心照料，我终于从死亡线上逃脱出来。病魔并没能摧毁我的意志。我在病床上审读和修改了我带的博士生的论文。同年 6 月，我撰写的《墨西哥革命制度党的兴衰》一书（共 21.3 万字）由世界知识出版社出版，这是我承担的社科院"后期资助项目"。此书出版后，通过我在北京的墨西哥朋友卡尔沃，转送给该党的领导人，他们表示十分高兴，专门给我写了一封信，并送给我多本该党的党刊。2010 年该党总统候选人、墨西哥州州长涅托访华时，我有幸在北京会见了他。2012年，墨西哥革命制度党候选人涅托赢得大选，该党又东山再起。我这本书获得了社科院离退休科研二等奖。

2010年我的身体状况有所好转，这一年，我在积极进行治疗疾病的同时，完成并出版了由我主持的《拉丁美洲现代思潮》一书，这是社科院重点项目。此书由当代世界出版社于同年10月出版。这一年，我应邀去山东大学、复旦大学、上海外国语大学、广西大学、广西民族大学、广西师范学院作有关古巴"更新"社会主义模式和拉美现代思潮的讲座，并参加了第7届亚洲西班牙语学会年会、中国世界民族学会、中国拉丁美洲历史学会、首届中拉智库论坛等研讨会，并提交了有关论文。这一年，我和宋晓平、张颖还一起翻译出版了《卡斯特罗语录》。

2011年4月，我撰写的《查韦斯传——从玻利瓦尔革命到21世纪社会主义》一书，共50万字，由人民出版社出版。这部传记是我向拉美所所庆50周年的小小的献礼。7月28日是查韦斯57岁的生日，这一天，委内瑞拉驻华大使馆为我撰写的《查韦斯传》举行了隆重的首发式。

同年7月，我荣幸地当选为中国社会科学院荣誉学部委员，这既是对我的鼓舞，又是对我的巨大鞭策。

2011年9月28日是中国和古巴建交51周年，古巴驻华使馆举行了招待会。在招待会上，正在中国访问的古巴与各国人民友好协会主席凯尼娅·塞拉诺和古巴新任驻华大使白诗德，代表古巴国务委员会为我和其他5名为中古友谊做出突出贡献的中国人士（中拉友好协会会长、全国人大前副委员长成思危，对外友协会长李小林，对外友协前会长陈昊苏，新华社前副社长庞炳庵和著名画家袁熙坤）和2个中国单位（中古友好小学和中古友好农场）授予"友谊奖"奖章，以及由古巴国务委员会主席劳尔·卡斯特罗亲笔签名的证书。这是对我多年来从事对古巴研究和致力于中古友好工作的一种肯定吧！

与古巴全国人大主席、我的老师阿拉尔孔合影（2008 年）

2011 年 10 月至 2015 年 10 月，我被聘为浙江外国语学院拉丁美洲研究所所长。2013 年 3 月我以浙外拉美所的名义申报了国家社科基金的项目"拉美左翼和社会主义理论思潮研究"，2016 年年初，我牵头的这一项目已经完成，并已结项。3 月，浙江省社科办已批准此项目的结项，现已报国家社科办最后批准。

从 2012 年至 2015 年年底，我出版的专著有：《当代拉丁美洲的社会主义思潮与实践》，社会科学文献出版社 2012 年版；《古巴模式的"更新"与拉美左派的崛起》，中国社会科学出版社 2013 年版；《徐世澄集》，中国社会科学出版社 2013 年版。译著有：（古巴）玛尔塔·罗哈斯：《蒙卡达审判》，五洲传播出版社 2014 年版；（委内瑞拉）西蒙·罗德里格斯：《为玻利瓦尔辩护》，五洲传播出版社 2014 年版；（古巴）亚历杭德罗·卡斯特罗·埃斯平：《恐怖的帝国》，五洲传播出版社 2015 年版；（古巴）卡秋斯卡·布兰科·卡斯蒂涅拉：《菲德尔·卡斯特罗·鲁斯时代的游击队员——古巴革命历史领袖访谈录》，人民日报出版社 2015 年版。值得一提的是，2014 年我主持翻译的中西文对照的，包括《为玻利瓦尔辩护》在内的《西蒙·罗德里格斯全集》是作为委内瑞拉总统马杜罗的礼品在同年 7 月习近平主席访问委内瑞拉时，由马杜罗总统亲自赠送给习近平主席。

做中拉友谊的使者

退休前后，我先后在北京外国语大学、北京语言大学、对外经贸大学大兼课，曾多次参加对外经贸大学、北京外国语大学、北京大学、南开大学研究生的答辩。自 2005 年起至 2010 年，我几乎每年都参加历年的中组部党建所的研究课题，并多次获奖。2007 年我有幸应邀到中南海给中央首长做了两次关于拉美政治思潮和拉美文学艺术的讲座。

我曾应邀到国家图书馆、首都图书馆、中华世纪坛、首都博物馆、北京师范大学、北京大学、清华大学、中国政法大学、广西大学、上海大学、上海外国语大学、山东大学、江苏师范大学等处向众多的民众和师生作了有关拉美政治、中拉关系、玛雅文化、拉美古代文明和拉美的世界文化遗址的讲座，受到好评。我还多次接受人民网、新华社、中央电视台、北京电视台、中央人民广播电台、国际电台等媒体的采访，在一些报纸杂志上撰稿。

最近几年，我多次应邀到国防大学防务学院、外交学院、国家行政学院、发改委宏观经济研究院、商务部研修院、北京国际汉语学院等单位用西班牙语给拉美外宾讲课，讲授关于中拉关系、拉美安全问题、中国国情、中国基本政治制度、中国宏观经济形势、科学发展观、中国模式、"一带一路"与中国外交等专题。作为一名研究拉美的中国学者，深感自己有责任和义务向国内民众介绍拉美，向拉美朋友和民众介绍中国，讲"中国故事"，以促进中拉之间的相互了解。

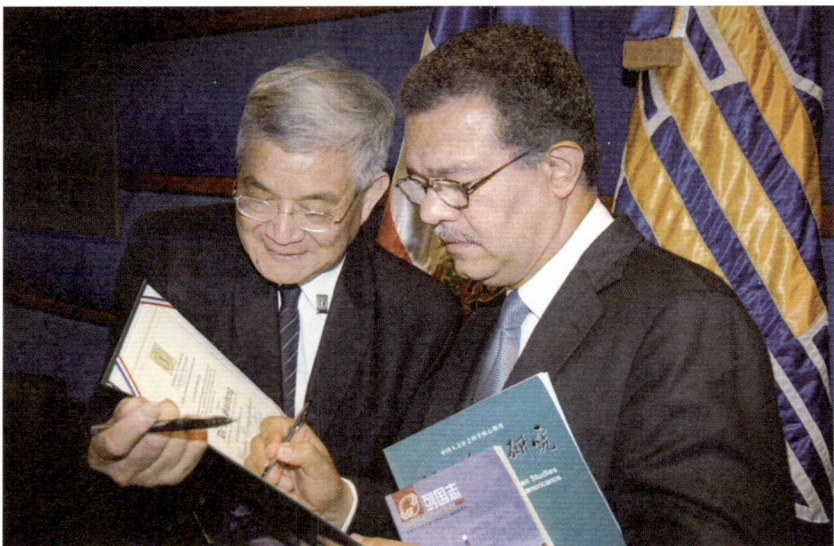

与多米尼加共和国总统莱昂内尔合影（2012 年）

自 2011 年至 2016 年，我先后应墨西哥国立自治大学（两次）、科利马州大学和墨西哥民主革命党的邀请，4 次访问墨西哥，参加关于中拉、中墨、墨西哥与亚太和拉美左翼政党的国际研讨会；2012 年 5 月，我应邀访问尚未与我国建交的多米尼加共和国，在多米尼加科学院、历史研究院、全球民主与发展基金会、多米尼加理工大学等单位做了关于中国经济发展与文化历史问题的讲座，多米尼加科学院授予我该科学院通讯院士的称号；2013 年和 2015 年我先后两次应哥伦比亚乌德特奥大学孔子学院和哥伦比亚国立大学的邀请，到哥伦比亚参加中国文化节和中国周的活动，并做了有关中国文化与中哥关系等讲座；2015 年 12 月，我应委内瑞拉全国选举委员会的邀请，作为国际观察员观察了委内瑞拉国会的选举全过程。

　　我对拉美的研究得到国内外的好评。墨西哥国立自治大学墨西哥中国研究中心刊物《工作笔记》2014 年第 7 期专刊，刊登了该中心主任、墨西哥著名的中国问题专家恩里克·杜塞尔撰写的《徐世澄的生平与著作》的访谈记，称"徐世澄教授是 1949 年成立的中华人民共和国拉丁美洲研究的奠基人之一"。2014 年 7 月 21 日，新华社发表了新华社记者王帆写的《延续 50 年的"中拉时间"——对话拉美问题专家徐世澄》一文，称徐世澄是"国内权威的拉美问题学者"。委内瑞拉驻华大使卢西奥·玛内依罗在代表委内瑞拉政府致《查韦斯传》作者徐世澄的感谢信中说："您的这本著作是对委内瑞拉玻利瓦尔革命及其领袖查韦斯的良好表示和支持，是中国人民给委内瑞拉人民的最好礼物。"古巴驻华大使卡洛斯·米盖尔·佩雷拉在评价徐世澄写的《卡斯特罗评传》时说："这是一部内容丰富、雄心勃勃的著作……我们为这本著作出自古巴伟大的朋友徐世澄教授之手感到自豪"，"这部由中国作者以真挚的感情和优秀的学术水平所写的著作，将使中古两国的关系更加密切"。《今日中国》西班牙文版 2016 年第 2 期发表了厄瓜多尔记者拉斐尔·瓦尔德斯写的《拉美研究学者徐世澄》一文，文中引用拉美一位大使的话，称徐世澄是"最深刻了解拉美问题的中国学者之一"。

我所在的拉美所建所已55周年。由于我国党和政府对发展中拉关系越来越重视，中国与拉美和加勒比国家的关系迅速发展，拉美所现正处在建所以来最好的发展时期。作为拉美所老一代的研究人员，我高兴地看到，所里的青年研究人员正在茁壮成长，研究人员出国进修和考察的机会越来越多，所里的研究条件和环境越来越好，所里新的科研成果不断涌现。我衷心祝愿拉美所在新的领导班子的领导下，在今后不断取得更好的成绩！

在家中

总结我从事拉美研究几十年的体会是：从事拉美问题研究，首先需要很好地学习马列主义理论，掌握和运用辩证唯物主义和历史唯物主义进行研究，没有很好的理论功底和研究问题的正确方法，很难研究好国际问题；二是要认真学习党中央和政府的方针、路线和政策，将研究工作与党和国家的任务相结合；三是应该熟练地掌握西班牙语和英语。研究国际问题，进行国际交流，必须掌握对象国和地区使用的语言；四是必须具备丰富的各方面的知识：政治、经济、历史、地理、文化、科技等，知识是无穷尽的，需要我们"活到老，学到老"。最后，作为研究拉美的专业人才，需要我们对拉美研究事业的热忱和深情，对拉美研究魅力的感受和追求。从事拉美研究就像耕种土地一样，谁洒的汗水多，谁的收获就丰硕。

"春蚕到死丝方尽"，我愿意为我所钟爱的拉美研究事业贡献我的余生！

徐世澄

2016 年 4 月

徐　葵

Xu Kui

　　男，1927 年 4 月 9 日出生于江苏省南汇县张江乡黄家宅。1948 年毕业于北平朝阳学院法律系。1975 年 5 月进入中联部苏联组工作，1981 年年初随中联部苏联研究所转入中国社会科学院苏联东欧研究所，先后担任副所长、代所长、所长与党委书记。其间于 1987—1999 年连续两届被推荐为全国政协委员。1999 年年初开始离休。

　　主要学术代表作包括《苏联概览》（主编）、《苏联剧变研究》（与江流同志合编）、《苏联剧变新探》（与宫达非同志合编）、《经济全球化、地区化与中国》（与李琮同志合编）、《苏联政治内幕：知情者的见证》（译著）、《一杯苦酒：俄罗斯的布尔什维克主义与改革》（译著）等。

我是怎样走上研究苏联之路的

我 4 岁时在浦东张江乡黄家宅私塾里读了 3 年书，先学了《三字经》《千字文》和《治家格言》等书，后又学了一点《论语》和《孟子》，在私塾读了这几年书使我受到了我国传统文化与道德观念的不少影响。

1933 年，我开始去张江镇张江小学上学，1937 年 8 月当我在张江小学读完初小在农村家中过暑假时，8 月 13 日那天日本侵略者在上海发动了淞沪侵华战争，从停泊在我国东海的航空母舰上派遣轰炸机飞往上海轰炸我国国军阵地。我看到日军飞机成批地飞越浦东上空时，爬到村子附近一座清朝末期建造的很高的花岗石节孝牌坊顶端去观望。从高处往上海方向望去，可看见日本飞机在空中接连不断地扔下许多炸弹，炸弹一着地就响起剧烈的爆炸声，燃起浓烈的火光。我想到在上海战场上一定会有许多国军和大量无辜同胞被日寇炸死，心中燃起了对日寇的满腔怒火，从这时起我就在思想上卷入了我国人民奋起反抗日寇侵略的大潮。

日军在上海打响"八·一三"淞沪侵华战争时，我家在上海南市经商的父亲因忙于给前线作战的国军提供后方支援，抽不出时间回浦东看望自己家属。在日军结束在上海的淞沪会战，并集中主力向南京进攻时，父亲回浦东老家把全家搬到他在上海公共租界租好的两间房间中居住，并安排大哥和我两人在上海同义小学上学。

1941 年上半年徐葵与复旦中学初中四名爱国同学成立了一个以提高抗日救国本领为宗旨的秘密"星火读书会"，图为 5 名会员在复旦中学校园内合影

1939 年夏，我高小毕业，秋季考入上海复旦中学，在该校读到初三上学期。1942 年春转学到上海圣约翰大学附近的圣约翰青年初级中学，在该校读完了初三下学期后，即升入圣约翰大学附属高中。我在这两所教会学校近三年的学习中，打下了较好的英语基础。

1942 年，我与复旦中学 4 个知心同学自发地成立了一个以抗日救国为宗旨的"星火读书会"。日本侵略者于 1941 年 12 月发动太平洋战争时，即派军队占领了上海的公共租界。驻扎在上海公共租界的日本宪兵队侦查到我们的"星火读书会"具有抗日倾向，曾把读书会中两名会员传唤去宪兵队接受盘问，日本宪兵在盘问时可能因查问不出读书会有什么背景，同时看到他们两人都还是未成年人，最后把两人释放了。

日军占领上海公共租界后，我在日军的铁蹄下生活了近六年。1943 年 12 月上旬跟随我父亲离开上海，于 1944 年年初到达抗战时我国的陪都重庆。在我离开上海后不久，上海的日本宪兵队获悉我是"星火读书会"的发起人，企图逮捕我，但在上海已找不到我，后曾在上海报纸上发布对我的通缉令。

1944 年年初，我到重庆后因无法在重庆上学，转往自贡市进入该市蜀光中学高二年级借读半年。

1944 年夏，我从自贡市返回重庆，以中学毕业同等学力的资格考入从北平内迁至重庆巴县的朝阳学院法律系就读。

1945 年 7 月，我在朝阳学院参加了地下党的外围组织"中国民主青年同盟"。新中国成立后，根据中组部规定，参加这个党的外围组织的成员在加入之时即被认为是参加革命工作之时。

1945 年 8 月 15 日日本宣布向同盟国投降，当日我在重庆市内跟随重庆广大市民上街欢庆八年抗战的胜利。1946 年上半年朝阳学院停课半年迁回北平，我于当年 2 月从重庆回到上海家中，1946 年 8 月从上海北上到迁回北平的朝阳学院继续上学。

1946 年至 1948 年的两年中，我在北平积极参加了北平高涨的历次进步学生运动。从 1946 年秋开始，我在朝阳学院上学之余还向北平东正教堂中一位俄国老修女学俄语，在两年中主要靠自学学会了俄语。

1948 年 6 月底，我在朝阳学院毕业，获法学学士学位，随即去了冀中解放区，进入设在正定的华北大学政治训练班学习五个月。

1948 年 12 月上半月在华北大学政治训练班结业后，被分配去平山华北市政干部培训班接受培训。1948 年 12 月下半月，从平山出发步行一周到达良乡。在良乡待了两个月，等待解放军和傅作义部队谈判签订和平解放北平的协议。

1949 年 2 月至 1949 年 5 月，我于 2 月随东单区连队进北平城被分配到东单区人民政府教育科工作。1949 年 5 月上旬，东单区人民政府党支部开会讨论了我的入党申请，吸收我入党。

1964 年 8 月陪同胡耀邦率团参观列宁于 1917 年 7 月为躲避敌人追捕而隐居在芬兰湾旁的拉兹里夫湖边的一个草棚中。图片摄于列宁隐居的草棚旁

1949 年 5 月，全国学联、全国青联和新民主主义青年团先后召开代表大会并成立各自的领导机构。青年团中央在成立业务部门时设立了一个国际联络部，以备开展同国外青年组织的交流。

团中央组织部取得东单区人民政府的同意于当年 5 月把我调到团中央国际联络部，从此我就在该部做了 20 多年工作，主管与苏联和东欧国家青年组织的交流和派代表团互访，还随中国青年代表团参加世界青联和国际学联举办的历次世界青年与学生和平友谊联欢节。

1969 至 1975 年，徐葵和妻子周抚方下放去河南信阳地区潢川县黄湖农场团中央"五七干校"接受劳动锻炼时与儿子徐淳在干校拍的一张全家合影

　　在"文化大革命"期间，时任团中央书记处被停职做检查，中央派军代表进驻团中央，团中央系统全体干部于 1969 年 5 月都下放去河南团中央"五七干校"时，我在团中央机关作为一个部门的当权派接受了军代表和造反派的审查达四五年时间。1973 年团中央"五七干校"一连党支部对我受审的问题做出了审查结论并给予我党内警告处分。我于 1975 年向中组部和团中央临时领导小

组提交申诉书，请求对我的问题进行复查。1978 年 1 月，团中央临时领导小组纠正了对我的错误处理，撤销了对我的处分。

1979 年 11 月，中国社科院副院长宦乡与美国哥伦比亚大学国际变化研究所所长比亚勒协议在华盛顿举办"中美学者关于国际关系和苏联问题的学术研讨会"，美国卡特总统外事顾问布热津斯基出席研讨会开幕式并发表讲话后与中国代表团合影

1975 年 5 月，我从团中央"五七干校"调回北京，被分配去中联部苏联组工作。1972 年 2 月，中联部恢复在"文化大革命"开始时被康生勒令停办的苏联研究所的设置后，我即被调到苏联研究所工作，1978 年被任命为中联部苏联研究所副所长。

1979 年 11 月中联部苏联研究所所长刘克明和我二人参加由

社科院副院长宦乡率领的一个中国学者代表团去美国华盛顿参加中美学者关于国际问题和苏联问题的研讨会。苏共总书记勃列日涅夫的接班人问题是研讨会议题之一，在讨论这个议题时，一名美国学者发言认为苏联的克格勃主席安德罗波夫不可能成为勃的接班人，我不同意他的观点，提出了我认为安德罗波夫很可能成为勃的接班人的观点。三年后安德罗波夫成为勃的接班人的事实证明我在那次研讨会上提出的观点是正确的。

1981 年，我随中联部苏联研究所成建制地转入中国社会科学院苏联东欧研究所，我继续担任研究所副所长。当年我主编了《苏联概览》一书，此书在 1993 年社科院学术成果评奖中获手册类学术成果一等奖。

1991 年苏联剧变时，我与社科院副院长江流同志合编了《苏联剧变研究》一书。1998 年又与外交家宫达非同志合编了《苏联剧变新探》一书。从 20 世纪 90 年代到 21 世纪初期的十多年中，我与研究所一批离退休同志翻译了苏联学者和西方国家学者撰写的近 30 部关于苏联问题的著作。其中俄罗斯科学院美国和加拿大研究所所长阿尔巴托夫写的《苏联政治内幕——知情者的见证》一书，于 1998 年 10 月由新华出版社出版后，江泽民同志在当年召开的全国经济工作会议上曾把此书向与会的全体同志做了推荐，说此书值得一读。还有一本我们翻译后由新华出版社于 1999 年出版的雅科夫列夫著作的《一杯苦酒：俄罗斯的布尔什维克主义与改革》，据说江泽民同志曾推荐给中央政治局委员一读。

在研究所为我举行的祝贺 80 岁生日的
会议上的讲话

（八十述怀）

时间过得真快。8 年前，1999 年 7 月 28 日，我们所里举行祝贺刘克明同志的 80 寿辰和从事研究工作 46 周年的大会，这好像还是昨天的事。那时，我代表我自己和张文武同志在会上作了一个联合发言，对刘克明同志表示祝贺。那时我离 80 岁好像还有相当长一段时间，可是一转眼现在我自己也到 80 岁了，也成了被祝贺的对象，真是时间不饶人。

今天我能和所里的同志们和来自所外的一些老朋友和老同志一起过自己的生日，感到很高兴，心里也很激动。我现在家中除了与儿子一家相邻而居，互相进行一些照顾外，就是一个人生活。在过去 7 年中我送走了两个老伴。7 年前与我共同生活了 47 年的第一个老伴因肺癌去世，4 年前我与幼年时的一个同乡、小学同学和 20 世纪 50 年代在团中央机关的同事结成伴侣，但做伴不到 3 年她就患了脑梗、脑出血和肠癌，去年年底她也离我而去。我庆幸自己还健在，能在她们病中尽到自己的心力照料她们并把她们好好送走，现在生活还能自理。另外，不论是我过去工作时结交的团中央的同志，还是现在到我们研究所后结交的研究所里的同志，以及我所认识的其他单位的同志，我觉得大家对我都很好，我到处都有能交谈的、相互知心的朋友和同志，这使我在晚年并不感到孤单和寂寞，我感到自己的生活是充实和幸福的。

所以，今天我首先要向所里的领导和同志们，向老干部局的同志，向前来参加这个活动的各单位的老朋友和老同志表示衷心的感谢，感谢大家对我的生日的祝贺，感谢同志们对我的为人和我的工作所做的评价，我从同志们的讲话中又一次体会到同志之间的可贵的真情和爱心。

一个人走过了 80 年的人生道路，总要回头看看自己的一生是怎么走过来的，品味品味自己走过的人生道路。这些天我的思绪和感想很多，今天想简单讲两点。

一、对自己一生的总的回顾和感想。我经历的一生是我们国家和社会，以至于整个世界和社会发生大动荡和大变革的年代。我在美国访问时曾同一些美国朋友交谈过彼此的生活经历，我告诉他们我一生中从出生开始几乎每隔十年都要遇到一件大事：1927 年我出生后第三天中国就发生了蒋介石进行的"4·12"反共大屠杀；1937 年爆发了持续 8 年的抗日战争；1947 年蒋介石发动了国内战争，在 3 年内战中国民党遭到失败，共产党领导中国人民成立了新中国；1957 年中国发生了反右派运动，不少知识分子被打成"右派"；1966—1976 年，中国遭遇持续 10 年之久的"文化大革命"这场浩劫，我自己也遭了殃。那些美国朋友听了，觉得很难想象在我们中国人的生活经历中会遭遇这么多的事情，相比之下他们的生活经历显得太平静和安定了。这种对比给了我不少启示：为什么美国立国 200 多年，国内能一直保持安定，在经济上取得如此快的发展？为什么我国 100 多年来会如此动荡，而且在新中国成立后 30 多年还会如此折腾？如果我们经历了这些动荡和折腾，吃了这些苦头，而不去好好总结我们的经验教训，那么我们就是白吃了苦头，难保将来不再出现动荡和折腾。幸好邓小平等老革命家，深刻总结了我们的历史教训，在"文化大革命"后扭转了我们的方向，改变了以阶级斗争为纲的错误路线，转向以经济建设为中心，并实现了改革开放，这才使我们有了30多年的比较安定的生活，使我国经济得到了空前的发展，使人民生活水平得到了空前的提高，民主空气也比过去多多了。但是，今天在我们的前进道路上还存在不少问题，长期存在的极"左"思潮还有不少市场，还在阻碍我们前进。因此，在回顾自己一生走过的道路时，我感到我们仍不应忘记过去，仍需要更深入地总结过去的教训，以推动改革的深化，在当前特别要改变政治改革滞后的局面。

我想到在这方面有许多老同志的精神是很值得自己学习的。例如我们原来的院长胡绳同志和副院长李慎之同志。差不多是在十年前，胡绳同志于1998年1月在他80寿辰时写了一首题为《八十初度》的诗和一首80自寿铭。诗中有"生逢乱世歌慷慨，老遇明时倍旺神。天命难知频破惑，尘凡多变敢求真"等句，铭中有"吾十有五而志于学，三十而立，四十而惑，惑而不解，垂三十载。七十八十，粗知天命"等语。我认为他在自己80岁的自寿诗和自寿铭中，既深刻地道出了他自己思想的发展历程，也道出了我国知识分子在近30年中所经历过的共同的思想历程。新华社的李普同志在《悼胡绳》一文中对胡绳一生作了这样的评价，说他是"早年实现自我，中间失去自我，晚年又回归自我"。李慎之在他写的《忆胡绳》一文中说"古今中外，有几个人到了七十八十还能反思……在经过30年的信仰、30年的大惑以后，还能从头反思，如冯友兰、胡绳这样的，以我之陋，实鲜闻知。胡绳作为一个80岁的老人不容易啊！"胡绳在留下他的自寿诗和自寿铭之后两年，即于2000年，他82岁时去世，如果他能多活几年的话，他的反思当会更深入，他在这方面做出的贡献当会更大。但老天爷没有加以年寿，所以李慎之说"胡绳的反思只能由我们这些人和更年轻的人继续下去，深入下去。是惟后死者之责，何敢辞！"可是三年后，李慎之同志自己也不幸过早地去世了，而且活得比胡绳还少两年，只活了80岁。胡绳院长一生中最后两年在病中经过深刻的反思和总结，写出了《资本主义和社会主义的关系——世纪交接时的回顾和前瞻》和《毛泽东的新民主主义论再评价》两篇文章，从理论上和认识根源上阐明了新中国成立后28年中为什么我们党犯"左"的错误，急于要消灭资本主义，急于进行社会主义革命的原因，阐明了毛泽东为什么从1953年开始放弃了自己原来提出的正确的新民主主义思想，而急于要实现农业、手工业、资本主义工商业的社会主义改造，急于搞"大跃进"、人民公社化，最后发动所谓的"文化大革命"，从认识根源上来分析，这是由于他那时开始脱离了马克思主义的缘故。这几天我重读了胡绳同志的这两篇遗著，觉得对自己很有启迪。他在理论上和认识根源上为我解开了思想中长期存在的困惑，并加深了对邓小平理论的理解。我想实际上胡绳同志也为我们探索苏联模式的社会主义失败的深层次原因指明了一条路子。我们对邓小平提出的什么是社会主义和如何建设社会主义这个问题还需要进一步作出全面的、科学的回答。邓小平破了这个题，并领导中国人民用进行改革开放和建设中国特色社会主义，使中国的面貌发生空前的变化的行动，在很大程度上作出了回答。但是这个问题还没有在理论和实践上回答完，需要我们继续进行探索和回答。在这方面，我觉得胡绳同志和李慎之同志是自己学习的榜样。我水平不高，但在自己80岁的时候，我作为后死者想表示这样一点志愿：就是愿意步他们的后尘，尽自己的力量在这方面继续去进行一些反思和探索。

　　二、来所里做了30年工作的一些感想。这里想说三点感想：

1. 我们研究所自 1965 年正式成立，迄今已有 42 年，它走过了一条曲折的道路，刚成立不久就遇上"文化大革命"，被康生勒令停办，几乎夭折，1976 年才恢复。但它的真正起步和发展是在党的十一届三中全会进行拨乱反正，邓小平提出了解放思想、实事求是的思想路线之后，1981 年我们研究所从中联部成建制地转到中国社会科学院之后取得了新的发展。在党的十一届三中全会的春风吹拂下，经过几任所领导和所里全体同志的共同努力，我们所的研究工作和各方面的工作都得到了很大的发展。我们的第一任所长刘克明同志为我们所在明确研究方向和竖立正确的学风方面做了很多奠基性的工作。经过大家 30 年的努力，我们所的面貌与刚恢复时相比已经大大改观，大批科研人员已经成长起来，大批科研成果得以涌现，我们应该为我们研究所 30 多年来取得的成绩感到高兴。

我有幸在经过"文化大革命"10 年虚度后能到我们研究所来工作，20 世纪 80 年代中期又从刘克明同志手中接过接力棒，在一段时间中担任了研究所的领导。我对自己能参与 30 年来我国苏联东欧研究工作向前发展的这个过程是感到高兴的。但我也很清楚，由于我做研究工作起步较晚，以及缺乏做研究工作的功底和经验，所以对自己所做的工作不能估量太高。5 年前，在当时所的领导李静杰和张森等同志为我过 75 岁生日时，我曾说过，限于自己的水平和经验，我在研究所的工作中，在学术上没有取得多大成就，没有做出多少贡献，只有两点还聊以自慰：一是在工作中没有偷懒，还是努了力的，是想把工作做好的；二是没有做过对不起组织和同志们的事，没有整过或伤害过任何同志。今天我仍这样认为。我在所里担任领导工作的十来年时间中，我把自己的工作目标定位在为研究所的建设打下一点基础，铺设一段路，打开一个新局面，为后人在这个事业中取得更大的发展创造一些条件这个基点上。我到所里工作时，我很珍惜经历十年浩劫后重新获得工作的这个机会，有全身心地投入这项工作的一股激情，同时也有使我国长期得不到正常发展的苏联研究事业发展起来的紧迫感，特别是在 1982 年去美国考察了美国的苏联研究工作之后。所以我被任命为所长后，是想在研究所的建设和人才的培育等方面做些建树的。但是大家知道，我担任所长的当年就得了肾病，在 20 世纪 80 年代下半期那几年身体很不好。所以当时所里的很多领导工作实际上都是张文武和刘铁两位副所长做的，后来还有李静杰和张森同志他们做的。如果说有什么成绩的话，那是大家，包括全所同志共同努力的结果。由于历史上造成的一些原因，我在学术研究方面并没有取得多大成绩，研究成果不多，去年我被评为中国社会科学院荣誉学部委员，总感到自己是受之有愧的。我自己认为，只要大家认为我在工作中为我们研究所的建设铺了一点路，打下了一点基础，我就感到很满足了。今天我要利用这个机会，对所里的同志们在我担任所长期间给予我的支持和帮助，再次表示我衷心的感谢。

2.30 年来我们的苏联研究取得了巨大的发展，这是值得我们高兴的。现在整个世界形势，包括我们自己国家和我们的研究对象国的情况都发生了很大的变化。应该看到在新的形势下，我们的研究任务不是轻了，而是更重了，对这个地区的研究工作的重要性不是降低了，而是有了更高的要求。我认为，现在有两个方面的课题需要我们研究所的同志很好地去研究：一是俄罗斯东欧中亚的现状和发展趋势。现在中俄关系可以说是处于历史上最好的发展时期。从我们国家的根本利益考虑，如何使中俄两国的战略协作伙伴关系得到更好的发展，如何使经历了许多曲折的中俄人民的相互了解和友谊上升到一个新的高度，这些都是需要我们很好研究的问题。二是对苏联历史问题和苏联失败的历史教训的深入研究，也就是如何在理论和事实上，用苏联的实例，来说明我们应该如何认识什么是社会主义和如何建设社会主义的问题。这两个方面的研究工作都是可以大有作为的。我希望今天我们研究所的同志能在这两个方面的研究工作中都取得巨大的成绩，在学术研究上作出巨大的贡献。

3. 为了继续搞好苏联和俄罗斯的研究工作，我觉得需要在指导思想上继续贯彻解放思想、实事求是的思想路线和"百花齐放、百家争鸣"的方针。我们应该像温家宝同志在文代会上的讲话中所说的那样，提倡学术民主和学术自由，严格区分政治问题和学术问题的界限，本着不唯上、不唯书、只唯实的精神来开展学术研究，反对搞学术上的垄断，反对用行政手段来处理学术上的问题。现在苏联研究界在对苏联历史问题的看法上存在着不同的看法和解释，应该提倡通过正常的、民主的、平等的学术讨论来进行学术争论，提高学术思想，探索历史真实，追求学术真理。我们研究所从刘克明同志任所长时开始树立了较好的学风，我希望我们能把这种良好的学风继续保持下去。

最后我想说说我今后打算怎样度过自己的余生。我有一个大学的同学很会作诗，他用"喜迎岁月转移，笑看世界风云"两句话来表述他晚年的心态和生活。我觉得这两句话写得不错，表达了一种积极、乐观的心态。我也要抱这样的心态，同时我还要给自己加上两句话，就是活到老，学到老；活到老，追求真理到老。

以上就是我今天在 80 岁生日时想向大家表述的几点感怀。

徐 葵 🅰

在俄罗斯科学院远东研究所授予名誉
博士学衔会议上的讲演

（1994 年 6 月 10 日）

尊敬的俄罗斯科学院远东研究所所长 M．L．季塔连柯，

尊敬的远东研究所学术委员会委员们，

尊敬的朋友们和同事们：

今天对我来说是一生中永远难忘的一个时刻。在这里我首先要向俄罗斯科学院远东研究所的学术委员会表示衷心的感谢，感谢它邀请我来接受它授予我远东研究所名誉博士的崇高称号。我认为，这不仅是属于我个人的荣誉，也是属于我所代表的中国社会科学院俄罗斯东欧中亚研究所和中国俄罗斯东欧中亚学会的荣誉。现在我非常高兴地向诸位发表讲演，题目是"为发展中俄两国长期稳定的睦邻友好合作关系而努力"。

也许是命运为我作出了这样的安排：差不多从大学时代开始，我的人生道路就同苏联和俄罗斯紧密地联系在一起。那是在抗日战争的年代里，当我进入大学的时候，中国新闻工作者的先进代表邹韬奋写的一部访苏报道深深地吸引了我，使我萌生了学习俄语、了解苏联的强烈愿望。从 1946 年起，我就致力于实现这个愿望，主要通过自学学会了俄语，并从阅读俄罗斯的许多文学著作中逐步增加了对俄罗斯和俄罗斯人民的了解和感情。几年之后当中国人民解放军胜利跨过长江，即将解放全中国的时候，正是由于我在大学时代掌握了一点俄语的缘故，我被调到青年团中央工作，为发展中苏两国青年学生组织的交往作准备。从那时起，我这一生的全部经历就直接同你们的国家——昨天的苏联和

俄罗斯科学院远东研究所学术委员会授予徐葵的名誉博士学衔证书。图中左页为俄文证书，右页为英文证书

今天的俄罗斯，联系在一起了。在过去的 45 年中，我经历了我们两国关系的全部起伏曲折。在 20 世纪 50 年代，我曾为我们两国关系和两国人民的友谊的发展而欢乐；在两国关系恶化和中断的岁月中，也曾为两国关系的曲折而有过困惑和忧伤；在我国"文化大革命"中，则由于我同你们国家的关系而蒙受过并不公正的对待。但是即使在最困难的时刻，我也没有对命运为我安排的人生道路感到后悔，也没有对我们两国人民的传统友谊的继续和发展失去希望。"文化大革命"后我被转到研究所工作，我期望着我们两国关系的正常化，并为此而进行了自己力所能及的微薄的努力。20 世纪 80 年代后期，我们两国的国内形势和面临的国际环境都发生了巨大的变化，在这国际风云剧烈变幻的转折关

头，我曾为来之不易的两国正常化关系是否会再次出现曲折有过担忧。今天我感到十分欣慰的是，我们两国的关系顺利地经受了这场严峻的考验，不仅没有后退，而且在新的形势下得到了健康和顺利的发展。

1994年6月俄罗斯科学院远东研究所邀请何方与徐葵去莫斯科参加该所学术委员会授予两人名誉博士学衔的会议，图为远东研究所所长季塔连科在学术委员会的决议上签名

在过去两年中，中俄两国高层互访不断，两国经贸关系达到了历史上前所未有的水平，两国间各种形式的人员交往广泛展开。这一切使我们有理由对我们两国面向21世纪建立长期稳定的睦邻友好合作关系抱有希望和信心。对我们两国学者来说，很好地研究这几年两国关系的发展状况，揭示促使两国关系健康发展的积极因素，分析两国关系中还存在的问题并研究解决这些问

题的办法，我们就能为 20 世纪 90 年代和 21 世纪中俄两国关系进一步的健康发展和两国人民传统友谊永葆青春作出我们自己的一份贡献。

在我和我们研究所的一些同事们看来，这几年中俄关系之所以能够渡过国际风云而顺利向前发展，至少可以归因于以下三个因素：

一、两国领导人和政府以及广大社会阶层都吸取了过去几十年中中苏关系起伏曲折的历史教训，认识到必须把意识形态的差异和分歧同国家间关系严格区分开来，把两国关系建立在和平共处五项原则这样一些文明的国际关系准则的基础上，其中最根本的一条就是平等相待，互不干涉内政。过去中苏关系之所以发生曲折，除其他原因外，把意识形态同国家关系紧密相连是一个重要原因。我们都是过来人，都很清楚中苏关系是如何由党内意识形态的分歧发展到国家关系的分歧和对抗的，也很清楚我们两国都曾为此付出了多么沉重的代价。回想起来，当年中苏两党两国在争论中真是付出了多少无谓的精力啊！邓小平同志在"结束过去，开辟未来"的谈话中总结这段经历时说："经过 20 多年的实践，回过头来看，双方都讲了许多空话。"确实，在我们这个色彩缤纷的多样化的世界上，不同国家之间，由于历史、传统、文化、价值观的不同而存在意识形态上的差异，那是十分正常的事情。如果不尊重这种客观存在的差异，企图在意识形态上强求一致，而且是按照一国的标准强求一致，那就只能把国家关系引进死胡同。我们过去的沉痛教训就在这里。值得我们庆幸的是，在 20 世纪 80 年代末、90 年代初这一次世界格局发生巨变的重要关头，中俄两国都从过去的经验教训中吸取了智慧，而在两国关系中避免了过去的失误。从中国方面来看，早在 1990 年年初，邓小平同志就指出，不管国际形势怎么变化，我们"还是要坚持同所有国家都来往，对苏联对美国都要加强来往"，"不管苏联怎么变化，我们都要同它在和平共处五项原则的基础上从容地发展关系，包括政治关系，不搞意识形态的争论"。中国政府正是根据这一方针，对苏联和俄罗斯国内发生的变化，明确采取不干涉内政和尊重俄罗斯人民自己选择的政策。从俄罗斯方面来说，我们看到，俄罗斯领导人和政府这几年也尽力注意避免因意识形态上的差异而影响到两国的关系。1992 年年底叶利钦总统访问中国时，两国发表的《联合声明》中明确指出，"各国人民自由选择其国内发展道路的权利应当受到尊重，社会制度和意识形态的差异不应妨碍国家关系的正常发展"。双方总结过去的教训，在两国关系中共同遵循这一原则，这就为两年来中俄关系的顺利发展创造了根本的前提。

二、两国领导人和政府以及广大社会阶层现实地看到了在新的国际形势下中俄两国国家利益中存在的广泛共同点。

两国关系中排除了意识形态因素的影响之后，共同的国家利益无疑就成为两国关系发展的主要动力。两年多来，我们可以越来越清楚地看到，中俄两国间在国家利益方面存在着广泛的共同点，这些共同点特别明显地表现在两个方面：

（一）两国为了各自国内长期的改革和建设，都需要同对方发展睦邻友好关系。俄罗斯需要在自己周围形成一个"睦邻地带"，这是俄罗斯根本国家利益之所在。中国需要通过发展同所有周边国家的睦邻友好关系，为国内经济建设创造和平安宁的周边环境，这也是中国的根本国家利益之所在。在这点上，两国不论从近期来看还是从长远来看都存在着共同的利益。

（二）两国都需要发展互补互利的经贸关系和经济合作。过去两年中，正当俄罗斯总的外贸额大大下降的时候，中俄贸易额却连年得到迅速发展，1993年达到了历史上最高水平。中国已成为俄罗斯的仅次于德国的第二大贸易伙伴，俄罗斯则已成为中国的第七个但也是重要的贸易伙伴。这一事实本身就清楚地说明了两国在发展经贸关系和经济合作方面存在着巨大的共同利益。当然，目前两国的经贸关系水平还远未达到同两国睦邻友好关系和经济潜力相适应的水平，两国经贸关系和经济技术合作还有着巨大的发展潜力。1994年5月，俄罗斯联邦政府主席切尔诺梅尔金对中国的成功访问，是中俄关系中的又一件大事，将进一步推动两国关系，特别是经贸关系向前发展。当今在经济关系越来越成为国际关系中的主导因素的条件下，两国在经济关系中的共同利益对两国关系具有根本性的意义。尽管两国经贸关系中还存在着这样那样一些有待解决的问题。我相信，中俄两国在这方面的共同利益，必将使两国发展经贸关系的巨大潜力在充分利用两国作为邻国的地缘优势和经济的互补性，在平等互利的基础上变成现实，从而为两国的睦邻友好合作关系奠定更可靠的坚实基础。

（三）从全球角度来看，中俄两国在正在形成的新的世界格局中需要在国际事务中开展广泛的合作，以求在多极化的世界中更好地发挥各自的积极作用，并为地区和世界的和平与稳定作出贡献。和平和发展是当今世界面临的两大问题，世界经济的一体化和区域化则是世界经济发展的两大趋势。冷战结束之后，旧的世界格局已经改变，新的世界格局正在朝着多极化的方向发展。在新的多极化的世界中，俄罗斯无疑将是重要的一极。这是俄罗斯作为欧亚大国的客观地位和它的政治、经济和军事潜力所决定的。俄罗斯为了发挥它在国际事务中的作用，客观上需要在东西方之间保持平衡的政策，正如叶利钦总统形象地指出的，俄罗斯国徽上有个双头鹰，需要奉行一个头面向西方、另一个头面向东方的政策。这样做无疑是符合俄罗斯的战略利益的。中国根据自己的国情，多年来一直奉行独立自主的和平外交政策，不同世界上任何国家和国家集团结盟，而争取同世界上所有国家，特别是同俄罗斯这样的睦邻大国保持良好的合作关系。事实证明，采取这种政策也是符合中国的战略利益的。中俄两国在保持东北亚和中亚的地区稳定和安全方面有着共同的利益，在促进世界和平和发展方面可开展不针对任何第三国的广泛的合作。保持中俄两国的睦邻友好合作关系，既符合双方的战略利益，也有利于亚太地区和世界的和平、稳定与发展。

我认为，从对上述三方面因素的简要分析中，我们就可以得出一个总的结论，就是中俄两国共同面向 21 世纪，将两国的睦邻友好、平等互利关系提高到一个新的水平，是完全必要的，也是可能的。

现在西方国家中有些人喜欢夸大中国经济实力的发展水平，并提出所谓的"中国威胁论"，似乎中国发展起来，就会构成对周围国家，包括对俄罗斯的威胁。这些人，即便不说他们对中国别有用心，企图挑拨中国同周围国家的关系，至少也是对中国的情况和政策缺乏了解。中国十多年来在改革开放和经济发展中确实取得了很大的成绩，但是这些成绩从我国实现现代化的需要来看还是很小的。我国人口众多，人均国民生产总值还很低，我国还有近一亿人口居住的地区属于贫困地区。我国根据现实估计制定的第一步战略目标就是在 20 世纪末达到小康水平，第二步战略目标就是到 21 世纪中叶达到中等发达国家的水平，也就是说，中国从现在起要经过大约 60 年的时间才能达到中等发达国家水平。而且这两个目标只有经过深刻的改革才能达成，时间短了是不行的，还必须在保持国内稳定和维护有利的周边环境、国际环境的条件下才能达到。中国人民已不像过去"大跃进"年代那样缺乏经验和盲目，他们对自己国家今天的状况和发展水平是有清醒估计的。他们有什么必要去改变十多年来已被实践证明的、行之有效的一心一意抓经济建设的方针，去破坏已经争取到的良好的周边环境，而去威胁别人，化友为敌呢？我相信，任何一个稍有理智的中国人都不会去干这种害人害己的蠢事，谁企图在中国推行这样的政策，都不会得到人民的支持。

目前俄罗斯在经济方面面临着巨大的暂时困难，在社会政治方面还不够稳定，即使如此，如果拿俄罗斯的资源条件、经济基础、科技力量、人民的教育水平和平均生活质量档次等同中国相比，那么平心而论，优势仍在俄罗斯方面，更不用说军事潜力了。作为一个中国人，我觉得我们绝对没有理由为了近十年来取得的较快的发展速度而沾沾自喜。俄罗斯人民是伟大的人民。我们希望并且相信俄罗斯人民将会克服他们面临的暂时困难，使俄罗斯走上稳定发展的道路并获得复兴。我认为，一个稳定、繁荣、统一的俄罗斯，一个作为欧亚大国、具有欧亚特性的俄罗斯，一个在新的世界格局中能发挥其应有作用的俄罗斯，是符合中国的利益的，而绝不是相反，正如一个稳定、繁荣和统一的中国符合俄罗斯的利益一样。

在看到中俄关系发展的光明前景时，我们当然也不能忽视有待解决的一些问题。我认为，当前的问题主要有两个：一是在对待两国关系上一定范围内还存在的旧思想、旧观念。例如，有的人还习惯于从意识形态的角度或从狭隘的民族利益的角度去看待两国关系。在我们两国中，要求所有人毫无例外地都在短期内彻底抛弃过去的旧思想、旧观念，那恐怕是不现实的。这就要求我们对两国都存在的这一小部分人多做耐心的解释和说服工作，而最终则要靠有力的事实来说服这部分人。二是在两国经贸关系的发展过程中出现的诸如商品质量、商品结构、结算方式、交通运输、投资环境和劳务的输出与管理的问题。这次切尔诺梅尔金主席访华时，两国领导人也就这些问题进行了交谈，并且达成了共识。我们可以相信，只要双方采取积极的态度，加强宏观管理，这些问题是可以逐步得到解决的。

1989 年在中苏关系经过 20 多年的曲折实现正常化的前夕，我曾写过一篇题为《为建立和发展新型的中苏关系而努力》的文章，今天我荣幸地在这里作这篇题为《为发展中俄两国长期稳定的睦邻友好合作关系而努力》的讲演。我要以此来再次表明，我将继续走我已经走了近半个世纪的人生道路，进一步把我的一生奉献给中俄两国和两国人民友好的事业。我愿意同大家一起为了中俄两国人民世世代代友好下去而继续努力！

用更多的国际研究成果来庆祝建院 30 周年

（在中国社会科学院召开的庆祝建院
30 周年大会上的发言）

今天我们在这里举行座谈会，庆祝中国社会科学院建院 30 周年。孔子曰，"三十而立"，一个人或一个机构诞生 30 年，意味着在成长道路上已达到了成熟的阶段。在这样的时刻，我们共同来回顾中国社会科学院 30 年来走过的道路，总结我们的经验，并展望未来的发展，这是十分有意义的。

就我个人来说，这 30 年正是我与中国社科院的发展历史紧密联系在一起的 30 年，也是我一生中特别宝贵的 30 年。我的一生共经历了四个阶段：第一阶段从 1945 年到 1949 年，这是我在国民党统治区的大学中参加抗日救亡和反对蒋介石专制统治的进步学生运动，后来又从国统区到解放区接受教育的阶段；第二阶段从 1949 年 5 月到 1966 年 5 月，这是我在共青团中央国际联络部从事对苏联东欧国家青年组织的外事联络工作的阶段；第三阶段从 1966 年 5 月到 1975 年中，这是我经受"文化大革命"浩劫的阶段，在这近 10 年的时间中，我在团中央从"靠边站"到被关进"牛棚"接受"群众专政"，再被下放到"五七干校"进行了近五年的劳动锻炼，最后几乎被打发回原籍安家落户；第四阶段是在 10 年"文化大革命"之后从"五七干校"又回到北京，先在中联部，后转到我们社科院走上苏联和俄罗斯研究之路的这个阶段。正是在这 30 年中，我于 1979 年得到了参加宦乡同志率领的中国学者代表团第一次去美国参加中美学者苏联问题讨论会的机会，后又于 1982 年被院领导安排去美国哥伦比亚大学俄国研究所做了为期 6 个月的访问学者，对美国以及西方国家的苏联研究进行了比较系统的考察与研究，之后又到美国各地考察了美国一些有名大学中的斯拉夫研究中心。这两次对美国的访问大大扩展了我看世界的视野，增进了我对当今发达资本主义国家的了解，同时也获得了有关美国与西方国家的苏联研究状况和经验的大量知识。之后我又于 1987 年获得了在相隔 20 多年后重访苏联的机会，考察了苏联的近况，并在苏联科学院远东研究所做了题为《新时期的中国苏联研究》的报告，向苏联学者介绍了我国党的十一届三中全会以后在各方面尤其是在学术界发生的新变化，这个报告受到苏联学者的重视。在这次访问中，我代表我们研究所与苏联科学院远东研究所签订了长期学术交流协议，从此开始了我们两个研究所在学术方面的长期合作和交流。该研究所鉴于我在苏联研究方面取得的成绩和对促进中俄两国关系及两国人民的相互了解和友谊所做的努力，于 1993 年决定授予我名誉博士的称号。也是在这 30 年中，我有幸被院领导连续两次任命为我院苏联东欧研究所所长，后来又被任命为研究所党组组长，我在担任研究所领导期间，怀着在"文化大革命"后重新获得工作的喜悦和重新投入工作的激情，以及根据新形势的需要推进我国苏联东欧研究的紧迫感，在开创研究所的新局面方面尽力做了一些工作，我本人也通过研究所的工作实践取得了对苏联和东欧国家进行系统的基础性研究的一些经验。在这段时期中，我们研究所在院党组的领导下，以邓小平理论和解放思想、实事求是的思想路线作为全所工作的指导，在中苏两国关系破裂和中断 20 年之后，努力向我国广大群众介绍了苏联和东欧国家的情况，并通过与苏联大使馆的特罗扬诺夫斯基与罗加乔夫两任大使以及使馆其他外交人员的接触，通过与苏联学者的交流，为促进中苏两国人民的相互了解和推动两国关系的恢复做了不少舆论准备工作，也为配合我国改革开放的需要，较系统地研究和介绍了包括苏联与南斯拉夫、匈牙利、捷克斯洛伐克等苏联东欧国家进行经济改革的经验和教训。我们研究所当时提供的有关这些国家的经济改革的材料，曾受到我国体改委和有关部门的重视和欢迎。在 20 世纪 80 年代与 90 年代之交，当苏联东欧国家发生剧变时，我们研究所在院领导的指导下，对这些国家发生剧变的原因做了比较深入和客观的研究，并提出了我国在这种情况下应如何对待这些国家的一些政策建议。在这些年中，由于我们全所科研人员的共同努力，通过实际工作的锻炼，我们研究所的各个研究室都出现了一批研究苏联东欧国家和剧变后的俄罗斯、东欧与中亚国家的政

摄于在北京亦庄上海沙龙小区寓所小书房中进行写作时

治、经济、民族关系、历史、外交等问题的科研骨干，使我们研究所在苏联和俄罗斯与东欧及中亚的研究领域中，在国内和国际上取得了一定的声望和应有的学术地位。我为我们研究所在这30年中能在社科院的苏联和俄罗斯以及东欧、中亚的研究领域中取得这些成就而感到欣慰。1998年我离休后，考虑到在苏联解体后俄罗斯出版了一大批回忆录和其他新书，发表了许多我们过去所不了解的档案材料和其他情况，因此与新华出版社与世界知识出版社等出版社合作，组织所里一批离退休的老同志共同翻译了一批译著，在不到10年的时间中共翻译出版了24部译著。其中如《苏联政治内幕——知情者的见证》一书，江泽民同志曾在1998年的全国经济工作会议上向与会同志做了推荐，建议大家一读。据新华出版社的同志说，这批书在出版发行后受到了广大读者的欢迎和好评，产生了较好的社会效果，钱其琛和宋健等中央领导同志曾写信给该社有关老同志，对他们出版这些译著作了肯定的评价。2000 年 1 月 8 日在叶利钦辞去总统职务时，江泽民同志曾把我和中联部的俞邃同志召到中南海他的住所去，座谈普京在接任俄罗斯总统职务前发表的《千年之交的俄罗斯》一文，我对普京的这篇文章和苏联形势的发展前景发表了自己的看法。之后江泽民同志又通过中央政策研究室委托我提供关于居住在中苏东部边境地区的各少数民族的历史状况和关于苏联的民族关系和民族政策等两个研究报告。2002 年在李铁映院长和外交部领导同志的支持下，我在不到 6 个月的时间内，从普京担任俄罗斯总统两年半时间内发表的五百多篇讲话和文章中挑选了一百多篇，编成一部《普京文集》并组织翻译成中文。我感到我在社科院度过的这 30 年，是我一生中在经过"文化大革命"的考验之后能较自觉地为我们党和国家的科研事业作出一点力所能及的贡献和实现自我价值的一段时期，所以我今天怀着特别高兴的心情，要对院庆 30 周年表示我衷心的祝贺。

从我们社科院的整个国际问题研究学科来说，国际问题研究学科相对于我院的文、史、哲等学科来说，在我院是一门后起的新兴学科。在我院八个国际问题研究所中，只有世界经济研究所作为一个研究机构成立较早，它是从原来的经济研究所的世界经济研究室发展而来的，其他几个研究所或是在 20 世纪 60 年代初才初建，如拉丁美洲研究所、西亚非洲研究所和苏联东欧研究所，但在"文化大革命"中就被撤销或停办，到"文化大革命"后才恢复，或者是在社科院建院后才着手新建的，如美国研究所、日本研究所、欧洲研究所和亚太研究所。但 30 年来，所有这 8 个研究所在院党组的领导下和各所科研人员的共同努力下，都在各自的研究领域中取得了很大的发展，培养了大批高水平的

2002 年徐葵主编并与张达楠参与翻译，并在冯育民帮助下出版的《普京文集》首发式上与冯育民（左）和张达楠（右）合影

研究人员，出版了大量优异的研究成果。现在我院国际研究学科的 8 个研究所，既进行着对世界经济和政治问题的综合性研究，又进行着对世界所有地区和国家的地区性研究，发挥着在国际问题研究中的"思想库"和"智囊团"的作用。仅在 2006 年一年中，这 8 个研究所完成的各类科研成果就有专著 66 部、论文 511 篇、研究报告 313 篇、学术资料 58 种、译著 13 部、工具书 10 种、一般文章 535 篇、论文集 11 种，总字数达 4300 多万字。与 80 年代初的情况相比，各研究所今天的状况都已今非昔比，不仅研究成果的数量和质量有了很大的提高，社会效果和社会影响大为扩大，在学科建设方面也取得了很大的进展，对外学术交流的质量和力度也大大加强，在一些重大国际问题上有了较大的发言权，它们在国内外的学术地位和影响都较前大大提高了。

1982 年 5 月徐葵作为高级访问学者，在纽约哥伦比亚大学俄国研究所进行进修和考察访问期间，摄于该校国际关系学院与法学院大楼连接校本部大院的过街桥上，后面的背景是哥伦比亚大学中一座基督教大教堂

  在庆祝院庆 30 周年，回顾我院国际研究学科走过的道路和取得的成就时，我想我们还应对我院国际研究学科的奠基人宦乡副院长和对我院国际研究的推动和创新作出了很多贡献的李慎之副院长，表示我们的怀念和敬意。宦乡同志是我国知名的国际问题专家、杰出的外交家和社会活动家。他在我院工作期间，作为我院主管国际问题的科研和对外学术交流的副院长，为推进我院

的国际问题研究和开创对外学术交流作出了极大的贡献，他是我院国际研究学科的主要奠基者和开拓者。首先，他为我们八个国际问题研究所的机构建设、科研队伍建设和科研人员的思想建设打下了坚实的基础，并以他在国际学术界的声望，为各研究所开展对外学术交流打开了各种渠道。同时，他还以他在研究国际形势中所显示的远见卓识，为我们树立了如何进行国际问题的科学研究并就关键性的重大国际政治问题向中央提出政策建议的卓越榜样。例如他在20世纪80年代初，在我国进入改革开放时期就向中央提出了《关于建议同美国拉开距离和调整对苏关系的报告》，对我国进入改革开放时期，在观察国际形势和调整对外政策上进行拨乱反正起了重大作用，他还根据他对西方资本主义世界的深入研究，对我们应如何实事求是地看待当今帝国主义和资本主义的特征，发表了具有很大影响的意见。李慎之同志对国际问题有深入的研究，他在担任主管国际片的副院长期间，发表了一系列有关全球化、中美关系和我国外交政策的具有真知灼见的文章，但他十分谦虚，从不以国际问题专家自居，而且作风十分民主，一贯坚持"双百方针"，尊重学术问题上的不同意见，善于发挥各研究所和科研人员的积极性。我自己通过同宦乡和李慎之同志的接触和对问题的讨论，受益匪浅。我觉得我们不应忘记他们对我院国际研究学科的建设所作出的贡献，应继续把这两位国际片领导同志的学识、治学和为人的精神作为我们学习的榜样。

在欢庆建院30周年时，我们自然不能只回顾过去，不能满足于已经取得的成绩，我们也应看到自己的不足，而且还应该清楚地看到，同30年前相比，今天国际形势已发生了巨大的变化，我国在国际上的地位已大大提高了，我国在国际上肩负的责任已不同于过去。新的国际形势和我国今天所处的国际地位，对我们国际研究学科提出了新的更高的要求。我们国际研究学科的科研人员只能把 30 年来已经取得的成绩当作继续前进的一个起点，我们要进一步深入研究当今国际形势的主要特点，以更宽广的视野和深邃的洞察力，站在中国的角度看世界，站在世界的角度看中国，为正确观察和处理中国和世界的关系提供更多的信息与知识，要为我国在当前复杂多变的国际形势下坚定不移地走和平发展的道路，同世界各国和睦相处，捍卫国家的主权、安全和利益，维护我国发展的重要战略机遇期，为全面建设小康社会、加快推进社会主义现代化事业，营造良好的外部环境，提供更好的知识和智力支撑，要在理论和实践上更好地起到中央在国际问题研究方面的"思想库"和"智囊团"的作用。

我自己从事国际问题研究起步较晚，成就不多，同我院很多功底深厚、学贯中西、理论修养高、有很多传世著作的专家和学者相比有很大差距，2006 年我被评为我院的一名荣誉学部委员，我觉得自己是当之有愧的。我愿把这当作是对自己的鞭策。今天在庆祝建院 30 周年，也正逢我到达 80 岁的时候，我想表示这样一个愿望：我要继续老有所为，为深入研究苏联和俄罗斯问题，为发展我院的国际问题研究学科贡献自己余生的一切力量。

徐 葵

2007 年 4 月

陶文钊
Tao Wenzhao

　　男，浙江绍兴人，1943年2月出生，汉族。中国社会科学院荣誉学部委员、美国研究所研究员、上海社会科学院国际问题研究所特约研究员、中国人民对外友好协会理事、国际历史科学大会执委。1964年7月杭州大学外语系毕业。1964年7月至1993年12月，在中国社会科学院及其前身中国科学院哲学社会科学部近代史研究所工作，历任该所研究实习员、助理研究员、副研究员，1992年起任研究员，中外关系史研究室副主任、主任等职。1994年调美国研究所工作，任副所长、中华美国学会秘书长至2003年。

　　1982年10月至1984年10月，作为国家公派学者赴美国进修，在乔治敦大学、斯坦福大学、美国国家档案馆等处研究中美关系史。1993年下半年受英国学术院王宽诚基金资助，在英国伦敦大学亚非学院、英国公共档案馆等处研究抗日战争时期中国对外关系。多次参加国际学术交流活动。

　　1992年起享受国务院特殊津贴。1999年由国家人事部授予中青年有突出贡献专家称号。主要研究方向：中国近代对外关系史、美国外交、中美关系。主要著作包括：*A Brief History of China – U. S. Relations，1784 – 2013*，Foreign Languages Press，2015；《美国思想库与冷战后美国对华政策》（主编），中国社会科学出版社 2014 年版；《中美关系史，1911—2000》（三卷本），上海人民出版社 2004 年版（获中国社会科学院第二届优秀科研成果奖专著奖，第四届优秀科研成果奖二等奖，第十九届华东地区优秀哲学社会科学图书二等奖）。

孜孜不倦地探寻中美关系的奥秘

1964 年 7 月我从杭州大学外语系毕业，被分配到中国科学院哲学社会科学部（中国社会科学院前身）工作，迄今已经整整 52 年了。不知不觉已经步入晚年，也该有一个机会来回顾在社科院度过的一生了。

一

我在杭州大学学的是俄语专业，分配到近代史所工作多少有点意外。原来当时中苏关系紧张，两国正在进行边界谈判，外交部需要近代史所提供学术支持。近代史所由副所长黎澍同志负责，组织了一个"近代史讨论会"（实际负责人是后来近代史所所长余绳武同志），调集了全国各地从事中苏关系和中苏边界研究的学者进行有关中苏边界问题的研究。也是为了这个目的，近代史所在 1964 年春到全国各大学去招收应届毕业生。黎澍同志的主张是，研究近代史的不一定非得是大学历史系中国近代史专业的，可以从文科的各个专业中招收。因此那年来近代史所工作的 30 多人中有学历史、经济、哲学、文学和外语各个专业的应届毕业生。

这时全国农村正在开展社会主义教育运动，又称"四清"运动（清政治、清思想、清组织、清经济）。所有新来的同志与部分老同志于1964年10月去甘肃张掖搞了一期"社教"，我所在的大队是乌江公社乌江大队。"社教"结束后回到北京，已是1965年夏天。当时国务院有规定，新毕业的大学生要下乡劳动锻炼一年。我们这一期"社教"顶替了半年劳动，还差半年。于是1965年下半年，我们又到山东黄县大吕家公社于家口大队劳动了半年，于1965年年末回到所里。当时近代史所部分同志正在江西丰城搞"社教"，他们感觉人手紧缺，所里又增派部分同志赴赣，我也在增派之列。我们到了丰城县张巷公社凤池大队，及至搞完这期"社教"，已是1966年6月初，"文化大革命"已经开始了。所以在"文化大革命"以前这两年，我实际上没有从事业务工作。

1970年5月我随近代史所大多数同志来到河南信阳地区的"五七干校"，并在干校待了整整两年，第一年在息县劳动，第二年在明港解放军的军营搞清查"五一六"运动。1972年5月学部"五七干校"撤销，我们全部回到北京。1972年年中，尼克松访华后几个月，北京人民广播电台开播了全国第一个英语广播讲座，主持讲座的是北京外国语大学的陈琳教授。我觉得自己作为一个专业外语工作者，只懂一门外语太欠缺了（大学里虽学过一点第二外语英语，但搞了多年运动也差不多还给老师了）。我坚持听广播讲座，从初级班到中级班跟了3年，认真听课、做笔记、做作业，使英语水平达到了基本可以阅读专业书籍的程度。我的英语就是在那几年里打下基础的。

从干校回来以后，"文化大革命"还没有结束。近代史所一边继续搞运动，一边逐步恢复业务工作。在整个学部近代史所是较早恢复业务工作的。我与翻译室的同志一起，翻译了几种关于中俄关系的历史书籍。记得当时一位领导同志的讲话，指示出版界组织翻译出版三类书籍：国别史、回忆录以及关于中俄关系的历史著作。翻译国别史是因为我国与越来越多的国家建交，可是我们对这些国家，尤其是对非洲的一些小国很少了解。所以当时出版了大量的国别史，主要是从苏联出版的著作翻译过来的。翻译回忆录是因为当时各国领导人出版了许多回忆录，如丘吉尔、阿登纳等。它有助于我们了解复杂的国际关系，制定我们的外交政策。翻译中苏关系著作的目的主要是服务于反修斗争以及中苏边界谈判。这样一来，我们学俄语的就有了用武之地。我们先后翻译出版的著作有：布克斯盖夫登的《1860 年〈北京条约〉》（1975 年版），罗曼诺夫的《俄国在满洲，1892—1906》（1980 年版），库罗帕特金的《喀什噶尔》（1982 年版），以上三种均由商务印书馆出版；以及切列潘诺夫的《中国国民革命军的北伐——一个驻华军事顾问的札记》（中国社会科学出版社 1981 年版）。业务工作因为"文化大革命"停顿了多年，这时确实有一种工作的渴望。大家做得很认真，互相校对，甚至几位译者在一起，一句一句地念着统稿。令人难忘的是，当时商务印书馆的编辑不仅水平高，也特别负责，几乎是一句一句对着原文看译稿，差不多是又校了一遍，对提高译文质量帮助不小。当时出版的书少，写书、出书都是精益求精。说句题外话，"文化大革命"后国家恢复了稿酬制度。虽然稿酬标准不高，但当时大家的工资都很低，所以稿酬对于家里的生活也不无小补。我清楚地记得，我家的第一台梅花（无锡产）黑白电视机就是用第一笔翻译稿酬买的。

这里要特别提一下的是《喀什噶尔》这本书，该书作者是沙俄军人，曾于19世纪70年代来到南疆，搜集各种情报，向当时盘踞南疆的浩罕入侵者阿古柏提出领土和其他侵略要求。该书就是根据他所搜集的情报写成的。为了翻译和校对该书，我们查阅了不少史料和地图。于是我有了一种写一篇论文的冲动。我写了一稿又一稿，请所里老同志提意见，反复修改。当时没有电脑，一次一次都得用手抄写，"爬格子"。文章在《近代史研究》上发表了，是对我的极大鼓励。不是说这篇文章写得多好，但这是我第一次尝试着进行学术研究，而且见到了成果。

当时近代史所有一个集体项目——《帝国主义侵华史》第二卷。那时可不像现在，一个研究所也就是几个重点项目。《帝国主义侵华史》第二卷是个重点项目。该书第一卷早在20世纪50年代就出版了，第二卷的写作由于各种运动和其他原因拖了下来。所里恢复工作后，原来主持其事的丁名楠教授就张罗着恢复该书的写作，得到了所领导和院领导的支持。写作组正需要青年同志参加。我加入了这项集体工作。我们的研究工作是十分认真的，对书稿进行反复讨论修改。每位作者写出初稿后，所里打字室把它打印出来，发给全所，征求意见。写作组更是改了一遍又一遍。丁名楠教授还嘱咐我把全书所有的注释尽可能地全部校对一遍。我原本没有接受过历史研究的正式训练，在这项工作中我一边学一边干，摸索、琢磨从事研究工作的方法和门道，再加上老同志的传帮带，我大概知道了该怎样做研究工作。

二

1981年，近代史所第一次被分配到国家教委提供的一名公派去美国进修的名额，所里让我去参加教育部的英语考试。这事来得突然，参加出国英语考试的多数同志都事先经过培训，有的还培训不止一次。我从未经过培训，甚至没有戴过耳机，在考场上一戴上耳机都觉得懵了。但考试还是一次顺利通过了，得了63分。当时60分以上就可以直接派出。但我深知自己基础薄弱，执意要求去培训一次。1981年9月到12月，我去西安外国语学院培训了3个多月，受益匪浅。

1982年10月20日，我登上了去美国纽约的飞机。现在去美国是平常事了，但当时风气初开，去美国还是不容易的。在教育部进行行前集中培训时，主持的同志把我们称做 cream（奶油，意即精华）。我们当时公派的进修学者每月生活费用是400美元（使馆扣除20美元做公费医疗，自己拿到手的是380美元，吃、住、交通等全在里边），年轻的学生更少些。教育部的同志说，虽然我们国家给的生活津贴不多，但这已经相当于国内几十个普通工人的工资了。此话不虚。当时我的工资是每月55元人民币，约合不到30美元。我深知这一机会来之不易，自己也已经到了中年，我节俭生活，刻苦学习，努力拓宽学术视野，使自己在英语和专业两个方面都有了较大的长进，为以后的研究工作打下了一个坚实的基础。

我在美国待了两年，进修的学校是首都华盛顿乔治敦（Georgetown University）大学。因为不计学分、不参加考试，我修的课不多，主要是二战史、冷战史、美国外交史和中美关系史。主要的授课老师是 Jules Davids，他是著名的美国外交史专家，编了一大套关于中美关系的美国外交公文集（Jules Davids, ed., *American Diplomatic and Public Papers*：*The United States and China, 1842 – 1860*）。近代史所就藏有这套书。可惜当时他已经70多岁了，我1984年回国以后没过几年，就听说他因病与世长辞了。

我的英语底子还是薄，尤其是听说的能力不佳，头半年要听懂讲课还有些困难。我就想方设法与人接触、交往，没话找话，锻炼自己的听说能力。在这方面我的体会是"脸皮要厚"，不要怕犯错误。一开始几乎张口就会有错。好在美国是个移民国家，人们对于英语口语水平的宽容度比较高，你说错了人家也不会讥笑你。你说，我英语说得不好。对方会说，我还不会说汉语呢。大概过了半年，语言关算是闯过来了。但是我知道，学语言是没有底的，现在我的英语也是"凑合着用"。

在美国的两年中我把更多的时间和精力花在国家档案馆（The National Archines and Records Administration）和总统图书馆里做研究工作。我的目的很明确，研究 20 世纪三四十年代的中美关系史，而这时期的美国档案是开放的。当时的国家档案馆就在宾夕法尼亚大街上，交通方便。查阅档案不需要任何手续，有一个身份证件就行。你找到了材料就在档案中夹上条，然后交由工作人员去复印，就是复印比较贵，要十美分一页（后来改革了，在阅览室里放了复印机，读者可以自己复印，但还是比较贵）。由于经费的原因，要复印的材料也要精挑细选。但查阅档案的条件总的说来非常之好，工作人员用一种特别的小车子把档案一车一车地推出来供你查阅。这些档案没有经过整理，是原汁原味的，研究者到了这里真有一种如鱼得水的感觉。自然，档案在解密之前经过审查，有些文件没有解密，被抽走了，但根据信息自由法研究者可以申请使用，自然等的时间就会长些。在一年多时间里，我是那里的常客，跟有的工作人员都搞得很熟了。这一年多对档案的研究大大加深了我对美国对华政策的理解。我根据自己的切身体会和档案馆的相关材料，专门写了一篇《美国国家档案馆（总馆）所藏有关中国档案材料介绍》，刊登在《近代史研究》1985 年第 5 期上。这篇文章引起了学术界的注意。在1995 年于广州中山大学举行的中美关系史研讨会上，复旦大学的汪熙教授在发言中特别推介了这篇文章。中共中央档案馆的同志也特地找我了解相关情况。

此外，我还于 1984 年春访问了纽约州海德庄园的罗斯福图书馆（Franklin D. Roosevelt Library）、1984 年夏访问了在密苏里州独立城的杜鲁门图书馆（Harry S. Truman Library），分别在那里各做了一个月的研究。美国的总统图书馆收藏的是总统在任期内的白宫档案。我回国前的一个多月在斯坦福大学的胡佛研究所（The Hoover Institution on War, Revolution, and Peace, Stanford University）做研究。这里藏有许多与中国有关的美国重要人物，如陈纳德（Claire Lee Chennault）、魏德迈（Albert C. Wedemeyer）的档案材料，还藏有宋子文的档案。可惜当时宋的档案还没有开放。我从这些档案馆和图书馆搜集了不少有用的资料，为研究 20 世纪三四十年代的中美关系做了比较充分的准备。

这次公派赴美国进修是我一生工作的转折点。我从学俄语、用俄语转到了使用英语，从从事翻译工作转到了从事研究工作，也确定了今后研究中美关系史的方向。

三

回国以后，我参加了近代史所中外关系史研究一室的集体项目"日本侵华七十年史"（由室主任张振鹍和副主任沈予主持）的工作。该书对于从清末直到第二次世界大战结束日本侵略中国的历史作了全面的系统的阐述。后来他们两位因为年龄关系卸任研究室主任工作，我接任了中外关系史室主任。

当时，近代史所民国史研究室的王学庄同志正在编辑一套民国史丛书，他约我写一本民国时期的中美关系史。我自己也正好有一种把在美进修期间的心得写出来的强烈欲望，遂开始了关于民国时期中美关系史的写作。我运用近代史所的《美国外交文件》（*Foreign Relations of the United States：Diplomatic Papers*）和其他丰富的收藏，并用了在进修期间搜集到的许多第一手材料，经过几个寒暑完成了书稿。但丛书原计划每种20—25万字，我这一本写了近47万字，就不适合再列入丛书了。该书（《中美关系史，1911—1950》）于1993年由重庆出版社出版。该书的序章简述了清末的两国关系。该书出版后受到同行的普遍好评，近代史所老所长刘大年教授对此书颇为赞赏，特地给我打来电话表示祝贺，并在电话中对本书进行了点评，说了许多赞扬、鼓励的话，并问我是不是准备继续写下去。我说还没有想好，因为我原先只准备写民国时期。他热情地说："写下去，写下去，现在学术界还没有一本比较完整的中美关系史。"并说，一代人有一代人的使命，他20世纪50年代初写作《美国侵华史》有当时的背景，条件也很有限，看不到那么多材料。那本书的历史使命已经完成，学术要不断进步，读者有新的需求，现在该有新的中美关系史了。大年同志（这是近代史所人对他的习惯称呼）也向近代史所的一些同人提到此书。他在后来推荐本书参加院里评奖时对本书给予了高度评价："作者对全书的驾驭总的来说是成功的……作者在占有史料方面下了扎扎实实的功夫……全书言之有物，持之有据，没有空洞浮泛之词"，"议论中肯，恰如其分……作者观点鲜明，但这些议论都是从史实中自然发生出来的，有分析，有说服力的。叙和议在书中融成一片，读来没有生硬、脱节的感觉"，"文字洗练、流畅"。最后他说：该书在坚持正确的研究方向和科学性方面"都是做得好的"。该书在 1996 年院优秀科研成果第二届评奖中获得专著奖（当时不分等级）。

在写作该书的同时，我还发表了一批关于 20 世纪三四十年代中美关系历史的论文，编选了《费正清集》。1990 年天津出版社要编一套"现代世界社会科学名家学术丛书"，其中中国研究系列的第一种就是《费正清集》。他们邀请我来做编选工作。费正清是美国中国学的泰斗，乘此机会熟悉他的论述和思想是有意义的事情。我尽可能地搜集了他的著作、论文和时评文章，有的浏览了，有的仔细读了，选定以后又把目录发给了老先生，征求他本人的意见。他给我回了信，表示对这项工作"极感兴趣"。经过几次信函往返（当时没有电子邮件，要在现在就方便多了），确定了收录书中的篇目。他还自告奋勇，特地为集子写了序言。他在序言中写道："今天我们全都进入了同一个世界。理由之一是我们在整个地球上面临着发展与污染的问题，我们的生存大体上取决于各国人民能进行合作的程度……这意味着我们必须比过去更多地互相研究对方的历史。这是我们共同生存的一个关键。我特别乐于借此机会接触中国读者。"这些话确实是他长期的生活和学术研究的体验，现在也没有过时。可惜，他没有能亲眼看到中文版《费正清集》。1991 年 9 月他与世长辞了。编完集子，我还写了一篇《费正清与美国的中国学》的论文，既是为了纪念这位美国中国学的巨擘，也是给这项工作做一个总结。

1992 年我在近代史所晋升为研究员，同年开始享受国务院特殊津贴。

1993 年年底，本院各所领导班子换届，当时我正受王宽诚基金的资助在英国伦敦大学亚非学院（School of Oriental and African

Studies，London University）和英国公共档案馆（Public Record Office）做访问学者，研究抗日战争时期的中国对外关系，那是一个国家社科项目。就在我即将回国时，12月23日，美国所所长王缉思教授给我发来一份传真，告诉我关于我工作变动的消息：我被调到美国所任副所长。

这是我一生中唯一的一次工作变动，它又是我学术生涯中的一个重要转变：从研究历史转到研究现状，从研究中国转到研究美国。我院国际片的各个所基本是研究现状的，我当然还可以继续研究历史，但如果不参与现状研究，那别说领导，对所里的科研工作连发言权都没有了。这次工作调动也给了我一次机会，可以把《中美关系史》继续写下去。下一卷应该截止到什么时候呢？想来想去，觉得写到尼克松对中国的"破冰之旅"比较合适。新中国成立之后，中美两国在朝鲜战场上兵戎相见，后来又是近20年的对抗和隔绝，但在20世纪70年代初双方终于打开了关系，那是冷战时期最大的地缘政治变化。写到这里，使人们在两国关系经历了严峻的时期后对它的未来抱有希望。而且，20世纪70年代初的档案材料美方已经解密。

正在我写作《中美关系史，1949—1972》卷时，我老伴不幸得了癌症。从1996年到1998年我们一起与痼疾斗争了两年多，该书的写作也拖了下来。天不假年，她于1998年1月去世了。其时我已经感到心力交瘁，而书稿才写了一半。幸好，美国所几位同事接受我的邀请，参与了本书的写作工作，使本书能于1999年完成，并由上海人民出版社出版。该书于2002年获得院科研成果奖二等奖。

鉴于抗日战争史研究的蓬勃发展，而对战时对外关系的研究严重滞后，我与近代史所同事杨奎松、王建朗一起于20世纪90

年代初承担了一个国家社科项目，研究战时中国的对外关系。1995年中共党史出版社出版了我们的专著《抗日战争时期中国对外关系》。该书对于国民政府在抗日战争时期争取中国大国地位的努力给予了充分的肯定。由于我们的学术著作一般印数很少，该书也不例外，而学术界对该书还有需要，笔者也收到一些同行来信索要本书，2009年中国社会科学出版社又重印了此书。在2015年纪念抗日战争胜利七十周年时又第三次印刷了此书。在写作该书的同时，我们还编辑了抗日战争时期的外交资料。这部资料后来作为外交卷纳入近代史所章伯锋、庄建平主编的《抗日战争（资料集）》（四川大学出版社1997年版）。该资料集在2002年院科研成果评奖中获得二等奖。

1999年，国家人事部授予我有突出贡献的中青年专家称号。

在我开始写作《中美关系史，1949—1972》时，我已经有了写作下一卷（1972—2000）的打算。1999年冬，我受香港大学历史系美国研究中心主任罗曼丽（Priscila Roberts）博士的邀请去香港大学做5个月的访问。香港大学图书馆收藏宏富，内地和台湾出版的资料都非常之多，美国方面的图书资料、微缩胶卷也相当丰富，而且借阅十分方便。在香港的5个月，我心无旁骛，专心写作，及至访问结束，几乎完成了《中美关系史，1972—2000》的一半初稿。2002年夏，我受美国威尔逊国际学者中心（The Woodrow Wilson International Center for Scholars）亚洲项目主任海塞威（Robert Hathaway）博士的邀请，去那里做3个月的学术访问。除了别的工作条件，还有实习生帮忙找资料，这可是从来没有享受过的待遇。1972年以后美国对华政策的档案资料大多没有解密，写这一卷是不能靠档案了。但这个时期中美关系的亲历者大多健在，可以对他们进行采访，这是难能可贵的条件。我利用在华盛顿的 3 个月，采访了十余位美国前政府官员，其中包括部级官员，如曾任美国谈判代表的巴尔舍夫斯基（Charlene Barshefsky），当时她已离开政府，在一家律师事务所工作。她很慷慨地给了我一个小时，而她的一个小时是值 500 美元的。对时任"美国在台协会"理事主席卜睿哲（Richard Bush）的几次采访对我研究美国的对台湾政策很有帮助。我们从第二次世界大战讲起，一段一段过细地讨论美国政策的变化。通过这些采访，笔者不仅增加了对中美关系史实的了解，而且得以更好地从总体上把握美国对华政策。在这 3 个月里，我也有许多机会与诸多美国同行讨论这 30 多年的中美关系。他们的看法有的与我相仿，有的与我不同，但他们的意见让我了解美国学者是怎样看待中美关系的，也帮助我更深刻地认识美国的决策过程、影响决策的方方面面的因素。可以说，《中美关系史》第三卷的写作深深得益于这两次访问。第三卷完成以后，上海人民出版社于 2004 年将三卷合在一起出版。这三卷本的中美关系史迄今仍然是国内研究两国关系的比较系统、全面和详尽的学术著作。三卷本在 2005 年获得华东地区优秀哲学社会科学图书二等奖。

长期从事中美关系史研究，我深知对于国内许多同行来说，尤其是对外地的同行来说，要系统运用美国方面的文件资料还是有困难的。到美国所工作后，我产生了一个编选翻译从 1949 年到 1972 年美国对华政策文件的念头，并得到了美国福特基金会资助。选文件、看译稿工作量非常之大。《美国对华政策文件集（1949—1972）》三卷六册于 2003—2006 年由世界知识出版社出版。其中第三卷主要是由同事牛军教授负责的。之所以截至 1972 年，是因为当时美国的档案解密到 1972 年。文件集的出版为国内研究中美关系历史的学者提供了方便。

同时，我还撰写了大量中美关系历史和现实的论文。其中《美国对台湾政策的演变》（载《中国社会科学院学术咨询委员会集刊》第2辑，社会科学文献出版社2005年版）一文比较系统地研究了从1949年直到布什政府第一任期美国对台湾政策的来龙去脉和演变过程，总结了若干历史经验。该论文于2008年获得院优秀科研成果奖三等奖。

这一时期完成的另一项工作是主持了院重点课题"冷战后美国对华政策"。写作组从安全、台湾、经贸、人权几个方面剖析了美国对华政策，并对影响美国对华政策的美国国内因素，包括国会、利益集团、思想库和媒体进行了探讨。这是一项对美国在冷战结束后的对华政策的比较系统的研究，我自己承担了三章的写作，关于台湾、经贸关系和人权问题。尤其是经贸关系这一章对自己也是一个挑战。但我深感经贸关系对新时期中美关系的重要性，也想多少完善一下自己的知识结构，因此承担了这一章。重庆出版社2006年出版了我们的成果《冷战后的美国对华政策》。

我还尝试着对自己的研究领域进行一些拓展，从中美关系扩展到美国外交。乔治·沃克·布什总统发动了阿富汗战争、伊拉克战争，提出了所谓布什主义，而布什主义的主要试验场是在中东。我对布什政府的中东政策进行了研究。中东问题错综复杂，困难是很多的。我广泛借鉴了国内和美国的研究成果，并依据布什政府的大量政策文件，撰写了论文《布什政府的中东政策研究》（载《美国研究》2008年第4期）。该论文获得了院第四届离退休人员优秀科研成果二等奖（我写作这篇论文时尚未退休，但2010年评奖时已经退休）。

最近几年我还主持完成了院重点项目"美国思想库与冷战后

美国对华政策"的撰写。美国是世界上思想库数量最多的国家，思想库在决策中的作用也最突出，在冷战后美国对华政策的制定中同样起到了十分重要的作用。该课题主要是从美国思想库的角度来阐述和分析美国对华政策，成果于2014年由中国社会科学出版社出版。院科研局经过严格遴选，将此书评为2014年度院创新工程重大科研成果重大理论和现实问题研究成果之一（全院一共18项）。

在美国所期间的学术组织工作中另一项比较有意义的事情是组织编辑了"当代美国学丛书"。改革开放以后，社会各界迫切希望了解美国，了解美国的方方面面，于是我们在院领导的支持下，在外事局的资助下编辑了这套丛书，共十种：政治、经济、文化、社会、军事、外交、科技、法律、宗教、教育。丛书由所长王缉思任主编，具体的组织工作由我负责。我们当时对这套书的定位是"专家撰写的知识性读物"。这套书的十位作者确实都是上述各方面的专家，但这不是一套学术著作，也不要求学术著作的规范，文字还要比较通俗，可读性要强。组织这套丛书颇费了些功夫。在社会科学文献出版社的支持下，丛书于2001年出版。丛书获得了良好的社会反响，曾经多次印刷。

从2006年12月到2010年1月，在中日两国政府的倡导和支持下，中日两国学者对中日关系历史进行了共同研究，双方各有十名学者参加。由于我过去从事中国近代对外关系史研究的经历，尤其是对抗日战争时期中国外交研究的经历，我也参加了这项由近代史所主持、步平教授担任首席委员的工作。这项研究是两国学者共同研究两国关系历史的一个有益探索，在那几年中对稳定两国关系是有一定贡献的。

2002年9月，在院领导的大力支持下，近代史所所长张海鹏教授发起成立了台湾史研究中心，以推动、组织台湾史的学术研究，推动台湾史学科的建设，为祖国统一和学术进步服务。中心的第一项重要工作是编写台湾史。该项目被院科研局列入院重大课题。张海鹏教授邀请我参加这项工作，主要是负责台湾涉外关系的内容。经过写作组数年努力，《台湾简史》和两卷本的《台湾史稿》已经由江苏凤凰出版社分别于 2010 年、2012 年出版，我是该两书的第二主编。自然，张海鹏教授做的工作比我多得多。这是当前国内一部比较系统、全面的台湾史，并把两岸关系一直写到和平发展的新时期。该书对于台湾史知识的普及和学术研究都会起到促进作用。2014 年外文出版社还翻译出版了简史的英文版，*A History of Taiwan— From Prehistory to the Present.*

2015 年外文出版社出版了我三卷本《中美关系史》的浓缩英文版 *A Brief History of China – U. S. Relations. 1784—2013*。根据出版社的要求，我把原来的 140 万字压缩成 30 万字。翻译工作是由出版社承担的，我也配合做了一些工作，最主要的是把书中引用的英文资料都找到原文。我当初写书的时候，参考了大量美国的档案和美国学者的原著，也用了一些翻译过来的材料。现在都得找回原文去，这不是一件轻松的事情。一趟一趟地跑图书馆，尤其是近代史所的图书馆。有的材料北京找不到，就请外地的朋友帮忙；有的材料国内不好找，我托了美国的朋友帮着找。因此我可以很踏实地说，凡是书中打了引号的直接引语，都是查了原书的。有些没有打引号的，也是在查了原书的基础上进行概括的。译稿经过了一再斟酌，我也从头到尾仔细看过，提出了若干修改意见。我约请了三位美国学者作序。一位是美国外交史和中美关系史的权威孔华润（Warren I. Cohen）教授。他是剑桥美国外交史的主编，是《美国对中国的反应》（*America's Response to*

China)的作者。另一位是美国前驻华大使芮效俭（J. Stapleton Roy），还有约翰斯·霍普金斯大学国际关系高级研究院（School of Advanced International Studies, Johns Hopkins University）中国系主任蓝普顿（David Mike Lampton）。他们三位都愉快地接受了笔者的邀请，在百忙之中按时发来了序言，为本书增色不少。希望本书的出版能帮助美国读者更好地了解中国学者对两国关系的看法，多少有助于中美两国的相互理解和学术交流。本书被院科研局评为 2015 年度创新工程重大成果（基础研究成果）之一（全院共 12 项）。

进入 21 世纪，中美关系得到了新发展，也具有了许多新特征。中国自身的发展使中国成为中美关系，乃至国际关系中的重要变量；中美两国的合作面大大拓宽，在双边关系中有越来越多的地区和全球性问题，两国在全球治理方面的合作对两国、对世界都越来越重要；世界金融危机以来中国经济逆势上扬，GDP 超过日本成为世界第二大经济体，在美国引起强烈反响，被有的学者称为"叫早"，奥巴马总统也把它称为"我们这一代人的斯普特尼克时刻"，美国实行亚太再平衡战略来加强对中国的牵制和防范，两国关系中的竞争性因素突出；中方提出了构建中美新型大国关系的理念，倡导两国努力加强合作，有效管控分歧，促使两国关系继续稳定、健康地向前发展，使中国人民放心，使全世界人民安心。所有这些新情况使我强烈地感觉到有责任把 21 世纪以来的中美关系记录下来，把两国关系发展的基本脉络和重大事件以及自己对中美关系的感受记载下来，为后来学者的研究提供方便。现在我正在努力撰写这本书，希望在今后两三年内完成。

在美国所工作期间，我培养了 2 名硕士、10 名博士。我感觉培养学生在付出的同时也有收获，学生的想法和问题会反过来促使老师去思考和探索。带学生是一个教学相长的过程，我自己从学生身上获益匪浅。

四

随着我国的改革开放，社会科学的对外交流日渐发展。我是对外学术交流的积极参与者，尤其在到美国所以后，参加国际学术会议、与外国学者的经常性交往成为学术研究的重要组成部分。此外，有两件事情值得提一下。

在中国社会科学院美国研究所举办的"习近平主席访美后的中美关系"社科论坛上主持第二场讨论，参加讨论的嘉宾是：章百家（中共中央党史研究室前副主任）、李侃如（Kenneth Lieberthal，美国布鲁金斯学会资深研究员）、朱成虎（国防大学战略部前主任）、蓝普顿（David Lampton，约翰斯·霍普金斯大学高级国际关系研究院中国系主任）、崔立如（中国现代国际关系研究院前院长），拍摄于 2015 年 11 月 17 日

从 20 世纪 90 年代开始，联合国教科文组织就着手编写《人类科学和文化发展史》（*History of Humanity*：*Scientific and Cultural Development*），全书共七卷，从远古到 20 世纪。为此教科文组

织专门设立了一个国际委员会，我国已故学者庞朴是该委员会成员。为了编写第七卷（20世纪），他请近代史所推荐一位学者担任该卷编委。近代史所推荐了我。我参加了数次工作会议，努力争取我国学者参加写作，做了一些组织、联络的工作，最后，我国共有12位学者参与了该卷的编写：如汝信、叶秀山等（有关哲学的章节），田雪原（有关人口统计学的部分），杨天石、成崇德、高增杰、沈仪琳等（有关东亚的历史）。与有些国家比，我国学者的参与不算最多，但我们至少没有缺席，在这样的国际项目中也有中国学者的贡献。

国际历史科学大会是一个有100多年历史的国际学者的组织，但在很长时间里，欧洲学者在其中起主导作用，会议也主要在欧洲各国举行，其他各洲的参与都不多。改革开放以后，我国历史学家开始参加会议，并在会上发出中国声音。为了加强与世界各国同行的学术交流，让世界更好地了解中国、了解中国的历史学，中国历史学家强烈希望在中国举办国际历史科学大会。1995年，参加蒙特利尔大会的中国代表团提出了申办2000年大会的要求，但因为种种原因没有成功。2010年，时任中国史学会主席的张海鹏教授再次发起申办申请。他认为为了举办国际历史科学大会，在国际历史科学大会执行局中应该有一位中国委员，作为执行局与中国史学会的桥梁。他推荐我去竞争执委（一共11人），并在2010年阿姆斯特丹大会上取得成功，这样我就成了国际历史科学大会执行局第一位中国成员。在此次大会上，中国史学会也成功申办了第22届国际历史科学大会（2015年8月在山东济南举办，由山东大学承办）。这是第一次在一个亚洲国家举办的历史科学大会。在此后5年中，我作为执行局的中国成员，在执行局与中国史学会之间传递信息，进行沟通，也为一些问题的解决提出自己的主张，为第 22 届国际历史科学大会的顺利、成功举办出了一点力。

五

1994 年到美国所工作后，除了继续进行学术研究，还有其他两方面的工作：配合实际工作部门进行以政策为导向的研究或提供直接的政策咨询，还有直接服务社会的工作，如接受媒体采访，撰写报刊时评文章。

中美关系是我国外交的重中之重，问题特别多，民众很关心，看法也存在相当多的分歧。我坚持从国家的根本利益出发，来认识、分析和把握中美关系，以自己的学术研究为我国的外交服务。这十几年来，多次参加外交部、国务院台湾事务办公室等有关实际工作部门的会议和活动，或承担它们的课题，为对美政策建言献策。其中有一个课题是江泽民同志布置的冷战的历史经验。2004 年年初，江办向院里布置了这一课题。院里由陈佳贵副院长召集，由欧亚所所长李静杰、美国所所长王缉思具体负责，国际片和史学片的六七位学者参加了课题研究。我承担了冷战时期美国外交政策的部分。4 月底的三个上午，我们在中南海向江泽民同志作了汇报，中央有关部门的领导同志也出席并发表讲话。2009 年 12 月初，我又有机会参加向胡锦涛同志汇报国际形势的会议，我汇报的题目是"美国外交政策转变与中美关系"。能参与这样的活动当然是非常光荣的事情。它使自己感觉到自己的研究离国家的政策那么近，自然也感到责任重大，必须以更好的学术成果来为国家的外交服务。

近些年来，群众了解国际问题的愿望越来越强烈，媒体对学者的采访越来越多。2003 年伊拉克战争爆发后，中央电视台对学者的采访成为一种常态。2003—2011 年，我也是常常被邀请的嘉宾。我把它当成是宣传邓小平外交思想、宣传我国外交政策、普及国际关系知识的机会，认真接受中央电视台新闻频道、国际频道和英语频道，中国国际广播电台以及其他媒体的采访，用具体生动的事例和语言点评时政，并在报刊上发表了大量关于国际政治尤其是中美关系的评论文章，收到了比较好的效果。

六

回顾这一生，有许多事情是出乎意料的。我自己的命运和事业与国家的发展息息相关，没有改革开放，我学术生涯中的许多事情不会发生。我从本来学俄语到现在用英语，从应该从事翻译工作到后来从事研究工作，从从事中国近代对外关系史的研究到现在从事美国研究，从研究历史到研究现状，人的一生似乎不是事先加以设计、规划的，从某种程度上也不是完全可以由个人加以掌控的。生活中会有许多机遇和转变，会有许多不确定因素。机会来了，也许你有准备，也许缺乏准备。我自己的体会是，把眼前正在从事的工作努力做好是最重要的。这也是对未来的准备。

我从事中美关系研究是从历史延伸到现状。这对我主要有三个方面的帮助：第一，对于中美关系中的许多问题的来龙去脉比较清楚，比如台湾问题；第二，在近代史所 30 年我受到的重要教益，是要掌握丰富的第一手资料，要把自己的论述建筑在坚实的材料基础上，这在国际问题研究中是同样必需的；第三，要从比较长的历史时期来观察问题。中美关系中常常会有些突发事件，造成两国关系的波动，甚至危机。人们对两国关系的看法也容易因此起伏。但如果从较长的历史时段来看待问题，心里就会比较有底，不会被一时一事所左右，不会跟风，"不畏浮云遮望眼"。

参加政策咨询对自己的研究工作是一个很大的促进。它一方面使自己更好地了解我们的国家利益和外交政策考虑，使自己的研究工作方向更加明确；另一方面也使我感到自己的研究是可以直接服务于国家外交政策的。中国知识分子历来有经世致用的传统，希望以自己的学识为国家、为民族服务。我也将继续努力这样做。

陶文钊

2011 年首发于中国社会科学网

2016 年春修订

参观柬埔寨吴哥古迹（2016 年 3 月）

黄心川

Huang Xinchuan

　　男，1928 年 7 月 31 日出生于江苏常熟。5 岁受启蒙教育，抗战后入之江大学文学院。新中国成立后，在苏南行署司法处、江苏高级法院、江苏省政府等任职。朝鲜战争爆发，派往志愿军第三兵团司令部作参谋，转业回国担任鞍山钢铁公司特派国家监察员。1956 年，考进北京大学哲学系副博士研究生，学习希腊哲学、佛教与印度哲学、东方哲学。毕业后在哲学系担任系秘书、讲师。1964 年，和任继愈教授等筹建中国科学院哲学社会科学部世界宗教研究所。1978 年担任副所长，主抓科研工作，兼伊斯兰教与佛教研究室主任。1980 年，中国社会科学院与北京大学共同组建南亚研究所，担任副所长，负责筹建工作。1989 年，中国社会科学院成立亚洲太平洋研究所，担任所长。

　　主要学术成果《印度哲学史》，得到国际学界重视，被推选为国际印度哲学研究协会执行会员、国际梵文研究协会顾问，聘为印度罗摩克里希那—辨喜国际研究运动顾问委员会副主席、印度龙树大学荣誉教授等。撰写《沙俄利用宗教侵华简史》。主编

《中国大百科全书·宗教卷》和《中国大百科全书·哲学卷》。在"宗教卷"的前言中提出"宗教是文化"的观点，这一提法后来被中国佛教协会会长赵朴初借鉴。1990 年撰成《隋唐时期中国与朝鲜佛教的交流——新罗来华佛教僧侣考》，1995 年 12 月 18 日，获韩国大韩传统佛教研究院所颁发"第四届国际佛教学术奖"，这是我国学者在世界佛教研究中唯一获得的一次奖项。

我与东方哲学宗教研究

　　1928 年我出生在江南历史文化名城——常熟的一个商人的家庭，少年时曾随乡间的母亲参加过一些田间劳动，因之对农民的艰辛有些切身的体会。抗日战争爆发后，我随父亲去常熟城内县立中学读书，寄宿在学校内，渐渐懂得社会上发生的各种事情。当时正值日寇铁蹄统治下的年代，常熟地区既是新四军在江南的一个据点，也是国民党忠义救国军争夺的黄金地带，因此在学生中也受到影响，明显地分成两个对立的阵营，我在中学时曾经协助一些地下党员创建过一个反日、反蒋的名叫《啸》的刊物，使我受到了启蒙的革命教育。抗日战争胜利后的 1946 年，我在家乡读完了中学后，考入了美国在华创办的一所教会大学——浙江之江大学文学院，在那里比较系统地接受了西方的文学、哲学的知识，受到了西方文化的熏陶。这个学校在中国创办已有一百余年的历史，学校的教育制度和理念完全是按照美国的大学模式设置的，甚至连中国的历史文化课也是用英语来讲授的。在这样的环境下，一方面使我感受到了中国传统文化的抱残守缺，要走西方现代化的道路；另一方面也激起了我对殖民主义文化的反感。当时国民党正在美国的支持下发动内战，因此蒋管区社会动荡，民不聊生，而官僚地主资产阶级却过着骄奢淫逸的生活，即便是居住在杭州"天堂"里的老百姓们也感到活不下去，发生了抢米运动。在学生中也掀起了声势浩大的反内战、反饥饿和反迫害的学潮。我亲眼目睹了这些，并且参加了一些反对国民党的学生活动和群众运动。通过这些活动，我逐渐认识到国民党统治的残酷和反动本质，为国家前途担心，也为我自己的学业和前途忧虑。当时有两条道路可以选择：一条路是逃避中国现实，出国深造。那时适逢牛津大学在杭州招生，我曾经报名并被录取；另一条路是投入革命的洪流，把自己的前途和祖国的命运紧密地结合在一起。在大学地下党的教育帮助下，经过反复的思想斗争，我终于走上了革命的道路。1948年我越过国民党的军事封锁线，历尽千难万险，到达苏北游击区革命根据地，成为一名游击队员。以后又参加了淮海战役和渡江战役。1950年美国发动朝鲜战争，我又参加了志愿军的队伍，担任某兵团司令部的英文参谋工作。不幸在第五次战役中负伤，左足残废，因此不得不离开我热爱的战斗队伍。以后转业到地方，在江苏高级法院、鞍山钢铁公司等单位任职。直至1957年我到北京大学学习。我参加革命工作后，虽然为时都不很长，但这些经历都给我留下了深刻的印象。这对我后来从事哲学、社会科学的研究有着一定的帮助，其中最主要的使我懂得了社会现象是极复杂的，研究问题必须脚踏实地，实事求是。当然这种种经历也给我带来了某些先天的、书本知识的不足，激发我更需要努力学习，奋勇前进。

我的家乡是历史文化名城，历代文人墨客辈出，中国很多著名的文学家、诗人、画家和音乐家都诞生和活动在这里，他们的思想和成就常常使我羡慕和向往不已。在我上中学时，就萌发了要做一个文人学者的愿望，这也是我进入大学文学院攻读的动机。我参加革命后，虽然无法选择自己的职业，但想当一名学者的愿望一直未能忘怀。在工作之余，我一直在研读外国的哲学和文学著作，并且做了大量的笔记。我常常把革命看成是一首"社会的诗"，革命的理想是诗的理想，革命的生活是一种饶有诗意的、浪漫的生涯，因此无论受到什么痛苦困难时，都怡然自得。1956年党中央提出向科学进军，我怦然心动，报考了北京大学外国哲学史专业的副博士研究生，从此我走上了学术道路。在北大哲学系，我师从任华、汤用彤、朱谦之、洪谦等老一辈哲学家，学习古希腊哲学和印度哲学，并且从头学习了希腊文、梵文等等。这些老一辈哲学家现在大部分都已过世了，但却留给我深刻的印象，我感谢这些老师传授了知识，并且教导了做人的道理。例如汤用彤老师身患重病，在他逝世前一段时间，还给我和几个研究生讲解佛教的经典——《入阿毗达磨论通解》和《俱舍论》的要义。我入北大当研究生时已届"而立"之年，离开学习生活已很久，因此开始学习时感到有些吃力，与同学相比，深感自己的基础知识不足，有些自卑。但经过加倍的努力，最终克服了学习道路上的种种障碍，完成了学业。1958年，留在北大哲学系任教，从此实现了我梦想的学者生涯。此后30年我一直在北京大学、四川大学、中国佛学院和中国社会科学院从事东方哲学、宗教的教学和研究工作。60年代参与了中国科学院哲学社会科学部世界宗教研究所的组建工作，70年代负责筹建中国社会科学院与北京大学合办的南亚研究所，80年代领导了组建中国社会科学院亚洲太平洋研究所，90年代筹备成立了中国社会科学院的东方文化研究中心、韩国研究中心，另外，也参与了陕西社会科学院的长安佛教研究中心、中国玄奘研究中心等研究机构的建立。

我选择的专业经过了长期摸索的过程。在中学时虽然接受的是现代化教育，但由于江南深厚的历史、文化影响，教学的内容更多是中国传统的经术和文化。在中学里担任语文和历史的老师，有的是清朝的遗老耆宿，例如有一位名叫蒋韶九的老师是前清的举人、民初国会的议员，他整天要我们学习四书五经，不许我们读、写语体文，因此遭到一些同学的反对，引起了骚动；有的是江南文坛的骚人、墨客，如批写"才子书"金圣叹的后裔金老佛等等。金先生在讲授语文时从不采用教本，只是教授他当场所做的诗词歌赋，在这些老师的熏陶下，我也跟着学习写骈体文，吟诗，唱道情，在生活上也蒙受他们落拓不羁、玩世不恭的影响。这些思想和生活态度在我进入大学和研究生阶段，结识一批名流教授后，还时时有所表现。之江大学办学的宗旨虽然标榜要"阐扬东西文化"，但教授的却都是全盘西化的内容，其中还夹杂着一些殖民主义的洋奴思想，因此在我头脑中又添加了不少从柏拉图到尼采的超人思想。由于当时没有马克思主义的正确指导，缺乏认识和批判能力，在头脑中装满了一大堆东西方杂乱无章的思想，这些思想直至我参加革命，接受马克思主义，逐渐建立辩证唯物主义的世界观、方法论和认识论以后，才逐渐加以澄清。认识到对待学术中的古今、中外、东西方等问题要有一个正确的批评继承的态度，这是学术研究的出发点，也是一个指导思想。我留北大后最早讲授的是西方哲学通史，以后又扩展到印度哲学史、日本哲学史专题等，乃至整个东方哲学史。1964年调入中国科学院后基本上从事东方宗教哲学史特别是印度哲学史、印度佛教史的教学和研究工作。由于教学工作的需要，撰写了不少东西方哲学史、印度哲学史、日本近代哲学史等教科书和专题研究的著作。这些著作在我国还是最初的尝试，质量并不很理想。与国外通用的教科书相比也有着一些特点：首先是运用辩证唯物主义和历史唯物主义的原理、哲学和历史的比较方法对东方哲学史上的三大体系即印度哲学、阿拉伯哲学及中国哲学的历史演变过程、特点、规律、社会作用以及当前发展的趋势等都作了比较系统的阐述，对历史上和现实生活中的那些合乎唯物主义辩证法的传统、世俗主义、民族主义、民主主义、民主和科学的思想竭力加以发掘、阐扬；同时对那些已经死亡或者陈腐的极端唯心主义、神秘主义、宿命论等作了恰当的、合乎历史主义的评价，特别对那些在目前很多东方国家仍在奉行的思想体系如实地作了分析和批评，这些著作在挖掘东方哲学文化遗产的同时，也对长期在国内外思想界、学术界存在的欧洲中心主义和教条主义进行了认真的批判，另外，也注意到了在近代历史条件下，东方哲学受到西方哲学的冲击或者与西方哲学思想融合以后出现的种种新形式；其次对东方哲学与我国的关系作了比较系统的梳理。东方不少国家是我国的近邻，在长期历史发展过程中都与我国有过全面的或者某些方面的交流，在不同程度上受过我国的影响，因此在撰写时首先整理了我国长期保存的东方国家的哲学资料，由粗及细，推陈出新，弘扬其精华，批评其糟粕。另外，力图在平等的、双向交流的基础上，揭示东方邻近国家对我国的影响，在叙述中国哲学对邻近东方国家的影响时也注意其变化和发展，特别是与当地哲学文化融合的民族化的过程。

在东方哲学的教学与研究中，我先后发表了 19 部著作、140 余篇论文，其中影响较大的有《印度哲学史》、《印度近、现代哲学》、《印度佛教哲学》、《现代东方哲学》（主编及作者）、《东方哲学家评传》（五卷本，主编及作者），后两种著作是在 1999 年以后出版的，哲学著作对东方各国哲学的历史和现状作了比较系统的阐述，搜集了大量极其丰富的史料，特别是我主编的《现代东方哲学》及《东方哲学家评传》是集中了我国研究东方哲学的力量而编纂出来的，这些书的出版也可以说为我国现代东方哲学的教学与研究打下了初步的基础，填补了空白。另外，日本农山渔村文化协会为了纪念中日和平条约签订 25 周年与中华人民共和国建国 50 周年于 1999 年翻译、出版了我的论文集《东洋思想的现代意义》一书，该书涉及的范围极其广泛，主要内容包括：东方哲学的模式、范围和现代转型，中国与周边国家哲学的双向交流及其影响，中国传统文化与东亚文化模式，东西方哲学的交流与融合，亚洲价值观及其现代意义。

在中外哲学与文化交流方面，我发表过不少著作和论文。其中值得一提的是 1979 年发表的《印度近代哲学家辨喜研究》一书。该书出版后其中主要的章节和全书摘要被译成英文和孟加拉文，在印度、孟加拉的很多报刊上转载或加以评论，其中"辨喜论中国"一章曾被编入印度罗摩克里希那文化学院出版的《世界思想家论罗摩克里希那和辨喜》一书（1983），印度驻华大使馆、印度亚洲协会（前亚洲皇家协会）、罗摩克里希那文化学院在中国和印度分别为该书召开专题报告会。在 1962 年《北京大学学报》上发表的《安藤昌益与"自然真营道"》是我国最早对日本这位"被遗忘了的哲学家"的研究论文，引起了国际学术界的重视。另外，在日本东京大学讲演的《朱舜水的学术思想以及在日本的交流》，在印度德里大学所作的《中国密教的印度渊源》的报告，在韩国"中韩论坛"第三次会议上讲演的《中韩文化的共同性及其相异性》的讲演，在中越"传统文化与现代化"会议上所作的《"三教合一"在中越发展的过程及其特点》的报告等都在国内外学术界和舆论界引起了反响。

在东方宗教研究中，我涉猎的面较广，对佛教、印度教、耆那教、摩尼教、伊斯兰教、东正教等都有一些著作或论文发表，但重点还是印度佛教和印度教方面，这类研究的成果集中概括在我主编和撰写的《世界十大宗教》《中国大百科全书·宗教卷》《亚太地区的宗教》等书中，我和戴康生等同志撰写的《世界三大宗教》是在改革开放伊始由中国学者首先介绍世界宗教的一本小书。这本书现在看来，无论其内容和学术性方面都有欠缺，但在当时确实起到号角的作用，标志着中国宗教的研究已经恢复。《世界十大宗教》曾获1988年全国十大优秀图书奖和中国社会科学院优秀成果奖。纵观东方宗教的研究，有着如下一些特点，首先是在我国开拓了不少外国地区的宗教、新兴宗教的研究。新中国成立以后在很长一个时期内，我国对宗教的研究局限于传统的世界三大宗教历史、理论的研究，我力图改变这种情况，在《世界十大宗教》中组织了当时国内很少重视的神道教、锡克教、耆那教、印度教、婆罗门教、琐罗亚斯德教等宗教情况的编写工作。在《亚太地区的宗教》中又填补了新中国成立后宗教研究一直空白的尼泊尔、朝鲜、蒙古、中亚及大洋洲等国家和地区的宗教，当然，这些研究还处于摸索阶段，存在着不少问题和遗漏，但毕竟填补了空白。其次，在研究中坚持历史唯物主义和理论联系实际的原则，不但以历史唯物主义的方法去揭示各种宗教的形成和发展，同时也注意运用现代人文科学所取得的成就和新方法。例如根据比较神话学与比较语言学的研究，探索了琐罗亚斯德的起源以及澳大利亚原始宗教的现状，运用比较民俗学、比较历史学等方法研究古代埃及宗教的演变及其与其他宗教的关系。从文化史的角度，不仅探讨了古代西亚与地中海东部各民族间的文化交流，深化了对犹太经典的研究，而且也审视了亚太地区东西方宗教和文化的融合与冲突情况，这样的研究可以使我们从更广阔的视野和多元化文化的角度去观察和研究宗教问题。宗教研究的目的归根结底是要为现实的政治和社会文化服务，因此要密切的联系实际。《世界十大宗教》《世界三大宗教》《亚太地区的宗教》之所以被人重视，就是因为在这些书中涉及的各种宗教问题都是针对当前世界各个地区的社会经济发展、国际关系、民族问题，东西方文明融合与冲突等提出的，具有时代性和前瞻性。再次，在上述各种研究中，特别注意世界各大宗教和地区宗教与中国的关系，探索外国宗教在中国的传播过程，与中国民族文化的结合及其变化，对中国社会、文化所产生的深刻影响等。例如我早年发表的《沙俄利用宗教侵华简史》一书，着重阐述了1860 年以前俄国东正教与早期中俄的外交关系，揭露了沙俄利用东正教、喇嘛教和伊斯兰教侵略中国的种种事实。在《印度佛教哲学》《中国密教的印度渊源》和《印度教在中国》中阐述了佛教、印度教在中国传播过程，印度佛教派别与中国佛教发展史的关系，印度宗教对中国文化、艺术、科学和瑜伽术等所起的影响。

在宗教专题特别是宗教理论、中国与东方各国的宗教关系等方面，我也发表过一些论著。在宗教理论方面，主要的有我与罗竹风同志合作撰写的作为《中国大百科全书·宗教卷》导论的"宗教"词条、《中国宗教与中国传统文化》、《中国历史上的宗教与国家的关系》等。在"宗教"中关于中国宗教的特点做过如下的概括：

> 中国是一个多民族和多宗教的国家，……在中国，历史上没有一个宗教像西方那样占有国教的地位；历代统治阶级对于各种宗教大多数采取支持、保护的宽容政策。就宗教徒的人数而言，在全国范围的总人口数中，历来居少数。……

2007 年 3 月 14 日与印度总统拉达克里希纳交谈

宗教在民族地区人口中，至今仍占绝大多数。

　　占中国人中大多数的汉族，以天命崇拜和祖先崇拜为民族宗教观念的主要传统，因而佛、道的信仰从来未占过统治的地位。……华夏民族由于主要从事农业生产，因此，中国宗教观念从一开始就把上天的风调雨顺和下民勤苦耕耘置于同等重要的位置，……把天或神的意志和人的意志放在同一地位上。周代以后，儒家主张以德政治天下，敬天而不信天。"敬鬼神而远之"（论语·雍也）的"神道设教"思想，在中国一直作为正统的统治思想……王权高于神权……华夏民族由于农业耕作和水利事业促进了血缘关系的联系和发展，在周代就形成了一套以血缘为基础的宗法社会制度和"孝为德本"的道德规范。体现宗法制度的祖先崇拜，数千年来渗透汉族的每个家庭之中……另外，儒家重视人的现实关系和利益的伦理观念是使汉族形成了务实的特点，而且影响着中国宗教的面貌：有时信，有时不信；有事就信，无事就不信。为了求得庇佑，不论是儒释道……都可以信仰。由于宗法社会制度和儒家重视道德伦理的思想同崇拜超人力量的宗教观念存在一定的对立，因此，正统的儒家文化必然对于宗教的社会作用起抑制作用。

《中国大百科全书·宗教卷》自 1988 年出版以后，其中不少章节受到了读者的批评、指正，引起了喋喋不休的争论，但这个"导言"迄今还未听到异议，我想我们这个概括还是有很多局限性的，我诚恳希望读者们加以批评、补充和修正。

《隋唐时期中国与朝鲜佛教的交流——新罗来华佛教僧侣考》是在 1978 年中韩建交前中国宗教学会在西安召开的一次佛教会议上发表的，中韩建交后引起韩、印学者的注意，该文被译成韩文和英文，经大韩传统佛教研究院推荐，并经日本、韩国著名学者中村元、镰田茂雄、闵泳圭等人投票，获得 1993 年国际佛教学术奖和中国社会科学院科研成果奖。该文根据中韩史籍，详细考证出在隋唐时期新罗来华的僧侣共 117 人，这个数字比韩国学者李能和统计发表的 65 人，日本学者中吉功在 1974 年统计发表的 66 人几乎多了近一倍。国际佛教学术奖自 1978 年设立以后，共颁发过四次，计日本两人，韩国一人，中国一人。我的获奖标志着中国佛学的研究已经与世界学术接轨，中韩传统文化再一次获得重视。

以上是对我的东方哲学、宗教研究概略的介绍，从这些介绍中可以看出，如果我有一些可喜的成就的话，那是与周围的同事、学生的努力分不开的，我是依靠集体智慧和努力才能完成上述种种任务的。另外，我对我国东方宗教、哲学的研究还想说一些多余的话。

世界文明是从东方开始的。远在公元前 4000 年至 2000 年初，中国的黄河、南亚的印度河和恒河、美索不达米亚的底格里斯河和幼发拉底河、埃及的尼罗河流域这四大流域就孕育了世界最早的文明，也产生了人类最早的宗教哲学思想。目前世界上公认的自成系统的四大哲学体系中的有三个在东方。东方宗教哲学不仅在东方内部，而且也在东西方之间进行长期的交流，对世界宗教哲学的产生和发展起过重要的推动作用。印度、波斯、阿拉伯等宗教哲学传入中国后，与中国传统思想相结合，开出了绚丽多姿的花朵，在我国社会和文化生活中起过重要的作用。当前东方宗教和哲学正以崭新的面貌，迎接着 21 世纪的黎明。随着东方各国，特别是亚太地区经济和社会的高速发展，东西方文化频繁的接触和交流，东方的宗教哲学思想在世界上将起着愈来愈重要的影响，受到世界舆论界、学术界的瞩目。因之，有人认为 21 世纪是"亚太的世纪"或"东亚文明的世纪"。美国著名的政论家缪尔·亨廷顿认为，未来的世纪不是按意识形态或国家来划分，而是按文明来划分，文明主要指的是宗教，文明的差异是将来世界发生冲突的根源，西方文明与非西方文明之间的冲突是国际政治的主线，儒教—伊斯兰教将成为非西方文明的主要威胁。亨廷顿的这个观点当然我不能同意，但它确实提出了一个新的观察世界政治、经济的视角，承认文化因素，特别是人的精神因素、宗教信仰、哲学伦理价值观等将对经济社会所起的推动作用，因此我们对东方宗教、哲学的研究不仅有着重要的历史文化意义，而且也有着迫切的现实意义。

东方宗教与哲学研究在我国是一门既古老又簇新的学科。我国古代对东方各国宗教哲学思想的研究，有着悠久的传统，积累了大量丰富的资料，写出过蔚为大观的著作。例如从公元前 2 世纪至 12 世纪的一千年间，我国翻译出属于印度次大陆的佛教经律论三藏共计 1482 部，5000 余卷，这些佛典不仅记载着佛教，而且记录着次大陆的历史文化和其他宗教哲学派别的内容。法显撰的《佛国记》和玄奘的《大唐西域记》是迄今研究印度次大陆和中亚地区各种宗教哲学的第一手资料。我国历朝编写的《二十四史》都有关于东方各国历史、文化的记录，因此，中国的资料是十分丰富、翔实和弥足珍贵的，这对于整理发掘东方精神文化的遗产有着不可估量的意义。

应邀题字

新中国成立以后，我国对东方邻近国家宗教哲学的教学研究一直是宗教、哲学学科中最薄弱的环节，目前仍处于开创和摸索的阶段，与国外近年来东方学蓬勃发展的情况相比还有一段距离。我们的研究人员队伍数量少，远远不能适应形势发展和工作的需要，为此，我们一定要利用我国的优势，发扬学习和研究外国历史文化的传统，积极培养和充实青年学者队伍，开展多方位和多学科的研究，为我国当前的精神文化建设、国际文化战略和友好睦邻政策服务。

黄心川

2016 年 4 月

葛　佶

Ge Ji

　　女，出生于 1929 年 3 月，籍贯为浙江省平湖市，大学毕业，研究员，中国社会科学院荣誉学部委员。1952 年毕业于南京金陵女子文理学院（俗称金女大）外文系。1952 年在外交部交际处（后改为礼宾司）任科员。1956 年在外交部国际关系研究所从事研究工作。1961 年调亚非所（"文化大革命"后为西亚非洲研究所），除其中三年在"五七干校"劳动外，一直从事研究工作至 1992 年退休，职称从助理研究员到副研究员、研究员、荣誉学部委员。行政上从南非研究室主任到所长。主要学术成果都与非洲历史与南非问题有关，详见方志出版社《学问有道》一书。曾任中国亚非学会副会长、中国非洲人民友好协会副会长多年。获得国务院特殊津贴，获首届中非友好奖——"感动非洲的十位中国人"，2013 年被故乡浙江省平湖市评为"东湖女儿——平湖当代杰出女性"。

　　主要学术代表作包括：《简明非洲百科全书（撒哈拉以南）》（主编，中国社会科学出版社 2000 年版）；《非洲概况》（合著，世界知识出版社 1994 年版）；《南非——富饶而多难的土地》（世界知识出版社 1994 年）；《影响南非未来诸因素探析》，《西南非洲》（双月刊）1994 年第 3 期；《从"自由宪章"到"重建与发展计划"》，《西南非洲》（双月刊）1996 年第 5 期；《南非反对部族隔离制度的斗争任重道远》，《西南非洲》（双月刊）1991 年第 5 期。

从零开始研究非洲

家庭影响

我生于浙江平湖。在平湖定居的始祖葛贤为明末将军。因抵抗清兵节节败退，至南京失守，即辞官返乡为民。他的子孙仍以习武为本行。他的曾孙葛元在雍正五年考中武探花，曾任大同守将。后家道中落。到葛贤的第八代孙，利用太平天国覆亡后的建筑热潮，以从事木材生意发家致富，在今平湖南城陆续建起大片住宅。

生活富裕后，葛氏子弟们也开始了读书求功名的生活，逐渐成为江南有名的儒商。葛氏藏书楼名满天下，台湾文史哲出版社于1977年出版了刻于宣统二年的葛氏藏书楼书画录，北京图书馆藏有葛氏图书馆书目12册，葛氏还先后开办私塾和新型学校，延请名师，教授数理化及英语。葛氏所办稚川学校，经习近平主席批示，几年前已再次挂牌。

我出生不到6个月，即丧父，但家中学习气氛浓厚。父亲生前，整天高声朗读诗书。母亲旁听，竟能把唐诗三百首中五言七言绝句与律诗，依次背诵。她还能背诵不少长篇乐府。我自幼与母亲同睡一床。我最先学到的字，就是蚊帐挂钩上所刻的"万般皆下品，唯有读书高"，它深深印在我的脑海中。平时母亲做针线活或夏天在蚊帐中避蚊时，就教我背诗词。那些优美的韵律吸引着我，我把背诵作为一件乐事。上学后，母亲用彩纸折成两个小宝塔，中间接一张纸，上写"欲穷千里目，更上一层楼"十个字。背书时每读一遍，抽出一个字。即使不到十遍能背出，也必须读完十遍。这就养成了我好读书的习惯，使我从小就明白做事要精益求精。

我8岁时日寇入侵。我们逃难到上海的英租界，租住在亲戚家的一间约30平方米的厢房中。当时上海附近一些较好的学校纷纷迁入租界。母亲为回避大家庭中的明争暗斗，更是为了子女能受到较好的教育，决定放弃老家的高楼大屋，而挤住在上海一间又闷又热的小屋中。我们住的房子后门临街，对面有一排商铺。为招揽顾客，经常高音喇叭开得震天响。可是我仍能静下心来做功课，养成了在任何环境中，都能心无旁骛地看书的习惯。

学习经历

我从小学到大学，除其中一年外，上的都是女校，而且都是教会学校。这些学校以基督教的精神办学，讲究博爱、平等。师生关系、同学关系都比较融洽。老师们对同学的要求首先是诚实，"考试是对你自己负责，是看你学习到了多少，会了就是会了，不会就吸取教训"。因此，考试时老师即使不监考，同学们也绝不交头接耳。那时学习压力不大。考试只求通过，并不排名次。互相也不比谁学得好。有空我就自学古文。教会学校也特别注重文言文，每学期专攻一个朝代的文选。而且语文课都是请饱学的老先生来授课。作文里的字不端正和写了异体字，是要扣分的。当时我们家，屋里放不下书架。只有在那个西式的壁炉上，可以放少量书。家里仅有《古文观止》和《唐诗三百首》。

当时，我爱读书的嗜好强烈。无书可看时，就背字典。初中时忽然发现离我们两条街的地方，有许多租书铺子。两元钱即可以借一个月的书，每次可取两本。这使我沉醉在书的海洋中，自得其乐，忘掉了现实的残酷与艰难。一般野史、文艺类、武侠类和侦探类的书我都爱看。从《春秋战国》《西汉演义》《东汉演义》《三国演义》《隋唐演义》直到《清宫十三朝秘史》，几乎都读遍了。看这些书比学校里学的历史要生动、具体得多。

看多了这些列朝列代的争权夺利的故事，我发现许多"万岁爷"，实际都是短命的。所以特别喜欢《红楼梦》中的"好了歌"，"古今将相在何方，荒冢一堆草没了"。帝王将相最后都是一场空。看到韩信命丧未央，看到朱元璋杀功臣，觉得何苦来呢！功名利禄没有什么意思！红楼梦中的对联"身后有余忘缩手，眼前无路想回头"等，读后似有所悟。当然那种感悟是很肤浅的。但或多或少会在我为人处世时，用以提醒自己，使自己不要有太强烈的追名逐利的念头。

侦探类的福尔摩斯、亚森罗平和我国的霍桑探案等，我都能看得津津有味。我特别爱看这类书的推理。正如数学中我最爱几何一样，我喜欢逻辑推理。在小说主角破案时，我也参与其中，如果我猜的与后文的结论相同，我就特别高兴。武侠小说，如还珠楼主的《蜀山剑侠传》《青城剑侠》等，使我沉溺在梦幻世界中，如痴如醉，总幻想着，恶人得到应有的报应，好人得到善果。看完一本，还没有看下集，就自己往下编，忘了实际生活中的艰难和不平。看完了一家租书铺的书，就换一家。我能上午借两本，下午再去换两本。借得老板直摇头说：顾客都要像你，租书铺是要关门的。这样夜以继日地看书，使我增长了知识，也引领我悟到了许多为人处世的道理，而且极大地提高了我看书的速度。

1947 年高中毕业前，我得了骨结核病，不能立即升学。病愈后，自尊心极强的我，不愿考上海已有我高中同学上学的大学，而选择了南京的金陵女子大学。该校学费较高，但环境优美，家中担心我病体初愈，为免复发，同意我考这样的学校。这时我三位兄长都已大学毕业，有能力共同供我上这样的大学。

要上这样的大学，就要读它有名的学科。金女大有两个系要求特别严，要在大学二年级，再进行一次入系考试，才能算是该系正式学生。这就是它的音乐系和英国文学系。前者我连五线谱都不认识，根本不能考虑。至于英文，我虽从小学三年级就开始学，但非我所好，只求考试能通过而已。这时我不得不改变自己的爱好，而报考它的英文专业。1948 年秋季在女大上学，一个学期未满，淮海战役爆发，同学们纷纷离校。我也暂时回到上海。到局势平定我返校时，离校前要读英文系的同班同学有上百人。这时，一些同学参军南下，一些随父母到了台湾，留下的都改学了俄语。我打算继续留在英文系。许多同学都劝我改学俄语。她们说英语是帝国主义的语言，毕业后恐怕连工作都不好找。我想的是，我学英文许多年也没学好，剩下的 3 年，学俄语要从字母开始，将来能用吗？就这样我就继续留在了英国文学系。

因为同一个班级只有我一人。有些课我与其他系选修这门课的同学一起上，有些则与高年级的同上。有一门必修课，没有其他人同上，就只能由一位外籍老师带一名助教，给我一个人上。无论在哪种情况下上课，我都不得不拼命预习。金女大图书馆的英国文学部分，集中放在馆内最里面一个最安静的角落里。我的课余时间几乎都消磨在这里，看书的也往往只有我一人。闭馆时看不完的书就借出去，晚上熄灯号响过后，我就用被子捂住头，用手电照着看书。到大学的最后一年，我发现我看英文材料的速度，已能赶上我看中文的速度了。上天赐给我一对好眼睛，从早到晚，连上厕所都在看书，而眼睛不觉得累。我直到 86 岁，才觉得小字看不清楚了。

从行政到科研

到 1952 年我毕业那一年，国家对大学毕业生，开始统一分配工作。出人意料，第一批分配工作的竟是学英文的人。华东一带英文比较有名的大学毕业生，都被统一调至北京工作。我被分在外交部的礼宾司（我去时还叫交际处），分管说英语的国家驻华使馆的工作。使馆订不到牛奶我得给它订，大使要看梅兰芳的戏买不到票，我拿着外交部的介绍信，一直找到文化部部长那里。大使有活动，还要通知有关部门加以保护。

1956 年外交部成立国际关系研究所，我被调到该研究所。那时工作都是组织分配的。一些年轻的同志不安心坐在那里从事枯燥的研究工作，但是我却反而得其所哉。那里有从高校调来的老专家，也有国民党起义的外交官中国际知识较多的人。我接触工作后发现，国际关系实际上是一门多学科的综合性学问。政治、经济、历史、文化和社会对各国的行为都会产生作用。我自觉学识不够广，经济知识尤为缺乏。这时我放弃其他一切爱好，连电影也不看，刻苦补课特别是恶补经济知识，努力使自己能适应研究国际问题的需要。正好我所在的英国组，有一位从南开大学调来的老教授。我就经常向他请教，他开的书目我都认真阅读。在老专家们的帮助下，我还学习了如何使用一些国际问题的工具书，熟悉国外的各种权威报刊。当时的所长是孟用潜。他经常邀请所内外的经济问题专家，开学术讨论会。我是每会必到，认真地听。在国际关系研究所工作的四年，是我对国际问题研究的启蒙阶段，为我今后从事国际问题的研究，奠定了良好的基础。

开始从事非洲研究

"反右斗争"结束后，国际关系所进行了大改组，只研究大国间的关系，而不再研究具体的国别问题。我被调往中国科学院哲学社会科学部正在筹建中的亚非研究所。我在1961年1月前去报到。由于我在研究英国问题时，曾涉及英国拥有大片殖民地的非洲，而选择了非洲研究。到该所3个月后，1961年4月27日，毛泽东同志在接见非洲外宾时说，我们对非洲的历史、地理和当前的情况都不清楚，要搞个非洲研究所，研究非洲历史、地理、社会经济情况。要写一本简单明了的书，写出帝国主义是怎样进去的，遇到了什么样的抵抗等。在传达毛泽东同志的指示时，当时在场的中联部领导刘宁一对主管非洲的处长吴学谦说，我们在接见非洲朋友时，只能问你们在赤道南还是赤道北，热不热。这段传达在我脑海中形成了一个深刻的概念：研究非洲的目的是让中国了解非洲。

毛主席的指示被印成了内部文件，分发有关单位。有关涉外部门都行动起来，中央外事小组在各方讨论的基础上，写了一个加强研究外国问题的报告，准备成立十来个研究外国问题的研究所。1963年12月30日中央批示了这份报告。1964年1月20日，亚非所一分为二，即西亚非洲研究所和东南亚研究所。研究所在行政上由哲学社会科学部领导，业务上则归中联部领导。由中联部负责西亚非洲处的处长吴学谦兼任我们所的副所长。筹建时的负责人张铁生任常务副所长。由于这一学科没有知名的学者，所以未设所长。

研究所正式成立后，吴学谦就来所里布置任务。第一个任务就是全所科研人员参加《非洲手册》的编写工作。手册共分三大部分：概况、历史、民族解放运动。所里的研究人员，一分为三。我和我的丈夫接手历史部分的编写。

从零开始

接受任务后，盘点一下我们可用的资源。发现本所的图书资料室，除《大英百科全书》中一点非洲历史的资料，并订购了几份俄文的有关国际问题的杂志外，有关非洲的资料，几乎是一片空白。我拿了中联部的介绍信，跑遍了北京有关单位，找到了一些书目。在吴学谦同志的大力支持下，第一批书很快就从国外买回来了。我们二人又从这些书所引用的书目中，找到了一些可能有价值的书籍，再次提交了一批书目。后来几个懂法语的年轻人，也提供了一批书目。中联部慷慨地把这些书都陆续买回来，拨给了研究所。我又根据自己在国际关系研究所了解到的，英美两国刊登国际时事较多的报刊，提出订购的要求，中联部也照订不误。通过这些途径，我们有了一定数量的英文书籍和报刊。在这里，我在金女大练成的英文快速阅读能力发挥了作用。

我从一开始就不管社会上的风气。有人认为，言必称马列的才是理论性的，提供丰富材料的只是资料性的，没有学术地位。

我认为，研究工作必须首先掌握详细的材料，才能得出自己的看法，才能提升到理论。我在写任何文章之前，首先要掌握丰富的资料。要使领导了解非洲的某一个问题，必须使自己首先对这一问题的前因后果了解通透。你可以言简意赅地编写上报的材料，但是这必须是有根有据的。

后来，郑必坚同志分管国际片工作。他来我所考察时，我向他汇报我对学术性的看法，并以我与南非室其他同志合写的《南部非洲动乱的根源》一书为例。他一看就说，这当然是学术性的，而且具有很高的学术性。

因此，我的非洲研究，首先是建立在对资料的掌握与占有上。买回了足够的书籍和报刊后，我们先夜以继日地看材料，总算对非洲的历史能描绘出一个发展的进程，得出自己的看法。因为我们所使用的基本上是英文书籍报刊上的资料，在国内鲜有人知。所以在中联部，以张香山同志为首的笔杆子，在审稿时，不仅没有提出重大的修改意见，而且觉得我们提供了许多别人不知道的情况。

《非洲手册》很快就由世界知识出版社内部出版。在我编写时所看到的许多书籍中，Basil Davidson 的 *Old Africa Rediscovered*（《古老非洲再发现》）用对非洲比较友善的态度，集中收集了各国考古学家对非洲的主要考古发现，得出非洲是有着古老文明的观点，而且强调了殖民者入侵对它造成的破坏（后来发现其作者是英国共产党的党员）。这时由于有了上述毛主席的指示，各出版社也想出一点关于非洲的书。三联书店来找我丈夫，他就向人家推荐了这本书。三联书店想委托我们翻译。当时我们实际上已把此书中相当多的有用资料，用中文摘录下来了。于是抽空，你译一点，我译一点，从 1961 年到 1964 年，在完成了许多任务之余，我们利用业余的时间，竟把这本书译完了。后来发现，这本书对我国非洲问题的启蒙产生了很好的作用。"文化大革命"后出版社又再版了一次。

参加第一届国际非洲学家会议

《非洲手册》刚写完。1962 年年初，中联部接到我国驻加纳使馆的电报，"第一届国际非洲学家会议"将要在加纳首都阿克拉召开，恩克鲁玛总统对此会极为重视，该使馆建议国内派代表参加，并建议论文题目最好写历史上的中非关系。中联部对此很重视，就指定由研究所写论文。所里指定廖盖隆和我参加。廖盖隆曾是朱德的秘书，是写文件的笔杆子。原始资料他是不会看的，自然是由我来承担。

其实我在写《非洲手册》时，只简单地看了一些有关中非历史关系的资料。要专门写论文，除了原来积累的，我又对二十四史中自汉代以来的有关对外关系和商贸方面的资料以及当时的政治环境，从头到尾理了一遍。我写完初稿，由廖盖隆定稿后交给了中联部。不久，参加"第一届国际非洲学家会议"的中国代表团的名单就下来了。团长是刘思慕（当时的身份是名记者），团员是中联部五处的副处长、吴学谦的副手陈丹南。我算观察员兼翻译。

西方国家对非洲的研究开始得比较早，尤其是英法在非洲拥有大面积的殖民地。美国也急起直追。但是国际性非洲学家会议这是第一次。在与会代表名单中，我看到了许多我看过的著作的作者。Basil Davidson 不仅与会，还在会上发表了演讲。我真想找他们谈谈。但看见两位老前辈，会上会下目不斜视的样子，我不敢与任何人交流。但是后来发现，参加过这一届国际会议的人，大都成了"资深"的非洲问题研究专家。

恩克鲁玛总统设宴宴请了与会代表（总统的请柬我至今还保留着）。会前黄华大使特地把我们接到使馆，请吃了一顿饭。我还纳闷，这是为什么。到宴会上才知道，我只吃到侍者托在盘上送过来的一块比骨牌大不了多少的三明治！另外两位则什么也没有吃到！

反修问题小册子的编写

去非洲前，国内反对修正主义的斗争已开展得如火如荼。回来后发现中央已布置要写十本有分量的反修小册子的任务。中联部接受的是关于"新殖民主义"的那一本。部里决定要借调廖盖隆和我去工作。廖盖隆已入住中联部，命我回国后立即前去报到。报到时发现，中联部已拨了它西院原来的外宾招待所二楼的一翼，作为工作场所。当时我觉得里面像高级宾馆，挺豪华的。

写作班子的牵头人是张香山（当时可能是中联部的秘书长），成员中还有庄涛（日本问题专家，曾是抗战时期来华的日共领导人野板参三的妻子）、吴学谦、乔石和郁文夫妇，再加上廖盖隆。乔石和郁文夫妇在上海从事地下工作时与吴学谦是好友。后来在加强"三线"建设时，被调到酒泉从事工业工作，这时正好从中央党校培训结业。由吴学谦推荐，也借来参加工作。此外还有部里从事亚非工作的人，以及从人民日报社、新华社和工、青、妇等单位的外事部门借来的一些人。经过几番讨论确定提纲之后，大部分从外面借来的人就离开了。

人少了，我就一人住一间房。住在里面既清静，又不用来回跑，吃得又好（这时仍在困难时期，外面吃不到荤腥）。我丈夫就支持我，不让我为家里的事操心，只在周末回家。开始没有分配我做什么具体工作时，我在白天阅读将来可能会有用的材料，晚上翻译点《古老非洲再发现》，换换脑筋倒也挺自在。

那时开起讨论会来，因为都是各单位的笔杆子，理论上一套一套地狠批修正主义在发达国家与不发达国家（当是还没有发展中国家的说法）关系中的错误观点。但是我听来听去，都离不开《人民日报》上已经说过的话。这叫什么有分量的东西呢！我自己认为，前宗主国与美国在政治上与战略上，对不发达国家的意义，与会者都很熟悉，不用我来准备什么材料。倒是不发达国家在经济上对发达国家的重要性何在？两者间的具体经济关系如何？不得要领，听来听去，没有一个人的发言涉及这样的内容。我就暗暗地重点看这方面的材料，不仅看非洲的，连拉美的和亚洲的资料都看。

后来其他单位的人都各回原单位。在已经缩小了的范围内，开讨论会的时候，我就提出了我的看法，认为新殖民主义的一大特点就是不通过直接的殖民统治，而是用经济手段来控制、剥削甚至掠夺不发达国家。我们在写这本小册子时，应该在这方面多做些文章，同时也汇报了自己所做的准备。得到了与会领导们的赞赏，而且他们要的就是西方国家对亚非拉所有国家的全面材料。这时，我在国际关系研究所学到的东西，以及来所初期写《非洲手册》时了解到的有关资料的情况，就起了作用了。我跑得最多的是外经贸部，那里各种国际组织的统计材料齐全。我把西方国家与亚非拉国家的具体的经济关系，特别是发展中国家在经济上对西方国家的重要性，一笔一笔地列出，又把西方国家如何通过对价格的垄断所获得的好处，用数据算了一笔笔剥削账。

那时没有计算机，天天打算盘，帮西方国家算总账。同时还把最典型的例子列了出来，写成了一份比较全面的资料（有十来万字，我自己认为都是货真价实的，每一笔都有资料来源）。廖盖隆在写初稿时采用了其中相当多的部分。这一段时间，我的工作效率是比较高的，可以说没有任何干扰，一门心思地工作。我摘录和整理资料忙到这样的程度，以致有一天我的右手手腕忽然不能动了，去中联部的医务室一看，说是手腕过度疲劳所致，除了上药外，还要停止使用手腕几天。迫使我有几天只能看书，不能动手了！

在中联部的招待所工作了一年左右才回所。这一年虽没有把全部精力都用在研究非洲问题上，但对于非洲在世界上的地位和作用，有了较明确的看法，看问题的眼界要开阔得多。这时三年困难时期已基本结束，经济情况有了好转。困难期间，从上到下，都在努力扭转局势，除了对外反对修正主义外，对内没有发动什么政治运动。从1961年年初到1966年，除了参加"四清"下乡的时间外，是我参加工作后，又一段没有任何干扰、专心致志地从事业务的时间。回所后，领导分配我负责南非和南部非洲的研究。

"文化大革命"期间，我们夫妇都受到冲击，我们都成了"修正主义的黑干将"，不得不放下所有的工作。1968年下放到"五七干校"，连两个女儿也带下去了。造反派认为像我们这样的人，是应该"五七道路"走全程的。所以安排我们住在村民家中。不料，到1971年11月，我所人员一个未动，我却被中联部借调回京工作了。回来后发现，这是因为"文化大革命"中外事工作没有停，中央领导在接见外宾前先要问接待人员有关外宾的情况。这时军代表就犯了难，不得不把下放的工作骨干调回来一部分。我帮七局接待过一批美国外宾后，七局就要留我在局内从事美国问题的研究工作，我还是坚持回到了三局（非洲局），重新开始我的非洲研究。因为从事非洲研究多年，对它已有感情。世界上大都看不起非洲，我认为我的任务起码是使中国真正了解非洲。三局的一间大屋内堆满了没有人看过的国外报刊，我发现其中有大量的南非出版的《星报》。南非的白人经济极为发达，《星报》每天刊发几十页的新闻。

这一发现使我狂喜不已。我把它们都找出来，按日期排好，在我的办公室堆了半屋子。三局的同志们看了，说那么多，怎么看呀！我硬是把它们都看完了。这时我的家还在干校，我住在中联部的集体宿舍内。我就以办公室为家，整天看《星报》，发现它还刊登非洲其他地区的重大信息。

我从事研究工作以来，一直养成了一种习惯，读书时做资料卡片，或做摘录或作索引。读报时，则剪下来，分门别类写上记号，年底装订成册。直到我 20 世纪 80 年代末用电脑来积累前，我剪报所积累的资料，已放满四大书架。

非洲研究的恢复

1973 年吴学谦同志被释放（他在"文化大革命"之初，就以"打入上海地下党的特务"的罪名被关押起来），不久又恢复局长的职务。他给部领导打报告要创办《非洲动态》。经批准后，他就把还在干校的研究所的业务骨干全部调回到三局工作。向中央报告的虽是非洲的动态，但写作者需要具有足够的背景知识。应该说非洲研究，恢复得比其他学科要早几年。

粉碎"四人帮"，"拨乱反正"开始后，哲学社会科学部从中国科学院中分了出来，成立了中国社会科学院。研究社会科学的各研究所也纷纷恢复工作。1977 年 11 月 30 日，中联部批准正式恢复西亚非洲研究所。中国社会科学院成立后，外交部的宦乡同志被调来任副院长。宦乡和乔冠华、柯柏年等都是外交部建部时的老司长，他们的国际问题学识非常丰富。

宦乡到社科院后，就雄心勃勃地提出，要把分散在中央各部的研究国际问题的研究所，都归并到社科院下面，而且要补齐，使社科院属下的国际问题研究的范围，能覆盖全世界。这个计划得到中央的批准。这样，中联部领导下的三个所：苏联东欧所、西亚非洲所和拉丁美洲所，都归并到社科院。

中联部同意把下属几个所并到社科院，但是并不想把所有的人都放过去。吴学谦就问过我，想不想留在中联部。我考虑再三，尽管中联部各方面条件都远胜于社科院，我还是决定回研究所工作。这时社科院在宦乡同志的领导下，与英美等国签订了一些学术交流的协定。学术界内，像我们这种年龄的人，多数懂俄语，而懂英文的人并不多。我争取到了去英国 6 个月的机会，决定以访问学者的身份去英国剑桥大学的非洲研究中心。

1982 年去剑桥的经历，对我以后的发展起了很好的作用。因为英国学术院，后来在与我院作交流小结时提出，"中方派了不少学者去英交流，但真正能充分利用我们所能提供的条件的很少"。对方以我和另一个学者为例提出："今后最好多派这样的学者出去，交流才能真正使双方都能获益"。这当然在院领导和院外事部门中留下较深印象，也为我个人及我们所的对外交流，奠定了良好的基础。1984 年中国社科院和美国科学院的签订了高级学者互访计划（Distinguished Scholars Exchange Programme，每年有 12 个人月的名额），院里就主动点名让我用 3 个人月。有些院里组织的国际会议，如南南合作、第三世界科学院会议等，院里都指名让我当代表参加。有些会议，能使我开阔眼界，增长知识，打开交流渠道。而有些会议，却会成为负担。

英国之行

1982 年 2 月我去了英国的剑桥。行前我做了充分的准备，详细了解英国非洲学者的情况，还浏览了其中一些人的著作。英国学术院专门配备了一位懂中文的 Alison Cooper 接待中国学者。她告诉我英国学术院接待别国交流学者，给他们办好银行卡，支付他们在英的津贴，就由他们各自自由行动。但是以前来的中国学者多数不懂英文，学术院专门雇用她来帮着安排一切。

到了剑桥，发现它是围绕着剑桥大学而建立的一座小城，环境优美，空气清新。剑桥的非洲研究中心是由剑桥大学各个学院的研究非洲问题的教师组成的。中心设一位主任，由剑桥大学的教授轮流担任。经常在研究所里的，只有一位秘书和两位资料员。有事请他们帮忙，他们很热心。邻近的剑桥大学图书馆，有关非洲的书籍很多，许多书是我闻其名而未能买到的。旧书摊也很多，书价很便宜，因为学生毕业离校时往往把旧书处理掉。我从中发现了不少好书。

我在剑桥读了许多书，结识了不少朋友。非洲研究中心要我作了一次讲座，我应他们的要求讲了中国的对非政策。来宾们对来自中国会说他们语言的女学者表现出极大的兴趣，使讲座变成了座谈会。剑桥地方小，消息传播得很快，马上有一些客人就找上了门，这就更加深了我对英国非洲研究的了解。

我在那里接待了 Basil Davidson，送了他一本中译本的《古老非洲再发现》。他很高兴地说，这本书已有好几种文字的译本，他要把中译本与其他文字的译本放在一起。另一位英国的非洲问题学者 Colin Legum，我们开始搞非洲问题研究时，就经常在西方的各大报刊看到他写的有关非洲问题的评论。后来他又主编 *African Contemporary Record*（《当代非洲实录》），每年厚厚的一大本，把当年非洲发生的问题加以总结，资料极为详尽。我们刚回到社科院，我丈夫在主管我们所的科研工作时，曾邀请他来所访问，他带了夫人来。这次，他邀请我去他在一个小镇上的家中小住一晚。与他接上关系后，他一直寄给我他搜集的有关非洲现状的资料，为我开辟了又一个丰富的资料来源。

我在英国的 6 个月中，在伦敦待了 1 个月，访问了伦敦大英博物馆、东方与非洲研究学院和英联邦研究所。每一处都由我在剑桥的朋友们事先通知。我到每个单位，都有人为我办好借书证。我从大英博物馆看到了大量有关早期英国探险家的考察报告，从东方与非洲研究学院借了大量南非白人和黑人写的小说。这对我了解在种族主义统治下白人与黑人不同的地位和心态，增加了许多感性认识。

后来，我又从南到北访问了英国一些有非洲研究的大学，在各处我都找曾读过他们著作的学者，有许多问题可以交谈。向那些对中国感兴趣的学者，我也介绍一些我国的现状。因为我不用刻板的语言，而以我自己的感受来谈，所以比较受欢迎。在牛津比较特殊，我在那里讲了我自己亲身参与的土地改革运动。我知道在西方报道中的中国"土改"，往往以负面的为多。我实事求是地谈"土改"，不仅正面谈了它对中国发展意义这一主流，也谈了个别地方出现的偏差。以我所参加的两个村庄为实例，从当时的阶级力量的对比，土地的实际占有情况，谈到最后如何分土地，谈得非常具体。这对在座的人来讲，是非常新奇的。人们都聚精会神地听，会后有许多人还意犹未尽，纷纷围上来提问。第二天有位中国访问学者告诉我：你一下子成了牛津的名人。

与美国学者的交流

在我去英国以前，我们研究所已开始开展对外交流工作。第一个邀请的对象是伊利诺大学研究非洲政治的华裔教授于子桥，他是国民党监察院院长于右任的外孙。于子桥在国内转了一圈后，认为中国的非洲研究集中在我们所，他说他回美国后，要争取福特基金会来资助中美两国间的学术交流。其实福特基金会的中国部主任盖思南（Peter Geithner）这时已来我们所访问，我丈夫接待了他，向他介绍了我们所是如何在困难的条件下从事非洲研究的。

1985 年，中国社科院和美国科学院的高级学者互访计划（Distinguished Scholars Exchange Programme）约定每年有 12 个人月的名额，院里主动点名让我用 3 个人月。我访美计划的实施得益于美国加州大学伯克利分校的国际问题研究所所长罗斯伯格，他也是加纳第一届国际非洲学家会议的参加者。他知道我也曾与会，对我的招待特别周到，他说要把美国的非洲研究全部展现在我的面前。

于是我从他那里开始，访问了美国 10 个大学的非洲研究中心。他在给我安排的访问日程中有一条是上课。我以为是听他上课，谁知一到教室，才知道是要我讲课。我只好谈谈我国与非洲的关系与对非政策。谈完后，好奇的美国学生就中国问题纷纷提问。他们对中国了解不深，问题不难回答。后来在访问其他大学时，一般都安排让我讲课。我自己少说，多留出时间让他们提问。这样双方满意，也从正面宣传了中国。

第二站是洛杉矶，我参加了在那里的全美非洲研究协会（ASA）的年会。在开幕式上，会议主席宣布这届会议请来了一位"非常著名的中国非洲学家"，并请我发言。我只能回应一番，简单地讲了几句，获得了满堂热烈的掌声。

美国学者的信息很灵，或者说他们的情报工作做得很细。每到一处，我要拜访的学者都知道我在英国和美国已访问过的地方的言行。在 ASA 开会期间，我在信箱内发现了福特基金会的盖思南（Geithner）所留的字条，他约我在咖啡厅见面。见面时，看到他手中拿着一张英文的《中国日报》上剪下来的我不久前刚发表的一篇文章。他告诉我，他知道我会到纽约去，他会与负责在纽约接待我的人联系，希望能安排我在福特基金会的总部一晤，谈谈中美学术界进一步交流的问题。我当然表示一定会去拜访的。看来他来参加此种会议已做了许多准备工作。

罗斯伯格将我在美国的访问安排得井井有条，每到一地，他都会打电话检查当地的安排。美国学者都是个人行为，一般邀请你谈话，每次都是一个人，最多两个，但每次都有人接送。每天都有人一边请吃饭一边谈。他们安排的活动非常紧凑，有参观有交谈，一天最多安排 8 个活动。我到华盛顿住在使馆内，安排与其他地方相同。同住的有一位西欧所的同志，他说想约见他们的西欧研究学者很不容易，为什么有那么多的人主动邀请你？其实美国人比我们更了解西欧，他们并不希望从中国学者嘴中了解什么。而我国对非洲政策的成功，是出于我们对被压迫人民的立场来看问题，我们与他们有许多不同的看法，因此，我们的一些谈话对他们或许有启发。

　　在华盛顿，印象最深的是参观美国国会图书馆。那里的电脑检索，看了令我羡慕不已。只要列出一个关键词，旁边的打印机就给你打出一系列有关的书籍及文章的目录。你想要看哪篇文章，它就全文给打出来。我心想我们什么时候也能做到这样，研究工作就会轻松得多了，效率也会高得多。我当所长以后积极地为我们所购置电脑，我这个老太太是我们所第一个自备电脑的。通过电脑，我搜集积累资料的效率有了极大的提高。

　　到了纽约，我拜访了福特基金会的总部。盖思南在他的办公室内接见了我。他说他了解我的情况，他曾在赞比亚任职多年，知道搜集非洲情况的困难。你们所在如此艰难的情况下取得这样大的成就，是极不容易的。福特基金会已决定资助中美双方的学术交流。5万美元以下的，他本人就可以审批。后来他调任福特基金会驻北京代表。在他的支持下，中美之间关于非洲问题的学术交流，持续了15年之久。福特基金会对访问学者的资助比较慷慨，去美国的中国学者，可以在美国停留1年，其间还可以去非洲进行实地考察。这样，中方的派出人员除去来回机票钱，可以不用花公家的太多钱。那时国内物资匮乏，1年后回国时，每人可以免税带入一般人买不起的八大件电器。同时，作为交换，中方每年须接待一次美国学者，为期两周。美方学者来华旅费由福特基金会提供，来华的接待费用由中方提供。资助的条件如此优厚，因此，能否被派出，又成了我们所除职称和房子外，竞争的另一个目标。八大件的诱惑，在学术中又凭空增加了物质利益的因素。

　　不过，在我1985年当所长以后，就规定了一个派出条件，派出的对象首先要有稳定的专业思想，在本专业上已有一定的成就，确实有自己的见解，并且真正具有与人交流的外语能力。口语不求说得流利，只求能达意，但起码要有看懂英文材料的能力。派出人员名单由领导小组集体讨论决定。每次回来，我都要通过接待方，了解他们在外面的表现。这一切都是为了尽量把业务能力放在第一位，尽量少受物质利益的干扰。研究所通过这一渠道，15 年间先后派出的有 20 多人。

在我担任所长期间，在福特基金会的资助下，西亚非所还举办过两次大型国际学术会议。一次是 1988 年 6 月在北京举行的第一次中美学者非洲问题研讨会，会议主要就当时非洲国家实施的结构调整方案和撒哈拉以南非洲国家的经济发展战略以及处于激烈变化的南部非洲形势进行了深入讨论。

另一次是 1989 年 11 月在北京举行的"中国—非洲经济改革与调整"国际研讨会。因为我越研究非洲，就越是想能有更多的面对面的接触，更深入地了解它们，最好也能为它们做点什么事。非洲国家取得了政治上的独立后，在经济发展上，面临着许多问题。我国改革开放初步取得了成效，双方如能在这方面进行交流，既对了解它们有好处，也会对非洲的发展有所帮助。

这次会议得到了福特基金会和联合国开发计划署的共同赞助，来自 9 个非洲国家的 27 名重要政界人物和学者，以及联合国开发计划署、联合国非洲经济委员会的有关高官参加了会议。我国的许多知名经济学家在会上介绍了我国的经济改革情况。会后我又带着与会非洲代表对北京、南京、常州和上海进行了实地考察。代表们对于中国改革开放的成就，都深感钦佩，也深受感动。中央对这次会议也很重视，万里委员长接见了与会代表。

职称评定

　　我在"文化大革命"前已评有助理研究员的职称。社科院在 1982 年开始了多年未进行的学术职称的评选工作，这时我已在中级职称的位置上干了 19 年。而我们所最老的研究人员，到这时已当了 31 年助理研究员了。由于工资待遇都和职称挂钩，所以院里给各所硬性规定了晋升的限额。僧多粥少，这下矛盾就大了。我无论在内部的还是公开的刊物上，发表的成果可以说是全所最多的，因此在没有争议的情况下，第一次就通过评审成为副研究员。5 年后，该评研究员时，也及时地给评上了。

　　我当所长后，参加了社科院的职称评审会议。当时社科院的职称评审办法规定，研究员一级，必须在所内通过后，由各学科片组成的评审委员会再统一评审。当时主管国际片领导工作的副院长李慎之，事先就告诉我们这些国际片的评委，说是文、史、哲、经各片，都对国际片按同样比例评高级职称意见很大。因为他们的申请人都有大部头的著作，而国际片，相当多的人所展出的成果往往是短短的内部报告。

　　到正式开会时，各个研究所的领导都纷纷发言，强调本学科的重要性和所作出的成绩，以及当前有多少知名学者尚无高级职称的情况。他们一致要求，不能统一按比例来评定，而应给他们以特殊的照顾。言下之意，国际片似乎是注定要作出牺牲的了。会议休息时，李慎之副院长悄悄地告诉我，你是国际片从事国际问题研究时间最长的人，你要在会上发个言，介绍一下国际学科的情况。

　　复会后，我不得不硬着头皮，为国际片"请命"了。我一开始就不像别人那样夸本学科的成绩，而是极为谦虚地表示自己这个末学后进，区区弱女子，在这中国最高学府满目男性精英面前，本不想说什么（在这样的会议上，几乎看不到几个女的）。但是为了中国要不要研究国际问题，为了国际问题研究的前途，不得不冒昧说几句。接着我就具体地强调了，国际问题研究，作为中国的一门新兴学科，其研究人员经历了其他学科所想象不到的艰辛：一是国内前人可资借鉴的成果不多；二是没有过硬的外文，看不懂原始材料，更是寸步难行；三是成果主要是供国家领导人和外事部门参考，领导部门的同志没有时间看大部头著作，要求极端的精练。此外还从外交角度考虑，一些阐述别国真实情况的作品，难以公开出版。我以自己为例，我从 1956 年就开始从事国际问题的研究工作，而非洲研究，由于工作需要，比院内所有研究所早恢复了七八年。因此自己从事研究工作的时间，不见得比在座的时间短（这时各所建所时的老专家都已退休，在座的各所领导，比我研究时间长的确实不多）。自己觉得人也不算笨，也不是不努力，但确实不能像别的学科那样能提供一大堆著作（那时我已评上研究员，否则也不能任评委，由于不涉及自己，需要客观地说话）。研究国内问题，在专门考证后，能写成一大本书，能成为学术著作。从考古发现的实物中作一番考证，其学术价值很容易得到承认。而我们几乎在每一篇短文中，每一句话，都是在做考证。作为新学科，在国内既没有多少可继承的，而国外的许多殖民者的记录，需要花更多的精力去粗取精、去伪存真。我不客气地说，我敢说国际问题研究在学术上的难度，绝不亚于其他学科。改革开放需要了解外国，社科院对这样的新兴学科，只能予以更多的支持，而不是作无法客观公正的横向比较。吃过中午饭，李慎之笑嘻嘻地走过来说，好了，哀兵必胜，你这一番话解决了问题，我们可以按同样的比例来评了！可怜的国际片！能争取到同样待遇，就已十分满足了。

依规治所

我从美国回来后，正想把从美国收集到的资料进行研究时，突然传来院里要我当所长的消息。我虽加以拒绝，最后仍就任了。当了所长不久，我就发现这个职务对我的研究工作的影响实在太大了。四面八方，有事都要找你。有权在握，人人都来找你。这可不是好现象。尤其是在出国、评职称和分房子时，找的人更多。我不要这样的权。我决定用制度，而非个人来治理这个所。我明确宣布：要依规治所，绝不以个人好恶处理问题。在第一个任期，组织所里制定出台了 18 项规章制度，并把这些制度装订成册，发给各室。因为这些制度都是经过上下讨论，一致同意的，所以执行起来比较顺利。此外，我还在所长和副所长，各级行政负责人之间进行了明确的分工。该由谁决定的，就由谁决定，矛盾不上交。职称由学术委员会评议通过。我申明：作为学术委员会主任，我只有一票，一切由申请人的学术水平决定。不用四处找人游说。分配住房靠打分，工作成绩优秀的可加分，按分数多少分配住房。

这样做的结果，基本上做到了不靠人事关系，而靠工作的优劣决定个人在这个所内的利益分配，把人们的注意力调动到工作上来。内耗少了，我能有时间继续坚持我的研究工作。英、美两国之行极大地提高了我在国际上的知名度。我开始收到各式各样国际会议的邀请信。我只出席那种对我的业务有帮助的，并能提供来回旅费和当地费用的会议。因为那时我们的外汇配额还是比较紧。

在西亚非洲研究所建所三十周年大会上发言（1991 年）

只有两次，是由外交部点名要社科院花钱让我出去的。一次是参加莱索托"另一条发展道路研讨会"，另一次是在索马里首都摩加迪沙召开的"第四届国际索马里学大会"。

1985 年我奉院部派遣，陪同宦乡同志一起去津巴布韦首都哈拉雷，参加"南南合作会议"。当我正在为参加这次会议写论文时，接到院里的消息，在哈拉雷会议后，非洲国家要在莱索托首都马塞卢召开"另一条发展道路研讨会"。因为非洲国家有一些人认为：资本主义和社会主义的发展道路，似乎都不适合非洲，所以非洲要讨论究竟有没有除此之外的另一条发展道路。

在此之前，莱索托的老国王莫舒舒二世，正好访问过我国，对我国的发展极为惊叹。作为东道主，他提出最好请一位中国学者与会，来介绍一下中国的经验。因此，会议的组织者向我国外交部正式发出邀请。外交部提示社科院：你们的葛佶同志既然要去哈拉雷开会，能否就请她顺道去参加这次会议。这是由于虽有邀请，路费是要与会者自己出的，外交部要求由社科院负担。这样的会议有许多非洲国家的要人参加，是绝好的了解非洲的机会。我就赶紧搜集了一些有关国内经济改革与发展的材料，写了一篇英文稿子，在津巴布韦开完会后，就匆匆去莱索托首都马塞卢"单刀赴会"去了。

在莱索托受到国王与王后的单独接见与宴请（1985 年）

我是作为国王特约外宾参加会议的，当时先受到国王的接见与宴请。此行使我充分了解了非洲交通之不易。我到莱索托要经南非转机，而与莱索托近邻的莫桑比克和安哥拉，因为没有直达南非的飞机，他们的代表要先到远在欧洲的原宗主国葡萄牙，再由葡萄牙转机到莱索托。到会议结束，仍没有见到他们代表的人影。我回程要从莱索托到南非，经津巴布韦首都哈拉雷、印度德里到香港，最后回北京。由于在津巴布韦起飞时晚了3小时，到德里尽管还有40分钟，就能转乘到香港的飞机，但由于机场办事不力，到登机时飞机已关门。在机场的休息室内住了3天，经多方交涉，才经香港回到北京！

第二次由社科院花钱出访的是1989年在索马里首都摩加迪沙召开的"第四届国际索马里学大会"。当时正是西亚德掌权时，我国与索马里的国家关系很好。我国驻索大使要求国内派代表参会，并建议最好写些中非关系的论文。外交部就要我帮忙。我从1962年参加"第一届国际非洲学家会议"，写了中非历史上的友好关系以来，遇有这方面的材料，我就注意留下来。这时再从我国的古籍中，又认真查找了一遍，重点是从郑和下西洋方面，再看了一些材料，写了一篇《中索历史上的友好关系》的文章，印了一些，又去"单刀赴会"了。

这是我去非洲最不顺当的一次。去时，院外事局给买了票，是乘我国民航飞机到埃塞俄比亚首都亚的斯亚贝巴，再转机去索马里首都摩加迪沙的机票。我到了亚的斯亚贝巴却发现去索马里的航线在好几年前就已经被取消了！只能先飞肯尼亚首都内罗毕，在那里住一宿，第二天才有飞机飞摩加迪沙。

会议倒开得很成功。与会者对我的论文也都很感兴趣，带来的论文被一抢而空。会场设在索马里的议会大厦，进门的大厅里有一大片相当大的黑色大理石平台，我正纳闷，这是干什么用的。嘿！不一会儿就明白了，附近清真寺的宣召声一响，正在开会的人，也不管会议进行到哪里，都纷纷涌出会场，一个个面向麦加，出声祷告起来。在摩加迪沙，我无论走到哪里，每天都能听到五次这种宣召声。

从索马里回家的路程更不容易。到了机场才发现我要乘坐的这架飞机，已被临时抽调改飞沙特，作朝圣之用。后来我听说这架飞机要途经阿拉伯联合酋长国的沙迦。我想能到沙迦，也就能接上中国民航了。就说那我就到沙迦好了。结果得到这样的回答："朝圣的飞机，单身女士没有男士陪同不能上！"我一直单枪匹马满世界走。嘿！到了这里竟行不通！幸亏我国驻索马里使馆的两位工作人员也去送行，他们把我拉回使馆，在使馆住了几天，由大使出面买到了途经吉布提回国的飞机，在我国驻吉布提使馆又停留了3天，我才得以回国。

南非之行

从1961年开始，我的分工就是研究南非。除有特殊任务外，我一直专注于南非的发展，也经常写有关南非的论文。盖思南常驻北京后，我们的见面机会多起来了。我和我的丈夫与他前后交往了十几年，他对我们是非常信任的，认为我们是实实在在地想在中国开展非洲研究的。对我们提的要求，他都尽量满足，每次遇见我，都会与我交谈对南非现状的看法。

刚进入20世纪90年代，他就主动问我，你研究了一辈子的南非，你推荐了那么多的人出去，你本人却一直没有使用过我们的资助，我觉得你应该去南非实地考察一次。他说，"如果你愿意，我可以资助你带一个助手前去考察一次"。我说，我当然是非常愿意去南非的。只是当时它还处于白人统治之下，而中国是强烈反对种族主义统治的，一直表示不与种族主义政权发生关系。我告诉他，我还需要疏通一下各方面的关系，才能答复他。

在这方面我是有过教训的。以色列在我国设办事处后，一直积极开展与我国各方面的关系。它的驻华代表，主动给我们所送材料，主动来我们所访问，甚至邀请我访问以色列。我知道这样的访问，在外交上的敏感性，而加以婉拒，但是我们邀请这位代表来所作报告。巴勒斯坦的驻华代表一听说此事后，马上就来所向我提出抗议。（他是从澳大利亚的报纸上得知这个消息的！）我向他解释，我们是从事研究工作的，各方面的情况我们都要研究，要听取各种不同的观点，即所谓知己知彼。请以色列代表来作报告，不意味着我们支持他的观点。我也热情地请他来所作一次报告。总算消除了这场误解。我不会再在南非问题上重蹈覆辙，招来南非民族主义者的不满与抗议！

因此，我要去访问还处于白人统治下的南非，先要打通南非黑人民族主义组织的关系，争取他们的理解。我给他们逐一去信，告诉他们我去南非访问，只是为了加深对南非种族主义统治现状的了解。他们表示理解和赞同。然后我再给院领导打报告，并附上南非几个主要黑人民族主义组织的回信，说明有必要实地考察南非的情况。院外事局又上报国务院，最后经国务院正式批准，我才答复盖思南，可以去了。他说去一趟不容易，除南非外还可以到邻国走走。我选择了纳米比亚、赞比亚与坦桑尼亚。前后共3个月，其中5周在南非。我决定带杨立华去。她自研究生毕业后也一直研究南非，是个可造之才。福特基金会的资助很正规，来回机票、南非不同的城市每一天不同的费用，再加上去其他三国每天的费用，它都有具体的规定，保证够你体体面面地作为访问学者前去考察。

在去南非前，选择什么样的主人是非常重要的。与杨立华商议，认为如果我们是作为南非黑人组织的客人，就很难在整个南非通行无阻。我们决定找 IDASA（Institute For A Democratic Alternative For South Africa）。这是一个思想比较开明的白人的组织。这样的组织与南非白人当局及激进的黑人组织都能说得上话，这个组织的成员在国外也很活跃。我在国际会议上，杨立华在耶鲁大学，都与其代表有过接触。我先给我所认识的 IDASA 的代表写信，说明我准备访问南非，希望他的组织能接待我们。我们不用他们花钱，只要求他们发邀请信，要求他们帮忙联系，使我们能看到南非生活的各个方面，会见各种不同观点的人，就可以了。

在赞比亚参观卡里巴大永坝（1991 年 4 月）

我所联系的是我在莫斯科南非问题的国际会议上认识的 IDASA 驻德国的代表，他是个盲人，但是思路非常清晰，活动能力极强，理解力也极强。第一次见面，他就主动找我交谈。他给我回信说，他已征得国内的同意，并代表他的组织表示热烈的欢迎。他说，届时他也会回国接待我们。

办妥所有手续后，我和杨立华选在南非气候最好的季节去南非。我们在1991年3月出发，先后访问了开普敦、伊丽莎白港、格雷厄姆斯敦、约翰内斯堡、德班、比勒陀利亚与金伯利等大城市及9座黑人城镇，与11所大学和研究机构，以及观点极不相同的23个政治组织的领导人或普通群众进行座谈。与我们谈话的人，有南非共产党的外事书记、激进青年学生、各主要黑人民族解放组织和工会组织的领导人或普通群众、白人开明人士、专家、教授、工人、家庭主妇、白人农场主、白人市政议员、开明的白人民主党国会议员和右翼保守党议员。

IDASA的安排是如此之周到。每到一处，都有它的代表按照我们的要求安排好日程，联系好我们要访问的单位和人员，并负责接送。我们下到了地下3000多米深的金矿，亲身体验到了在采掘机轰鸣声中，大地震颤的感觉。井下的工人当然都是黑人。我们去南非时，正赶上非洲人国民大会与祖鲁人的因卡塔（组织）内战激烈的时候。我们通过对双方都能说上话的人，想到战斗的前沿阵地去看看。他们就由熟悉情况的人给我们带路，在战争间歇中，驱车去非国大与因卡塔分界的一条街走了一趟。

在约翰内斯堡，我们住在一位退休白人工人的家中。主人声称他是穷人，因而出租客房。但他住的是独门独户花园洋房，房前有大片草地，周围种满了各色鲜花，每周都有黑人花匠来修剪，屋旁有游泳池。对比我们访问过的黑人居住区的赤贫状况，加深了我们对南非种族主义问题的了解。即使黑人赢得了政权，但是要改变占人口绝大多数的黑人却只占有国民收入极小部分的状况，其任务是无比艰巨的。从南非回来后，我就把一辈子对南非资料的积累与此行的见闻汇总，写成《南非——美丽而多难的土地》一书。

主编《非洲简明百科全书》

我退休后，花了最多精力的是主编《非洲简明百科全书》。我在职期间，从人们的提问中，感觉到当前对我国政府和人民来说，非洲仍是一片陌生的大陆。曾有人在即将去南非前，竟专程到我家来"请教"，我以为总会探讨一些南非的什么问题。结果他们只是打听，到南非应该穿什么样的衣服！当然也有来访者要我讲讲有关非洲投资方面的问题。从人们的提问中，我觉得今天的中国最需要的，是一部遇到什么有关非洲的问题，一查就能明了的书。因此，我为它起名为《非洲简明百科全书》。

可是这种大部头的书，在讲究经济效益的市场经济环境下，出版社是不太愿意出版的。而且看这种书的人，确实也不会太多。在社会科学界要立项，得到资助，往往强调理论性。我虽在各种场合一再强调：理论是建立在对情况的深入了解基础之上的，尤其是国际问题，情况不明，就要求理论上的突破，是靠不住的。但是这样一本百科工具书，立项时很少有人考虑其难度，而往往以非理论性、非学术性，而遭否决。我在任国家社科基金国际问题评委时，在某一年的会上提出要搞这样一本书的设想与提纲，与会评委都表示赞成，甚至有评委说："太需要这么一本书了。我们虽然都是研究外国问题的，但对非洲基本不了解。这样的书一出，我就会买。"但是在评委会上通过了，却被基金会的领导否决了，认为这"不过是一本工具书"，不值得国家社科基金来给予支持！

中国社会科学出版社经常与我们联系的分管国际问题书籍出版的刘颖同志，对此倒是极为热心，但他也认为，至少要争取成为社科院的重点项目，有了项目费的补贴，出版社才有可能出版。后来几经周折，在李铁映同志当社科院院长时，总算在我退休前，得以在社科院作为重点项目立项，而且要编写一套全世界的百科系列。我估计他在从事实际工作中，体会到这种书籍的重要性。虽然立了项，但刘颖同志告诉我，因为组织工作太复杂，不是每一本百科都能找到主编。我是由于经过多年的坚持，连书的细目我都一一准备好了。有了这个"令箭"，就马上行动起来。因而非洲百科，在这套系列丛书中，是第一个完成的（有关日本的百科，因得到日资的赞助，在批准这套百科之前，早已出版，没有被包括在这一系列中）。实际上社会很需要这样的东西。2006 年，刘颖同志告诉我，"清华紫光"愿出电子版，征求我的意见，我当然同意，委托他全权代理。

我为这部书设计了一个详细提纲，使它既是一部章节前后呼应、相互连贯的专著，又分成容易查找的许多条目。这部百科邀请了国内我所了解的，当时在非洲问题的某个方面确有研究的 69 位专家（国别部分还邀请了好几位曾在我国有关驻外使馆调研室工作过的同志），根据各自专长进行写作。许多条目实际上都是一篇篇独立的论文。但是由于作者人数众多，交稿时间前后竟有两三年之差。虽然基本情况不会变，但先交的稿子中，付印时却缺了近期发生的重大的政治事件，统计数字也显得过时。这不是作者的错，不能要求作者增补。而且当时用电脑还没有现在那么普遍，相当一部分稿子是用手写的。要请作者增补，来回送稿、收稿，是个大工程。此外，我虽规定了详细的体例和每一条目在时间上的上下限，但习惯于写论文的作者们，往往又自成体系，有把有关条目的来龙去脉写清楚的习惯。所以从全书的角度看，不同的条目间有相当多的重复。这就需要做整体上的加工。我请副主编陈公元同志补充新发生的政治事件。我本人则进行统一规格、删除重复、补上缺漏之处、全面更新统计数字的工作。我退休后用了整整 6 年的时间，终于在 2000 年，非洲合作论坛成立之前，使此书得以问世。此书实际成为国内将近 40 年来非洲研究的一次总结。我希望通过它，把我们这一代人对非洲研究的成果，留给后人。此书受到了从事非洲工作人员的欢迎。

葛　佶

2011 年首发于中国社会科学网

2016 年春修订

裘元伦
Qiu Yuanlun

男，1938 年 5 月出生于浙江慈溪，1950—1956 年在浙江余姚第二中学就读，高中毕业。1956—1960 年先后在上海财经学院（现上海财经大学）、上海社会科学院贸易经济系就读，大学本科毕业。1960—1993 年，先后在中国科学院经济所、世界经济所和中国社会科学院世界经济与政治研究所、欧洲所工作。其间，曾在中国驻波恩使馆任职；在德国基尔大学世界经济研究所当访问学者；1988—1993 年任中国社会科学院世界经济与政治研究所副所长；1993—2000 年任欧洲所所长。现任中国社科院学部委员，中国欧洲学会总顾问，北京外国问题研究会副会长。1992 年起享受国务院颁发的政府特殊津贴。

学术专长为欧洲经济，专著有《稳定发展的联邦德国经济》《西德的农业现代化》《欧元启动——世界经济生活中的一件大事》等。与他人合著的有《全球化时代的对外政策：寻找一种新的理论视角》《欧盟对华长期政策与中欧经贸关系》《经济全球化对国际关系的影响》等。

一生为国家利益而工作

我当上学部委员，绝不表明我比其他同行高明，只是我幸运而已。我知道院内外对我们社科院办这件事有些议论，并不那么看重这一称谓。不过，我还是相当重视，因为我把这一头衔理解为院领导和院内外许多朋友对我的信任、支持和帮助；同时，我本人也为此付出了一生的巨大而又艰辛的劳动，我不具备其他任何"资本"，而只拥有勤奋。我把自己的全部努力用来为国家利益而工作。

我只拥有勤奋

我最后一次出国，距今已经大约 10 年。当时，出了嫁的女儿闻讯赶来，替我准备行装，打开衣柜，扫了一遍，说："你怎么什么都没有呀！"于是，她拉着我，到一家大商场，买了一件大衣，一件粗呢西装，一双皮鞋，一副手套，以及帽子、围巾等，总共花了 2000 多元。这是我有生以来最奢侈的一次。其实，孩子说我"什么都没有"，已经不是头一回了。看，居室依然是粗糙的水泥地，除了五个书柜和一张单人床之外，几乎没有别的陈设；写字桌上的一台电脑，还是一位好友送的，说是要让我也稍微现代化一点。

然而，也有一些熟人对我的评价恰恰相反。记得 1979—1981 年，当时就有同事善意地对我说："你什么都有了，又入党，又出国。"是的，托邓小平同志改革开放政策之福，我是"文化大革命"后在研究所里第一个加入中国共产党的；接着还奉派出国，首次在国外工作了两整年。1988 年以后，又有友人提醒我："你什么都有了，已评上了研究员（教授），还当上了所长（其实是副所长）。"

倘若问我自己的感觉如何，可以归结为一句话：我既不是"什么都没有"，更不是"什么都有了"，我拥有的，只是勤奋。

我于 1938 年 5 月出生于浙江慈溪。遥想 1960 年我从上海某大学毕业来到中国科学院经济研究所，顿时感到压力倍增。在已故孙冶方所长领导下，我被指定研究西德经济。当时我既不懂德语，也不大会其他外语。我的同事们有的在 1949 年前曾出行欧美，有的则在新中国成立后留学苏东，而我却来自国内的一所二三流学校，学的是"肥皂和糕点不宜摆在一个货架上"之类的专业；加上我出身于"黑五类"中的第一类，时时感到自愧不如。在责任感、紧迫感和自愧感的驱动下，我像卒子过河，别无退路，只有勤奋学习一途。头三四年，我几乎没有一个晚上是在 11 点前休息的。我很快在一年之内掌握了俄语和德语，后来用它翻译了多本学术著作。第二年（1961 年）就在《光明日报》上发表了一篇占小半版篇幅的有关西德农业的文章，让长期病瘫在床的父亲兴奋了好一阵子。

"文化大革命"开始时，我 28 岁。这场"运动"耗去了我最宝贵的 3650 天年华。无奈之中，我只好从事阅读和翻译，因为这些可以随时拿得起、放得下。当时我家五口三代人挤住在一间 15 平方米的房间里，星期天只要不下雨雪，我几乎每次都带着小板凳到附近的日坛公园，伏膝翻译书稿，《西欧国家的农业工业化》等书就是这样译成，并在"文化大革命"结束后不久出版的。

最近这 30 多年，是我一生中的春天。我完成了总共大约 500 万字的写作，还先后担任过中国社会科学院世界经济与政治研究所副所长，欧洲所所长；被选为中国欧洲学会会长；2006 年被选为中国社会科学院首批学部委员。

回顾迄今在研究所度过的 56 年，我可以欣慰地说，我用勤奋在一定程度上弥补了自身的不足。这种勤奋，开始时动力主要来自责任感，后来则是由于迫切需要追补失去了的时间，最后则出自一种更新知识的强烈欲望。正是勤奋，给我带来了一些成就，给我带来了喜悦，也给我带来了一生的充实，因为我始终在为国家利益而工作。

为国家利益而工作是我的终生目标

这篇文字含有学术自传的意味，因此难免涉及若干学术性问题，也会提到本人一生经历中的某些关键节点。

我 1960 年大学毕业后，自上海由国家分配来到北京，进入当时中国科学院哲学社会科学部经济研究所，在时任所长孙冶方领导下工作了 4 年。1964 年，遵照中央决定，经济研究所世界经济研究室单独分出，成立世界经济研究所，我也跟着进入该所，直接在李琮先生领导下工作，他是我的良师益友。1977 年中国社会科学院成立，世界经济研究所与世界政治研究所合并，成立世界经济与政治研究所，我又进入世界经济与政治研究所工作，

1988—1993 年任该所副所长。1993 年我调任欧洲研究所所长，至 2000 年年底。1960—1979 年，我虽然在科研工作方面已经做出了一点成绩，例如出版和再版了专著《西德的农业现代化》，翻译出版了数本苏联科学院的俄文著作等，但是我的学术成果达到高潮，还是发生在改革开放以后的 30 多年，是邓小平同志给我带来"科学的春天"。

至于是什么力量，使我将一生中最富创造力的时段都献给了祖国的科学研究事业，这事出有因。

为国家利益而工作，是我的终生目标。我出生于 1938 年，当时正值抗日战争，在由上海向宁波乡下逃难过程中，在惊恐之中，我的右脚受伤，成了终身残疾，也让我的身体终身羸弱。随着自己在战火中逐渐长大，我越来越感到，正因为国家软弱，才被外敌欺侮凌辱。1960—1979 年，作为世界经济研究工作者，我看到，国外科技革命大步向前，不少国家与地区随之兴起，"小虎""小龙"之说逐渐出现，而我国却因"内乱"而继续孱弱、贫困，不禁为国家的前途感到着急和忧虑。1979 年，我成为研究所里第一个在"文化大革命"结束后加入中国共产党的科研人员，更使我感到了自己肩上的光荣使命和艰巨责任。中国要强大，除了依靠每个中国人自己努力奋斗之外，别无他途。我们这种工作岗位，要求我们付出更大的努力，作出更多的牺牲。

1981—1982 年，我接受派遣，去中国驻联邦德国波恩使馆工作。其间，我有不少机会外出访问公司企业、政府机构和研究院所，每次访问回来，我都要写出一份内容比较丰富、有针对性、可供我们改革开放事业和社会主义建设事业参考的有用资料，报到国内，每隔一两周总有一篇，得到当时世经政所领导的多次表扬，曾获所科研特等奖。

在中国驻波恩使馆工作（1981 年 9 月 5 日，汉堡）

20 世纪 80 年代中期，国内改革兴起了新的高潮，我利用 1986—1987 年在德国基尔大学世界经济研究所做客座访问学者的机会，从国内背去了已经搜集整理好的一大摞资料，加上当地得到的大量第一手新材料，潜心写作完成了《稳定发展的联邦德国经济》一书，为国内的宏观经济调控提供了一些借鉴，也为国内的德国经济研究奠定了一点基础，至今仍获同行认可。

其后，我把科研工作领域日益扩大到整个欧盟经济，更把所参加和主持的各级重要课题同国内大局联系在一起。我主持的欧盟对外部世界的影响、中欧经贸关系、欧元、经济全球化对国际关系的影响等课题，在完成后都出版了专著，共 7 本，除了设计、组织、策划外，我通常撰写课题的主题报告部分，如"经济全球化与中国的国家利益"等。

1995 年秋以来，由于患病，我身体状况不佳。但这并未成为我放松自己的理由。在后来一段时间里，随着中欧经贸关系的发展，国家极其需要了解欧盟的发展情况。为此，我写了《欧洲前途系于联合与改革》《欧盟经济的现状与未来》《中欧关系的过去、现在与将来》等文章，其中有的文章受到了时任中共中央政治局委员兼中国社会科学院院长李铁映同志的亲笔书信表扬。在"创新"问题提出后，我又费大力气研究了欧洲的历史经验，完成了《欧洲国家工业化过程中的技术创新与扩散》一文。在国家提出"科学发展观"之后，我用了两年的时间写成了《200年发展观：欧洲的经历》一文。这些文章发表后，引起了国内同行较热烈的反响，被广泛引用。接着，我又开始认真准备资料，并托人在国外搜集详细统计材料，在《罗马条约》签订50年之际，系统总结了欧盟的历程及其成败得失，发表了《欧盟50年的存在价值》一文。

一心工作、努力好学是我一生的历程

科研工作看似"悠闲"，实则繁重。有友人说我只会工作，不会生活。我想说一句大话，一心工作、努力好学的确是我一生的历程。

1960—1964年，我从上海初到北京，还不适应北方冬天的寒冷。当年的北京，一到11月初，天气就已相当寒冷。在晚间工作到十一二点钟时，我的冻疮手就会非常肿胀疼痛。因为工作需要，在已故同事、留苏生秦国翘先生的帮助下，因在大学时已学过一点俄语，我用3个月时间就学会了俄语，能流畅地阅读和笔译俄文专业书籍。接着，我又用6个月左右的时间，在同事、留德生白靖宸先生的指点下，从字母拼音学起，掌握了德语。那时年轻，觉得自己好像有那么点学习外语的天赋。但如今回忆起来，我时常感到追悔莫及，因为我没有学好英语。其实，早在读高中时，我还曾经代替病假老师给同班同学上过英文课呢，基础是相当好。由于没有学好英语，我至今还叹息，觉得"受害匪浅"。另外，由于当时的历史环境，那时还不够重视外语的听、说能力，结果使我十多年后出国在国外第一次用德语打电话时，被逼得出了一身冷汗。记得当年在德国为参加一次青年外交官聚会，我事先做了充分准备，先写好了二三十句话，反复背诵，后来在会上受到好评，信心大增。在经济所头四年，我还学了《资本论》，借来了不少有关联邦德国的图书资料学习攻读，因为太过专心，一个深夜还因同事开玩笑受过惊吓。当然，我并不希望自己是一个死读书的人，我也热心与同事和朋友们交往，对公益事业也很上心。20 世纪 60 年代头几年，在当时经济所世经室团支部曾被誉为"活雷锋"。

1965 年，我与北京市第二医院赵玉环女士结婚。婚后，有幸先在当时世经所所在地"西颐宾馆"住了大约 1 年，后来令我搬到东四附近礼士胡同一个小院子居住，单位分配给我们的一处平房，"正房"面积约 10 平方米，纸糊棚顶，晚上鼠虫爬过，碎渣唰唰下掉；"另一间"原本是走廊，只是三边竖立了一些木头框架（第四边是走廊的墙壁），安上几扇玻璃窗，冬天没有火炉，更谈不上什么暖气，室内极冷。为了安静工作，我冬日晚上天天在膝盖上放着一个热水袋。两间房之间有一条短短的通道，长约 2 米，宽 1 米，夏日全家五口在这里用炉子生火做饭。吃饭时三个大人各执一碗，饭菜拌在一起，背朝外。因为二三米处正对着一座女厕所的破大门，彼此都十分不便。

1970 年去干校前，我搬到永安南里居住，与哲学所张琢先生两家合住一套，一家各居一室，厕所、厨房公用，从干校回来后，还一直在那里如此居住，总共 18 年。因过于拥挤，一到周日，我几乎都拿一个小板凳，背一个沉甸甸的书包，去附近日坛公园伏膝写作。开始时坐在公园长椅上，由于心无旁骛，竟不知相距 20 米处有一个婚姻介绍所。当时我还算"帅"气，有媒婆以为是来招亲的，前来搭讪，我后来只好钻进了树丛，"不见天日"了。夏日，晚上回家，当时的大多数家庭阳台都是"开放"的，就住阳台。三本俄文和德文书就是我在日坛公园伏膝翻译出来的，其中苏联科学院的《英国》《联邦德国》两书各 30 万字，于 20 世纪 80 年代出版，另一本是民主德国研究机构的《联邦德国帝国主义》，50 万字，译成后，友人借阅书稿，全稿被丢失。再也没有时间重译一遍。鲁迅先生说过，他是用别人喝咖啡的时间去写作，我也想学着做到这一点。

陪汝信同志访阿登纳基金会总部（1997 年 12 月，波恩）

1988 年，我任世经政所副所长后，住房条件得到了改善，搬至劲松小区居住三室一套。不到 1 年，1989 年又迁到车公庄，住进了一套"小三居"（大约 10 年后上级在别处又给增补了一间）。由于一门心思工作，房子至今没有装修。年轻时顾不上，如今年纪大了，身体又不大好，做不动了，水泥地照样住，只要安静、明亮、整洁、有"三气"，加上家庭和睦，就可以了。说实在的，我从来没有想过什么"享受"，只是希望把自己的工作做得更好。

成果虽然不少，真正精品不多

我这一生写了约 500 万字的作品，看来成果数量不少，但称得上精品的作品不多。这是我对自己科研成果的评价。

我长期从事世界经济与欧洲经济研究，专著主要有：《稳定发展的联邦德国经济》《西德的农业现代化》《欧元启动——世界经济生活中的一件大事》等。与他人合著的著作有《全球化时代对外政策：寻找一种新的理论视角》《欧盟对华长期政策与中欧经贸关系》《经济全球化对国际关系的影响》等。主要的学术论文，包括《200 年发展观：欧洲的经历》《经济全球化与中国国家利益》《欧洲前途系于联合与改革》《欧盟经济的现状与未来》《欧洲国家工业化过程中的技术创新与扩散》《欧盟金融混业集团的发展与监管》（合著）及《经济全球化内含的八对矛盾》等。这些作品中，有部分获得各种奖励，一共 12 项，其中获国家级一等奖 1 次，省部级奖 9 次，另有两项获全国性杂志优秀论文二等奖（清单请查中国社科网）。

在研究之余，我还从事俄文和德文翻译工作，翻译了一些重要的学术著作，包括《西欧国家的农业工业化》《英国》《联邦德国》《德国经济：管理与市场》《货币政策理论——博弈论方法论导论》等。我还与人合译过英文著作。

很惭愧，我没有一本值得称道的代表作。我只是对相关学科的发展尽了点力而已。如果一定要列举代表作，那也勉强有一些。比如，成文于1986年，为中国经济改革服务的《稳定发展的联邦德国经济》一书，该书对德国社会市场经济作了独到的研究分析，把当时的德意志联邦共和国国家在社会经济生活中所起的作用归纳为四个方面，即维护制度条件、创造基础条件、矫正经济过程日常运转条件以及稳定社会条件。此书观点被广泛引用，至今仍受到肯定。而今，我感到有些欣慰的是，当年心里想着为刚刚起步的国家经济改革提供一点参考思路的这本著作，通过最近30年（1986—2016年）的经历，基本上得到了我国经济社会发展现实的印证。

又如，《经济全球化内含的八对矛盾》一文，在国内较早地（1996—1997年）深刻分析了当今经济全球化所具有的新的质量及其极大的局限性。指出超越主权与国家主权并存、市场力量与政府干预并存、财富增长与分配不公并存、"快经济"与"慢经济"并存、国家权力向上转移与向下转移并存等等，决定着我国应对经济全球化所持的态度，趋利避害，有选择地参与；既不能简单地"拒绝"，又不宜大加赞美，应始终保持清醒头脑。该文发表后，得到学界的高度重视，被引用率很高。

在《经济全球化与中国国家利益》一文中，我把各种各样有关经济全球化的定义归纳为制度论、网络论和传统论三类，指出"这些定义本身就反映了当今经济全球化的新质量"。该文还从经济增长、经济进步、经济安全、经济主权、经济地位五个方面分析了经济全球化与中国国家利益的关系，建议将经济全球化的新质量及其局限性作为我们考虑中国国家利益的出发点。这也决定了中国只能是有条件地参与经济全球化。

《欧盟经济的现状与未来》一文，再次强调了我长期坚持的观点：欧盟经济在最近十几年总的来说一直不振，主要是因为它的三个不适应，即未能及时适应全球化、现代化和一体化。同时，我也指出了欧洲经济的前途所在，即推进改革和深化联合。过去十多年来，我一直强调欧洲非改革不可，一个"贪图安逸"的欧洲不可持续。至今仍在继续的欧债危机及其他危机验证了我的观点。

2006年，我在中国科学院《科学与现代化》杂志上发表的《200年发展观：欧洲的经历》这篇长文中，系统地总结了欧洲工业化的经验教训，引起学界的广泛关注，认为中国可以从中借鉴欧洲的一些经验。

在我任博士生导师的十多年间，工作一直十分认真，从未采取"放羊"态度。例如，2004—2005年，我开了"20、21世纪之交西欧资本主义研究"和"欧洲经济史"两门专业课。为了把课讲得更好，我阅读了几十本大约总计500万字的书籍，且做了读书笔记，撰写了讲授大纲和长篇讲稿，以便使每一次讲课都能对学生真正有所帮助。在培养学生方面，我特别注意两件事情：一是培养学生研究问题的逻辑思维、框架结构、理论基础，以及联系实际问题等方面的能力，这特别反映在博士学位论文的选题、写作及其完成过程中；二是注重培养学生搜集、选择参考书和统计资料的能力，包括指明有关书、刊、报的来源与出处等。

做客第六期中国现代化研究论坛（2008 年 9 月 24 日）

做学问，方法很重要

我是一介书生，但绝不是"老学究"。我并非一个死读书的人，相反，我认为，做学问，方法很重要。我的体会大致有如下一些：

作为一个真正的科研工作者，首先必须热爱自己所从事的专业，对此要有情感，牢牢抓住专业不放。年轻人经常被拉去帮工打杂，加上兴趣广泛，不容易集中精力做好专业。而这一点却是最基本的。只有"专"出个有用的学问来，才能为国家建设事业多少做出一点贡献。我自己就是从牢牢抓住"联邦德国经济"这一专业成长起来的。

心中总要时刻带着几个下一步准备研究的问题。除了参加课题，心中还要有自己的、围绕专业的几个问题。有目的地去读书、交流，同跷着二郎腿坐在沙发上随便翻翻时尚杂志相比，效果会大不相同。

选题要恰当。年轻人想写书作文，选题很重要。选题恰当，包括内容与文字，往往就成了一半。而要选题恰当，需要有点敏感、灵感与经验。所谓"敏感"，例如就国际问题研究而言，战略性、长期性、前瞻性问题以及"热点""焦点""难点"问题随处可见，你必须有能力及时地、敏锐地抓住几个，并做出成果。所谓"灵感"，指的是一个课题来到你面前，你要有水平在一天甚至一个小时之内，在脑子里形成一个初步的框架结构、思维逻辑直至主要章节。要想有这种本事，靠的是日常的知识积累和长期的工作经验。

专、深是主要的，广、博也是必要的。一进社科院大门，就应当成为专家。杂家只能是个别的。但专家的专、深，还需有知识广博作基础，否则你深不起来，眼界与思路也开阔不起来，其结果必然是片面和狭隘。

有限的目标。年轻人往往胃口很大，但我认为一口吃不了一个胖子，在开始一段时间内例如三个月、半年、一年、头几年内，只给自己提出一些有限的目标，一年至少发表一两篇像样的文章，再做其他一些工作即可。积累久了，成果会越出越快、越多、越好。

学外语需要记忆力，因此年轻时学最好。为了学得快，在一段时间内（一个月、三个月）可考虑集中某一专业学习，同样的词汇和语句反复出现，能加深印象和记忆。

书、报、刊三结合。读书可以让你学到逻辑思维、理论体系与结构框架；读刊则帮助你了解当前人们所关注的重大问题；读报可以让你找到最新、最生动的典型例子，落笔生辉，文章动人。同时，无论书、刊、报，你都要时时刻刻想到了解它们的背景，对同一问题，不同国家、政府、党派、组织、团体直至个人，都会有不同的甚至对立的观点，因此，我们绝不可以看到什么、听到什么，就相信什么。多多比较，八面兼听，从中取舍，十分重要。

善于找资料。科研人员首先要会找资料，在网络发达、信息泛滥的当今世界，特别要学会一下子就抓住本质、要害、主要内容、有用数据等，有时候一篇长文其实只有几句话、几个数据有用。当然，还要学会遇到什么问题，到什么地方、什么机构甚至个人那里，去找到必要的资料。

数量与质量。年轻人做科研工作有一个逐步提高的过程。开始阶段，一定要多动笔，先出"数量"，久而久之，"数量"中会自然地生出"质量"来。关键是要多动手。这好比看电视剧，光看不写，即使你看了 1000 部电视剧，你也写不出一个剧本来，自然更谈不上什么"精品"。所谓"十年磨一剑"，也就是这样一个动态的过程。

要有真诚的朋友。真诚的朋友可以推心置腹，能够互相帮助，彼此激励，取长补短。一个人再有本事，"红花也要绿叶扶"嘛。青年朋友一定要互相补台，千万不要彼此拆台。团队合作精神十分重要。要学会与他人分享，不要搞信息、资料、知识垄断。

裘元伦

2013 年 2 月初稿

2016 年 3 月修改

后　　记

　　本书收录了 140 位中国社会科学院学部委员或荣誉学部委员撰写的学术自传，这些自传，以第一人称（有少量几篇为第三人称）讲述了自己的学术经历和学术成就，并且总结介绍了自己的治学和为人的体会，相信必将对读者有着很好的示范、借鉴作用。

　　在本书出版之际，首先要感谢各位学部委员或荣誉学部委员提供了精彩的自传文稿。不少文稿在中国社会科学网发表过，此次收入本书时，多数委员进行了修订。定稿之后，各位委员又认真审定清样，翻找、提供合适的照片。有的放弃了节假日的休息，有的放弃了出差机会，有的身体不适仍抱病写稿、改稿，其奉献精神和一丝不苟的学风，令人敬佩。

　　全国政协原副主席、中国社会科学院原院长陈奎元同志应邀担任本书编委会顾问，并欣然为本书题写书名，积极支持本书的出版。

　　中国社会科学院学部主席团主席、院长王伟光同志指示务必把本书出成精品，并为本书撰写了序言。中国社会科学院副院长、学部主席团秘书长李培林同志主持阅评书稿，提出了重要的修改与完善意见。

后　记

中国社会科学院科研局马援局长将学部委员或荣誉学部委员学术自传的征集与出版，视为科研局和学部工作局的一项基本学术建设内容，他和科研局张国春副局长、王子豪副局长以及相关处室的同志，为本书的出版立项和评审，做了许多具体工作。院其他职能部门从不同方面也给予了积极支持。

原中国社会科学网编辑部的同志承担了在该网初始发表的部分稿件的组稿、编辑工作。2016年，周溯源同志又新组稿几十篇，并负责全书的统稿。

中国社会科学出版社高度重视本书的出版。因书稿篇幅庞大，且来稿体例不完全一致，有些自传缺少学术简介或照片，负责统筹出版工作的重大项目出版中心协调组织精干的编辑队伍，加班加点，一丝不苟，保质保量地完成了审、编、校工作，查缺补漏，统一体例，并一一电话联系100多位学部委员或荣誉学部委员本人或相关人员，分别寄送清样，收集、整理诸位学部委员或荣誉学部委员的改稿意见，最后送审的样稿得到各位学部委员或荣誉学部委员和相关部门的肯定。中国社会科学出版社精心设计，最终呈现给读者制作精良的鸿篇巨制。为此，重大项目出版中心主任王茵编审、王琪编辑做了大量工作。

对以上提到和没有提到的为本书出版予以支持帮助的领导、专家和编校印制人员，谨致以真挚的谢忱和敬意！

限于我们的学术和业务水平，本书可能还存在一些差错或不足，敬请读者予以批评指正，以备将来修订完善。

周溯源　赵剑英

2017年春

本书采编人员

（排名不分先后）

周溯源　赵剑英

周杏坤　陈智愚　刘济华　张广照　丁志德　孙楚明

梁卫国　钟义见　方鸿琴　翟金懿　高　莹　张国产

孟繁杰　王立新　李丽娜　朱妍洁　周　玥

王　浩　陈　彪　王　茵　王　琪　郑　彤　刘志兵

卢小生　王　曦　刘晓红　谢欣露　车文轿　任　明

孔继萍　许　琳　梁剑琴　张　林　赵　丽　陈雅慧

喻　苗　范晨星　王　称　张　潜　崔芝妹　郭　枭